비 상
─────
경 보 기

비상경보기

절실하게, 진지하게, 통쾌하게,

ⓒ강신주, 2016

초판 1쇄 펴낸날 2016년 3월 10일
초판 3쇄 펴낸날 2018년 1월 15일

지은이 강신주
펴낸이 이건복 **펴낸곳** 도서출판 동녘

등록 제311-1980-01호 1980년 3월 25일
주소 (10881) 경기도 파주시 회동길 77-26
전화 영업 031-955-3000 편집 031-955-3005 **전송** 031-955-3009
블로그 www.dongnyok.com **전자우편** editor@dongnyok.com

ISBN 978-89-7297-754-4 03100

- 잘못 만들어진 책은 바꿔드립니다.
- 책값은 뒤표지에 쓰어 있습니다.
- 이 도서의 국립중앙도서관 출판시도서목록(CIP)은 서지정보유통지원시스템 홈페이지 (http://seoji.nl.go.kr)와
  국가자료공동목록시스템(http://www.nl.go.kr/kolisnet)에서 이용하실 수 있습니다.(CIP제어번호: CIP2016003790)
- 이 책에 인용한 시는 한국문예학술저작권협회와 출판권을 가진 출판사를 통해 저작권 동의를 얻어 수록했습니다.
  출간 당시 저작권자 확인이 안 되어 허가를 받지 못한 작품은 추후 확인이 되는 대로 해당 저작권자의 동의를
  얻겠습니다.
- 이 책에 인용한 노래 가사는 사용 허락을 받아 수록했습니다. KOMCA 승인 필.

비 상 ──── 경보기

절실하게,
진지하게,
통쾌하게,

강신주 지음

동녘

일러두기

1. 맞춤법과 띄어쓰기는 '한글 맞춤법'에 따랐으나
   비표준어나 비속어 등은 바로 잡지 않았다.
   (예: 정신승리, 쇼부치다, 퉁치다 등)
2. 본문에 사용한 기호의 쓰임새는 다음과 같다.
   《》: 단행본
   〈〉: 잡지, 논문, 노래명, 영화명 등

머리말

단재丹齋 신채호申采浩는 말한다. "수양자들이 깊은 산 후미진 곳이나 시골의 농장으로 가서 청정하게 심신을 수양해도 하루아침에 다시 어지러운 세상으로 나오면 청정한 마음이 흩어져 어지러운 세상의 빛에 물이 든다면, 수양했다는 이득이 어디에 있는가. 그러므로 제대로 된 수양은 산속에서 하는 것이 아니고 도시에서 하는 것이며, 청정함으로 하는 것이 아니라 진취하는 것으로 하는 것이다." 멋진 말이다. 추상적이고 보편적인 진리를 이야기하는 철학자가 속세에 대해, 그것도 속세의 가장 추악한 면을 들추는 글을 쓰는 이유도 바로 여기에 있다. 인간의 자유와 사랑을 노래하는 인문주의자이자 만사의 참과 거짓을 구분하는 철학자가 있을 곳은 우리 이웃들이 분투하며 살고 있는 바로 이곳이다.

먼 옛날 원효元曉는 서라벌 거리로 왜 나간 것일까? 니체 Friedrich Wilhelm Nietzsche의 차라투스트라는 왜 사람들이 살고 있는 도시로 들어간 것일까? 서라벌에서 원효는 무엇을 노래했을까? 도시에서 차라투스트라는 어떤 설교를 했을까? 그리고 만주에서 신채호는 어떤 칼럼을 썼을까? 확실하게 말할 수 있는 건 있다. 모든 사람이 부처가 되지 않으면 자신도 부처가 될 수도 없다는 자각, 사람들이 초인Übermensch이 되지 않으면 자신도 초인이 될 수 없다는 자각, 세상이 청정하지 않으면 자신도 청정할 수 없다는 자각은 있었을 것이다. 아니 모든 시람이 부처가 되지 않으면 절대 혼자서 부처가 되지 않겠다는 의지, 사람들이 모두 초인이 되지 않으면 절대 혼자서 초인이 되지 않겠다는 의지, 그리고 세상이 청정하지 않다면 절대 혼자서 청정한 삶을 살지 않겠다는 의지였을지도 모른다.

      지금 이 책을 원효, 니체, 신채호의 것에 견주려는 것은 절대 아니다. 그만큼 주제넘은 사람은 아니다. 그냥 원효의 의지, 니체의 의지, 그리고 신채호의 의지를 닮으려고 했던 철학자, 혹은 인문 저자가 있다고 해 두자. 정말 그런 의지로 이 책, 상당히 읽기에 방대한 지금 이 책이 완성되었다. 글을 쓰다가 힘들어질 때면, 잠시 키보드를 멀리하고 깊은 밤에 산책을 나가곤 했다. 그때마다 원효, 니체, 그리고 신채호가 보았던 밤하늘을 나도 보았고, 거기서 다시 힘을 얻었다. 혹여 읽은 사람들 중 이 책을 조롱하는 사람도 있을 것이다. 당연히 모든 책은 그런 운명에 던져질 수밖에 없고, 그걸 감당하려고 세상에 나온다. 그렇지만 한 가지 이 책을 내보내는 나의 의지만은 조롱되지 않았으면 한다. 아니, 바란다. 아니, 소망한다.

아니다. 나의 의지마저 조롱되어도 좋다. 하염없이 짓밟혀도 좋다. 쓰레기통에 던져져 아무도 거들떠보지 않은 폐품이 되어도 좋다. '어지러운 세상의 탁한 빛'이 제거된다면, 그래서 '헬조선'이라는 냉소가 사라지게 된다면, 아무래도 좋다. 왜 그리 세상을 비관적으로 보냐고 힐난하지는 말았으면 한다. 세상의 탁한 빛을 두 눈 부릅뜨고 보려는 건, 내가 아직 밝은 빛이 나는 세상을 꿈꾸고 있기에 가능한 것이니. 건강한 몸을 꿈꾸는 사람만이 종합검진으로라도 질병의 검은 면을 응시하려는 것과 마찬가지의 이치다. 하긴 그렇지 않은가. 병들었다는 걸 알아야 건강을 되찾으려고 하는 것처럼, 사회가 탁하다는 걸 알아야 우리는 사회를 밝게 만들려고 할 것이다. 그래서 "우리는 넘어진 곳에서 일어나야만 한다"라는 보조국사普照國師 지눌知訥의 가르침에 한 가지 단서가 더 붙어야 한다. 일어나기 위해 우리는 넘어졌다는 걸 알아야만 한다고.

2016년 1월 11일 새벽
광화문 집필실에서
강신주

머리말

차례

프롤로그: 양두구육의 시대, 철학자의 소명

소동에 의해서든 아니면 음악에 의해서든 또는 도움을 요청하는
외침에 의해서든 진리는 화들짝, 돌연 일격을 당한 듯 자기 침상에서
깨어나길 바란다. 진정한 작가의 내면에 갖춰져 있는 비상경보기의
숫자를 다 헤아릴 수 있는 사람이 있을까? 그리고 '집필한다'는 것은
그런 비상경보기를 켠다는 것에 다름 아닐 것이다.

벤야민Walter Benjamin, 《일방통행로Einbahnstraße》

1.

철학자는 말이나 글로 진리를 말하는 사람이다. 진리라
고 해서 너무 심각하게 생각하지는 말기를. 진리란 '진짜'라는 의미,
그 이상도 그 이하도 아니다. 진짜 사람, 진짜 사랑, 진짜 사회, 진짜
아버지, 진짜 어머니, 진짜 선배, 진짜 후배 등등. 물론 그렇다고 해
서 진짜라는 말이 항상 훌륭한 사람이나 상황만을 가리킨다고 오해
해서는 안 된다. 진짜 독재자, 진짜 양아치, 진짜 사기꾼, 진짜 자본

가 등등도 가능하니 말이다. 이와 관련하여 과거 노무현 대통령이 이 세상을 떠났을 때 발생했던 흥미로운 일이 하나 기억난다. 그건 독재자 전두환과 관련된 일이다. 당시는 노무현을 그렇게도 싫어했던 많은 사람들이 그의 죽음마저 희롱했던 때였다. 이명박 이하 집권 여당이나 당시 검찰 수뇌부의 반응을 기억해 보라. 정말 그들은 친구가 죽은 듯이 슬퍼하는 제스처, 아니 포즈를 취했다. 가짜 슬픔, 가짜 애도라는 건 누구나 아는 일이었다.

가짜가 판을 치는 바로 이때, 예기치 않은 인물 전두환이 노무현의 빈소에 등장한다. 빈소의 영정 앞에서 전두환은 정말로 슬퍼 보였고, 전직 대통령의 자살을 안타까워했다. '너도 마찬가지지. 또 슬픈 포즈를 취하러 왔나 보구나.' 그러나 전두환의 애도의 말을 듣는 순간, 나는 웃음이 터질 수밖에 없었다. "아이고. 뭐 그깟 일로 세상을 떠나다니." 처음에는 '헉!' 했지만, 이어 곧 나는 "우하하!" 하고 웃으며 무릎을 쳤다. 전두환답다! 대학 시절 동문 이한열을 죽음으로 이끈 독재자 전두환답다! 노무현의 자살은 일정 정도 그의 가족들과 관련된 사건, 그리고 사법부의 무리한 수사로 비롯되었다는 걸 누구나 알고 있다. 한마디로 본인과는 아무런 관련이 없는 일이지만, 노무현은 그걸 자신에 대한 정치적 공세, 혹은 정치적 모욕이라고 판단한 것이다. 수치스러움과 명예를 알았던 사람, 이것이 바로 노무현이다.

정말 당시 사법부의 수사가 옳았다고 가정하자. 잘해야 친인척의 문제일 뿐이다. 그러니 전두환의 입장에서는 노무현의 죽음이 이해가 되지 않는 것이다. 광주 시민을 학살하고 독재 정권을 시작했던 전두환이다. 직접 자신이 반민주적 악행을 저질렀다고 법정에서 고백했을 정도다. 우여곡절 끝에 죽음을 면하고 정부의 사면을 받은 뒤, 지금 자신은 호의호식하며 건강하게 살고 있다. 노무현이 그 정도 일로 죽어야 했다면, 자신은 수천수만 번 이미 죽어야 했을 것이다. 이것이 바로 전두환이 안타까운 추도사를 남기며 마음에 품었던 생각이었다. 자신은 살아서 맛난 것도 먹으며 노후를 즐기는데 '어떻게 그런 사소한 일로 죽었을까' 뭐 이런 안타까움이었던 것이다. 명예도 모르는 독재자 전두환답다. 공동체보다는 자신의 권력을 더 중요시했던 야수 전두환답다. 그는 진짜 독재자였던 것이다. 백담사로 자의 반 타의 반 귀양살이를 간 것도, 법정에서 자신의 잘못을 빌었던 것도, 모두 한 마리의 야수로 생존하기 위한 전략이었던 것이다. 강력한 수컷에게 무슨 명예가 있다는 말인가.

2.

1980년대에 대학을 다녔던 건 나로서는 행운이다. 전두환이 있던 시절, 우리는 선善이었고 전두환 정권은 악惡이었으니 말이다. 진짜 선인과 진짜 악인의 싸움! 마치 영화 〈반지의 제왕The Lord of the Rings〉처럼 명료했던 세상이었다. 영화를 보면 선한 사람들은 외모부터 빛을 발하고, 선량하고 양심적이며, 심지어 사랑과 우정을 온몸에서 풍기고 있다. 반대로 악의 무리들은 10년은 닦지 않았을 이빨에 그 이상 오랫동안 갈아입지 않았을 꾀죄죄한 옷을 입고 있으니, 어딜 가도 눈에 띈다. 그러니 당시 우리는 몸은 힘들었지만 정신은 편했다. 우리의 유일한 고민은 진짜냐 가짜냐가 아니라, 용기냐 비겁이냐의 문제였을 뿐이다. 민주주의와는 초지일관 척을 두고 있는 전두환과 그 일당에 맞설 것인가, 물러나 일신의 안위를 꿈꿀 것인가? 그래서 힘들었지만 행복했던 시절로 내게는 기억된다. 물론 당시에도 간혹 자신의 비겁을 정당화하기 위해 가짜를 진짜로 만들려는 정신승리도 있기는 했지만, 정말 한강 모래사장에서 바늘 찾는 격으로 드문 일이었다.

　　　철학자는 진짜 악당을 문제 삼지 않는다. 초지일관 악당이니까, 나뿐만 아니라 누구나 다 그를 멀리할 테니 말이다. 철학자가 의심하는 것은 '사이비似而非'한 상태다. '사이비'라는 말은《맹자孟子》에 등장하는 말로 '사시이비似是而非'라는 말에서 유래한 것이다. '옳은 것(是)' 같지만 '그르다(非)'는 뜻이다. 옳지 않은데 옳은 것처럼 보이니 문제다. 양두구육羊頭狗肉이 문제라는 것이다. 양의 머리를 상점에 걸어 놓고 실제로는 개고기를 팔고 있는 형국이니, 철학자가 필요하다. "당신들은 양고기라고 먹고 있지만, 그건 개고기일 뿐이에요." 그래서일까, 철학자는 인기가 없다. 잘못하면 집단 봉변을 당하기 십상이다. 상점 주인은 자신의 장사를 방해하니 철학자를 싫어하고, 손님들은 자신들을 멍청하다고 조롱하는 모양새니 자존심이 상할 테니 말이다. 이득을 탐하는 상점 주인이나 정신승리를 구가하는 손님의 환대를 못 받는다고 해서, '진짜'를 이야기하지 않을 수도 없다. 왜냐고? 인간에 대한 사랑 때문이다.

　　　우리 시대는 양두구육이 난무하고 있다. 사이비가 판을 치는 세상이다. 돌아보라. 국민 대다수는 노동자들이거나 그들의 가족이다. 그들을 돌보기보다는 자본가의 편을 들면서 친자본적인 정책이 노동자를 위한 것이라고 말하니 양두구육이다. 국민 복지를 이야기하면서 국민들에게만 깨알같이 촘촘한 조세 정책을 펼치니 이것도 양두구육이다. 역사를 바로 세운다고 하면서 결국 친일파나 유신세력들에게 면죄부를 주려고 하니 이것도 양두구육이다. 청년 실업을 해결한다고 하면서 정규직의 노동조건마저 악화시키는 노동법을 통과시키려고 하니 이것도 양두구육이다. 약자를 보호한다는 명목으로 법률을 제정하지만 그 법률로 강자인 자신들의 기득권을 보호하려고 하니 이것도 양두구육이다. 규제를 완화해 세월호 참사를 낳은 주범이면서 유족에게 애도를 뜻을 표하니 이것도 양두구육이다. 양두구육, 양두구육, 사이비, 사이비일 뿐이다. 그러니 욕먹을 각오를 하고 철학자가 또 나설 수밖에 없다. 철학자는 진짜를 추구하는 사람이니까.

3.

　　혼자서 진짜에 대해 구시렁거리는 건 너무나 소모적이다. 다행스럽게도 인문 저자인 내게는 공개적으로 진짜와 가짜, 그리고 사이비를 이야기할 수 있는 기회가 찾아왔다. 신문사와 잡지사에서 부탁한 칼럼들이 바로 그것이다. 그중 가장 중요한 지면은 〈경향신문〉일 것이다. 이 지면에서 나는 만 2년 동안 '철학자 강신주의 비상경보기'라는 제목의 칼럼을 썼다. 사이비를 변별하고 진짜와 가짜를 가르는 글들이다. 그러고 보니 제일 강력한 양두구육은 민주주의를 읊조리면서도 파시즘을 관철시키려는 작태, 혹은 인문주의를 표방하면서도 순응주의를 유포하려는 작태라고 할 수 있다. 민주주의라고 먹으면 파시즘이란 독을 삼킬 수 있고 인문주의라고 받아들이면 나약한 주체로 타락하고 마는 형국이니, 양두구육보다 더 심각한 위기인 셈이다. 옳다고 받아들이면 그르게 되는 걸, 아니 그르게 되는 정도가 아니라 삶마저 심각한 위기에 처하게 된다는 걸 알려 주고 싶었다.

칼럼 제목을 벤야민Walter Benjamin의 말을 빌려 '비상경보기'로 정한 것도 이런 이유에서다. 위기를 알리는 데 비상경보기만 한 비유도 없으니 말이다. 가스 누출로 인한 화재로 사경을 넘나들었던 사람에게는 분명 하나의 비상경보기가 장착되었을 것이다. 어느 날 그는 친구들과 여행을 떠났다. 일정이 너무나 피곤했었는지 숙소에 들어오자마자 모든 사람이 바로 곯아떨어졌다. 이때 한 사람만이 소스라치게 놀라 일어난다. '아! 가스 냄새다. 가스가 새고 있다.' 내면에 장착된 비상경보기가 울린 것이다. 이렇게 울린 비상경보기는 밖으로 터져 나올 수밖에 없다. 그는 친구들을 흔들어 깨우며 울부짖는다. "얘들아! 일어나. 빨리 나가야 해." 친구들이 말을 듣는다면 다행이지만, 대부분의 경우 친구들은 그의 말을 무시할 것이다. 그들은 무색무취의 가스가 얼마나 무서운지 경험해 본 적이 없으니까. "야! 왜 그래. 그냥 자. 너 오늘 너무 히스테릭하다." 이럴 때 친구들을 깨우려던 그는 당혹스럽겠지만, 그럴수록 더 절박하게 친구들을 흔들어 깨우려고 할 것이다.

어쩌면 "가스가 새고 있어!"라고 외치기보다 경고를 무시하고 잠을 자려는 친구들의 얼굴에 침을 뱉거나 오줌을 갈기는 것이 더 낫지 않을까. 그냥 괴성을 지르며 닥치는 대로 물건을 집어 던지고, 방에 갑자기 똥을 싸는 것이 더 낫지 않을까. 어쨌든 가스가 퍼져서 언제 화재가 발생할지 모르는 방에서 친구들을 꺼내는 것이 급선무니 말이다. 그러나 양두구육의 상황, 사이비의 상황에 노출된 사람들이 5,000만 명이 넘는다면, 이마저도 불가능한 일이다. 그런 절박함으로, 그리고 그런 애정으로 칼럼들을 썼다. 그리고 지금 그 칼럼들을 완전히 단행본으로 업데이트한 것이다. 칼럼과 책은 완전히 다르니 불가피한 일이다. 다시 한 번 비상경보기를 울리고 싶었다. 더 세게, 더 절절하게, 더 애정을 가지고. 지금은 과거 어느 때보다 보수 정치권과 자본가 계급이 양두구육의 현란한 저글링으로 우리 이웃들의 삶을 사이비로 물들이고 있는 시대다. 그래서 이 책이 진짜 인문주의, 진짜 민주주의가 무엇인지 공감하는 계기가 되기를 바란다. 가짜와 그보다 더 나쁜 사이비와의 전쟁은 그래야 진정으로 시작될 수 있으니.

추신: 고마움을 표해야 할 분들이 있다. 〈경향신문〉의 훌륭한 기자 조운찬 님, 문학수 님. 누추한 책에 근사한 사진 게재를 허락하신 사진작가 이상엽 님. 그리고 마지막으로 나만큼 이 책을 사랑했던 내 편집자 이정신 님. 이리 좋은 인연을 만났으니, 나는 전생에 나라를 서너 번 구했나 보다. 고맙습니다. 꾸벅!

우리는 과거의 처형자들과 다르다고 말하지 않았나? 우리는 소극적인 복종이나 비굴한 굴복으로 만족 못하네. 자네가 우리한테 항복한다고 해도 그건 어디까지나 자네의 자유의지에 의해서야만 하네. 이단자들이 우리한테 반항한다고 해서 그들을 처형하는 게 아닐세. 우리는 그들을 전향시켜 속마음을 장악함으로써 새사람으로 만든다네. 그들이 지닌 모든 악과 환상을 불태워 버리고, 외양만이 아니라 그들의 마음과 영혼까지 우리 편으로 만드는 거지. 그들을 죽이기 전에 우리와 같은 사람으로 만든단 말일세. 비록 알려지지도 않고 그 영향력 또한 없다 하더라도 그릇된 사상이 이 세상 어딘가에 존재한다는 것은 참을 수 없는 일이니까. 죽는 순간까지 우리는 그 어떤 탈선도 용납하지 않네. 옛날에는 이단자들이 여전히 이단자인 채 스스로 이단자임을 자처하며 화형장으로 끌려감으로써 모종의 희열을 느끼기도 했지. 소련에서 숙청당한 희생자들도 사형장으로 끌려가면서도 머릿속에 반항 의식을 갖고 있었네. 그런데 우리는 처치하기 전에 두뇌를 완전히 개조시키지. 옛날 전제 군주의 명령은 '너희들은 이렇게 해서는 안 된다'는 식이었고, 전체주의자의 명령은 '너희들은 이렇게 해야 한다'는 식이었지만, 우리의 명령은 '너희들은 이렇게 되어 있다'는 식이네. 우리가 여기에 끌고 온 사람치고 우리에게 끝까지 맞선 자는 없었네. 모두 완전히 세뇌되었지.

조지 오웰George Orwell

《1984》

유신독재의 망령

∨

아직 유효한 벤야민적 역사철학

낭패다. 급하게 단추를 채우다 보니, 잘못 채운 것 같다는 막연한 느낌이 든다. 누구나 단추를 잘 채운 옷을 입고 싶을 것이다. 나도 마찬가지다. 이 순간 내게는 단지 두 가지 선택지만이 남겨진다. 첫 번째 선택지는 귀찮고 번거로운 일이지만 단추를 차근차근 풀어 가는 방법이다. 이렇게 인내를 가지고 단추를 풀어 가다 보면 언젠가 단추를 잘못 채운 결정적인 부분에 이르게 될 것이다. 바로 이 부분, 잘못 채워진 부분에서부터 제대로 채워야 한다. 그렇지만 이것은 너무나 성가신 일 아닌가. 혹시 단추를 잘못 채웠다는 나의 느낌이 틀렸을 수도 있으니까. 이럴 때 나는 다른 두 번째 선택지를 생각하게 된다. 단추를 잘못 채운 것 같다는 느낌을 단호하게 고개를 흔들며 부정하고 계속 단추를 채워 가는 것이다. 언젠가 단추채우기가 무사히 끝날 것이라는 희망을 가지고 말이다. 그렇지만 무언가 서늘한 예감을 계속 눌러야만 할 것이다. 혹시 희망이 좌절되고 마지막 단추가 채워지지 않은 채로 있을 수도 있는 불길한 예감 말이다.

여러분이라면 어떻게 하겠는가? 단추를 다시 풀면서 뒤로 갈 것인가, 아니면 언젠가 맞겠지 하고 계속 앞으로 나갈 것인가? 제정신이 있는 사람이라면 단추를 다시 풀어 잘못 채운 부분으로 되돌아갈 것이다. 결국 과거에서 우리는 구원의 희망을 발견할 수 있는 법이다. 그렇다. 과거나 현재를 간단히 부정하고 미래만을 보고 간다는 것처럼 어리석은 일은 또 없을 것이다. 누구나 알고 있지 않은가. 첫 번째 사랑에 실패한 사람은 심각하게 어느 지점에서 사랑이 자신의 곁을 떠나게 되었는지 처절하게 복기해야만 한다. 다시 사랑을 한다고 하더라도, 첫 번째 사랑이 넘어진 부분에서 다시 좌절할 가능성이 많을 테니 말이다. 그렇지만 얼마나 힘든 일인가. 실패한 사랑을 응시하는 것은 가슴 아린 일이니까. 방금 딱지가 앉은 상처를 다시 후비는 일은 너무나 힘든 일이다. 그렇다고 해서 상처를 후비는 일을 멈추어서는 안 된다. 첫 번째 사랑의 비극에서 어떤 교훈도 얻지 못한다면, 어떻게 우리가 두 번째 사랑에서 사랑의 결실을 바랄 수 있겠는가.

과거에서 구원의 희망을 찾아야 한다. 이것이 우리 시대 인문학이 얻은 핵심적인 통찰이 아닌가. 프로이트 Sigmund Freud가 환자의 내면을 뒤지며 과거에 발생한 트라우마를 집요하게 찾아 들어간 것도, 벤야민이 자본주의가 안겨 준 불행을 해소하기 위해 19세기 자본주의의 수도 파리를 이 잡듯이 뒤진 것도 이런 이유에서다.

유신독재의 망령

과거에 생긴 트라우마는 환자의 현재를 지배하고, 나아가 미래도 결정하는 법이다. 마찬가지로 19세기에 그 틀을 갖춘 자본주의 체제는 우리 시대를 거쳐서 미래 세대의 삶도 지배할 것이다. 현재와 미래를 바꾸고 싶은가? 그것은 개인의 경우든 사회의 경우든 모두 잘못 채워진 첫 번째 단추를 찾는 것으로 시작되어야만 한다. 지금 어떤 사람이 정신적으로 문제가 있다면, 우리는 그의 정신이 언제 틀어지게 되었는지 그 과거의 시점으로 육박해 가야만 한다. 현재 자본주의 체제에 문제가 있다면, 우리는 자본주의 체제가 지금처럼 뒤틀리게 되었던 그 시점으로 되돌아가야만 한다.

　　　　생각해 보라. 일본의 사학자들이 집요하게 과거사를 왜곡하는 이유를. 일본제국주의가 결코 반인륜적인 범죄를 저지르지 않았다는 주장에 우리는 쉽게 콧방귀를 뀐다. 사실 일본군 위안부로 동원되어 성노예 생활을 했던 피해 할머니들과 아직도 살고 있는 우리에게 일본의 주장은 터무니없는 이야기로 들리기 때문이다. 그렇지만 일본군 위안부 할머니들이 돌아가시고 우리마저도 이 세상을 떠난 100여 년 뒤에도 과연 그럴 수 있을까? 분명 과거 왜곡을 방치한 대가는 전적으로 우리 후손들이 감당하게 될 것이다. 일본의 역사 왜곡은 지금 우리를 표적으로 하는 것이 아니다. 그것은 앞으로의 미래를 미리 장악하고자 하는 무서운 시도다. 결국 일본의 미래 세대들과 우리의 미래 세대들 사이에 갈등과 불화는 피할 수 없는 일이 될 것이다. 얼마나 무서운 일인가? 과거를 지배하는 자가 어떤 식으로든 미래를 지배하게 된다는 사실이 말이다. 과거를 둘러싼 투쟁이 현재에 이루어진 투쟁보다 파급력이 큰 것도 이런 이유에서다.

　　이제야 우리는 지금 우리 주변을 망령처럼 떠도는 이상한 이야기가 얼마나 무서운 것인지 이해할 수 있다. "과거의 일은 역사의 심판에 맡겨야 한다!" 유신독재도 그리고 유신독재가 남긴 상처도 '통치자'는 주장이다. 통친다는 것! 구체적으로 그것은 유신독재에는 장점도 단점도 있으니, 장점으로 단점을 덮자는 것이다. 물론 장점은 경제 개발을 통해 지긋지긋한 보릿고개를 없앴다는 것이고, 단점은 민주주의 가치를 전면적으로 훼손하는 군사 쿠데타와 독재정치를 관철시켰다는 것이다. 여기서 묘한 논리, 혹은 현란한 저글링이 등장한다. 그것은 박정희가 경제 개발을 위해 독재를 했다는 논리다. 그러니 헷갈릴 일이다. 자신의 쿠데타와 유신독재를 미화하거나 정당화하기 위해 경제 개발을 한 것인지, 경제 개발을 위해 쿠데타와 독재를 행한 것인지 말이다. 그러나 저글링의 궁극적 방향은 자명하지 않은가. 그것은 경제 개발만 남기고 독재를 문제 삼지 않는 방향일 테니 말이다.

　　유신독재는 '박정희'라는 형식만을 만든 것이 아니라, 동시에 '장준하'라는 형식과 '전태일'이라는 형식도 만들어 냈다. 지금 나는 형식이라고 말했다. 이 자리에 구체적인 인물이 누구든지 들어갈 수 있기 때문이다. '박정희'라는 형식이 있었기에 '전두환'이란 신군부 정권이 가능했고, '장준하'라는 형식이 있었기에 지성인에 대한 탄압이 가능했고, '전태일'이란 형식이 있었기에 '비정규직 노동자들'의 척박한 삶이 가능했던 것이다. 더 나가 볼까. '노동개혁'이란 미명하에 이제 정규직 노동자들마저 '전태일'의 형식 안에 넣으려는 박근혜 정권을 보라. 불행 중 다행은 박정희 유신 정권처럼 강압이 아니라 국회에서의 법 개정이라는 방법을 사용하려는 세련됨을 보인다는 정도일 것이다. 모두 과거를 통쳤기에 생긴 현상이다. '박정희'라는 형식, '장준하'라는 형식, 그리고 '전태일'이란 형식은 항상 함께 움직이기 때문이다. 그러니 지금 우리는 반드시 유신독재라는 잘못 채워진 단추까지 거슬러 올라가 그것을 바로잡아야 한다. 그래야 독재자라는 형식, 그로부터 파생되는 지식인 탄압과 노동자 억압이라는 형식을 제거할 수 있을 테니까 말이다.

　　　　지금 '박정희'를 긍정하려는 시도가 '자백'에 이르는 경우도 생기기 시작했다. 그것은 일제강점기를 긍정하는 것에까지 이를 테니 말이다. 맞는 말이다. 근대식 교육을 받을 수 있었던 것도, 근대적 면역학으로 평균수명이 획기적으로 증가한 것도, 나일론 등 화학섬유로 더 편한 생활을 누리게 된 것도, 기차 등 대중교통 수단이 발달한 것도 모두 일제강점기의 결과물이었으니 말이다. 경제 개발로 유신독재를 통치자는 주장은 서구화와 근대화로 일제강점기를 정당화하자는 논리로 바로 이어질 수밖에 없다. 뉴라이트를 표방하는 사학자들의 사관이 바로 이것이다. 그래서 그들은 그렇게도 경성 시대의 화려한 네온사인, 혼마치本町의 관능적인 카페들, 우미관이란 극장에서 희로애락을 느꼈던 사람들에 주목했던 것이다. 일제강점기 36년 동안 경성에서는 일본제국주의가 가져온 근대문물에 대한 매력적인 향유가 있었다는 것이다. 여기서 두 번째 저글링이 시작된 셈이다. 표면적으로 일본제국주의는 부정하지만 일본제국주의가 가져온 근대화의 성과는 긍정한다는 더 엽기적인 저글링 말이다.

"어느 시대에나 전승된 것을 제압하려 획책하는 타협주의로부터 그 전승된 것을 쟁취하려는 시도가 이루어지지 않으면 안 된다. 메시아는 구원자로서만 오는 것이 아니다. 메시아는 적그리스도를 극복하는 자로서 온다. 죽은 자들도 적이 승리한다면 그 적 앞에서 안전하지 못하다는 점을 투철하게 인식하고 있는 역사가에게만 오로지 과거 속에서 희망의 불꽃을 점화할 재능이 주어져 있다. 그리고 이 적은 승리하기를 멈추지 않았다." 벤야민의 〈역사철학테제Über den Begriff der Geschichte〉에 등장하는 말이다. 벤야민의 서늘한 역사 감각에 역사교과서를 국정화하려는 박근혜 정권의 시도가 오버랩되는 이유는 무엇일까. 국정화된 역사교과서는 박근혜의 아버지인 박정희의 경제 개발에 포커스를 맞출 것이다. 그러나 논리적으로 뉴라이트적인 국정 역사교과서는 심각한 문제에 봉착하게 될 것이다. 경제 개발만으로 혹은 자본주의의 발달만으로 유신독재를 정당화하려면 일제강점기 자체도 긍정할 수밖에 없다는 사실을. 박정희 하나 살리자고, 한반도에 살던 우리를 억압했던 일본제국주의마저 되살아나는 형국이다.

이제 더 이상 우리는 과거를 둘러싼 투쟁에서 물러서서는 안 된다. 잘못 채워진 단추로 거슬러 올라가 그것을 바로잡지 못한다면 그들은 계속 피눈물을 흘릴 것이고, 그 피눈물은 먼 미래를 절망으로 물들일 테니까 말이다. 우리 시대 인문학의 슬로건이 프루스트Marcel Proust의 소설 제목처럼 '잃어버린 시간을 찾아서!'여야만 하는 이유도 바로 여기에 있다. 또한 바로 이것이 우리에게 역사가 필요한 이유이기도 하다. 과거는 우리가 어찌할 수 없이 저 멀리 지나가 버린 그런 것이 아니다. 과거는 집요하게 우리의 현재와 미래에 그 그림자를 드리우기 때문이다. 과거가 잿빛이면 현재나 미래도 잿빛을 띨 수밖에 없다. 그러니 과거로 돌아가 그 잿빛을 제거해야만 한다. 불행히도 지금 우리는 그 잿빛을 퉁치자는 움직임, 다시 말해 과거에 잘못 채워진 단추를 그냥 내버려 두고 미래만을 보자고 유혹하는 암울한 책략에 직면해 있다. 인간의 자유와 행복을 위한 투쟁은 단순히 현재만이 아니라 과거에까지 이를 수밖에 없게 된 것이다. 지금 우리는 '잃어버린 시간을 찾아야' 한다. 그것이 바로 소망스러운 미래를 되찾는 결정적인 동력이기 때문이다.

정말 효성도
지극하십니다!

1945년 해방 이후 친일파는 자신이 가진 기득권을 포기하려고 했을 것이다. 생명마저 위태로운 판에 재산이니 권리가 무슨 소용이 있다는 말인가. 저 멀리 프랑스에서 일어난 일을 보면서 그들은 얼마나 쫄았겠는가. 나치로부터 해방된 프랑스 사람들은 나치 협력자를 처리하는 전담 재판소를 설치해서, 나치 협력자로 의심되는 200여 만 명을 공개해 법의 심판대에 세웠다. 마침내 그중 20여 만 명의 나치 협력자들에게는 사형이나 강제노역형, 혹은 징역형이 부가되었고, 아울러 재산뿐만 아니라 공민권마저도 박탈됐다. 5년 동안의 나치 협력만으로도 나치 협력자들은 프랑스사회에서 완전히 제거되었는데, 36년 동안의 친일행위였으니 수학적으로는 일곱 배의 가중처벌이 불가피한 일 아닌가. 그러나 이게 웬일인가. 정권을 잡으려는 이승만의 야욕으로 친일파는 응징은커녕 사회 기득권층으로 화려하게 부활한 것이다. 친일파와 그의 후손들에게 이제 남은 것은 자신들의 친일행위를 기억하고 있는 사람들이 죽기를 기다리는 일이다. 그러나 이걸 어쩐다. 사람이 죽어도 글은 남으니 말이다. 그들은 고민에 고민을 거듭한다. '친일을 증언하는 글들을 어떻게 없앤다?' 독재자의 딸이 대통령이 되면서, 그들은 마침내 자신들의 숙원을 이룰 기회를 얻게 된다. 독재자의 딸도 독재의 상처를 품고 살던 피해자들이 하나둘 세상을 떠나자 독재를 증언하는 글들을 없애기로, 아니 최소한 미화하기로 작정했기 때문이다. 공동체의 가치보다는 가문을 위하는 마음, 그들의 효성은 정말 하늘도 감동시킬 일이다. 서러운 것은 대다수 우리들의 효성이 친일파와 독재자 후손에 미치지 못한다는 데 있다. 남의 효도에 감탄하지만 말고, 이제 우리도 효도 좀 하자!

유신독재의 망령

적과 동지라는 이분법

∨

파시즘 작동 메커니즘

콩가루처럼 서로 반목하는 가족이 있었다. 어느새 성장한 자식들과 그것을 받아들이지 못한 권위적인 부모 사이에 있을 법한 갈등이다. 성장한 자식들은 어머니가 가진 억척스러운 이기주의를 못마땅하게 생각하고 있다. 특히 얼마 전 아파트 단지에서 일어났던 사건은 자식들의 불만을 통제할 수 없을 정도로 고조시켰다. 어머니가 쓰레기를 이웃집 근처에 투기하다가 이웃에게 발각된 것이다. 이웃집의 정당한 문책에 어머니는 증거가 있느냐며 뻔뻔스럽게 맞서기까지 했다. 이 일이 있은 뒤 기회가 있을 때마다 자식들은 어머니에게 해묵은 이기주의를 버리라고 질책했다. 그렇지만 어머니는 자신의 이기주의가 아니었으면 이만큼 살 수도 없었을 거라고 항변한다. 자신의 억척스러움으로 자식들이 이만큼이나 성장한 것이라고 믿고 있던 어머니로서는 배신감마저 들었다.

당연히 어머니와 자식들 사이의 관계는 서먹해지고 불편해져만 갔다. 가족 이기주의를 버리기보다 어머니는 자신의 권위를 어떻게든 되찾으려고 고뇌하게 되었다. 그녀의 머리에 특단의 조치가 떠올랐다. 자식들이 들어올 때쯤, 그녀는 같은 아파트 단지에 살고 있던 어느 아주머니에게 시비를 걸었다. 평소 소원한 관계였으니 그녀의 정치적 책략을 관철하기에는 더 없이 좋은 상대였다. 고성이 오가는 다툼 끝에 머리채를 부여잡는 몸싸움까지 벌어졌다. 상대방의 가족들까지 총출동해서 그녀를 핍박하려는 위기의 순간에, 마침 귀가하던 그녀의 자식들은 어머니가 궁지에 빠진 것을 목격했다. 바로 이 순간이다. 아무리 어머니와 갈등관계에 있다고 하더라도 자식들은 선택해야만 한다. 이웃집 아주머니인가, 아니면 자신의 어머니인가? 어머니와의 반목도 잊고 그들은 어머니 편을 들고 상대방 가족들과 맞섰다.

　　한밤중의 전쟁 아닌 전쟁이 끝난 뒤, 어머니와 자식들은 개선 부대처럼 집으로 돌아왔다. 순간적이나마 가족 내부의 갈등은 미봉되며, '우리는 한 가족'이라는 동지 의식이 말끔히 복원된 셈이다. 싸움의 와중에 생긴 자신의 상처에 반창고를 붙여 주면서 아직도 분노를 삭이지 못하고 있는 자식들에게 어머니는 희미한 미소를 던질 것이다. 마침내 그녀는 억척스러운 이기주의를 버리지 않은 채 어머니로서의 권위도 회복하는 데 성공한 셈이다. 놀랍지 않은가? 어머니는 20세기의 가장 문제적인 정치철학자 칼 슈미트Carl Schmitt의 통찰을 본능적으로 체감하고 있었던 것이다. 자신의 작은 책《정치적인 것의 개념Der Begriff des Politischen》에서 슈미트는 우리에게 섬뜩

한 가르침을 전한다. "모든 종교적, 도덕적, 경제적, 인종적 또는 그 밖의 대립은 그것이 실제로 인간을 적과 동지로 분류하기에 충분할 만큼 강력한 경우에는 정치적인 대립으로 변화하게 된다."

　무슬림과 크리스천이 있다고 하자. 분명 두 사람은 대립하고 있다. 믿고 있는 바가 다르기 때문에, 너무나 당연한 일이다. 그러나 무슬림이 크리스천을 적으로 몰고 반대로 같은 무슬림을 동지라고 분류하는 순간, 상황은 종교적 대립이 아니라 정치적인 대립으로 변한다. 유교의 가르침을 숭배하고 있는 할아버지가 개인주의 윤리를 따르는 젊은이들을 적으로 간주할 때, 도덕적 대립은 정치적 대립으로 비화된 것이다. 또한 정규직 노동자와 비정규직 노동자가 서로를 적으로 간주할 때, 경제적 대립은 정치적 대립으로 바뀌고 있는 것이다. 이외의 모든 대립은 마찬가지로 항상 정치적 대립으로 비화될 가능성에 노출되어 있다. 슈미트가 탁월한 이유는 바로 여기에 있다. 정치가 국회의원이나 대통령 등 정치가들만이 독점하는 것이 아니라 생활 도처 어디에서든지 가능하다는 것, 그리고 실제로 그렇게 작동하고 있다는 걸 명료히 했기 때문이다.

　정치적인 것, 다시 말해 적과 동지라는 범주가 작동하는 순간, 정치는 수면 위로 나온 셈이다. 사실 슈미트의 통찰 이전에도 군주들이나 지배자들은 이미 적과 동지라는 범주의 작동이 가장 강력한 통치 방법이라는 걸 알고 있었다. 어떤 공동체를 적과 싸우도록 하면, 그 공동체 성원들은 동지라는 감정을 공유하게 된다. 아니, 공유할 수밖에 없을 것이다. 그래서 역사적으로도 권력의 정당성에 대한 강한 문제 제기가 내부에 발생할 때마다, 국가권력은 외부의

　　　　　　　　　1부 | 위풍당당한 파시즘 행진곡

적을 설정하면서 내부의 갈등을 미봉하는 정치적 기법을 마다하지 않는다. 전쟁 중에 국가권력에 도전하는 사람은 결국 이적행위를 하는 꼴이 된다. 바로 이것이다. 국가권력에 대한 정당한 비판마저도 국가권력은 전쟁 등과 같은 정치적 행위를 통해 언제든지 무력화시킬 수 있다. 슈미트가 국가기구란 본질적으로 갈등과 반목에 의지해서 자신의 생명을 유지한다고 말했던 것도 이런 이유에서다.

현대에 들어서면서 적과 동지라는 범주를 작동하는 방법으로 전쟁은 가급적 피하려는 경향이 커져갔다. 핵무기를 포함한 대량살상무기가 발달했기에, 전쟁은 하나의 공동체를 동지로 묶는 힘이 있지만 잘못하면 하나의 공동체를 지구상에서 절멸시킬 수도 있기 때문이다. 이것이 제1차 세계대전, 제2차 세계대전, 그리고 한국전쟁을 거치면서 국가권력이 깨우친 값비싼 교훈인 셈이다. 그렇다면 전쟁의 정치적인 효과를 그대로 갖되, 실패했다고 해서 전체 공동체가 파괴되지 않는 방법은 없을까? 마침내 국가권력이 찾은 방법이 바로 올림픽과 월드컵으로 상징되는 국가 대항 경기다. 올림픽 경기나 월드컵 경기는 항상 우리에게 거친 이분법을 던진다. 적의 편에 설 것인가, 아니면 동지의 편에 설 것인가? 그러니 스포츠의 페어플레이를 외친다고 해도 이미 국가 대항 경기 자체는 항상 정치적인 장치일 뿐이다. 2014년에 열렸던 브라질 월드컵 기간 동안 대통령 선거 예비후보의 모든 비리도, 상수원을 위기에 빠뜨린 녹조 문제도, 다시 시작되는 정리해고라는 자본의 칼날도 "코리아 파이팅!"이란 구호로 태풍에 날아가듯 날아가 버렸다.

한·일전 축구 경기로 정점을 이루었던 국가 대항전은 아

적과 동지라는 이분법

직도 수그러들 줄 모르고 있다. 이걸로도 부족한 것인지, 일본 정권은 틈나는 대로 독도를 외교 쟁점으로 만들려고 시도한다. 자신의 국가권력을 강화하기 위해 우리를 갈등의 장으로 초대하려는 것이다. 그런데 이제 드디어 우리 정권도 슈미트의 냉혹한 가르침을 실천하기 시작한 것이다. 독도 주권이라는 현실적인 쟁점과 아울러 과거 일본제국주의의 만행을 계속 상기시키면서 말이다. 점점 온 국민이 적과 동지의 이분법에 포획되고 있다. 적과 동지라는 이분법이 항상 공동체 성원들에게 먹히는 이유는 피해의식 때문이다. 동지로 뭉치지 않고 서로 반목한다면 적이 우리 공동체 자체를 파괴해서 나 자신의 생존마저도 위험에 빠뜨릴지 모른다는 피해의식이 작동하는 것이다. 미래에 대한 공포뿐만 아니라 그것이 과거 역사의 경험에도 토대를 두고 있다면, 피해의식은 더 위력을 발휘할 수밖에 없다. 일본제국주의의 피해를 36년이나 받았던 것이 바로 우리 민족 아닌가.

국가권력이 일본과의 갈등 국면을 조성하는 데 집중하는 것도 이런 이유에서다. 식민지의 아픈 경험이 있던 우리 국민들에게 일본만큼 적으로 설정하기 편한 대상도 없을 테니까 말이다. 피해를 당했던 사람들은 누군가 자신에게 피해를 줄 것 같다는 느낌이 들면 과도하게 반응하는 법이다. 아우슈비츠에서부터 수차례나 공동체 자체가 파괴될 위험을 경험했던 이스라엘인들이 팔레스타인이나 이란과 같은 아랍 공동체들에 대해 가혹할 정도로 선제공격을 시도하는 것도 이런 이유에서다. 자라 보고 놀란 가슴, 솥뚜껑 보고 놀라는 식이다. 결국 아랍 공동체 내부에서 탈레반이나 IS와 같은 과격

폭력 조직이 탄생하는 데 이스라엘이 일정 정도 일조한 셈이다. 이스라엘이 자신들을 적으로 돌리는 순간, 아랍 사람들도 동지라는 의식으로 무장하여 이스라엘에 맞대응하게 된 것이다. 이처럼 적과 동지라는 범주는 마치 전염병처럼 퍼져 나가는 속성이 있다. 우리가 동지로 묶이면, 타인들로 자신들을 동지로 묶을 테니 말이다.

잊지 말아야 할 것은 적과 동지의 이분법에 포획되는 순간 공동체는 파시즘적 광기에 사로잡힌다는 점이다. 우선 국가권력에 맹목적으로 일체화하려는 경향이 뒤따른다. 잘못된 정책에 대한 건전한 비판의 목소리가 나와도 누구도 귀담아 들으려고 하지 않는다. 적에 맞서 싸워야 하기 때문에 내분은 있을 수 없다는 동지 의식이 우리의 무의식을 사로잡기 때문이다. 역대 정권이 비판에 직면할 때, 항상 북한과의 갈등 국면을 조성했던 이유도 바로 여기에 있다. 그래서 한 가지 공식마저 생겼던 것이다. 진보적인 정권하에서는 대통령이 북한 지도자와 정상회담을 갖고, 보수적인 정권하에서는 휴전선이 항상 불안해진다는 공식 말이다. 진보적인 정권은 정권에 대한 비판을 경청하려고 하기에, 구태여 비판자들에게 적이냐 동지냐의 거친 이분법을 적용할 필요가 없기 때문이다. 간혹 북한 지도부가 자기 정권의 안정화를 위해 남한사회를 공격할 때가 있다. 우리는 이것을 북풍北風이라고 한다. 북풍이 몰아치면, 한반도에는 적과 동지라는 이분법이 작동하고 십중팔구 남쪽에서는 보수 세력이 청와대나 국회를 장악하게 된다.

파시즘적 광기의 더 무서운 측면은 적으로 규정된 상대방에 대한 비합리적인 적개심이다. 이제 적국의 국민이라는 단순한 한

적과 동지라는 이분법

가지 이유로 특정 개인에게도 적대감을 표출하거나, 심지어는 폭력을 행사하게 될 것이다. 그러나 생각해 보자. 예컨대 도쿄에 살고 있는 나카무라는 나와 마찬가지로 쇼팽Frédéric François Chopin을 좋아하고, 평화를 사랑하며, 유머를 좋아하고, 산책을 즐기며, 가족을 아끼는 사람일 수 있다. 그러나 파시즘적 광기에 사로잡히는 순간, 나는 나와 소통할 수 있는 그의 다른 모든 속성들을 부정하고 오직 일본 국적이라는 하나의 속성만으로 그를 적으로 간주하게 될 것이다. 마치 유대인이라는 이유만으로 모든 유대인들을 가스실로 잡아 보냈던 나치 친위대처럼 말이다. 마르크스Karl Marx는 역사는 한 번은 비극으로, 다른 한 번은 희극으로 온다고 했다. 현해탄에 파시즘이란 망령이 떠나지 않는다면, 다시 벌어질 수밖에 없는 희극은 어쩌면 피눈물 나는 희극일지도 모를 일이다.

파시즘을 돌파하는
섹시한 실천 강령!

보수 세력, 그러니까 자신의 기득권을 유지하려는 소수 세력들은 항상 적과 동지라는 범주를 마치 생화학무기인 양 유포시키려고 한다. 여기에 맞서는 방법을 마련하지 않는다면, 우리는 또다시 그들의 손아귀에 놀아나게 될 것이다. 이론적으로는 두 가지 방법이 있다. 하나는 적이라는 범주를 없애는 것이고, 다른 하나는 동지라는 범주를 없애는 것이다. 이 두 가지 방법은 거의 동시에 수행되어야 한다. 적이란 동지가 아닌 사람들이고, 동지란 적이 아닌 사람들이라고 정의되기 때문이다. 우선 모든 모임에는 가급적 나가지 않는 것부터 실천하자. 향우회, 동문회, 가족행사 등 일체의 단합대회에 뜨문뜨문 영혼 없이 나가거나 궁극적으로는 아예 나가지 않아야 한다. 이런 동지 모임에 나가는 순간, 우리는 자신도 모르게 누군가를 적으로 돌릴 폭력성에 길들여질 테니 말이다. 한마디로 동지라는 범주를 해체하자는 것이다. 그러면 다른 지역, 다른 학교, 다른 성씨 사람이라고 멸시하거나 적대시할 일도 없을 것이다. 반대로 지금 당장은 적이라고 생각하는 사람들의 모임에는 가급적 참여하도록 노력하자. 그러니까 새누리당 전당대회 같은 곳이나, 해병대 전우회 모임이나, 혹은 '일베(일간베스트)' 모임에도 나가 보는 것이다. 물론 그곳에 들어가 프락치로 활동하라는 것은 아니다. 그냥 들어가서 나름의 활동을 하라는 것이다. 쿨하게! 여러분이 적의 모임에 들어가 활동하는 순간, 적의 모임은 그 자체로 강하게 동지로 묶일 수 없다. 왜냐고? 바로 여러분처럼 이질적인 사람, 적인지 동지인지 헷갈리는 사람이 있으니, 새누리당 전당대회나 해병대 전우회 모임이나 '일베' 모임이 나치 전당대회처럼 진행될 리 만무할 테니 말이다.

개보다 못한 개들의 세상

∨

사회적 광견병의 병리학

"생각은 의무다." 아렌트Hannah Arendt의 말이다. 생각은 또한 의지다. 이것은 비트겐슈타인Ludwig Wittgenstein의 주장이다. 생각이 자연스럽게 주어진 능력이 아니라 하나의 의무이자 의지라니. 당혹스럽겠지만 현실을 돌아보면 이것은 너무나 당연한 명제라고 할 수 있다. 정치적인 권력과 경제적인 기득권 앞에서 우리는 자신의 생각을 피력하기조차 힘들다. '저건 아니지'라는 생각을 말로 표현했다가는 엄청난 불이익이 생길 테니까. 그래서 차라리 우리는 생각을 쉽게 포기하는 쪽을 선택한다. 정치적이거나 경제적인 권력자의 생각을 그대로 답습하는 편이 일신의 안전에 훨씬 유리하다고 우리는 무의식적으로 판단한 셈이다. 여기서 우리는 짐승이 된다. "인간은 생각하는 동물"이라는 아리스토텔레스Aristoteles의 정의를 떠올려 보자. 생각을 무의식적이든 아니면 의식적이든 방기하는 순간, 우리에게 남는 것은 단지 동물일 테니 말이다. 자신의 안전만 생각한다면, 우리는 고독한 야수일 뿐 공동체적 존재로서 인간일 수는 없다. 인간人間, 그것은 사람〔人〕과 사이〔間〕로 이루어진 글자 아닌가?

　　　여기서 한 가지 부연할 것이 있다. 그것은 명문대에 진학한 학생들이나 명문대 교수들이 가장 훌륭하게 생각한다는 편견과 관련된 것이다. 이들은 선형대수학이나 수학기초론에 탁월한 업적을 남길 수도 있고, 아니면 거시경제학과 미시경제학에 타의 추종을 불허할 성과를 남길 수도 있다. 혹은 양자전기학이나 비평형열역학에서 숨 막히는 능력을 보일 수도 있다. 그렇지만 이것만으로 생각이라고 말하기에는 무언가 부족하다. 적절한 프로그램을 탑재한 성능이 좋은 컴퓨터도 이 정도 기능은 근사하게 수행할 테니 말이다. 새가 나는 것처럼, 물고기가 헤엄을 치는 것처럼, 그저 능숙한 계산 능력이 있다고 해서 생각이라고 할 수는 없는 법이다. 그래서 생각의 핵심은 타인의 입장에서, 혹은 공동체의 입장에서 자신을 성찰할 수 있느냐에 달려 있다. 아무리 성능이 좋은 컴퓨터라도 할 수 없는 것이 바로 이것이다. 생각을 하거나 그것을 표현하면, 공동체에는 도움이 되지만 일신의 안위에 도움이 되지 않는 경우가 많다. 이런 악조건 속에서도 아무런 검열 없이 생각하고 공동체적 가치를 당당히 표현할 때, 비로소 인간은 생각하는 존재가 되는 것은 아닐까.

　　　생각은 생각 이상으로 묵직한 것이다. 그러니 우리 현대사를 돌아보면 안타까움에 탄식이 멈추지 않는다. 20세기 대부분을 우리는 생각의 권리를 허용하지 않았던 야만적인 권위주의의 지배 아래서 허덕였기 때문이다. 20세기 전반기를 어둡게 만들었던 일제강점기의 시기로도 모자랐던지, 20세기 후반기는 군사독재의 군홧발에 의해 더럽혀졌다. 힘이, 그것이 정치적 힘이든 아니면 경제적 힘이든 간에, 모든 인간적 가치를 억압했던 시대를 산다는 것은 남루하고 서글픈 일이다. 그렇지만 모진 것이 삶인지라 암울했던 시대에도 삶은 지속되어야 했다. 20세기 전반기에 굴욕의 삶을 살았던 사람들은 하나둘 이 세상을 허무하게 떠났지만, 1970년대 유신독재 시절에 유년기나 청년기를 보냈던 사람들은 이제 어느 사이엔가 사회지도층으로 성장했다. 개발독재의 추억은 평범한 사람들에게는 배를 곯지 않게 해 준 아련한 전설로 남아 있지만, 우리가 주목하고 싶은 것은 당시 대학을 다니면서 유신 체제의 중심부에 들어가려 했으며, 마침내 그 뜻을 이룬 사람들이다.

지금 사회지도층으로 성장한 그들이 권력의 중심부로 들어가기 위해 한 가지 치러야 할 치명적인 대가가 있었다. 그것은 자기만의 고유한 생각과 판단을 유보하는 것이다. 독재 체제의 정점에 있는 독재자는 글자 그대로 모든 것을 혼자서 판단하고, 나머지 사람들에게는 자신의 생각을 '근면하고 성실하게' 이행하라고 요구했기 때문이다. 최고 권력자의 생각일지라도 그것이 전체 공동체의 이익에 부합하지 않는다면, 단호히 거부할 수 있어야만 한다. 이것이 바로 생각의 의무와 의지를 관철하려는 민주 시민의 태도이다. 그렇지만 독재 체제의 권위주의는 그것을 용납하지 않는다. 결국 대다수 국민들이 어떻게 생각할지보다는 독재자 1인이 어떻게 생각하는지를 파악하는 것이 출세의 관건이었다. 이렇게 유신 시절 대학을 다니며 관계나 법조계에 들어갔던 젊은이들이 어느새 자신의 분야에서 정점에 이르게 된 것이다.

　　박근혜 정부가 내각을 구성할 때 우리가 장관 후보자들의 비윤리성에 경악할 수밖에 없었던 것도 다 이유가 있었던 셈이다. 공동체의 이익보다는 자신의 입신양명을 위해 청·장년기를 보낸 사람들에게 도대체 무엇을 기대할 수 있다는 말인가. 더 노골적으로 말해 유신 시절 사법시험을 보려 했던 사람들에게 공동체 구성원들에 대한 어떤 윤리성을 바랄 수 있다는 말인가. 아니, 이것은 너무나 아마추어와 같은 생각인지도 모른다. 정확히 말해 공동체의 가치 혹은 윤리성을 안중에 두지 않았기에 그들은 장관 후보자들이 되는 데 성공했던 것이다. 〈어떤 관료〉라는 시에서 시인 김남주도 말하지 않았던가.

　　관료에게는 주인이 따로 없다!
　　봉급을 주는 사람이 그 주인이다!
　　개에게 개밥을 주는 사람이 그 주인이듯.
　　(…)
　　아프리칸가 어딘가에서 식인종이 쳐들어와서
　　우리나라를 지배한다 하더라도
　　한결같이 그는 관리생활을 계속할 것이다.

우리 현대사의 서글픈 굴곡을 이처럼 갈파한 시가 또 있었던가.
　　수많은 선량한 개들, 혹은 인간보다 더 충직한 개들은 오해가 없었으면 한다. 여기서 개라는 표현은 일종의 레토릭이니까.

어쨌든 개는 밥을 주는 사람이 도둑인지 살인자인지 신경 쓰지 않는다. 중요한 것은 맛난 개밥을 주느냐의 여부다. 그래서 "개에게 개밥을 주는 사람이 그 주인"이라고 김남주 시인도 조롱했던 것이다. 진정으로 생각이 있는 사람이라면 개와 같은 인간을 등용하려고 하지 않을 것이다. 개밥을 주지 않는 순간, 명령을 듣기는커녕 오히려 자기 주인을 물어뜯을 수 있는 짐승을 키워서 무엇하겠는가. 그러니 개 같은 관료를 임명하는 사람도 개 같기는 마찬가지다. 그렇지만 어떻게 사람이 개일 수 있다는 말인가. 불행히도 독재 시절의 입신양명은 스스로 개로서 살기로 작정할 때에만 가능한 것이다. 스스로만 개가 되는 것은 어쩔 수 없는 일이라고 해도, 개를 자처한 사람은 우리 사회에 너무나 큰 해악을 끼치게 된다. 개가 아니라 인간으로 살려고 버티는 사람들을 탄압하는 데 앞장서기 때문이다.

　　이미 기꺼이 개가 되어 버린 관료의 개와 같은 행각은 주인의 명령 때문만은 아니다. 자신의 열등감 때문에 당당하게 자신의 생각을 피력하는 동료와 후배들을 보면 불쾌감, 아니 모욕감이 엄습하는 것이다. 인간으로 혹은 민주 시민으로 당당히 자신의 생각을 피력하는 사람들은 개가 되어 버린 사람으로서는 불쾌하기 그지없는 존재일 수밖에 없다. 그들의 당당함은 개가 되어 버린 사람에게 자신이 지금 개로서 살고 있는 냉정한 현실을 있는 그대로 보여 주는 거울이니까 말이다. 더군다나 권력 앞에서도 당당한 타인이 자신의 처자식이거나 후배들이라면, 한마디로 자신보다 지위가 낮은 사람들이라면 그의 불쾌감은 하늘을 찌르게 될 것이다. 이런 불쾌감을 지우기 위해서일까. 개로 자처한 사람은 당당한 인간들을 모두 개로 만들려고 한다. 권력자에게 비굴한 사람들이 항상 자신의 후배들에게 비굴함을 강요하는 것도 바로 이런 심리적 메커니즘이다. 거의 사회적 광견병이라고 할 만한 메커니즘이다. 자신만이 개로 전락할 수 없으니, 모든 사람들도 개로 전락해야만 한다는 식이다. 권력자에게는 이보다 더 고마운 일이 있을까. 자신의 개가 모든 사람들을 개로 만들려고 불철주야 노력하니 말이다.

최근 사회지도층들의 후안무치와 안하무인은 그 유래가 오래된 것이다. 그들은 주인의 생각을 충실히 따르면서 개밥을 챙겨왔던 사람들, 타인들의 입장에서 자신의 행동을 반성하지 않았던 사람들이다. 그들은 생각의 의무와 의지를 저버린 사람들이었다. 물론 그들을 이렇게 만든 가장 큰 원인은 과거 유신 시절로 상징되는 권위주의적 사회 분위기였다고 할 수 있다. 그렇지만 우리는 알고 있지 않은가. 유신 시절을 거쳤다고 해도 모든 사람들이 그들처럼 개가 되지는 않았다는 것을. 그렇다. 우리 사회가 올바른 방향으로 나아가고 있는지, 그리고 자신은 이 사회에서 어떻게 처신해야 정당한지 그들은 전혀 반성하지 않았을 뿐이다. 그러니 누구 탓도 할 일이 아니다. 생각의 의무와 의지를 저버렸던 것은 다른 누구도 아닌 본인들 선택이었으니까. 아니, 더 정직히 말해 반성해야만 했을 것을 반성하지 않아서, 생각해야만 했을 것을 생각하지 않아서 그들은 지금 그 자리에 와 있는지도 모를 일이다.

주인의 명령이 없을 때 그들에게 남는 것은 무엇일까. 동물적인 쾌락과 향락, 그리고 누군가에게 군림하려는 권력욕뿐이다. 이미 머리는 권력자에게 넘겨주었으니 남은 것은 알량한 몸뚱이와

개보다 못한 개들의 세상

동물적 욕망일 수밖에 없다. 여기서나마 힘을 행사하지 못한다면 개로서 살아가는 삶은 너무나 남루할 수밖에 없다. 그러니 어떤 사람은 부동산 투기를 하고, 어떤 사람은 위장 전입을 하고, 또 어떤 사람은 성 접대에 몸을 맡기고, 어떤 사람은 성추행도 서슴지 않는 것이다. 전직 국회의장이 나이가 손녀뻘인 캐디의 몸을 더듬는 사건이 벌어진 것도 다 이유가 있었던 셈이다. "딸처럼 생각했을 뿐이에요!" 정말 개판인 집안인가 보다. 어쨌든 개는 주인을 제외하고 누구도 무서워하지 않는 법이다. 그래야 그나마 개다운 개일 수 있다. 부동산 투기, 병역 기피, 성 접대와 성추행 등 온 시민에게 수치심을 심어 준 사건에서도 주인에게만 꼬리를 내리는 개들의 모습을 보라. 언제나 우리는 유신 시절의 악업에서 완전히 벗어날 수 있는 것일까. 도대체 얼마나 시간이 지나야 민주주의를 모욕하는 이런 개판이 사라질 수 있다는 말인가.

1부 | 위풍당당한 파시즘 행진곡

억압에 맞서는
깨알 저항법!

근면과 성실! 이것은 독재 시절의 좌우명이었다. 유신독재가 아니더라도 1970
~1980년대에 회사의 사훈이나 한 가정의 가훈으로 많이 쓰였던 단어다. 군대에
는 "까라면 까라!"라는 말이 있다. 한마디로 말해 상급자가 무언가를 시키면 그것
에 대해 생각하지 말고 그대로 실행하라는 것이다. 결국 독재든 재벌이든 그들이
우리에게 원하는 것은 생각하지 않는 것, 그냥 명령대로 수행하는 것이었다. 근면
과 성실이라는 유신독재 시절 전 사회를 풍미했던 좌우명은 바로 이런 문맥에서
출현한 것이다. 그러나 생각해 보자. 근면한 도둑놈이 있다고 해 보자. 너무나 근
면해서 하루도 빠지지 않고 남의 물건을 훔쳐댄다. 차라리 게으른 도둑이 낫지 않
은가. '오늘은 저 집을 털어야지' 각오를 다지고 잠을 청했지만, 늦잠을 자서 도둑
질을 못하게 된 도둑이다. 또한 성실한 성추행범이 있다고 해 보자. 너무나 성실
해서 매일 한 건씩 성추행을 해야 잠을 잘 수 있는 정말로 성실한 성추행범이다.
만일 이 성추행범이 게으르다면 얼마나 좋을까. 애꿎은 봉변을 당하는 여인네가
최소한 한두 명은 줄어들 테니 말이다. 태어나기를 게으르게 태어난 도둑놈과 성
추행범이 아니라고 하더라도, 어쩌면 억압적인 사회에서 우리가 할 수 있는 최소
한의 저항은 게으름인지도 모를 일이다. 까라는 명령에 게으름을 부리는 것이다.
이런 게으름은 적극적이고 의도적인 데가 있어서 무언가 멋진 구석이 있다. 소극
적으로 보이지만, 어쨌든 명령체계 자체를 느슨하게 만들 수 있다. 결국 그 혜택
은 사회구성원들에게 돌아갈 것이다. 물론 너무 게으름을 부리면 명령권자에게
불이익을 당할 수 있으니, 정말 요령껏 기민하게 게으름을 부려야 할 일이다.

이렇게 웃으면 되나요?
잘 나오게 찍어 주세요!

경찰의 불법 채증, 서울 안국동, 2014

미래를 빼앗긴 미래들

⌄

대학생 멜랑콜리아

대학에서 내 수업을 들었던 학생으로부터 전화가 왔다. 예전처럼 밝았지만 조금 그늘이 있는 목소리였다. 무슨 일이 있냐고 물어보자, 학자금 대출을 받으면서까지 학교를 다녀서 무엇하냐는 취지의 푸념을 늘어놓았다. 자신의 힘으로 학교를 다니는 것은 좋은 일이라고 위로를 해 주었다. 그러자 그는 취업도 힘든데 어떻게 그 등록금을 상환할 수 있냐며 또 한숨을 쉰다. 어제는 등록금을 대출해 준 한국장학재단에서 일종의 협박성 전화마저 받은 것도 푸념의 원인인 것 같았다. 대출 이자가 밀리면 신용등급이 하락해 취업에 지장이 있다는 전화를 받은 것이다. 내 제자는 대학을 졸업해 버젓한 직장에 다니며 평범하게 살려는 소박한 꿈을 가지고 있었다. 대학을 졸업하기도 전에 신용불량자가 될 수 있다는 위기감에 풀이 죽은 그가 너무나 측은해서인지, 우리 젊은이들을 궁지에 몰고 있는 기성세대들, 아니 정확히 말해 자본가와 정치가들에게 분노감마저 들었다. 어떻게 위로할까 막막하기만 했다. 지금 커피숍에서 아르바이트 중이라 그만 끊어야겠다는 말을 듣고 그러자고 대답은 했지만, 나는 한참이나 전화기를 들고 있을 수밖에 없었다.

2007년에 《88만원 세대》라는 책이 서점가를 휩쓸었던 적이 있다. 대학생을 포함한 젊은 세대들이 삶을 살아 내기가 얼마나 어려운지를 실감나게 보여 주었기 때문일 것이다. 그렇지만 어른들은 당시 젊은이들의 절망스러운 목소리를 진지하게 경청하지 않았던 것 같다. 지금 상황은 호전되기는커녕 더 악화되었기 때문이다. 매학기 등록금을 내야 할 때가 되면 대부분 대학생과 그들의 부모는 자신도 모르게 한숨을 쉴 수밖에 없다. 500만 원 내외나 하는 등록금은 대학생이나 부모들에게는 커다란 짐일 수밖에 없다. 학자금 대출이 불가피한 이유도 바로 여기에 있다. 신속하게 반환할 수 있을 가능성이 있을 때에만 대출은 작은 희망이라도 될 수 있는 법이다. 그렇지만 과연 우리 대학생들은 대출금을 상환할 수 있을까? 서울의 중위권 대학생들의 경우 취업 원서를 서른 번 정도 넣어야 한두 번이라도 면접의 기회나마 주어지는 것이 현실이다. 이런 상황에서 학자금 대출은 아편처럼 기능하는 것 아닐까? 비록 잠시 동안 마취제의 역할을 하지만, 아편은 치명적인 후유증을 남길 수밖에 없다. 학자금 대출은 취업도 하기 전에 우리 대학생들을 신용불량자로 만들 수 있는 아편으로 기능할 테니 말이다.

젊은이들이 어떤 절망적인 상황에 놓여 있는지 모르는 것일까? 대부분의 대학들은 매년 어김없이 등록금을 올리고 있다. 물

미래를 빼앗긴 미래들

가 인상 때문에 불가피하게 등록금을 올렸다고도 하고, 전문적인 연구 환경을 조성하기 위해 등록금을 올렸다고도 한다. 그렇지만 현실을 왜곡하지는 말자. 물가 인상으로 대부분의 대학생들은 학자금을 대출받고 있으며, 동시에 학문에 뜻을 둔 대학생들도 국내의 대학원이 아니라 외국의 대학원으로 진학하고 있는 실정이다. 그래서 등록금 인상은 우리 대학생들을 위한 것이 아니라 대학 교직원이나 재단을 위한 것일 수밖에 없다. 그나저나 값비싼 등록금을 내고 대학을 다닌 뒤 취업이라도 보장되면, 그나마 다행스런 일일 것이다. 그러나 지금 취업이 불확실한 상태에서 등록금에 대한 가중한 부담은 더 견디기 힘든 고통일 수밖에 없다. 만일 취업이라도 원활했다면 우리는 대학생과 학부모들이 자살했다는 소식은 듣지 않아도 되었을 것이다. 희미하게나마 미래가 보였다면 그들이 어떻게 현재의 부담에 굴복하고 절망을 선택했겠는가.

그럼에도 대부분의 대학생들이 자살하는 것은 아니지 않느냐는 보수적인 생각, 아니 무자비한 생각을 조금이라도 해서는 안 된다. 때때로 죽음보다 더 가혹한 상태가 핍박받는 삶일 수도 있기 때문이다. 중국 고전 《여씨춘추呂氏春秋》는 자화자子華子라는 사상가의 말을 빌려 말했던 적이 있다. "자화자는 말했다. '온전한 삶(全生)이 첫째이고, 부족한 삶(虧生)이 둘째이며, 죽음(死)이 그 다음이고, 핍박받는 삶(迫生)이 제일 못하다.' 여기서 존중받는 삶은 온전한 삶을 의미한다. 온전한 삶은 인간의 다양한 욕망이 모두 적절함을 얻은 것이다. 부족한 삶은 그 적절함을 부분적으로 얻은 것이다. 부족한 삶은 옅게 존중받는 삶이다. 부족함이 심하면 그만큼 더 존중받음이 희박해질 수밖에 없다. 죽음이란 지각능력을 잃고 삶의 이전으로 되돌아간 것을 말한다. 핍박받는 삶이란 인간의 욕망이 그 적절함을 얻지 못하고, 최악으로 불쾌한 상태에 있음을 말한다. 굴종이 그렇고 치욕이 또한 그렇다. 따라서 '핍박받는 삶은 죽음만도 못하다'라고 한다."

지금 우리 대학생들 중 온전한 삶, 즉 존중받는 삶을 영위하는 사람이 몇이나 될까? 아마 대부분은 부족한 삶이나 핍박받는 삶을 살아 내고 있을 것이다. 자신의 삶을 더 이상 존중할 수 없을 때, 인간은 가장 불행한 법이다. 그러나 그것보다 더 불행한 것은 미래의 희망도 없이 핍박받는 삶일 것이다. 지금 대학은 대학생을 등록금의 원천이나 학점을 따려는 '학점 벌레'로만 생각하고, 대기업은 대학생을 출신 학교나 학점, 즉 스펙, 그러니까 구매해야 할 상품으로만 평가하려고 한다. 심지어 부모도 취업하지 못한 대학생 자식을 둔 것을 무의식적으로나마 부끄러워한다. 이럴 때 과연 우리 대학생들은 자신의 삶이 존중받고 있다고 생각할 수 있을까? 불가능한 일이다. 지금 대부분의 대학생들은 가족, 대학, 사회 모두가 한마음으로 자신을 핍박하고 있다고 느끼고 있을 것이다. 핍박받는 사람보다 죽은 사람이 상대적으로 행복한 법이다. 죽은 사람은 더 이상 고통에 빠지거나 미래를 염려할 일도 없기 때문이다. 그래서 "핍박받는 삶은 죽음만도 못하다"라는 현인의 말은 우리를 슬프게 한다.

지금 우리 대학생들은 우리 사회를 언젠가 끌고 가야 할 주역일 수밖에 없다. 그렇지만 과연 핍박받는 삶을 살고 있는 대학생이 자신의 미래나 나아가 우리 사회의 미래를 합리적으로 계획하

미래를 빼앗긴 미래들

여 끌고 갈 수 있을까? 있을 수 없는 일이다. 현실에서 핍박받는 사람은 현실에만 매몰되기 쉽기 때문이다. 프랑스의 사회철학자 부르디외Pierre Bourdieu는 자신의 저서 《자본주의의 아비투스Algérie 60》에서 말했던 적이 있다. "흔히 말하는 대로 미래가 없는 사람들에게는 개인적으로 자신의 미래를 계획할 가능성도 없으며, 동시에 집단적으로도 새로운 미래의 출현을 위해 일할 수 있는 가능성도 별로 없다. (…) 미래에 대한 현실주의적인 전망은 실제로 현재에 직면할 수단을 지닌 사람들에게만 접근 가능한 것이다. 이것은 현재에 의해 너무 짓눌려서 유토피아적 미래―그것은 현재의 성급하고 주술적인 부정이다―만을 꿈꿀 수밖에 없는 사람들의 자기 포기나 혹은 마술적인 조급함에 자신을 방기하는 것과는 다른 것이다."

　　"현재에 직면할 수단을 지닌 사람들"이란 최소한의 경제적 안정을 가진 사람들이다. 이런 사람들은 현재 자신이 가진 것을 토대로 미래를 합리적으로 예측할 수 있다. 부모의 재산이나 학력을 토대로 유학을 꿈꾸거나 사업을 시작할 수 있는 극소수 대학생들이 그 사례가 될 수 있을 것 같다. 반면 대출받은 등록금을 상환하기 위해 30대까지의 젊은 시절을 보내야만 하는 대학생들은 현재에 직면할 수단을 가지지 않는 사람, 그러니까 "미래가 없는 사람들"이라고 할 수 있다. 부르디외에 따르면 이런 사람들은 미래를 합리적으로 계획하거나 현실주의적으로 전망할 수 없다. 현재의 삶 자체가 핍박받아 궁핍한데, 어느 겨를에 미래를 도모할 수 있다는 말인가? 지금 부르디외는 삶이 각박한데도 사회구조를 바꾸려는 노력이 왜 발생하지 않는지 그 이유를 해명하고 있다. 하루하루 살기도 힘들다면,

폭동은 가능해도 혁명은 일어날 수 없다. 현재의 생존에만 집중하는 사람이 어떻게 미래를 꿈꿀 수 있다는 말인가. 폭동은 주어진 삶의 조건에 대한 단말마적 감정 폭발에 지나지 않지만, 혁명은 주어진 삶의 조건에 대한 냉정한 진단과 그것을 바꾸겠다는 청사진이 없다면 불가능한 법이다.

　　부르디외의 이야기에는 한 가지 주목해야 할 것이 있다. 그것은 현재에 직면할 수단이 없는 핍박받는 사람들이 폭동으로 자신의 불만을 표출하지 못한다면 다른 대안, 아니 정확히 말해 다른 탈출구가 그들 앞에 펼쳐지리라는 진단이다. 바로 유토피아적 미래만을 꿈꾸는 탈출구가 바로 그것이다. 대학생들 중 '로또'와 같은 복권에 얼마 안 되는 용돈을 갖다 바치거나 혹은 주식 투자에 손을 대는 경우가 있는 것은 이런 이유에서다. 그렇지만 이런 경우는 부르디외의 말대로 성급한 자기 포기나 마술적 조급함에 자신을 방기하는 것에 지나지 않을 것이다. 폭동이든 유토피아든 자본과 국가의 입장에서는 어느 것이든 상관이 없다. 구조적 문제를 해결하려는 의지보다는 이제 개개인은 욕구불만의 표출이나 유토피아적 꿈에 몰입할 테니 말이다. 더 이상 이승만 독재를 무력화시켰던 4.19혁명이나 전두환 독재를 종식시켰던 6월항쟁을 체제는 두려워할 필요가 없어진 것이다.

　　지금 우리는 대학생을 핍박해서 유토피아적 자포자기의 상태로 이끄는 사회 속에 살고 있다. 과연 이런 사회에 미래가 있을 수 있을까? 유토피아적 미래에 사로잡힌 사람들에게 합리적으로 생각하라는 조언은 전혀 도움이 되지 않는다. 현실에 직면할 수 있는

미래를 빼앗긴 미래들

최소한의 수단이 제공되지 않는다면, 그들은 유토피아적 미래에 대한 꿈을 접으려고 하지 않을 테니까 말이다. 언젠가 우리 대학생들은 사회와 미래를 이끌 어른들로 자라날 것이다. 이미 우리는 폭력적인 가정에서 자란 아이가 나중에 어떤 어른이 되는지 잘 알고 있지 않은가? 폭력을 당한 사람은 더 약한 사람에게 폭력을 행사하고, 핍박받는 사람은 다른 사람을 핍박하게 되는 것은 어쩌면 당연한 귀결이라고 할 수 있다. 무서운 일 아닌가? 당장의 이득 때문에 정치권, 대학 당국, 나아가 기성세대들은 모두 자신이 지금 어떤 업보를 짓고 있는지 반성하지 못하고 있다. 우리 핍박받는 대학생들에세 현재에 직면할 수 있는 최소한의 수단을 확보해 주지 않는다면, 그 결과는 명약관화하기 때문이다. 새로운 미래의 파괴, 혹은 공동체의 정의의 와해! 우리에게 남는 것은 바로 이런 잿빛 전망뿐이다.

대학생들이여, 정말 돈을 벌고 싶은가?

대학에 가야 좋은 직장에 취업해 돈을 충분히 벌 수 있다. 이어서 저절로 여유로운 삶이 찾아올 것이다. 뭐 이런 것이 평범한 대학생들의 소박한 꿈일 것이다. 그렇지만 이것은 1990년대 대학생들에게만 통용되는 루틴이라고 할 수 있다. 지금은 대학을 나와도 좋은 직장을 구할 가능성은 극도로 작아진 시대다. 그러니 우선 대학생들은 자신의 궁극적인 목적이 많은 돈인지 아닌지의 여부를 먼저 고민해야만 한다. 만일 자신에게 돈이 지상의 목적이라는 것이 분명해진다면, 하루라도 빨리 휴학계나 자퇴서를 대학 측에 던져야 한다. 그리고 부모님과 독대를 신청하라. "아버지. 대학에 다닐 동안 드는 학비나 생활비 등등을 먼저 당겨 주세요. 그걸로 사업을 하게요." 물론 시작한 사업은 쫄딱 망하게 될 것이다. 그렇지만 교재나 인터넷 포털 사이트에서는 결코 배울 수 없는 수많은 가르침을 온몸으로 배우게 될 것이다. 제대로 배웠다면 두 번째 사업은 어느 정도 성과를 거둘 것이고, 제대로 배우지 못했다면 두 번째 사업도 이득보다는 교훈으로만 남게 될 것이다. 좌우지간 남이 주는 돈, 즉 월급을 받아서 어떻게 돈을 무진장하게 벌 수 있다는 말인가? 돈을 벌려면 위험을 감수하더라도 장사를 시작해야 한다. 사업하기도 무섭고, 그렇다고 진지하게 학문에 뜻을 두지도 않았음에도 대학에 남아서 등록금 걱정을 하는 건 정말 현명하지 못한 일이다. '졸업하면 어떻게든 되겠지'라는 생각은 취업과 고용 불안이라는 현실을 회피하려는 정신승리에 지나지 않는다. 이런 정신승리를 반길 사람들은 진리 탐구의 장은커녕 입학금과 등록금 장사로 전락한 대부분의 대학 당국들뿐이다. 혹여 돈보다는 진리, 자본주의보다는 인문주의를 선택한 학생들이 있다면 대학에 머무는 것이 아직은 효율적이다. 새로운 사회를 꿈꿀 수 있는 지성을 갈고 다듬으려면 아직도 대학이나 대학원만 한 곳도 없으니 말이다.

오! 마이 갓!

∨

스마트폰 성당, 스마트한 종교

"영어·과학·국어 시험 점수 잘 나오게 해 주세요", "여자 친구 생기게 해 주세요", "그녀가 다시 내게 돌아오게 해 주세요. 제발", "수시 추가 합격되게 해 주세요", "로또 1등 되고 회사 진급 시험 붙게 해 주세요", "그녀와 결혼하게 해 주세요" 등등. 대충 보아도 10대나 20대, 잘해야 30대 초반 젊은이들의 소원은 이렇게 절절하기만 하다. 사찰 대웅전에 올릴 기와에 흰색으로 적은 글자일까, 아니면 어느 단체에서 마련한 소원 게시판에 붙인 포스트잇 내용일까. 아니다. 누구나 쉽게 스마트폰으로 쓰고 또 읽을 수 있는 댓글의 내용이다. 중요한 것은 이 댓글이 붙어 있는 본문의 성격이다. 어떤 종교 사이트의 소원 코너가 아니라, 유명 인터넷 포털 사이트에 업로드된 스포츠 기사다. 해외 유명 운동선수들이나 해외에서 활동하는 우리 선수들이 기적과도 같은 경기력을 보일 경우가 있다. 야구선수라면 3연타석 홈런을 치거나 노히트노런이나 퍼펙트 경기를 이끌었고, 축구선수라면 해트트릭 이상의 경이적인 골 사냥에 성공했을 때다. 바로 이런 기사에 젊은이들은 자신의 작은 소원을 댓글로 남겨 놓곤 하는 것이다.

특히 해외에서 활동하는 우리 선수들이 다른 외국인 스타들보다 더 월등한 경기력을 보였다는 기사는 더 극적이다. 이런 기사에는 붙은 댓글 수는 보통 한두 시간에 3,000개 이상을 가볍게 넘어선다. 대부분 선수의 경기력에 대한 격려와 찬탄의 내용이 주를 이루지만, 갑자기 뜬금없는 소원 퍼레이드가 가을철 화려한 단풍들처럼 장관을 이룬다. 아마도 같은 민족이기에 소원을 들어줄 확률이 더 높다는 느낌도 한몫 단단히 하는 것 같다. 아무래도 외국인 스타들은 우리와는 전혀 다른 나라에 사는 것처럼 느껴질 테니 말이다. 소원 내용을 보면, 댓글을 쓴 사람의 나이와 직업이 미루어 짐작이 된다. 고등학생이나 대학생, 아니면 구직자나 회사 초년생들이 대부분이다. 사찰에는 기와 불사가 있고, 성당에도 연미사와 생미사가 있다. 소박한 사람들의 소원을 맡아 주는 대가로 돈을 받는 종교계를 탓하기 전에, 그렇게 해서라도 자신의 소원을 간절히 기구하는 사람들의 착한 마음이 서럽게 느껴진다. 그런데 이제 스포츠 스타들의 경이적인 업적에 자신의 소원을 적어 보는 묘한 기복행위마저 생긴 것이다. 이제 싯다르타Siddhārtha Gautama나 예수Jesus 대신 그들은 스포츠 스타들을 기적의 전파자로 믿는 것일까.

대부분 젊은이들은 교회나 성당, 혹은 사찰에는 다니지 않는다. 그런 이유에서일까, 그들은 스마트폰을 성소로 삼아 무의식적

오! 마이 갓!

이나마 종교행위를 하고 있는 것이다. 물론 아무 기사에나 그들이 자기 소원을 비는 것은 아니다. 기적과도 같은 일이 발생한 기사에만 절절한 기복행위는 집중적으로 이루어진다. 무슨 이유에서인지 기적의 밥상이 차려지자마자 우리 젊은이들은 거기에 자신도 숟가락을 하나 얹어 그 은총을 조금이나마 나누어 받으려는 것이다. 이것이 종교행위가 아니면 무엇이겠는가. 사실 모든 종교는 기적적인 행복을 노골적으로 혹은 암암리에 약속하면서 탄생하는 법이다. 휠체어를 타고 있는 사람을 일으켜 세우는 기적 한 번쯤은 신도들에게 보여 주어야만 한다. 그래야 간신히 신흥종교는 탄생할 수 있는 법이다. 이것은 기독교나 불교의 탄생과 전파에도 그대로 적용되는 것 아닌가. 처음부터 기독교니 이슬람이니 아니면 불교니 하는 종교가 반석에 있었던 것은 아니다. 이런 기성종교도 한때는 기적을 펼치고 선전하는 신흥종교였던 시절이 있었다. 그러니 종교가 탄생하려면 물을 포도주로 만든다든가, 아니면 죽을 때 붉은 피가 아닌 하얀 피 정도는 흘려 주어야 한다.

　　　기적의 현장에서 우리는 누구나 그 기적을 경배한다. 기적은 일상적이지도 않고 논리적이지도 않은 사건이기 때문이다. 마치 초월적인 어떤 힘이 현실적 논리에 허우적거리는 누군가를 끌어내서 행복한 곳에 안전히 옮겨 놓는 것과 같다. 대부분의 사람들이 지금 기적이 일어나는 그 현장에 분명 신적인 어떤 힘이 들어와 있다고 느끼는 것도 이상한 일은 아니다. 그러니 그 신적인 힘이 사라지기 전에 서둘러 자신의 소원을 말하는 것이다. 혹시라도 그 초월적인 힘이 아직도 기적을 행한 장소에 머물러 있다면, 다른 누군가를

56　　　　　　　　　　　　　　　　　1부 | 위풍당당한 파시즘 행진곡

구원했던 그 힘은 자신도 구해 줄 수 있으리라 믿으면서 말이다. "제 아버지의 병도 낫게 해 주세요", "아들이 입시에 성공하게 해 주세요", "그녀와 사랑이 이루어지게 해 주세요" 등등. 한 계단씩 꾸준히 올라야 정상에 오를 수 있는 현실과는 달리, 이처럼 종교는 한 번에 정상으로 우리를 이끌 수 있다고 약속한다.

스마트폰 세계에 조용히 들어온 우리 젊은이들의 종교행위는 우리에게 많은 것을 이야기해 준다. 노력하는 것만으로 소원을 이룰 전망이 확실하다면, 그들은 결코 그런 우스꽝스러운 종교행위를 하지는 않을 것이다. 무언가 신적인 힘이 개입하지 않는다면, 그들은 자신의 삶에서 소원을 이룰 수 없다는 걸 알고 있는 셈이다. 그러니 그들은 경기를 결정짓는 스포츠 스타들의 압도적인 경기력을 보자마자 자신의 소원을 경쟁적으로 외치게 된 것이다. 언젠가 마르크스는 《헤겔 법철학 비판Zur Kritik der Hegelschen Rechtsphilosophie》에서 이야기한 적이 있다. "종교는 번민하는 자의 한숨이며 인정 없는 세계의 심장인 동시에 정신없는 상태의 정신이다. 그것은 민중의 아편이다. 민중의 환상적인 행복인 종교를 폐기하는 것은 민중의 현실적인 행복을 요구하는 일이다. 민중에게 자신의 상태에 대해 그리는 환상을 버리라고 요구하는 것은 그 환상을 필요로 하는 상태를 버리라고 요구하는 일이다. 따라서 종교에 대한 비판은 종교를 후광으로 하는 고통스러운 세계에 대한 비판을 내포하고 있다."

기독교, 불교, 이슬람교 등과 같은 종교를 아편으로 본다고 해서 마르크스가 종교를 저주했다고 단순히 생각해서는 안 된다. 마르크스는 그렇게 단순한 사람이 아니다. 육체적 고통이 너무 심하

오! 마이 갓!

면 우리는 아편 혹은 모르핀을 복용한다. 그 순간 고통은 잠시나마 사라지게 될 테니까. 전쟁터에서 고통 속에 죽어 가는 전우에게 해 줄 수 있는 마지막 우정은 단순하다. 그것은 치사량에 가깝게 모르핀 주사를 놓아 주는 것이다. 부상으로 고통스럽게 죽어 가는 것보다 고통뿐만 아니라 모든 감각도 평화롭게 만드는 모르핀으로 죽는 것이 100배는 나은 법이다. 고통에 죽을 것 같은 사람에게 "아편은 중독성이 있으니 끊어라"라고 누가 말할 수 있을 것인가. 마르크스는 그렇게 무자비한 사람, 혹은 세상물정을 모르는 원칙론자는 아니었다. 아편을 끊느냐 마느냐가 중요한 문제가 아니다. 육체적 고통이 있느냐 없느냐가 중요한 문제라고 할 수 있다. 육체적 고통이 없어지면 아편을 피울 이유도 사라지기 때문이다.

　　마르크스는 종교를 본능적으로 싫어했던 사람은 아니다. 그가 싫어한 것은 종교적 행위를 계속 하도록 만드는 우리 삶이 처한 현실적 조건이었다. 정말 몸이 아픈 사람에게 아편이 일시적인 도움을 주는 것처럼, 삶이 너무나 고통스러운 사람에게 종교는 일시적인 위안을 준다. 역설적으로 말해 마르크스만큼 아편과도 같은 종교를 긍정한 사람이 또 있을까. 심지어 마르크스 본인도 노동자들의 힘든 투쟁과 그들의 고뇌에 종교적 아편을 처방하는 데 주저하지 않았다. 언젠가 당신들이 억압받지 않는 사회가 도래할 것이라고, 역사는 당신들 편이라고. 자신의 권리를 위해 싸우던 노동자들의 고통스런 투쟁에《공산당 선언Manifest der Kommunistischen Partei》만 한 아편이 어디에 있다는 말인가. 어떤 노력도 하지 않아도 역사는 당신들의 편이라는 격려, 당신들을 탄압하는 자본가 계급은 시들어 가는 계급일 뿐이라는 격려! 정말 투쟁에 생사를 건 노동자들의 고뇌와 고통에 이만한 아편도 없었을 것이다.

경쟁 교육에 휘둘리는 우리 아이들의 불안감, 과도한 학비 때문에 아르바이트에 내몰리는 대학생들의 피곤함, 좁은 취업문, 늘어만 가는 비정규직 일자리가 주는 불안감들. 언제 정리해고를 당할지 모르는 직장인들의 공포감. 전세는 증발하고 월세만 늘어가 그나마 작은 소득마저도 허공으로 날아가는 우리 이웃들의 헛헛함. 한 사람 살기도 버거우니 결혼은 언감생심 꿈도 꾸지 못하는 젊은이들의 서러움. 정말로 우리 젊은이들을 사랑한다면, 우리는 그들이 허우적거리고 있는 지금 이 고통스러운 세계를 고쳐야만 한다. 육체적 고통이 없다면 아편이 필요 없는 것처럼, 고통스러운 세계가 사라진다면 종교적 행위도 불필요하다. 만일 고통이 없는 사회를 시급하게 만들어 주기 힘들다면, 그들의 소원 댓글 달기를 폄하하지는 말자. 후속 세대에게 안정된 삶을 마련해 주지 못한 앞선 세대에게 그들을 폄하할 자격이 있을 수 없기 때문이다. 유구무언有口無言!

이제 슈퍼스타의 결승골이나 역전 만루 홈런에 댓글로 붙은 수천의 절절한 소원들, 간절한 기도를 쉽게 조롱하지는 말자. 그냥 단순하게 열심히 공부해서 기말고사를 잘 보라고, 올 수능에 실패했다면 재수해서 내년에 좋은 대학에 가라고, 열심히 돈을 모아서 집을 마련하라고, 버젓한 직장을 얻어서 사랑하는 여인에게 프러포즈를 하라며 정색하지는 말자. 이건 다리가 잘려 피를 흘리는 사람에게 고통에 직면하라고 설교하는 것처럼 잔인한 일이다. 정상적인 노력으로는 소원이 이루어질 수 없는 세계! 그렇다고 소원을 접을 수도 없는 우리 젊은 세대! 꿈과 현실 사이의 거리가 좁아진 사회를 만들려는 노력을 게을리해서는 안 된다. 그렇지만 아직도 그 사이의 거리가 가볍게 건너뛸 수 없을 정도로 넓다면, 차라리 우리는 그들의 소원 댓글 밑에 댓글이나 하나 더 달자. "이 모든 소원들이 다 이루어지기를." 그리고 이제 분노에 가득 찬 마음으로 돌아보자. 종교를 후광으로 하는 고통스러운 세계를. 고통스러운 세계를 남겨 주지 않겠다는 각오와 함께.

정신분석
간략 매뉴얼

동물과 달리 우리는 생각과 행동이 일치하지 않는다. '나는 이러저러한 사람이야' 라고 판단되는 나는 실제로 행동하는 존재로서의 나와 일치하지 않는 경우가 많다. 예를 들어 누구나 어머니를 사랑한다고 생각한다. 그렇지만 실제로 우리는 어머니를 사랑하고 있는 것일까? 만일 생각만이 아니라 실제로 어머니를 사랑한다면, 우리는 다음과 같은 행동을 하게 될 것이다. 일과가 끝나면 서둘러 어머니가 보고 싶어 귀가를 재촉할 것이고, 반대로 집에서 나올 때도 어머니와 잠시 헤어지는 것이 너무나 안타깝게 느껴질 것이다. 우리 중 얼마나 많은 사람들이 어머니에 대해 이런 행동을 하고 있을까? 이렇게 우리의 행동과 생각 사이의 괴리와 불일치, 그리고 그 이유에 대해 고민하는 학문이 바로 정신분석학이다. 자신의 분열을 제대로 진단하기 위해 우리는 프로이트나 라캉Jacques Lacan의 이론을 공부할 필요가 있다. 그런데 프로이트도 그렇지만, 라캉도 이해 불가능할 정도로 난해하기만 하다. 그렇다고 자기 정신의 분석과 진단에 소홀할 수도 없는 법이다. 이럴 때 간략한 정신분석 방법이 한 가지 있다. A를 잡고 놓지 않으려고 한다면, 우리는 B를 잡기가 무서운 것이다. 혹은 B에 직면하기 싫어 우리는 A만을 응시하고 있는 것이다. 그러니까 B에 직면하거나 B를 잡아야 하지만 잡기가 무서울 때, 그걸 은폐하거나 정당화하려는 일종의 정신승리 수단으로 우리는 A를 응시하거나 잡는다는 것이다. 사찰이든 성당이든 교회이든 무당 집이든, 아니면 스마트폰이어도 좋다. 우리가 종교적 행위에 반복적으로 몰두하는 이유는 다른 중요한 것에 직면해야 하지만 직면하기 무섭기 때문이다. 모든 중독, 모든 집착은 항상 이렇게 다른 중요한 무언가를 피하기 위한 기만적인 전략일 가능성이 크다. 항상 반복적으로 무언가에 몰입할 때, 잠시 스스로 의심해 보자. '도대체 무엇을 잡지 않으려고 지금 나는 이것을 잡고 있는가?'

오! 마이 갓!

'미래완료 시제'에 갇힌 삶

⌄

자발적 복종의 시간론

　　이미지의 시대다. 아니, 정확히 말해 이미지로 인간을 지배하는 시대에 우리는 살고 있다. 날씬하고 싶은 욕망, '식스팩'을 갖고 싶은 욕망, 주상복합 건물에 살려는 욕망, 근사한 벤틀리 자동차를 몰겠다는 욕망, 심지어 물리학자나 변호사가 되겠다는 욕망, 영화배우나 가수가 되겠다는 욕망, 혹은 소박하게 결혼을 꿈꾸는 욕망마저도 모두 이미지들에 의해 각인되고 증폭되기 마련이다. 우리는 이미지를 보고, 이미지를 모방하고, 현실에 그것을 구현하고자 한다. 반대 이미지들도 있다. 뚱뚱함, 똥배, 원룸, 10년 된 중고차, 비정규직 등등의 이미지다. 이런 부정적 이미지들은 긍정적 이미지들을 더 부각시키는 일종의 배경 노릇을 한다. 그러니까 긍정적 이미지들이 과거에는 당근이었다면, 부정적 이미지들은 채찍 노릇을 한다고 할 수 있을 것이다. 이렇게 긍정적 이미지와 부정적 이미지가 교차되면

　　　　　　　　　　　　　　1부 | 위풍당당한 파시즘 행진곡

서, 우리는 자신의 모습을 체제가 허락하는 긍정적 이미지로 구현하려고 노력하게 된다.

지금 우리는 이미지의 시대에 살고 있다. 이것은 우리가 자발적 복종의 메커니즘이 가장 효율적으로 작동하는 시대에 살고 있다는 것을 의미한다. 채찍이나 당근이 비효율적이라는 것을 체제는 역사를 통해 너무나 잘 배웠던 것이다. 어떤 노예도 당근이 없거나 채찍이 너무 가혹하면 언제든지 도망칠 수 있다. 그렇지만 지금 우리는 당근이 없어도, 채찍이 가혹해도 도망갈 줄을 모른다. 오히려 당근과 채찍이 있는 곳으로 기꺼이 기어들어 가려 한다. 우리가 직장에서 해고될 때 다른 직장을 찾아 노동자의 삶을 영위하려 하는 것도 이런 이유에서다. 이제 더 이상 감시할 필요가 없다. 자발적 복종의 시대에서 감시는 체제가 직접 하기보다는 지배되는 개개인들이 스스로 알아서 하기 때문이다. 그러니까 노예들을 감시하던 감시자가 이제 개개인의 내면에 이미지의 형태로 각인돼 버린 것이다. 이것이 바로 자발적 복종이다.

컴퓨터나 스마트폰의 화면이어도 좋고, 텔레비전이나 영화의 화면이어도 좋다. 물론 이런 화면들의 이미지는 체제가 우리를 훈육하기 위해 선택된 것이 대부분이다. 역으로 우리를 자유롭게 하는 이미지들도 존재한다. 그렇지만 이런 소중한 이미지들은 체제에 의해 억압되거나 아니면 체제가 인정한 과잉된 이미지들의 홍수에 금방 잊히고 만다. 그러니 대부분 우리가 접하고 있는 이미지들은 체제의 논리에 따르는 경우가 많다고 하겠다. 모든 훈육이 그렇지만 이미지를 통한 훈육으로 체제가 의도하는 것은 자발적 복종이라고 할 수 있다. 프로이트가 말했던 것처럼 외적인 명령이 내면의 초자아superego가 될 때, 우리는 별다른 저항 없이 그 명령을 수행하면서 살게 된다. 이미지를 통한 훈육은 초자아의 형식보다 더 탁월하다고 할 수 있다. 초자아의 지배에는 양심의 가책이라는 무언가 억압적인 메커니즘이 작동하지만, 이미지의 지배는 미적인 취향과 자연적인 성향으로 부드럽게 작동하기 때문이다.

　　　자신이 무엇인가를 하는 것 같지만 결국 그것은 체제가 원하는 것일 수 있다는 진실. 나라는 자의식 자체가 체제에 만들어진 것일 수 있다는 진실. 그래서 푸코Michel Foucault가 이야기한 훈육이 중요한 것이다. 이제 진정한 자유와 해방은 외적인 지배로부터가 아니라 내적인 지배로부터 이루어져야 하기 때문이다. 어쨌든 훈육이란 감시자를, 즉 이미지들을 우리 내면에 각인시키는 작업이다. 이때 반드시 긍정적 이미지와 부정적 이미지라고 부를 수 있는 두 종류의 이미지가 함께 협업해야만 훈육의 효과를 기대할 수 있다. 훈육을 통해 각인된 이미지는 어떻게 우리를 움직이게 되는 것일까? 논의를 명료화하려면 긍정적 이미지와 부정적 이미지라는 용어를 욕망의 이미지와 염려의 이미지로 바꾸는 것이 좋을 듯하다. 긍정적 이미지, 즉 욕망의 이미지는 우리로 하여금 무엇을 욕망해야 하는지를 결정하도록 만든다. 이와는 달리 부정적 이미지, 즉 염려의 이미지는 미래에 대한 불안과 공포를 우리 내면에 각인시키도록 만든다.

　　　욕망의 이미지는 자본주의가 상품을 사도록 유혹하는 구별의 이미지일 수도 있고, 인간이 자기 자신을 훈육하도록 유혹하는 성장의 이미지일 수도 있다. 예를 들면 명품 가방을 들고 있는 어느 모델의 이미지를 담고 있는 사진이나 영상을 떠올려 보자. 나도 저 가방을 들고 있으면 매력적일 수 있을 것만 같다. 사기 힘든 명품 가방을 구입하는 순간, 우리는 저 섹시한 모델처럼 다른 사람과는 구별되는 멋진 사람이 될 것만 같다. 이것이 바로 구별의 이미지다. 구별의 이미지가 상품, 즉 대상과 관련된다면 성장의 이미지는 우리 자신과 관련된다. 스티브 잡스Steve Jobs의 이미지 혹은 젊은 나이에 학계에서 주목받는 학자의 이미지 등을 보면서, 우리는 스스로 그렇게 주목받는 사람이 되고자 하는 것이다. 성장의 이미지가 자기계발 의지를 작동시키는 이미지인 이유도 바로 여기에 있다. 구별의 이미지이든 성장의 이미지이든 욕망의 이미지에 사로잡히는 순간, 우리는 자신을 자본주의 체제가 가장 소중하게 여기는 최고의 상품으로 만들려는 욕망에 사로잡히게 된다.

'나는 가질 수 있다' 혹은 '나는 될 수 있다'는 의지를 각인시키는 욕망의 이미지와 달리, 염려의 이미지는 과도한 부정성의 이미지라고 할 수 있다. '나는 안 좋은 상태가 될 수도 있다.' 염려의 이미지는 항상 이런 식으로 작동한다. 이웃을 감시하는 폐쇄회로 텔레비전cctv이 제공하는 이미지는 항상 이웃이 범죄자가 될 수 있다는 우려를, 또는 스스로 잘못 행동하면 타인이 자신을 범죄자로 지목할 수 있다는 염려를 낳을 수 있다. 혹은 유전공학의 도움을 받은 첨단 진단장치들이 제공하는 이미지는 항상 자신이 질병에 걸릴 수 있다는 두려움을 만들기도 한다. 물론 진단을 통해 아무런 병적 징후도 찾을 수 없다고 하더라도, 의사는 우리에게 걱정스러운 듯이 말한다. "아직 질병이 확인되지 않았지만, 조심하셔야 합니다. 언젠

'미래완료 시제'에 갇힌 삶

가 질병이 등장할 수 있으니 계속 몸 상태를 관찰하도록 하지요." 이 말을 듣고 우리가 질병에 걸릴 수도 있는 암담한 미래를 염려하지 않을 재주가 있겠는가.

욕망의 이미지든 아니면 염려의 이미지든 체제가 만들어 우리에게 각인시킨 이미지는 한 가지 공통점을 갖고 있다. 우리의 내면에 특정한 미래를 꿈꾸거나 두려워하는 미래완료라는 시제를 각인시키기 때문이다. 미래의 불특정한 시점에서부터 그것보다 더 미래인 '그날the day'에 완료되는 시제가 바로 미래완료 시제다. 명품을 사는 날이 '그날'일 수도 있고, 과장으로 혹은 부장으로 승진하는 날이 '그날'일 수도 있다. 혹은 도둑이 들어 집 재산을 모두 털어 가는 날이 '그날'일 수도 있고, 아니면 암 말기라고 시한부 삶을 선고받는 날이 '그날'일 수도 있다. 설렘 속에서 혹은 염려 속에서 꿈꾸었던 미래가 완료되는 '그날'도 중요하지만, '그날'로 응결되는 미래의 어떤 불특정한 시점도 중요하다. 취업하는 데 성공한 날일 수도 있고, 자기계발과 관련된 학원에 등록하는 날일 수도 있고, 사설 경비업체와 계약한 날일 수도 있고, 아니면 검게 그을린 삼겹살을 먹는 날일 수도 있다. 잊지 말자! '그날'을 꿈꾸거나 피하려는 행동을 개시한 날, 놀랍게도 바로 이날은 자본이 우리의 주머니를 털게 되는 날이기도 하다는 사실을.

미래완료 시제는 미래 시제보다도 우리를 현재가 아닌 미래에 살게 만드는 놀라운 힘이 있다. 단순한 미래 시제라면 지금 열심히 농사를 지으면 우리는 가을에 풍년을 맞게 된다고 믿으면 된다. 현재의 노력이 미래의 결실을 바로 약속하는 셈이다. 그나마 미래 시제가 지배하던 시절에 살던 우리 조상들은 행복했다고 할 수 있다. 그렇지만 미래완료 시제에서 '그날'은 여전히 올 기미가 보이지 않고 막연하기만 하다. 성공과 승진은 출신 학교나 지역이 같은 상사가 부임하는 어느 날에서부터 올 수도 있고, 자신에게 맞는 자기계발서를 서점에서 구하는 어느 날로부터 시작될 수도 있다. 혹은 말기 암 진단을 받는 '그날'은 회식자리에서 검게 그을린 삼겹살을 먹게 되는 어느 날에서 올 수도 있고, 경기 호황으로 야근이 빈번해질 어느 날에서 싹이 틀 수도 있다. 결국 미래완료 시제에 지배를 받는 순간, 우리의 현재는 무기력한 것으로 증발하기 쉽다. 미래완료란 미래의 미래이니, 지금 당장 어떻게 해야 할지 막연하기 때문이다.

　　미래완료 시제에서 우리는 '그날'보다는 '그날'과 현재 사이 어딘가에 놓인 불특정한 어느 시점에 집중할 수밖에 없다. '그날'로 결정될 미래의 순간은 언제일까? '그날'을 설정한 것이 체제임에도 불구하고 우리가 그 사실을 까먹게 되는 것은 다 미래완료 시제가 갖는 이런 특이성 때문일 것이다. 그래서 불특정한 미래의 어느 시점을 포착하는지의 여부는 모두 개개인의 책임으로 돌아가게 된다. '그때 사장님과 골프를 치러 갔어야 했는데', '그때 그 자기계발서를 보았다면 좋았을 텐데', '그때 그 업체 말고 다른 경비업체를 골랐다면 되었을 것을', '그때 돈이 좀 들더라도 좋은 식당에서 식사를 했으면 좋았을 텐데' 등등. 욕망의 이미지나 염려의 이미지를 각인시킨 체제나 구조를 문제 삼지 않고, 스스로 목숨을 끊는 사람들이 느는 것도 다 이유가 있었던 셈이다. 예견된 '그날'을 이루거나 미룰 수 있는 불특정한 미래의 어느 기회를 스스로 놓쳤다고 절망하면서 그들은 쓰러져 갔던 것이다.

'그날'로 완성되는 그 불특정한 시점이 언제인지 모른다는 것. 이것이 바로 우리의 욕망이나 염려를 강화시키는 것 아닌가. 여기서 욕망의 이미지인지 염려의 이미지인지는 전혀 중요하지 않다. 중요한 것은 미래완료 시제를 낳는 이미지는 현재라는 시제를 증발시키고, 미래에 대한 희망과 염려 사이에 우리를 던져 놓아 버린다는 점이다. 현재가 타자와 교류하는 시제라면, 미래완료는 파편화되어 고독하기만 한 내면 혹은 관념만의 세계를 만들게 되는 시제다. 불교에서는 이것을 집착이라고 말한다. 현실에 존재하지도 않는 이미지에 사로잡혀, 삶을 피폐하게 만드는 것이 집착이 아니면 무어란 말인가? 마치 색안경을 낀 것 같다. 붉은 색안경을 쓰니, 모든 것이 붉게 보인다. 푸근한 눈마저도 만지기 징그러운 것으로 보일 정도다. 지금 삶이 칙칙하고 우울한가? 아니면 미래에 대한 걱정으로 앞에 있는 가족, 친구, 애인 혹은 꽃이 뿌옇게 보이는가? 그럼 한 번쯤 체제가 만든 이미지를 색안경처럼 쓰고 있는 건 아닌지 의심해 보자. 삶은 의외로 근사하고 멋진 것이니, 그리 칙칙할 필요는 없는 법이다.

1부 | 위풍당당한 파시즘 행진곡

자본주의의
재주넘기

봉이 김선달을 아는가. 과거 조선시대에 대동강의 강물을 팔아먹은 천재적인 사기꾼이었다. 지금 가까운 마트나 편의점을 가 보라. 봉이 김선달이 도처에 암약하고 있는 현장을 목격하게 될 것이다. 생수다. 심지어 스위스 생수는 고가로 팔리고 있다. 왜 우리는 생수를 먹게 되었는가? 아니 질문이 잘못되었다. 누가 우리로 하여금 생수를 먹도록 만들었는가? 바로 자본주의다. 화석연료에 의존하는 산업의 발달과 자연에 대한 무분별한 개발은 환경을 심각하게 오염시키기 마련이다. 그런데 자본주의는 생태 파괴를 반성하기는커녕 그걸 또 이용해 새로운 상품, 즉 생수를 만든 것이다. 생수를 만들기 위해 생태를 파괴하는 생수 공장이 만들어지는 아이러니가 여기서 발생하는 것이다. 우리가 생수를 먹을수록, 생태는 더 파괴될 것이다. 그러면 생수 소비량은 그만큼 증가하게 될 것이다. 심지어 신선한 공기를 담은 캔마저도 팔고 있는데 말해 무엇하겠는가. 어쩌면 자본주의가 약속하는 행복이란 더러운 냇가나 탁한 공기 속에서 생수병이나 공기캔을 따는 것인지도 모를 일이다. 질병과 죽음처럼 미래의 일에 인간이 불안을 느낀다면, 자본주의는 이런 호기를 놓치지 않는다. 보험이니 건강검진이니 온갖 대비책을 잽싸게 팔아 치우려고 한다. 그렇지만 대개의 경우 질병과 이어지는 죽음은 자본주의가 악화시킨 생활환경 때문에 유발된다. 경쟁을 강요하니 스트레스가 쌓이게 되고, 효율을 강조하는 업무환경은 건강에 직접적인 위해를 가져온다. 백혈병을 유발했던 삼성그룹이 삼성생명이란 보험업과 삼성병원이란 병원업으로 돈을 버는 아이러니! 누가 자본주의가 만든 이 치명적인 뫼비우스 띠에서 벗어날 수 있다는 말인가.

박정희가 부여한 민족중흥의 역사적 사명.
유신의 망령, 민주주의에 눈감게 하다!

증오·분열·선동의 광란촛

한 대한민국 전

대한민

촛노의 세월호 참사를 불쏘시게 삼아 활개치는
정치세력의 정쟁과 촛불광란 책동 즉각 중단하라!!
대한민국재향경우회   대한민국고엽제전우회

없는 진상조사로 희생 히그니 악게
전시스템 바로잡아 대한민국

애도분위기 악용, 정부타도 획책하는
불순세력 강력규탄한다!!
대한민국

세월호 참사 우익 집회, 서울 광화문, 2014

선생님 흔들기, 선생님 버티기

∨

미래도 노리는 보수 세력

깜짝 놀랐다. '학생인권조례' 제정 이후 교권이 위축되었다니. 선생님을 대상으로 했던 어느 강연을 마치고 나오는 길에, 선생님 한 분이 내게 볼멘소리를 했다. 그래서 선생님에게 웃으며 말해주었다. "선생님! 학생이든 여성이든 인간이든 인권을 이야기한다는 것은 그 대상이 사회적 약자라서 보호해 주어야 한다는 것을 의미합니다. 그러니까 학생인권 때문에 교권이 침해되었다고 말해서는 안 됩니다. 선생님들이 학생보다 약자는 아니니까 말입니다. 오히려 교권이라고 말하시려면, 교장 선생님이나 장학사, 혹은 교육 관료와 같은 상급 교육기관의 관료주의나 권위주의에 대해 선생님들의 권리를 지키시려고 할 때에만 사용해야 합니다. 노동자에 대해 재벌의 권리를 말할 수 없고, 이등병에 대해 사단장의 권리를 말할 수 없는 것도 같은 이치 아닐까요. 지금 선생님께서는 교권에 대해 볼멘소리를 하시지만, 그 불만은 아이들과의 관계가 아니라 어쩌면 아이들과의 관계에 집중하지 못하도록 만드는 교육 관료주의에 대한 분노에서 기원한 것일 수도 있습니다."

1989년 5월 28일 설립된 전국교직원노동조합, 즉 전교조는 절망적인 교육 환경을 극복하고 아이를 사랑하는 선생님이 되려는 열망을 실현시키려는 우리 선생님들의 치열한 노력의 결과였다. "교직원의 권리 옹호와 교육 민주화, 참교육운동 전개!" 물론 우리 선생님들이 주장했던 교직원의 권리, 즉 교권을 오해하지는 말자. 학생인권에 맞서 교권을 주장하는 일부 철없는 선생님들의 주장과는 확연히 다른 것이니까. 권리는 약자가 아니라 강자의 부당함에 맞서서 주장되어야 한다는 것, 우리 선생님들은 잘 알고 있다. 그래서 참다운 선생님들이라면 한 번도 약한 학생들 앞에서 교권을 주장하지 않는 것이다. 그것은 선생이기 이전에 인생의 선배로서 해서는 안 되는 부끄러운 일이기 때문이다. 우리 선생님들은 단지 직위상 상위에 있는 교장과 교육감, 나아가 교육 당국에 대해 교권을 강하게, 그리고 단호하게 주장했다.

마마보이는 자신의 아내를 사랑할 수 없는 것처럼, 교육 당국에 휘둘리는 순간 선생님은 자신의 학생들을 제대로 사랑할 수 없는 법이다. 그렇다. 사랑 때문이었다. 일체의 정치적 외압을 거부하지 않는다면 그들이 어떻게 학생들을 온전히 사랑할 수 있다는 말인가. 1989년 창립된 이래 지금까지 전교조가 없었다면 정치권력과 그에 편승한 교육 관료들의 전횡으로부터 우리 선생님들이 어떻게 보호받을 수 있었겠는가. 당연히 권력과 체제로서는 전교조는 너

선생님 흔들기, 선생님 버티기

무나 거추장스러운 존재일 것이다. 하긴 자신들의 기득권을 정당화하는 이념을 미래 세대에게 고스란히 전해 주고 싶었을 테니, 전교조는 눈엣가시로 보였을 것이다. 최근 박근혜 정권은 자신의 기득권을 정당화하는 역사교과서를 채택하려는 후안무치한 행위에 이어, 아예 역사교과서를 국정화하려고 시도하고 있다. 아마 자신을 지지하는 세력을 청년 세대에게까지 확장하려는 노골적인 야심 때문일 것이다. '교육 민주화'와 '참교육'을 옹호하는 전교조가 있는 한, 그들의 시도는 좌절되기 십상이다.

　　　모든 후속 세대에게도 자신의 정치적 영향력을 관철시키려면, 체제는 선생님들을 통제해야만 한다. 그것이 구체화된 것이 전교조를 법외노조로 만들려는 체제의 집요한 시도라고 할 수 있다. 이미 체제는 선생님들의 교권을 조금씩 와해시키는 작업을 조용히, 그렇지만 단호하게 추진한 지 오래다. 이런 교묘한 작업 중 가장 대표적이고 오래된 것은 선생님들에게 과중한 행정업무를 부가하는 교육 관료주의적 행태다. 아이들과 애정을 나눌 수 있는 기본적인 시간마저 뺏는 상명하복식의 행정 관료주의가 지배적일 때, 그리고 아이들을 자본의 구미에 맞는 상품으로 만들라는 교육 이념이 팽배할 때, 선생님들의 자괴감은 생각하기 힘들 정도로 심각해질 수밖에 없다. 아이를 아무리 사랑한다고 해도 부부가 모두 바쁘게 맞벌이를 할 정도로 삶이 팍팍하다고 해 보자. 이 부부가 어떻게 아이에게 제대로 사랑을 줄 수 있겠는가. 같이 산책하며 꽃에 대해, 구름에 대해, 개울에 대해, 그리고 노을에 대해 이야기를 나눌 수도 없다. 여기서 어떻게 아이의 내면을 읽을 여력이 있겠는가.

선생님들에게 과중한 행정업무를 부가해서는 안 되는 이유도 바로 여기에 있다. 아이들과 함께 있을 수 있는 절대적인 시간이 없다면, 어떻게 선생님들이 아이들을 사랑할 수 있다는 말인가. 교육 관료들이 존재하는 이유는 선생님들이 아이들을 사랑할 수 있는 시간을 확보해 주는 데 있다. 그들은 과연 사제 간의 사랑에 도움이 되는 역할을 하고 있는가. 지금 그들은 선생님과 아이들을 생각하기는커녕 관료로서의 자신의 역할만 기계적으로 수행하고 있을 뿐이다. 아니, 그렇게 체계적으로 강요받고 있다. 방과후학교 예산이 지방 일선 학교 선생님들에게는 아이들과 사랑할 수 있는 절대 시간을 뺏는 과도한 행정업무가 된 것을 그들은 알기나 할까. 그 사이에 외롭게 방치될 아이들의 외로움, 그리고 자신의 역할을 제대로 못하고 있다는 선생님들의 자괴감은 어떻게 할 것인가.

아이들을 만나고 사랑해야 하는 선생님들의 소망을 더 확실하게 억압하기 위해 불철주야 노력하는 교육 당국은 자본주의 체제에서 벤치마킹을 서슴지 않았다. 그중 대표적인 것이 아마도 선생님의 비정규직화일 것이다. 자본주의적 교육 이념을 관철하려면, 아이들이 서로를 사랑하지 않고 상대방을 경쟁자로 보아야 한다. 그러기 위해 선생님들이 아이들을 사랑하는 시간을 빼앗아야 한다. 사랑의 가치를 가르치면 안 될 테니 말이다. 그러니 선생님이란 지위도 경쟁의 논리에 던져 넣을 필요가 있다. 기간제 선생님을 양산함으로써 선생님들이 자신의 생계에 전전긍긍하도록 만들어야 한다. 그래야 아이들을 사랑으로 돌보기보다는, 선생님들 사이의 연대를 도모하기보다는 자신을 평가하는 교감, 교장, 그리고 나아가 교육 당국의 눈치를 볼 테니 말이다. 생계의 위협을 느끼는 기간제 선생님들이 어떻게 아이들을 사랑하는 데 매진할 수 있다는 말인가. 진보적 교육감이 일하고 있는 지자체도 대략 25퍼센트 정도의 선생님들이 비정규직이니, 사정은 매우 심각하다.

선생님은 아이들을 사랑하는, 그래서 아이들의 행복을 소망하는 직업이다. 만약 그렇지 않다면 선생님은 유괴범에 지나지 않을 것이다. 아이들을 볼모로 돈을 벌겠다는 것, 이것이 유괴범이 하는 행동이 아니면 무엇이겠는가. 누군가를 사랑한다는 것, 그것은 누군가를 알려고 한다는 것이다. 사랑에 빠지면 우리는 어느 때 그 사람이 행복한지 알려고 한다. 사랑하는 사람이 나 때문에 행복해하는 것을 보는 것보다 뿌듯한 일이 어디에 있겠는가. 그래서 아이들을 사랑하지 못하고 월급만 받고 있을 때, 선생님들은 자괴감을 느낄 수밖에 없다. 스스로 직감하는 것이다. 유괴범으로 살고 있다는 쓸쓸한 현실을 말이다. 그렇지만 어느 선생님이 유괴범으로서의 삶을 살려고 하겠는가. 사랑이 아닌 경쟁을 강조하는 자본주의적 교육 이념이, 그리고 친일과 독재의 과거를 정당화하려는 보수 세력의 야욕이 선생님들을 자꾸 유괴범으로 만들어 가고 있는 것이다.

그나마 아이들과 만날 때도 선생님들은 괴롭기만 하다. 전체 사회에 팽배해 있는 자본주의적인 이념과 맞서서 미래 우리 사회에 희망의 씨앗을 심기 힘든 교육 현실 때문이다. 학교는 사랑의 공동체를 지향하는 곳이지, 약육강식의 검투사를 키우는 장소가 아니다. 아이들이 저마다 행복을 느낄 수 있는 것을 찾아 주는 것, 그래서 미래에 다양한 가치들과 행복이 공존하는 공동체를 꿈꾸는 것,

이것이 바로 학교의 역할 아닌가. 그래서 내가 만났던 어느 선생님은 그렇게 괴로워했던 것이다. 음악을 좋아하는 제자보다는 생계를 위해 자동차를 배워야 한다는 부모의 말에 동감했던 적이 있던 선생님이었다. 선생님이 괴로워했던 이유는 무엇일까. 그는 사회나 자본이 원하는 스펙을 쌓으면서 살아가는 것이 불행한 삶이라는 것을 알고 있기 때문이다. 단순한 일 아닌가. 남이 원하는 것을 행하는 삶이 노예의 삶이라면, 자신이 원하는 것을 힘들더라도 관철시키는 것이 바로 주인의 삶이니까 말이다. 제자를 사랑했던 선생님은 제자에게 노예의 삶을 살라고 권한 것이 영 못마땅했던 것이다. 어쨌든 사랑이란 사랑하는 사람이 원하는 것을 실현하는 데 도움이 되는 것이지 그것을 좌절시키는 것은 아니니까 말이다.

누가 행정 관료주의의 힘을 발휘하여 우리 선생님들을 관료로 만들고 있는가. 누가 자본주의적 경쟁 이념을 강제하여 우리 선생님들을 학원 선생으로 만들고 있는가. 도대체 누가 제자들을 사랑하려는 선생님의 작지만 큰 소망을 무기력하게 만들고 있는가. 무기력하고 자괴감에 빠진 선생님들로부터 어떻게 우리 아이들이 사랑을 받을 수 있다는 말인가. 그러고서 어떻게 우리가 소망스러운 미래를 꿈꿀 수 있다는 말인가? 2010년 경기도에서 '학생인권조례'를 공포한 것을 시작으로 광주, 서울, 전라북도 등이 그 뒤를 이었다. 이제 우리가 꿈꾸어야 할 것은 선생님들에게 가해지는 부당한 압력으로부터 그들을 보호해 주는 선생인권조례, 혹은 교권조례일지도 모를 일이다. 그렇지만 그것은 학생들에 대한 선생님들의 권리가 아니다. 그런 발상만큼 선생님을 무시하는 것도, 심지어 선생님

선생님 흔들기, 선생님 버티기

에게 무례한 것도 없을 것이다. 교권조례는 정치권과 교육부를 포함한 행정 관료들에 대한 우리 선생님들의 권리일 수밖에 없다. 그것은 마음 놓고 제자와 사랑을 주고받으며 미래를 꿈꿀 수 있는 사랑의 권리이기 때문이다.

선생님들을 대상으로 하는 강의 말미에 항상 나는 묻곤 한다. 다음 학기에는 몇 명에 대해 선생님일 수 있겠느냐고. 당혹스럽게 고민하다가 선생님들은 얼굴을 붉히며 말하곤 한다. "두 명입니다." "세 명입니다." 고맙고 다행스러운 일이다. "예. 그렇게 약속한 것처럼 꼭 하세요. 그러면 선생님들은 최소한 그 두 명, 그 세 명에 대해 선생님이신 겁니다. 그리고 명심하세요. 나머지 학생들에게는 미안한 마음을 가져야 합니다. '미안하다고, 선생님의 힘이 부족해서 너희들까지는 다 업고 갈 수는 없어서 미안하다고.' 이런 미안함을 가슴 깊이 간직하시면 됩니다. 언젠가 은퇴하시는 그날까지 한번은 자기 반 학생 모두를 업는 날이 올 테니까 말입니다." 바로 이분들이 우리 선생님들이다. 아이들을 사랑하는 일념으로 오늘도 묵묵히 교단에 오르는 우리 선생님들이다. 우리가 해야 할 일은 아이들을 사랑하는 시간을 충분히 그분들에게 주는 것뿐이다. 육체적으로도 정신적으로도 지치지 않도록, 그래서 마음껏 아이들을 업고 갈 수 있는 힘을 남겨 드리는 일이다. 바로 여기서 우리의 미래는 결정이 날 것이다.

국어교과서,
아니 모든 교과서를
없애자!

고등학생 시절 국어 선생님 한 분이 기억난다. 입시 교육보다는 문학에 관심이 많아서인지, 항상 2학년 수업을 맡으셨던 분이다. 선생님은 입시에 거의 출제되지 않던 수필을 강의하느라 두 주나 할애하셨다. 다른 선생님이라면 아무리 길어도 한 주면 끝날 분량이었다. 내 기억으로는 이상보의 〈갑사로 가는 길〉이라는 수필이다. 선생님은 눈 내리는 계룡산의 갑사 가는 길을 영화의 한 장면처럼 생생하게 들려주었다. 자신의 대학 시절 경험담, 연애담과 함께 말이다. 너무나 감동적이어서 우리는 정말 대학에 들어가면 갑사와 남매탑에 반드시 가 보아야겠다고 다짐했을 정도였다. 당시 이런 생각이 들었다. 국어 선생님이 소설이든 수필이든 시든, 자신이 좋아하는 작품만을 뽑아 가르쳐 주시면 얼마나 좋을까? 정말로 좋아하는 걸 이야기할 때는 선생님이 아니더라도 누구든지 타인을 그만큼 쉽게 감동시킬 수 있는 것 아닐까? 교과서 집필자가 집어넣은 시·소설·수필 등이 마음에 들지 않는다면, 선생님이 어떻게 그걸로 우리를 감동시킬 수 있다는 말인가? 국어 선생님은 국어교과서가 아니라 자신이 좋아하는 작품을 강의해야 한다. 그럴 때 학생들도 문학과 인문학에 더 쉽게 감동할 수 있을 것이다. 그러나 지금 생각해 보면, 그것은 국어만이 아닐 듯하다. 모든 과목이 그래야 한다. 선생님이 강연 교재를 만들 수 있는 재량을 주어야 한다. 그러니까 교과서 자체를 없애자는 것이다. 물론 사교육 업체나 EBS 입장에서는 눈살을 찌푸릴 일이지만 말이다. 더군다나 역사 교과서를 국정교과서로 만들려는 정부도 당혹하기는 마찬가지일 것이다. 대신 우리 선생님들의 추락된 교권은 정말 조금씩 회복될 것이다.

지금은 유령의 시대

보수적 망령들의 초혼식

거리에 나가 주변 사람들을 돌아보라. 그들은 우리와 함께 같은 시간에 살고 있는 사람들로 보인다. 그러나 과연 그럴까. 이런 의문에 고개를 갸우뚱거릴 필요는 없다. 분명 물리적으로는 나와 동일한 시공간에 살고 있는 것처럼 보이지만, 그들의 내면을 보면 그렇지 않다는 걸 우리는 쉽게 알 수 있다. 의심스럽다면 인터넷에 접속해서 다양한 기사들, 글들, 그리고 정제되지 않는 댓글들을 한번쭉 살펴보라. 같은 시대에 살고 있다는 것이 오히려 기적처럼 생각될 것이다. 모든 사회적 갈등은 바로 여기에 있다. 과거에 살고 있는 사람, 미래에 살고 있는 사람, 그리고 현재에 살고 있는 사람들이 동일한 공간에 살고 있으니 어떻게 갈등을 피할 수 있다는 말인가. 보수주의, 진보주의, 그리고 현실주의의 기원도 이런 시간성에서 찾아야 할 듯하다.

1부 | 위풍당당한 파시즘 행진곡

보수적인 사람은 시간의 변화를 타락을 경험하니 마치 과거 에덴동산을 꿈꾸는 기독교인과도 같다. 이와는 달리 진보주의자는 아직 도래하지 않는 유토피아를 꿈꾸고 있다. 그러니 그에게 현실은 극복되어야 할 시제에 지나지 않는다. 이런 진보주의자에게 보수주의자는 얼마나 시대착오적인 인물로 보이겠는가. 이와 달리 현실주의자는 변화하는 현실에 맞추어 자신에게 가장 유리한 삶의 조건을 조성하려고 애쓴다. 그러니 과거의 향수에 젖은 사람들이나 미래의 희망에 부푼 사람들이 냉정한 현실을 직시하지 못한다고 현실주의자는 혀를 끌끌 찰 것이다. 보수주의, 진보주의, 현실주의는 다채로운 이합집산이 가능하다. 마치 중국이나 우리나라의 삼국시대처럼, 자신들의 존재를 확보하기 위해 세 입장은 이론적으로 세 가지 가능성으로 연대와 배신을 반복할 수 있다. 보수주의와 진보주의의 연대, 현실주의와 진보주의의 연대, 그리고 보수주의와 현실주의의 연대!

한 사회의 틀이 근본적으로 변하는 동력, 즉 혁명과도 같은 근본적 변화는 현실주의자와 진보주의자가 손을 잡았을 때에만 가능하다. 이것은 동서양의 모든 역사가 우리에게 말해 주는 것이다. 반대로 보수주의가 현실주의 혹은 진보주의와 연대할 때, 사회는 자신이 갖고 있는 근본적 문제를 해결할 동력을 상실하게 된다. 그러니 보수주의는 더 좋은 사회를 만드는 데 결정적인 장애로 기능한다고 하겠다. 보수주의자들이 진보주의자를 고사시키려고 현실주의자들과 연대하게 될 때, 우리는 희망이 사라진 사회에 살아가게 될 것이다. 현재 우리가 직면하고 있는 상황은 바로 이것이다. 주변을 돌아보라. 현실주의자들의 비호를 받는 보수주의자들, 너무나 시대착오적인 사람들이 우리 주변에 널려 있지 않은가. 조선시대에 살고 있는 사람들, 일제강점기를 살아가고 있는 사람들, 그리고 유신시대에 살고 있는 사람들.

　　지금을 조선시대로 살아가는 사람들이 있다. 여전히 남존여비와 경로사상으로 무장하고 있으니, 이들은 남녀평등의 이념이나 성소수자의 권리를 퇴폐적 생각이라고 집요하게 공격하게 된다. 그리고 지금을 일제강점기로 보내고 있는 사람들도 있다. 혼마치本町의 퇴폐적이고 냉소적인 소비문화를 반복하고 있는 이들에게는 지배자가 조선총독부인지 아니면 유신독재자인지 아무런 상관이 없다. 그저 자신이 가진 부와 기득권으로 섹시한 향락을 누리면 될 뿐이다. 그러니 이들은 정의로운 사회를 외치는 사람들에게 본능적인 거부반응을 보이는 것이다. 마지막으로 지금을 유신시대로 살아가고 있는 사람들도 있다. 국가와 대통령에 자신을 거의 동일시하고 있는 이들은 정말 "체력은 국력"이라는 유신시대의 표어를 온몸으로 체화한 사람들이다. 이들의 생각에 국가는 지상 최고의 목적이고, 국민들은 국가를 위해 기꺼이 자신을 희생해야 한다. 그러니 대통령이나 공권력에 문제를 제기하거나 반기를 드는 일체의 행동들에 대해 그들은 강한 적대감을 표시하게 된다.

　　조선시대도, 일제강점기도, 그리고 유신시대도 이미 지나간 과거인데 이렇게 유령처럼 발호를 하는 이유는 무엇일까. 그것은 우리가 제대로 과거를 청산하지 못했기 때문이다. 과거를 청산하지 못하니, 현재도 미래도 제 기능을 발휘할 수 없다. 제대로 청산하지 못한 과거는 유령이 되어 우리의 앞길을 막을 수밖에 없다. 예를 하나 들어 볼까. 아들이 불행히도 비행기 사고를 당했다고 하자. 불행 중 다행이랄까, 비행기는 육지가 아니라 바다로 추락했다. 이런 상황에서 아들의 시신을 발견한 경우와 시신도 발견하지 못하는 경우 중 어느 것이 그나마 운이 좋은 것이라고 할 수 있을까. 노골적으로 물어보자면 사랑하는 사람의 사망 소식과 실종 소식 중 어느 것이 더 소망스러운 것일까. 순간적이나마 사랑하는 사람의 실종이 그의 사망보다 더 소망스러운 일이라고 대답할 가능성이 있다. 사람이 언젠가 살아서 돌아올지도 모른다는 희망이라도 품을 수 있다는 짧은 생각에서다.

그렇지만 하나하나 따져 보면, 우리는 사망 소식보다 실종 소식이 남아 있는 가족에게 더 큰 상처와 슬픔을 남겨 준다는 것을 알게 된다. 2006년에 비행기 사고가 일어났다고 가정하자. 사망 소식을 접한 당시에 남은 가족들은 표현할 수 없는 고통과 슬픔에 사로잡히게 될 것이다. 그렇지만 모든 상처가 그렇듯이, 정신적 상처도 시간이 지나면 비록 깊은 흉터는 남기겠지만 아물기 마련이다. 당연히 10년이 지난 2016년쯤 유족들은 나름대로 안정을 찾게 될 것이다. 반면 실종 소식은 유족들에게 사망 소식보다 더 치명적인 상처를 남기는 법이다. 극단적으로 말해 실종 소식을 접한 유족들은 결코 이사를 갈 수 없게 된다. 실종자는 언제 돌아올지 모르기 때문이다. 당연히 유족들은 실종된 아들의 방마저도 그대로 유지하려 할 것이다. 언제든지 아들이 돌아오면 써야 되니, 청소도 매일 말끔히 해 두어야 할 것이다. 실종자를 가진 나머지 가족들은 이렇게

지금은 유령의 시대

실종자가 발생한 날에 박제되어 현재와 미래를 빼앗긴 채 살아가게 되는 것이다.

바로 이것이다. 2006년에 실종된 아들은 2016년이 되었음에도 조금도 나이를 먹지 않은 채 남은 유족들과 함께 생활하고 있는 셈이다. 마침내 모든 걸 회색으로, 심하면 흑색으로 만드는 유령이 탄생한 것이다. 눈에 보이지는 않지만 남은 유족들의 일거수일투족에 개입하여 영향을 미치고 있으니, 이것이 어떻게 유령이 아닌가. 그래서일까. 동서양을 구분할 것도 없이 인류는 그렇게도 장례 문화를 발전시켰던 것이다. 사실 장례 행사는 고인을 두 번 죽이는 행위라고 할 수 있다. 고인의 죽음이 첫 번째의 죽음이라면, 유족의 마음에 남은 고인마저 떠나보내는 장례 행사는 고인에게 두 번째 죽음을 선고하는 일이니까 말이다. 여기서 중요한 것은 이렇게 마음에서 고인을 영영 떠나보내는 두 번째 죽음이 아닐까. 그래서 장례는 살아 있는 자들을 위한 절차라고 말하는 것이다. 제단을 마련하고 향을 피우고 조문객을 받으며 맞절을 하는 것은 마음에 남아 있는 고인을 떠나보내려는 유족들의 처절한 노력이라고 할 수 있으니까 말이다.

비행기 사고로 실종된 아들은 아마 죽었을 것이다. 그러니 첫 번째 죽음이 완성된 것이다. 그렇지만 아들의 시신을 확인할 수 없으니, 유족들은 장례를 치를 수가 없다. 언제든지 아들은 문을 열고 다시 돌아올 수 있다. 그래서 아들의 실종 소식은 고인의 두 번째 죽음을 영원히 유보하도록 만드는 참담한 사건이라고 할 수 있다. 죽은 아들과 함께 사는 꼴이니 영락없이 유령과 함께하는 세월이 시작된 셈이다. 이제 남은 유족들은 2006년 실종 사고가 있던 그날에 사로잡히게 된다. 유족들은 과연 행복할 수 있을까. 이사를 갈 수도 없고, 여행을 갈 수도 없다. 까르르 웃음을 터뜨릴 수도 없고, 맛난 것을 편안하게 먹을 수도 없다. 유족들에게 2007년도, 2008년도, 그리고 2016년도 있을 수 없다. 그들의 삶은 실종 사고와 함께 방부 처리된 미라처럼 굳어 버린 것이다. 하긴 유령과 함께 사니 어떻게 유족들의 표정이 잿빛을 띠지 않을 수 있겠는가.

지금 우리는 유령의 시대에 살고 있다. 남존여비로 상징되는 가부장적 조선시대의 유령이, 식민지 지식인의 냉소적 지성을 낳았던 일제강점기의 유령이, 그리고 전태일과 장준하를 죽음으로 몰고 갔던 유신시대의 유령이 우리 주변 도처에서 배회하며 우리의 삶을 옥죄고 있기 때문이다. 분명 조선시대는, 일제강점기는, 그리고 유신시대는 이미 지나간 시대이고 죽은 시대라고 할 수 있다. 그렇지만 우리가 한 가지 소홀히 했던 것이 있다. 조선시대, 일제강점기, 그리고 유신시대에 대한 장례식 말이다. 장례식을 치를 수 없는 실종자는 유령이 될 수밖에 없다. 그것은 지나간 시대도 마찬가지 아닌가. 아니다. 정확히 말해 우리는 장례식을 이미 치렀다. 그럼에도 유령들처럼 과거 시대의 망령들이 오늘 우리의 삶을 잿빛으로 만들 수 있는 이유는 무엇일까. 장례식을 부정하면서 죽은 시대를 실종된 시대로 만들려는 세력들이 발호하고 있기 때문이다. 자신의 구미에 맞는 역사교과서를 만들려는 뉴라이트 지식인들, 그리고 유령들을 화끈하게 살려 내는 역사를 국정화하려는 박근혜 정부가 바로 그들이다.

과거 망령들을 불러내는 어두운 세력들이 장례식을 치른 적이 없다고 설치기 시작했다. 조선시대의 미풍양속은 죽지 않았다고, 일제강점기에 이식된 자본주의는 죽지 않았다고, 유신시대의 개발독재는 아직 살아 있다고, 그들은 앞다투어 주문을 외고 있다. 이미 죽은 것들을 그들은 실종된 것들로 만들려는 것이다. 역사에는 다양한 해석과 가치평가가 가능하다는 논리로 그들은 먼저 사망이 아니라 실종의 분위기를 만들 것이다. 그리고 최종적으로 그들은 왕조체제, 일제강점기의 소비문화, 그리고 유신독재가 살아 있다고 우리를 현혹시킬 것이다. 불행히도 유령을 불러내는 그들의 주문은 효과가 있었나 보다. 도처에 그들이 불러낸 유령들에 씐 사람들이 하나둘 늘어나니 말이다. 역차별을 운운하며 과거의 남존여비로 회귀하려는 사람들, 일제강점기가 우리를 개화시켰다며 자본주의에 몸을 던지는 사람들, 유신시대 개발독재의 참담함을 경제적 풍요로 통치려는 사람들. 돌아보라. 정계, 학계, 재계, 그리고 언론계는 이미 유령으로 가득 차 있는 것은 아닌지. 이제 우리는 떠돌고 있는 유령들을 다시 무덤으로 되돌려 보내는 퇴마사가 되어야만 한다. 이를 소홀히 한다면, 우리 누구도 오늘을 살아 낼 수도, 그리고 내일을 맞이할 수도 없을 테니까.

진보주의자를 위한
수리정치공학

3:4:3의 정치공학적 법칙! 항상 잊지 말자. 그렇지만 이것은 인문주의적 사회를 부정하는 사람들에게 알려 주어서는 안 된다. 물론 인문주의자들보다 그들이 먼저 이 법칙을 알고 실천하고 있다는 불길한 느낌이 들지만 말이다. 내가 완전히 미친놈이 아니라면 나의 입장을 지지하는 사람은 항상 전체 중 30퍼센트 정도는 된다. 그리고 죽었다 깨어나도 우리를 반대하는 사람들도 30퍼센트 정도는 될 것이다. 문제는 중도적인 입장을 취하는 사람들이 항상 40퍼센트 정도 있다는 점이다. 바로 이들이 중요하다. 40퍼센트의 중도적 입장을 취하는 사람들이 우리 편이 되어야, 우리는 주어진 사회를 변화시킬 수가 있다. 물론 이제 70퍼센트가 되었다고 해서, 우리를 반대하는 30퍼센트를 제거하려고 해서는 안 된다. 반대자를 제거했다면, 이제 남은 70퍼센트는 하나의 전체, 즉 100퍼센트가 될 것이다. 문제는 여기서 다시 3:4:3의 분열이 시작된다는 점이다. 그러니 중도적인 40퍼센트가 있었던 이유를 우리가 제대로 인식해야만 한다. 그들은 우리를 부정하려고 했던 30퍼센트가 있어서 가능했던 것이다. 그렇다고 해서 나의 입장을 절대적으로 지지하는 30퍼센트와만 함께하고, 나머지 70퍼센트와 무관하게 살려고 해서는 안 된다. 왜냐고? 여기서도 3:4:3의 분열이 시작될 것이기 때문이다. 친구들의 모임도 시간이 지나면, 항상 3:4:3의 갈등에 빠지는 것도 바로 이런 이유에서다. 이런 변화무쌍한 정치공학적 현실이 싫다고? 그럼 혼자 살아야 할 것이다. 사회와 일정 정도 거리를 두고 있는 수도원이나 사찰에 들어간다고 하더라도 세 사람 이상의 사람들이 모여 있다면, 그곳도 어김없이 3:4:3의 법칙이 적용될 테니 말이다.

아직도 선착순, 여전히 선착순

∨

경쟁 논리, 파시즘의 치명적인 무기

철학자가 아니더라도 우리는 가끔 철학적인 고민에 빠지곤 한다. 한숨을 쉬면서 우리는 자신에게 물어볼 때가 있다. '살아가는 이유는 무엇일까?' 철학자도 당혹감을 느낄 만한 질문이다. 그렇지만 대답하기 힘들 것만 같은 이런 난문도 형식만 조금 바꾸면 어렵지 않게 해답을 찾을 수 있다. '왜 자살하지 않고 살아가는가?' 대답은 어렵지 않다. 사랑 때문이다. 누군가를 사랑하는 것도 좋고, 아니면 누군가로부터 사랑받아도 좋다. 어느 경우든 우리는 쉽게 자살을 결정하지 않을 테니까 말이다. 생을 마감하려고 옥상 난간에 서 있는 어떤 사람을 떠올려 보자. 순간 뇌리에 자신이 사랑하거나 혹은 자신을 사랑해 주는 사람이 떠오른다면, 그는 결코 난간 앞으로 나아가지는 못할 것이다. 그러니까 '살아가는 이유는 무엇일까?'라는 질문 이면에는 자신이 사랑하는 것도, 자신을 사랑해 주는 것도 없다는 고독함이 도사리고 있었던 것이다.

사랑하는 대상이 사람이면 더 이상 바랄 것이 없지만 아니어도 상관은 없다. 아니, 사람이라면 오히려 삶을 더 무겁게 하니 사람보다는 말 못하는 짐승이나 식물이 더 좋을 수도 있다. 한두 마리 금붕어도 좋고, 쿨한 고양이도 좋다. 동물이 싫다면 작은 화초라도 좋다. 금붕어, 고양이, 혹은 화초를 진실로 사랑한다면 우리는 그것들을 두고 이 세상을 떠날 수는 없을 것이다. 사랑한다면 그들에게 먹이를 주거나 혹은 물을 주어야 하니까. 불행히도 평생의 반려자를 잃어버린 사람이거나 아니면 가족으로부터 사랑을 받지 못하는 사람은 자기도 모르게 애완견이나 화초를 가까이 하게 된다. 비록 인간이 아닐지라도 그것들을 사랑으로 돌보면서 삶의 의미를 찾으려는 처절한 몸부림인 셈이다. 밀란 쿤데라Milan Kundera도 말하지 않았던가? "참을 수 없는 존재의 가벼움"이라고. 그렇다. 자살에 이를 정도로 삶이 가벼워졌다면, 우리는 자신의 삶을 무겁게 만들 수 있는 사랑하는 대상을 찾아야만 한다.

예수도, 마르크스도, 그리고 우리 시인 김수영도 한결같이 사랑이 충만한 사회를 꿈꾸었던 것은 어쩌면 당연한 일인지 모른다. 인간을 행복으로 이끌려는 그들이 어떻게 사랑의 중요성을 간과할 수 있었겠는가. 인간은 사랑하고 사랑받아야만 한다. 그것은 인간의 본질이자, 인간이 살아가는 이유이기 때문이다. 바로 이런 이유에서 우리는 공동체를 이루고 사는지도 모를 일이다. 공동체에 산다는 것은 사랑할 수 있는 사람을 발견할 가능성이 있는 삶을 산다는 것을 의미하니까. 여리디 여린 우리 아이들도 여기서 예외는 아니다. 아니, 상처받기 쉬운 만큼 더 넓고 더 따뜻한 사랑이 필요한 법이다. 그렇지만 과연 지금 우리 아이들은 행복을 느낄 만큼 충분히 사랑하고 사랑받고 있는가? 아니다. 행복은커녕 우리 아이들은 폭력과 자살의 위험에 노출된 불행한 삶을 살고 있다. 여기서 자살이나 폭력을 구분할 필요는 전혀 없다. 둘 사이에는 본질적인 차이가 없으니까.

자살이나 폭력은 모두 사랑이 부재하기 때문에 발생하는 동일한 원인의 상이한 결과일 뿐이다. 어떻게 타인을 사랑하면서 동시에 그에게 폭력을 행사할 수 있다는 말인가? 어떻게 자신을 사랑하면서 자신의 목숨을 스스로 앗아 갈 수 있다는 말인가? 폭력이나 자살은 인간에 대한 사랑이 아니라 미움, 아니 절망의 감정일 수밖에 없다. 우리 소중한 아이들, 언젠가 앞으로 태어날 인간들을 돌보아야 할 막중한 책임을 가진 그들이 점점 인간이라는 사실을 혐오하고, 자신이나 타인에 대한 미움을 쌓아 가고 있는 이유는 자명하다. 사랑의 부재 때문이다. 인간에 대한 사랑을 상실하면서 우리 아이들은 참을 수 없을 정도로 존재가 가벼워진 것이다. 언제 우리는 서로에 대한 사랑을 잃어버리게 되는가? 해답의 실마리는 아직도 나의 뇌리에 생생히 남아 있는 학창 시절 선착순과 관련된 참담한 기억에서 찾을 수 있을 것 같다.

과거 군사독재 시절 고등학교 교련이나 체육 수업에서 내가 온몸으로 배운 것은, 선착순이 가진 냉엄한 경쟁 논리였다. 50명이 넘는 우리 반 학생들의 너무 우정이 깊어 보였던 걸까. 교련 선생님이나 체육 선생님은 선착순을 통해 우리의 우정을 와해시켜 일사

불란한 교정 질서를 세우려고 했다. 경험해 보았던 사람이라면 모두 알 것이다. 가장 먼저 골대를 돌고 돌아온 학생은 선착순에서 열외가 된다. 그리고 나머지는 모두 골대로 다시 뛰어야만 한다. 또다시 한 명이 선착순에서 열외가 된다. 서로 친했던 우리의 내면에 조금씩 악마가 들어오는 것도 바로 이 순간이다. 다음번에는 반드시 친구들을 이겨 선착순에서 열외가 되어야 한다는 달콤한 속삭임이 들리기 때문이다. 헐떡이는 숨과 온몸을 적시는 땀! 너무나 힘들다. 그러니 이 힘든 것을 없애야 한다. 당연히 다음 선착순에서는 1등으로 들어와 쉬어야 한다. 바로 이 순간 우리의 뇌리에는 오직 나만이 존재하고 친구들은 안중에도 없어진다.

　　생각해 보면 사랑과 신뢰의 관계가 경쟁과 불신의 관계로 변모하는 아찔한 순간이었다. 바로 이것이다. 그 선생님들이 우리에게 각인하려고 했던 것은 바로 경쟁과 불신이었던 것이다. 1등을 한 친구는 선착순에서 열외가 되고 나머지 우리들은 다시 운동장을 뛰어야만 했다. 1등을 한 친구는 우리들이 뛰는 것을 애써 보지 않으려고 했고, 우리도 그를 쳐다보려고 하지 않았다. 온몸이 땀으로 범벅이 되어 교실로 향하는 길은 서로 너무 서먹서먹하기만 했다. 그렇게 우리의 틈은 조금씩 벌어지고 있었던 것이다. 모두가 외로워지는 길을 강요당한 불쌍한 영혼들이었다. 선착순의 추억을 암울했던 독재의 잔재라고 가볍게 치부하지 말자. 1등에게 모든 혜택을 제공하는 경쟁 교육도 기본적으로 선착순의 논리를 전제하고 있으니까. 1등을 한 아이만 학교에서 혹은 가정에서 사랑과 관심의 대상이 된다. 나머지는 1등을 할 때까지 외롭게 운동장을 계속 뛰어야만 한다.

아직도 선착순, 여전히 선착순

뛰어야 한다. 달려야 한다. 그렇지 않으면 생존할 수도 없다. 이런 사회가 지속된다면, 우리 아이들은 사랑의 가치를 점점 더 잃어버리게 될 것이다. 등수가 떨어지기라도 해 보라. 1등을 하던 아이는 1등을 놓친 자신뿐만 아니라 자기 대신 1등을 차지한 아이를 미워하게 될 것이다. 1등을 염두에 둘 수도 없는 아이들은 또 어떤가? 그들도 결코 사랑과 관심을 포기할 수는 없다. 바로 그것이 삶의 이유이자 동시에 자신의 존재가 무거워지는 방법이니까 말이다. 연예인이 되어서 한 방에 모든 사랑과 관심을 받으려는 야망을 품는 학생도 생긴다. 사랑이 아니라면 관심이라도 받아야만 한다. 폭주족 등 불량한 학생이 되거나, 아니면 폭력을 행사하는 학생이 되어도 좋다. 간혹 중학생의 나이에도 담배를 피우는 아이가 생기기도 한다. 왜곡된 형태이지만 자신에게 관심을 기울여 달라는, 혹은 자신도 어느 분야에서는 1등이라는 과시를 하고 싶은 것이다. 모든 아이들이 담배를 피우지 않기에, 자신만큼은 담배를 피우며 어른 흉내를 잠시 내 보려는 것이다.

누가 우리 아이들을 경쟁과 불신에 물들여 끝내 죽음으로 내몰고 있는가? 국가의 경쟁력을 위해 개인의 경쟁력을 강화해야 한다고 역설하는 사람들이다. 국가의 경쟁력을 위해 아이들의 경쟁력을 높여야 한다는 주장, 어디선가 많이 들어본 주장 아닌가. 박정희 유신독재의 구호, "체력은 국력"이라는 구호의 업데이트된 주장일 뿐이다. 몸이 약한 아이를 보고 국가를 약하게 하는 존재로 다그치는 살풍경을 떠올려 보면, 아직도 소름이 돋는다. 몸이 약하면 더 사랑을 주어야 하는 것이 교육 아닐까? 한때 교육인적자원부라고 불리기도 했던 교육부는 서슴없이 '인적 자원'이란 말을 사용하고 있다. 살아 있는 나무, 그리고 앞으로 더 크게 자랄 아이들로 보는 것이 아니라, 땔나무나 목재처럼 무언가에 사용될 아이들로 보고 있는 것이다. 당연히 이런 발상으로는 아이들의 고유한 삶을 돌본다는 것은 언감생심이다. 교육 당국이라는 곳에서는 아이들을 사회의 자원으로 보는 것을 전혀 부끄러워하지 않는다. 자원이 되지 않는 아이들을 과감히 버릴 준비마저 하고 있는 중이다. 당연히 국가 경쟁력에 도움이 되지 않는 인문학을 공부하는 아이, 시를 쓰는 아이, 판소리를 하는 아이 등등은 쓸모없는 자원으로 분류되기 쉽다.

누가 우리 아이들을 경쟁과 불신에 물들여 끝내 사랑을 배신하도록 만드는가? 인간보다는 자본에 더 큰 가치를 부여하는 사람들이다. 아이들이 열정적으로 사랑하는 것을 지켜 주지는 못할망정, 그것이 자본의 잉여가치에 도움이 되지 않으면 과감히 도태시킨다. 지금 대학의 실정을 보라! 자본가들이 필요로 하지 않는 학과들은 점점 사라지고 있다. 아이들의 미래를 걱정해서 취업에 불리한 학과를 없앤다는 사탕발림은 빼놓지 않고 떠들어댄다. 그러나 정말로 아이들을 사랑한다면, 자본에 휘둘리지 않고 아이들이 사랑하는 것으로 생계를 유지할 수 있는 사회적 조건을 마련해 주어야 하는 것 아닌가. 이런 대학의 황당한 상황은 고스란히 고등학교에, 그리고 중학교에 전가된다. 시를 좋아하는 아이도 시를 부정하게 되고, 철학을 좋아하는 아이도 철학을 멀리하게 되고, 판소리를 좋아하는 아이도 더 이상 판소리를 배우지 않게 되니까 말이다.

누가 아이들이 자신이 하고 싶은 일들을 포기하고, 자본이 원하는 일을 하도록 만드는가? 바로 현재 부르주아 정권과 그 하수인들 아닌가. 하기 싫은 것을 하도록 만드는 가장 좋은 방법은 바로 선착순과 같은 경쟁 논리이다. 너무나 가혹한 경쟁이기에 아이들은 자신이 무엇을 좋아하는지 점검할 시간마저 없다. 학교, 학원, 그리고 과외 등등. 그들은 계속 선착순 경주에 몰입되어 있으니 말이다. 1등이면 그나마 편안할 테지만, 대부분 아이들은 너무나 고단하고 힘들기만 하다. 그러니 어떻게 삶을 사랑할 수 있다는 말인가. 그러니 자살과 폭력으로부터 아이들을 보호하겠다는 정부의 제스처는 개도 웃을 일이다. 경쟁의 논리를 버리지 않는 정부가 어떻게 아이들에게 사랑을 되찾아 줄 수 있다는 말인가? 어떻게 가해자가 피해자를 보호할 수 있다는 말인가? 기껏 정부가 생색을 내며 내놓은 대책, 즉 치밀한 사전예방과 단호한 형사처벌이 남루해 보이는 것도 다 이유가 있었던 셈이다. 사랑은 그 방법부터가 철저하게 사랑에 입각해야만 한다. 감시와 처벌은 불신과 공포의 방법이라면 몰라도 결코 사랑의 방법일 수는 없지 않은가? 그러니 자꾸 묻게 된다. "주여! 저들은 지금 저희들이 무엇을 하고 있는지 알지 못하는 겁니까? 아니면 알면서도 하고 있는 겁니까?"

인재 포기 선언!

인재人材라는 말이 있다. 사람을 뜻하는 인人과 재목材木을 뜻하는 재材가 결합된 말이다. 재목이 집을 짓거나 가구를 만들 때 사용되는 나무를 말하니, 인재는 전체주의적 발상이 깔려 있는 무서운 말이다. 개인은 전체를 위해 자신을 희생해야 한다는 논리가 전체주의가 아니면 무엇이겠는가. 그러니까 인재라는 말은 무섭다는 것이다. 그것은 어떤 시스템에 절대적으로 필요한 부속이 된다는 것을 의미하니까. 그러나 이런 필요를 결정하는 것은 우리가 아니라 특정 시스템일 수밖에 없다. 인재라고 불리기 위해 우리는 자신을 부품화한다. '스펙'과 같은 용어가 나오는 것도 다 이유가 있는 것이다. 이동저장장치의 스펙을 보라. 4GB보다는 16GB가, 그리고 32GB가 더 좋게 평가되고, 더 비싸게 구매된다. 더 근사한 인재가 되기 위해 우리는 나머지 모든 가능성을 사장시키고, 한 가지 가능성만 극대화하여 현실화해야 한다. 예를 들어 해상법 전문가, 비파괴 검사 전문가, 플랜트 프로그래머 등등. 문제는 시스템의 변동에 따라 기존의 부품들은 한순간에 쓰레기 취급을 받을 수 있다는 위험성이다. 사회를 믿고 자본가를 믿어서 인재가 되는 데 성공했지만, 그들은 자신들의 필요에 따라 인재를 새롭게 재정의할 수 있다. 바로 이 순간 재목은 쓸모없는 것이 된다. 나무는 살아 있는 채로 있는 것이 좋다. 비바람을 맞아도, 아이들이 와서 장난을 쳐도, 살아 있는 것이 좋다. 살아 있다는 건 유연성을 갖는다는 것이니까. 반대로 어떤 집의 재목으로 쓰이기 위해서 나무는 우선 죽어야만 한다. 재목이 살아 있다면, 어떻게 대들보나 기둥으로 쓸 수 있다는 말인가. 인재가 된다는 것은 이미 죽은 것에 다름 아니다. 나중에 사회에서, 그리고 회사에서 버려질 때가 있다. 인재라고 불리는 사람이 두 번 죽는 불행한 경우에 지나지 않는다. 이때 후회를 한들 무슨 소용이 있겠는가? 우리는 재목이 아니고 살아 있는 나무이기를 원해야 한다. 제정신이 있다면 말이다.

아직도 선착순, 여전히 선착순

청와대로부터 수녀님을 지키려는 친절한 공권력.
누가 사랑과 연대를 두려워하는가?

송전탑 저지 투쟁, 경남 밀양, 2014

'보슬아치'라는 주홍글자

여성혐오와 파시즘

'보슬아치'라는 말을 들어 본 적이 있는가? 여성의 성기를 나타내는 단어와 벼슬아치라는 단어가 합성된 말이다. 이 말은 주로 여성이란 이유로 온갖 권력과 혜택을 누리는 일부 여성들을 폄하할 때 사용된다. 한마디로 자신의 성기를 벼슬이라도 되는 양 사용하여 남성의 권력과 부에 편승한다는 것이다. 유사 이래로 그런 여성들이 일부나마 있었으니, 그런 말도 나올 수도 있다. 무서운 것은 이 말이 정당한 노력으로 그에 걸맞은 대가를 얻은 여성들에게도 무차별적으로 적용되고 있다는 점이다. 그래서 여성의 입장에서 보슬아치라는 말만큼 치욕스러운 말도 없을 것이다. 아무리 노력을 해서 무언가를 성취해도 남성들이 보슬아치라고 폄하한다면, 어느 여성인들 좌절하지 않겠는가. 능력이 있는 재일교포가 '조센징'이라는 이유로 폄하되고, 선량한 유대인이 나치에 의해 악마로 폄하되는 것과 무엇이 다르겠는가.

　　　물론 사회구성원들을 예외 없이 약육강식의 검투사로 만들어 버린 체제가 보슬아치라는 용어를 만든 가장 강력한 원흉이라고 할 수 있다. 여성을 보슬아치로 공격하는 것과 유사한 현상은 이미 국내에 들어온 연변 한인 노동자나 상대적으로 가난한 나라에서 온 이주 노동자의 경우에서도 확인되었던 것이다. 이주 노동자 대부분은 국내에서 낮은 임금으로 일을 하고 있다. 물론 국내에서는 저임금이지만, 환율 차이로 그들의 고국에서는 상당 수준의 임금을 받는 셈이 된다. 취업이 힘들거나 고용이 불안하게 되면, 우리 젊은이들이나 노동자들은 바로 이들 이주 노동자들에 불만을 갖게 된다. 마치 그들이 일자리를 빼앗기라도 했던 것처럼 말이다. 사실 그들이 불만을 가져야 할 대상은 저임금 노동자를 찾아 헤매는 자본가의 탐욕과 그것을 방치하는 정부 당국이라고 할 수 있다. 그렇다. 노동자끼리 경쟁하고 질시하도록 만든 주범은 동료 노동자들이 아니라 바로 자본주의 체제와 부르주아 정부라고 할 수 있다.

　　　이주 노동자들이 우리의 일자리를 빼앗는다는 잘못된 인식은 여성 노동자에게 그대로 적용된다. 여기에 고질적인 남성우월주의와 아울러 자기 정당화의 심리가 묘하게 결합되어 있다. 일단 여성은 남성보다 열등하기 때문에 남성의 상대가 되지 않는다는 남성우월주의가 전제된다. 문제는 일부 여성들이 남성우월주의를 조롱이라도 하듯이 남성들을 압도하는 현실에 있다. 남성을 결코 이길 수 없다고 믿어지는 여성이 남성을 보란 듯이 이긴다면, 그 여성은 무엇인가 다른 편법을 썼으리라는 남성의 자기 정당화의 메커니즘이 개입되는 지점은 바로 여기다. 이처럼 보슬아치라는 단어에는 좌절된 남성우월주의자의 서글픈 자기 정당화 심리가 뙈리를 틀고 있었던 셈이다. 사실 생계 불안으로 여성 노동자를 공격하는 것, 속 좁은 피해의식으로 여성을 공격하는 것은 치사한 일이다. 이 치사한 남성들의 이면에는 여성을 향한 좌절된 성욕이 도사리고 있다는 건 말할 필요도 없겠다. 더 큰 문제는 보슬아치라는 개념에는 일종의 파시즘적 광기가 보인다는 점이다. 여성이라는 이유로 한 개인이 폄하되는 것, 이것이 파시즘이 아니면 무엇이겠는가.

아우슈비츠로 상징되는 파시즘적 광기를 기억하는가. 슈미트라는 유대계 독일인이 있다고 해 보자. 그는 유대인이고, 두 딸에게 한량없이 자상한 아버지이고, 슈베르트Franz Peter Schubert를 좋아하고, 보라색 옷을 즐겨 입고, 친구들과 축구 경기를 하는 것을 즐기고, 새벽 일출보다는 애절한 석양에 더 몰입했던 그런 사람이었다. 대부분의 비유대계 독일인들 중 슈미트와 취향이 같은 사람이 상당했을 것이고, 당연히 그들은 슈미트와 이야기하기를 좋아했을 것이다. 그렇지만 나치즘 치하에서 그는 유대인이란 민족적 특성을 제외한 나머지 모든 수많은 특성들을 부정당하게 된다. 히틀러Adolf Hitler가 전체 독일 국민에게 '당신은 독일인가? 아니면 유대인가?'라는 거친 이분법을 강요했기 때문이다. 더군다나 유대인에게는 생존의 위협을 가하는 분위기였으니, 다행히도 유대계가 아닌 독일인들은 자신이 유대인이 아니라는 사실에 안도할 것이다. 이런 식으로 점점 슈미트가 가진 다른 특성들은 비유대계 독일인들의 눈에는 들어오지 않게 된다. 이것이 바로 파시즘적 광기다.

슈미트가 아우슈비츠에 투옥되었다고 하자. 아우슈비츠를 지키던 어느 젊은 독일 병사는 기차가 아우슈비츠에 도착해서 쏟아내는 유대인들을 보면서 짜증을 냈을 것이다. 유대인들은 모두 속물이고 독일 공동체를 와해시키는 암세포와 같은 존재라는 선전을 믿고 있을 테니까 말이다. 이미 이 독일 병사는 파시즘의 망령에 홀려있었던 것이다. 그렇지만 우연한 기회에 이 젊은 독일 병사는 슈미트와 이야기를 나누면서 놀라운 사실을 발견하게 된다. 유대인이라는 특성을 제외하고 슈미트가 가진 대부분의 속성들이 자신과 일치한다는 사실을 알았을 수도 있으니 말이다. 자신에게도 딸이 있고, 자신도 슈베르트를 좋아하고, 자신도 석양의 풍경을 너무나 사랑했던 것이다. 뒷일은 눈에 보듯 뻔하지 않은가. 언젠가 유대인을 가득 채운 새로운 기차가 아우슈비츠에 들어올 때, 슈미트는 마침내 수용초과로 가스실에 끌려가게 될 것이다. 바로 이 순간 젊은 독일 병사의 마음은 산산이 부서져 버릴 것이고, 전체 독일사회와 독일군들이 모조리 파시즘의 광기에 휩싸인 노예라는 무서운 현실을 자각하게 될 것이다. 결국 독일 사람들과 유대인들은 모두 히틀러로 상징되는 파시스트들이 쳐 놓은 광기의 덫에 걸려 서로를 파괴하고 있었던 것이다.

'보슬아치'라는 단어 하나만으로 파시즘적 광기를 운운하는 것은 지나친 기우라고 생각하는 독자들도 있을 것이다. 그렇지만 보슬아치 이외에 '김치녀'나 '된장녀' 등 여성혐오를 부추기는 용어들은 거대한 계열을 이루고 있는 것이 지금 실정이다. 유대인이 아니라 독일인에 안도하는 비유대계 독일인처럼 자신이 여성이 아니라 남성이라는 사실에 안도하는 남성도 있을 수 있다. 바로 이런 안도감과 무관심 속에 파시즘은 곰팡이처럼 자라게 될 것이다. 어떤 사람을 여성이라는 속성으로만 본다는 것과 자신을 남성이라는 속성만으로 본다는 것은 사실 동전의 양면이기 때문이다. 누누이 강조하지만 어떤 개인을 규정할 수 있는 속성들은 무수히 많다. 인종, 국적, 성적 정체성, 정치적 의식, 미적 감수성, 공동체 의식 등등. 아우슈비츠를 가장 깊게 고민했던 철학자 아도르노Theodor Wiesengrund Adorno의 말을 빌리지 않더라도, 이런 수많은 속성들 중 하나를 위해 모든 것을 희생시키는 것, 아니 정확히 말해 하나의 속성만 강조해서 다른 속성들을 보지 못하게 하는 것이 바로 파시즘의 비밀이다. 어떤 사람을 여성이라는 속성만을 남기고 나머지 모든 속성들을 간과하도록 만드는 개념이나 사유가 파시즘적일 수밖에 없는 이유도 바로 여기에 있는 것이다.

간혹 여성들이 공동체적 가치보다는 자신의 사사로운 이익에 더 경도되는 모습을 보이는 것도 사실이다. 그렇지만 생존과 생계의 위협을 느끼는 순간, 여자가 아니더라도 누구나 동물과도 같은 이기성을 드러낼 수밖에 없을 것이다. 1963년에 시인 김수영이 〈여자〉라는 시를 통해 여성들의 이기적인 모습에 설움을 느낀 것도 이 때문이었다.

여자란 집중된 동물이다
그 이마의 힘줄같이 나에게 설움을 가르쳐준다
전란도 서러웠지만

포로수용소 안은 더 서러웠고
그 안의 여자들은 더 서러웠다
고난이 나를 집중시켰고
이런 집중이 여자의 선천적인 집중도와
기적적으로 마주치게 한 것이 전쟁이라고 생각했다.

아마도 거제도 포로수용소에 수감되기 전, 김수영은 여자는 본능적
으로 이기적인 존재라고 쉽게 생각했던 것 같다. 그렇지만 스스로
거제도 포로수용소에서 생존의 위협에 내던져진 순간, 김수영은 여
자들의 이기성이 그녀들의 본성이 아니라 사회구조적 효과라는 걸
직감했던 것이다. 수용소에 갇힌 자신도 생존을 위해 기꺼이 이기적
으로 변할 수밖에 없었는데, 남성보다 약한 여성은 말해서 무엇하겠
는가.

　　〈여자〉라는 시는 김수영이 과외 선생을 선정하는 학부모
모임에 참여하고 나서 쓴 것이다. 지금과는 달리 1960년대에는 학교
선생님이 과외를 맡아서 했다. 그러니까 과외 수업 때 선생님이 어
떤 과목에 시간을 얼마나 시간을 할애하는지는 학부모들 사이에 초
미의 관심사일 수밖에 없다. 자기 아이가 산수를 못한다면, 선생님
이 산수에 더 많이 시간을 할애하기를 바랄 것이다. 또 자기 아이가
국어를 못한다면, 선생님이 국어에 더 신경을 쓰기를 원하게 될 것
이다. 과외 공부를 둘러싸고 자기 아이의 성적을 위해 교과 과목을
채택하라고 압력을 넣는 어머니들의 이기적인 모습을 보면서 김수
영은 설움을 느낀다. 그녀들의 삶은 거제도 포로수용소와 같다는 걸

　　　　　　　　　　　　　　'보슬아치'라는 주홍글자

직감했기 때문이다. 아이가 공부를 못하면, 그녀들은 남편으로부터 혹은 시댁 식구들에게 엄청난 압박을 받았던 것이다. 아니, 시댁을 넘어 전체 사회가 무능한 어머니라고 압박을 가했을 것이다. 그러니 우리 시인은 어머니들의 이기적인 모습에 분통을 터뜨렸지만, 동시에 그렇게 될 수밖에 없었던 그녀들의 삶에 설움이 들었던 것이다.

설령 '보슬아치', '김치녀' 혹은 '된장녀'에 해당하는 여성들이 있다면, 그녀를 그렇게 만든 이유를 여성이라는 본성에서가 아니라 그녀들에게는 너무나 가혹한 가부장적 사회구조에서 찾아야만 하지 않을까. 결국 자신의 안녕만을 기원하는 이기성을 여성에게 각인시킨 장본인은 바로 과거 할아버지들, 아버지들, 남편들, 그러니까 남자들이었던 셈이다. 그래서 생존경쟁에 불안을 느끼는 몇몇 젊은 남성들은 여성에 대한 피해의식을 키우기보다는 김수영의 정직한 통찰을 음미해 볼 필요가 있다. 우리를 이렇게 이기적으로 만들고 있는 것, 남성과 여성 사이에 서러운 밥그릇 싸움을 조장하고 있는 것이 바로 체제라는 사실을. 거제도 포로수용소와 같은 현실이 극복되지 않는다면, 우리는 계속 동물처럼 서로를 물어뜯으며 서로에게 지울 수 없는 상처를 새기게 되리라는 사실을. 어쩌면 보슬아치라고 모욕당한 여성이나 보슬아치라고 모욕하는 남성을 보고서 가장 좋아할 것은 바로 파시즘적 권력일 것이다. 항상 파시즘은 우리를 갈등에 빠뜨리고 갈등하는 모습에서 성장하기 때문이다.

직접경험,
파시즘의 유일한
해독제

파시즘의 광기에 사로잡힌 자의 내면은 치명적일 정도로 단순하다. 한 개인을 그가 가진 수많은 속성들을 무시한 채 하나의 속성, 유독 부정적이고 적대적인 의미가 부가된 하나의 속성으로만 보려고 한다. 지금 당장 컴퓨터와 스마트폰으로 인터넷 포털 사이트에 올라간 기사의 댓글들을 넘겨보라! 전라도 사람이라는 이유로, 일본인이라는 이유로, 무슬림이라는 이유로, 여성이라는 이유로 누군가를 비하하고 폄훼하는 댓글들이 넘쳐 나고 있을 것이다. 잊지 말아야 할 것은 대중매체가 파시즘적 경향을 더 강화시키고 있다는 점이다. 어차피 자신의 기사를 보도록 하기 위해, 언론사의 속성상 기사는 눈에 띄게 쓸 수밖에 없다. 당연히 다채로운 측면들을 무시하고 한 가지 측면만, 그것도 선정적이고 자극적으로 부각하기 쉽다. 선택과 집중에 의해 편집된 기사의 진위를 확인하러 한 번이라도 직접 현장에 가 보자. 이곳에서 누구나 기사처럼 사태가 그렇게 단순하지 않다는 걸, 그리고 문제의 인물이 그렇게 단순히 이해되기는 어렵다는 걸 알게 될 것이다. 결국 파시즘적 댓글들은 직접경험이 부족한 사람들에 의해 쓰일 수밖에 없다. 학생들, 전업주부들, 혹은 소심한 사람들일 가능성이 아주 많다. 그러니 파시즘의 광기에 사로잡히지 않기 위해, 우리는 몸소 세상과 타인을 겪어 볼 필요가 있다. 전라도 사람을 친구로 사귀거나, 일본인과 우정을 나누거나, 중동 지역에 여행이라도 제대로 가 보거나, 혹은 어느 여성과 깊은 사랑을 나누어 본다면 우리는 세상의 모든 것이, 그것이 사건이든 사람이든 하나의 속성으로만 규정되지 않는다는 걸 알게 될 것이다.

'보슬아치'라는 주홍글자

늘어나는 우리 '전태일'들

∨

독재의 망령을 막지 못한 죄

"인간은 기계가 아니다.""내 죽음을 헛되이 하지 마라!"
1970년 11월 전태일은 자신을 횃불 삼아 박정희의 경제 개발이 감
추고 있던 치부를 백일하에 보여 주었다. 그렇지만 1972년 10월 박
정희는 인간답게 살아야 한다는 전태일의 외침에 유신헌법으로 응
답한다. 40여 년이 흐른 2016년 1월의 겨울은 유독 춥게만 느껴졌
다. 대통령으로 당선된 독재자의 딸이 보내는 득의만면의 미소가 매
서운 겨울바람과 함께 더욱 더 우리의 옷깃을 세우게 만들고 있다.
이제 박정희의 묘지에 누가 당당하게 침을 뱉을 수 있을 것인가? 이
제 누가 얼굴을 들고 전태일의 묘소에 참배할 수 있다는 말인가? 돌
아보면 2012년 대통령 선거에서 유권자의 과반수가 전태일이 아니
라 박정희를 선택했다. 1970년대가 아니라 2012년에 벌어진 사건이
자 남기고 뺄 것도 없는 바로 당시 우리 의식의 현주소다. 상생과 통

합의 미사여구가 캐럴 속에서 울려 퍼졌지만, 어디 그것이 가당키나 했단 말인가. 상생과 통합의 주체는 자본가나 보수 여당, 혹은 대통령이었으니까 말이다.

　　1986년에 대학에 입학한 나에게 사실 독재자의 딸이, 독재자였던 아버지의 후광을 입고 대통령으로 당선된 것은 사실 그다지 커다란 충격도 아니었다. 왜냐고. 이미 유사한 정신적 충격을 겪은 뒤였기 때문이다. 1987년 6월 전국에 몰아닥친 민주화운동은 전두환 군사독재 정권을 붕괴시키는 데 성공한다. 지금으로서는 너무나 당연한 대통령 직선제를 관철하려는 학생들의 열망에 시민들이 힘을 보태 달성한 쾌거였다. 박정희가 만든 '체육관 선거'를 통해 탄생한 정권이 바로 전두환을 필두로 하는 신군부 정권 아니었던가. 광주 시민들의 피를 짓밟고 탄생한 그야말로 악마적인 정권이었으니, 전두환 정권은 그야말로 반민주주의의 상징이었다. 당연히 제정신이 있는 사람들이라면 어떻게 이런 정권을 묵과할 수 있다는 말인가. 학생과 시민들의 열망에 항복하고 1987년 6월 29일 전두환 이하 신군부 세력은 대통령 직선제를 수용하게 된다. 그렇지만 민주주의를 이루었다는 기쁨과 찬란한 미래에 대한 희망도 잠시뿐이었다. 1988년 우리 국민들은 신군부의 핵심 세력이었던 노태우, 전두환의 친구를 대통령으로 선출했기 때문이다.

　　자신에게 총칼을 겨눈 사람을 대통령으로 선출하는 국민! 자신에게 총칼을 겨누라고 뽑은 것일까? 아니면 총칼을 겨누었다는 걸 까맣게 잊어버린 것일까? 동일한 일이 2012년에 일어났을 뿐이다. 유신독재의 장본인이었던 박정희의 딸이 대통령으로 선출되었으니 말이다. 그러니까 우리는 민주주의 정신에 반하는 두 번의 잘못을 저지른 국민인 셈이다. 독재자의 친구나 독재자의 딸을 지지했던 보수적 성향의 유권자들은 자신들이 무엇을 했는지 알고나 있었을까. 아마 그들은 선거 결과에 득의양양했거나, 이제 경제가 회복되어서 박정희 개발독재 시대의 영화가 다시 열릴 것이라고 믿었을지도 모를 일이다. 물론 그들의 백일몽은 박정희 시대에 비인간적인 피와 땀을 흘려야만 했던 수많은 전태일을 망각했을 때에만 가능한 것이다. 돌아보면 그들은 박정희 개발독재 시절에서부터 1997년 IMF 구제금융 사태 때까지 물질적 풍요를 만끽했거나, 아니면 그 시대에 물질적 기반을 얻는 데 성공했던 사람들을 부모로 두었을 것이다.

　　　여기서 자본주의의 공식 하나를 언급하는 것도 나쁘지 않을 것 같다. 풍요를 구가하던 자본이 위기에 빠져 불황에 이르게 되면, 사람들은 자본주의 체제에 의문을 달기보다는 오히려 거의 미친 듯이 돈을, 그러니까 현금을 수중에 넣으려는 경향을 보인다. 과거보다 재산이 줄어드는 순간, 재산이 더 줄어들까 노심초사하는 것은 어쩌면 당연한 반응일지도 모를 일이다. 바로 여기에 보수적 성향의 유권자들이 유례없는 단결력을 발휘한 원인이 있다. 아무리 과거보다 재산이 줄어들었다고 해도, 줄어들 재산이나마 있다는 것은 어쩌면 행운 아닌가. 그렇지만 불행히도 행운을 행운이라고 느낄 여유는 우리들에게 증발된 지 오래다. 더군다나 더 심각한 것은 자신이 가진 재산에 노심초사할수록 우리들의 시야는 점점 좁아질 수밖에 없다는 점이다. 헤어진 임을 오매불망 그리워하는데, 어떻게 가족이나 친구가 눈에 들어올 수 있다는 말인가. 잃어버린 돈에 안타까워하는데, 어떻게 이웃의 하소연이 귀에 들어올 수 있다는 말인가. 이것이 바로 보수적 감수성이 우리 사회에 준동하는 심리적 메커니즘이자, 동시에 보수적인 사람들이 왜 공동체의 삶을 도외시하고 자신의 기득권에만 연연하게 되는지를 설명해 주는 핵심적인 논리라고 할 수 있다.

　　보수적인 사람들의 눈에 1997년 IMF 구제금융 사태 이후 대학을 다녔던 '88만원 세대'의 감당하기 어려운 아픔과 쓰디쓴 분노가 들어올 여지가 없는 것은 어쩌면 너무나 당연한 일이라 할 수 있다. 우리 젊은이들에게는 대학과 청춘의 낭만이 사치가 되어 버린 지 이미 오래다. 지금은 과거 사법시험에 합격하는 것만큼 정규직 직장을 구하기가 힘이 드는 시대다. 젊은이들 대부분은 비정규직이라는 불안한 근무조건과 열악한 주거환경 속에 던져져 있다. 심지어 그들의 꿈이기도 했던 정규직마저도 최근 노동개혁이란 미명하에 안정성을 박탈당하고 있기까지 하다. 젊은이들에게 더 가혹한 삶의 환경을 제공했던 이명박 정권에서 절망은 깊어만 갔지만, 그래도 그들은 희망의 끈을 놓지 않았다. 온 사회 성원들을 비인간적인 경쟁으로 내몰고 민영화라는 미명하에 공적 안전망을 차근차근 자본에 양도했던 이명박 정권도 언젠가는 막을 내릴 수밖에 없다는 걸 알았으니까. 우리 젊은이들은 자본이 아니라 사람을 품어 주는 정권, 그러니까 보편적 복지의 방향으로 공동체가 재편되기를 간절히 원했으며, 자신들의 소원이 이루어지지 않을 것이라고는 추호도 의심하지 않았다.

2012년 대통령 선거가 끝난 뒤 우리 젊은이들이 받은 충격은 상상 이상의 것이었다. 박정희를 선택한 사람들은 다른 누구도 아닌 그들의 할아버지, 할머니, 아버지, 어머니, 그리고 삼촌, 이모, 고모였으니까 말이다. 아들과 딸, 혹은 손자와 손녀의 든든한 버팀목이 되어 주리라 믿었던 사람들로부터 당한 배신이었으니 얼마나 충격이 컸을까. '전태일'의 편을 들어 주리라 믿었는데, 우리 어른들은 '박정희'를 선택한 것이다. 소수의 기득권자라면 그럴 수도 있다. 어떻게 제2의 '전태일'이 되도록 내몰리고 있는 아들과 딸, 그리고 손자와 손녀의 간절한 소망을 그들의 부모와 조부모가 무력화시킬 수 있다는 말인가? 그만큼 보수 이데올로기가 극성을 부렸다. 우리의 선량한 이웃들에게 자본이 성장하고 발전해야 아들과 딸이, 그리고 손자와 손녀가 잘살 것이라는 믿음이 독가스처럼 사회에 퍼져 나갔던 것이다. 과반수의 우리 이웃들 대부분이 선의를 갖고, 아니 정확히 말해 농락당한 선의로 독재자의 딸을 권좌에 올렸다는 것은 어김없는 사실이다. 그렇지만 그들의 선의를 조롱하는 사건이 하루도 안 되어 일어났다.

　　새 권력자에게 서치라이트를 비추고 있는 언론으로부터 철저히 외면받아 더욱 쓸쓸하기만 했던 최강서라는 한 젊은이의 죽음이다. 2012년 12월 20일 오후 7시, 더 이상 구원의 희망이 보이지 않는 지독한 절망 속에서 35세의 어느 젊은이가 자살이란 막다른 골목에 이르렀다. "나는 회사를 증오한다. 자본, 아니 가진 자들의 횡포에 졌다. 어떻게 해야 할지 모르겠다. 심장이 터지는 것 같다. 내가 못 가진 것이 한이 된다. 민주노조 사수하라! 손해배상 철회하라! 태어나 듣지도 보지도 못한 돈 158억 원. 죽어라고 밀어내는 한진 악질자본! 박근혜가 대통령이 되고 5년을 또…. 못하겠다. 지회로 돌아오세요. 동지들. 여태껏 어떻게 지켜낸 민주노조입니까. 꼭 돌아와서 승리해 주십시오. 돈이 전부인 세상에, 없어서 더 힘들다….” 그가 남긴 마지막 말이다. 이것만큼 대통령 선거에서 우리 국민이 무슨 짓을 했는지 극명하게 보여 주는 사례도 없을 것이다. 설상가상! 절망 위에 또 절망이 쌓인 형국이었던 것이다.

　'박정희'라는 형식은 '전태일'이란 형식으로 완성된다. 아니면 전태일이란 형식에 수많은 대다수 국민들을 가두어야만 박정희란 형식이 작동할 수 있다고 말해도 좋다. 우리 현대사의 비극적인 구조는 바로 이것이다. '박정희'라는 형식을 그의 딸이 채우자마자, '전태일'이란 형식을 전도유망한 우리 젊은이가 채워 버린 것이다. 그러니 누가 대통령이 되든 상관없었던 것이 아니었다. 프로야구 경기 결과를 복기하듯이 선거가 끝나자마자 승인과 패인을 쿨하게 분석하고 넘어갈 문제는 더욱이 아니었다. 왜냐고? 우리 젊은이들에게 그것은 생사의 문제이자 희망과 절망의 문제이기 때문이다. '전태일'이란 형식을 다시 만든 사람들, 아니 정확히 말해 전체 국민들을 '전태일'이란 형식 안에 몰아넣은 사람들은 누구인가. 노골적으로 친자본적인 정책을 관철하려는 사람을 대통령으로 뽑은 바로 우리들이다. 바로 우리들이 호미로 막을 수 있었던 걸 가래로도 못 막게 만들었던 것이다. 이 업보를 어떻게 우리가 다 갚을 수 있을까.

　이제 자본으로부터 잃어버린 삶을 되찾으려는 젊은이들과 함께하면서 우리의 업보를 씻어 나가자. 그러나 더 시급한 일은 인간다운 삶을 위해 홀로 싸우는 것이 아니라는 사실을 우리 젊은 이들에게 보여 주는 것이다. 고립은 절망과 죽음을 낳지만, 연대는 분노와 저항을 낳을 수 있는 법이다. 혼자만 정의롭지 못한 사회에 살고 있다는 소외감, 혼자만 불행하고 타인들은 모두 무덤덤하다는 느낌, 이런 감정들은 젊은이들뿐만 아니라 모든 사람들을 죽음으로 이끈다. 반면 정의를 외치는 어느 고독한 개인의 외침에 우리가 우리의 목소리를 더할 때, 그는 더 이상 외롭지 않고, 더 이상 죽을 이유를 찾을 수 없게 될 것이다. 이제 대통령 선거에 대해 실망하고 자조할 겨를이 없다. 박정희라는 형식으로 대다수 국민, 특히 우리 젊은이들을 전태일의 사지로 내모는 위기상황에 우리는 던져져 있기 때문이다. 춥다. 살이 아리게 춥다. 그럴수록 우리는 더 붙어 있어야 한다. 온기를 나누다 보면, 어느 사이엔가 봄은 우리에게 조용히 찾아올 테니. 아니, 어쩌면 우리가 나눈 온기 자체가 바로 봄인지도 모를 일이다.

세계 11연패에 도전하는 자랑스러운 대한민국!

착하다! 자본주의에 개밥의 도토리처럼 치여도 자신이 뽑은 대표자들의 보호도 못 받고 죽는 우리 이웃들이여! 10만 명당 자그마치 29.1명이 죽어 나가고 있다. 29.1명이라니 얼마 되지 않는다고 생각하지 말자. 정부와 언론의 숫자 장난에 속지 말자. 노골적으로 말해 1년에 1만 5,000명이 자살하는 셈이다. '헬조선'이란 말이 그냥 과장된 레토릭이 아닌 셈이다. 자살률 11연패에도 이제 심드렁한 것 같다. 10연패를 해서 아예 별다른 관심조차 없는 것처럼 보인다. 대한민국은 2015년 기준 OECD 국가 중 11년 연속 자살률 1위를 기록했다. 어쩌면 자본가나 보수 정권이 원하는 대로 되었는지도 모를 일이다. 삶의 척박함을 사회구조적 문제라기보다는 개인 탓으로 돌려야 한다는 보수주의 논리가 우리 이웃들의 내면을 지배하고 있으니 말이다. 백 명의 고용이 보장된 사회구조가 열 명의 고용이 보장된 구조로, 혹은 한 명의 고용이 보장된 구조로 바뀌었다. 그런데 자본가와 정부는 어쨌든 열심히 하면 열 명 중에 한 사람이 될 것이라고 침을 튀기며 이야기한다. 한 명을 뽑아도 노력하면 그 한 명이 자신이 될 수 있다는 논리다. 그러니 취업이 안 되거나 정리해고되거나 명예퇴직되어도, 그것은 모두 우리가 노력을 하지 않는 탓이다. OECD 국가들 가운데 자살률 1위를 달성한 비법은 바로 여기에 있다. 자신 탓만 한다. 그러니 자신만 죽으면 된다. 경쟁에서 진 낙오자니까. 한마디로 자신에게 분노하는 것이다. 그러나 이제 분노를 내면이 아니라, 외면으로 돌리자. 분노를 바깥으로 돌리는 순간, 우리의 분노는 사회구조를 바꿀 수 있는 힘이 될 것이다. 그러니 타살을 자살로 왜곡하는 논리에 걸쭉한 침을 뱉자. 그리고 탐욕스러운 자본가나 그를 방조하는 정부에 화끈하게 분노하고 다양한 방식으로 엿을 먹이자.

늘어나는 우리 '전태일'들

1,000만 영화 관객의 시대

∨

파시즘, 그 불길한 예감

1895년 12월 28일에 프랑스에서는 향후 미래에 결정적인 영향을 끼칠 새로운 매체가 탄생한다. 뤼미에르Lumière 형제가 처음으로 대중 앞에 영화를 상영했던 것이다. 어두운 공간의 스크린에서 기차가 관객 앞으로 돌진하니, 처음 영화를 보았던 사람들은 그야말로 경천동지했을 것이다. 더군다나 마치 어두운 동굴에서 밝은 빛이 들어오는 것처럼 극장이란 공간의 몰입도는 관객을 더 영상에 빠져들게 했을 것이다. 그렇지만 정말로 영화가 얼마나 관객에게 강한 자극을 줄 수 있는 매체인지를 보여 주었던 작품을 만나려면 더 시간이 필요했다. 1925년 개봉된 소비에트 영화 〈전함 포템킨Броненосец Потемкин〉이 바로 그 영화였다. 몽타주 기법을 최초로 의식적으로 사용해 관객들에게 지울 수 없는 자극을 주었던 예이젠시테인Сергей Эйзенштейн이 〈전함 포템킨〉이란 영화를 제작했던 이유는 분명하다.

그것은 러시아혁명의 이념, 즉 억압받는 자들의 해방이란 이념을 러시아 주민들에게 알려 주고 싶었던 것이다.

러시아혁명은 태생적으로 어떤 딜레마에 노출되어 있었던 것이다. 가난한 자, 억압받는 자, 힘이 없는 자의 세계를 만든다고 했지만, 러시아혁명은 일부 소수 지식인들의 힘으로 달성된 혁명이었기 때문이다. 당연히 대다수 러시아 사람들은 러시아혁명에 대해 무덤덤했다. 하나의 왕조가 없어지면 새로운 왕조가 등장하는 것처럼, 낡은 정권이 사라지면 새로운 정권이 탄생하는 것처럼, 그들은 혁명을 자신들의 일이 아니라 지배자들의 일이라고 무관심했던 것이다. 당연히 러시아혁명의 주도자들이나 지지자들은 불안할 수밖에 없었다. 민중들을 위한다는 정권이 민중의 외면을 받아서야 어떻게 유지될 수 있다는 말인가. 그렇다고 해서 너무나도 넓은 러시아 땅을 모두 돌아다니며 러시아혁명의 의의를 설득시키는 것도 거의 불가능한 일이었다. 그렇다면 남은 것은 신문이나 선전지를 통해 러시아 민중들의 마음에 파고들어 가는 전략이다. 그러나 이것도 여의치 않은 일이었다. 왜냐고. 대다수 러시아 사람들은 문맹이었기 때문이다.

바로 여기서 예이젠시테인의 〈전함 포템킨〉이 만들어진 이유를 짐작할 수 있다. 아무리 문맹이라도 누구라도 쉽게 이해할 수 있는 것이 바로 영화였으니 말이다. 쉽게 이해할 수 있을 뿐만 아니라 영화는 관객 내면에 책이나 신문이 근접할 수 없을 정도로 강한 정서적 흔적을 남기는 매체였다. 그러니 러시아혁명을 지지했던 예이젠시테인은 그에 어울리는 영화를 만들려고 했던 것이다. 왕과 같은 어떤 지도자가 아니라 모든 민중들이 주인일 수 있는 영화를 만든다면, 러시아혁명의 정신을 그만큼 쉽게 전달할 수 있을 것이다. 함장의 전횡에 맞섰던 전함 포템킨 수병들의 선상 반란 이야기가 탄생한 것도 이런 이유에서였다. 그러니 여러모로 영화는 핵 기술과 비슷한 데가 있다. 그 폭발력에서도 그렇고, 어떻게 사용되느냐에 따라 인간에게 악일 수도 있고 선일 수도 있으니 말이다. 바로 여기서 다양한 세계의 다양한 정권들이 영화를 검열할 수밖에 없는 이유를 찾을 수가 있다. 그들은 영화의 폭발력을 너무나 잘 알고 있었기 때문이다.

영화는 사람들로 하여금 체제를 부정하도록 만들 수도 있고, 체제를 긍정하게도 만들 수 있다. 물론 그 효과가 직접적이고 순간적인 영화도 있을 수 있고, 아니면 간접적이고 만성적인 영화도 있을 수 있다. 어쨌든 검열에 통과되어 상영이 되는 영화들, 특히 검열 등급이 높지 않은 영화들은 최소한 체제를 문제 삼지 않는다고 인정된 것들이라고 하겠다. 정치권력 차원에서 검열의 문제도 중요하지만, 지금 시대는 조금 더 복잡하다. 그것은 자본이 영화의 폭발력으로 잉여가치를 남기기 위해 영화산업에 뛰어들었기 때문이다. 거대자본의 영화 제작 시스템도 그렇지만, 대규모 복합 상영관의 등장으로 영화는 2중, 3중으로 더 복잡하게 검열된다. 자본의 존재 이유를 의심하는 영화들이 거대자본에 의해 제작되거나 혹은 많은 상영관에 배급될 리 만무한 일이다. 그러니 시간이 흐를수록 체제를 긍정하기보다 인간의 가치를 부각시키는 영화들은 점점 더 보기 어렵게 된다. 때로 영화 평론가들이 차라리 체제의 힘이 약했던 시절의 영화들, 20세기 중·후반의 프랑스 누벨바그 영화, 이탈리아의 네오리얼리즘 영화, 독일의 뉴저먼시네마, 혹은 미국의 뉴시네마들을 그리워하는 것도 이런 이유에서인지 모른다.

지금 우리는 1,000만 이상의 관객을 자랑하는 영화들의 시대에 살고 있다. 전체 국민의 4분의 1이나 영화를 보았다는 것이니, 정말로 놀라운 현상이라고 할 수 있다. 2014년 개봉한 〈명량〉이란 영화는 누적 관객 수가 자그마치 1,800만 명이고, 같은 해 개봉된 〈국제시장〉의 누적 관객 수가 1,500만 명에 육박한다. 더 놀라운 것은 2015년 8월 개봉된 〈베테랑〉의 누적 관객 수는 1,300만 명을 넘겼다는 점이다. 생각해 보라. 전체 국민 중 4분의 1 정도가 어느 날 짜장면만 먹는다면, 얼마나 괴이한 일이겠는가. 생긴 것만큼이나 다양한 입맛을 가진 사람들이 모두 짜장면을 먹는다는 건, 어떤 이유로 자신의 입맛을 잠시 망각했다는 의미는 아닌가. 이보다 더 괴이한 일이 지금 우리 영화계에 일어나고 있다. 〈명량〉은 이순신 장군의 기적적인 승리로 유명했던 명량대첩을, 〈국제시장〉은 한국전쟁 이후 개발독재시대를 지나온 어느 가장의 헌신적인 가족 사랑을 부산 국제시장을 배경으로, 〈베테랑〉은 범법자를 잡아들이는 베테랑 형사와 법을 우습게 여기는 재벌3세 사이의 갈등을 다루고 있다.

풍전등화의 위기에서 생명을 구원했던 위대한 지도자, 온갖 고초에도 불구하고 가족을 위해 모든 것을 희생했던 아버지, 그리고 정의를 실현하려고 기득권에 과감히 맞서며 악전고투를 벌이는 베테랑 형사! 물론 이것만으로 1,000만 명 이상의 관객이 들지는 않는다. 근사한 스토리 전개, 매력적인 배우의 연기, 그리고 촬영과 편집도 근사하게 어우러져야 '초대박' 영화는 가능할 테니 말이다. 그렇지만 이상적인 지도자, 근사한 아버지, 그리고 정의로운 경찰에 대한 갈망이 없었다면, 아무리 부대 사항들이 훌륭해도 흥행 대작이 탄생할 수는 없었을 것이다. 그러니 세 영화들의 핵심 취지는 초대박 영화의 충분조건은 아닐지라도 필요조건이라고 할 수 있다. 제작 단계에서부터 제작사는 우리가 무엇을 결핍하고 있는지를 정확히 알았던 것이다. 그렇다. 지금 우리에게는 위대한 지도자도, 헌신적인 아버지도, 그리고 정의로운 경찰도 없다. 그만큼 우리는 제대로 된 지도자, 아버지, 그리고 공권력을 그리워했던 것이다. 베케트 Samuel Beckett의 희곡 제목처럼 정말 우리는 오지 않는 '고도Godot를 기다리고' 있었던 것이다. 그러니 영상으로나마 그런 고대하는 존재를 보고 싶었던 것이다.

〈명량〉과 함께했던 목숨을 걸고 따를 만한 지도자도, 〈국제시장〉에서 우리를 먹먹하게 했던 헌신적인 아버지도, 그리고 〈베테랑〉에서 권력보다는 정의를 집행하던 근사한 경찰관도 두 시간여 만에 허무하게도 일장춘몽으로 변하고 만다. 극장을 떠나는 발걸음이 가벼워지기는커녕 오히려 무거워지기만 한다. 겨울날 따뜻한 카페에 있다가 북풍한설이 몰아치는 거리로 나갔을 때의 느낌이랄까. 영화 속의 지도자에 취했던지, 대통령 이하 여야 지도자들의 작태에 한숨은 더 깊어진다. 영화 속의 아버지를 보고 나오니, 가족을 지키기는커녕 자신의 노후에만 전전긍긍하는 아버지가 영 못마땅하기만 하다. 기득권 세력과 맞짱을 떴던 베테랑 형사를 보다가 정권의 안위를 위해 동원되어 차벽을 세우고 거들먹거리는 경찰들을 보려니 울화가 치밀기까지 한다. 그러나 너무 심각하게 고민할 일이 아니다. 거대자본을 가진 제작사는 더 근사한 지도자, 아버지, 경찰관 이야기를 만들어 우리를 다시 찾아올 테니 말이다. 그때까지만 현실 따위는 잠시 잊고 지금까지 했던 것처럼 직장과 가정만 오가면 될 일이다.

바로 이것이다. 〈명량〉, 〈국제시장〉, 그리고 〈베테랑〉을 체제가 검열하지 않는 이유는. 아니, 오히려 정치 지도자들이 직접 영화를 관람하러 오기까지 한다. 노골적인 억압보다는 대리만족의 세계를 제공하는 것이 더 효과적이라는 걸 이미 체제는 역사를 통해 배웠던 것이다. 더 심각한 것은 이런 영화들을 통해 우리는 자신의 삶을 보호해 줄 어떤 누군가를 고대하는 태도를 배우게 된다는 점이다. 지도자, 아버지, 그리고 경찰관이 우리를 위기에서 구해 주기를, 그리고 우리를 따뜻하게 보호해 주기를 희망하는 것이다. 파시즘이란 균이 번식할 수 있는 최적의 조건은 이렇게 마련된다. 히틀러가 등장할 때, 수많은 독일인들이 바로 그가 자신을 어둠에서 광명으로 인도할 수 있는 진정한 지도자라고 환호했던 걸 기억하자. 결국 우리 삶은 우리가 개척하겠다는 결연한 의지가 없다면, 파시즘은 항상 우리 주변을 망령처럼 떠돌게 되는 법이다. 자! 이제 이렇게 각오를 다지자. 내가 근사한 지도자가 된다고, 내가 멋진 아버지가 된다고, 그리고 내가 정의를 바로잡겠다고.

보호를 필요로 하는 나약한 어린아이와 같은 자아가 아니라 스스로 당당히 설 수 있는 어른이 되어야 한다. 모세가 나타나 말할 수 있다. "여러분! 바로 저기가 가나안 땅입니다. 저를 따라오세요." 이럴 때 우리는 말해야 한다. "너나 가라. 가나안!" 멘토가 나타나 오만 가지 근사한 이야기를 늘어놓는다면, 멘토에게 똥침을 놓으며 우리는 금자 씨처럼 친절하게 말할 수 있어야 한다. "너나 잘하세요!" 누가 감히 나를 보호하려고 하는가? 누가 감히 나를 구원하려고 하는가? 내가 나 자신을 보호할 것이고, 내가 나 자신을 구원할 것이다. 이런 당당한 자세가 없다면, 우리는 자신이 그렇게도 기다리던 '고도Godot'가 바로 자신이라는 걸 끝내 모르고 죽을 것이다. '고도'가 바깥에 있지 않은 것처럼, 구원자도 외부에서 도래하는 것은 아니다. 아니 도래해서는 안 된다. 벤야민이 절규했던 것처럼 메시아를 기다리지 않고 스스로 메시아가 되는 날, 바로 이 순간 파시즘의 어둠은 가시고 민주주의의 여명이 제대로 열리는 것 아닐까.

빼앗긴
영화를 되찾자!

스마트폰의 발달로 영상의 힘은 이제 도처에서 작동하고 있다. 불행히도 영상 제작의 실권은 우리 인간이 아니라 정치권력과 자본에 빼앗긴 형국이다. 정치적이고 경제적인 힘을 독점하였으니, 어쩌면 당연한 일이리라. 체제가 보았으면 하는 원하는 영상들이 범람하고 있다. 교묘할 정도로 세련된 체제의 억압에 대한 분노이든 아니면 고발이어도 좋다. 혹은 인간의 희망과 인간의 행복에 대한 찬가여도 좋다. 아무리 우리가 영상을 만들어도 범람하는 체제의 영상들에 너무나 쉽게 휩쓸려 간다. 더군다나 제작 능력이나 제작 여건도 탁월하지 않으니, 우리가 만든 영상들은 남들을 유혹하기에도 턱없이 부족하기만 하다. 그래도 어쩌겠는가. 체제가 섹시하게 만든 영상들과 맞짱을 뜨지 않는다면, 우리는 서로 소통하거나 공감할 수도 없을 테니 말이다. 더 노력하자! 체제보다 더 섹시하고 더 감동적인 영상들을 생산하자! 자본이 부족하다는 탓은 일체 하지 말자. 1960년대 프랑스 누벨바그 영화감독, 고다르Jean-Luc Godard나 트뤼포François Truffaut처럼 쇼핑카트에 카메라를 싣고 역동적인 장면을 담으려는 치열한 노력이면 충분할 테니 말이다. 그래서일까, 2015년 이란 영화감독 자파르 파나히Jafar Panahi의 영화 〈택시Taxi〉는 너무나 소중한 영화다. 이란 당국의 검열 탓에 감독 자신이 직접 택시를 몰면서 택시 안에서 일어나는 일들을 그대로 찍은 영화다. 정치권력의 억압에 깊은 상처를 받았지만 희망을 잃지 않는 이란 사람들의 모습을 너무나도 잔잔하고 감동적으로 담아내는 데 성공한 걸작이다. 2015년 베를린영화제 황금곰상을 이 영화가 아니라면 감히 어떤 영화가 감당할 수 있다는 말인가.

2부

대한민국,
그들만의
나　　라

(…)
미치고 싶었다
사월이 오면
곰나루서 피 터진 동학의 함성,
광화문서 목 터진 사월의 승리여.

강산을 덮어, 화창한
진달래는 피어나는데,
출렁이는 네 가슴만 남겨놓고, 갈아엎었으면
이 군스러운 부패와 향락의 불야성 갈아엎었으면
갈아엎은 한강 연안에다
보리를 뿌리면
비단처럼 물결칠, 아 푸른 보리밭.
(…)

신동엽申東曄
〈사월은 갈아엎는 달〉

대한민국, 치사한 나라

∨

정의론을 위한 프롤로그

학창 시절, 계란말이는 가장 부유한 아이들이나 도시락 반찬으로 먹던 귀한 음식이었다. 그걸 얻어먹고 싶던 우리는 계란말이를 싸 온 친구에게 도시락을 내밀곤 했다. 그때 그 친구는 무슨 유세라도 부리듯 계란말이를 줄듯 말듯 우리를 놀리곤 했다. 그럴 때 우리는 말하곤 했다. "치사빤쓰다." '빤쓰'는 속옷을 가리키니 중요하지 않고, 문제는 치사의 뜻이다. 이 뜻을 정확히 알게 된 것은 그로부터 한참 지난 뒤였다. 이 말을 다시 들은 것은 한국전쟁으로 자식들을 많이도 잃은 불행한 어느 할머니를 만났을 때였다. 인터뷰 말미에 할머니에게 물어보았다. "할머니, 할머니에게 전쟁은 어떤 것이었나요?" 그러자 할머니는 잠시 숨을 고르고 말했다. "내게 전쟁은 참 치사한 거였소." 치사하다는 것! 압도적인 외적 환경이나 권력자 앞에서 생존을 확보하기 위해 치욕을 참을 수밖에 없을 때 쓰는 말이다.

조선시대에 신문고라는 북이 있었다. 이방원이 왕위에 있을 때 백성들의 하소연을 듣기 위한 제도였다. 아마도 형제를 때려잡는 개백정 집안이라는 비난이 두려워 민심을 두려워하는 군주라는 제스처를 취했던 것이리라. 어쨌든 신문고 제도로 왕을 제외한 모든 사람들이 원칙적으로 북을 쳐서 자신의 억울함을 호소할 수 있게 된 것이다. 그런데 영의정이던 사람이 신문고를 치는 황당한 일이 발생했다고 하자. 심지어 그는 자신의 가솔들과 자신을 지지하는 사람들로 하여금 계속 신문고를 치도록 했다. 한마디로 신문고를 독점해 버린 것이다. 힘없는 백성들은 억울한 일이 있어도, 신문고 근처에 가기도 힘들었다. 분명 영의정도 억울한 일이 있으면 신문고를 칠 자격이 충분히 있다. 그렇지만 그를 제외한 다른 모든 사람들은 분통을 터뜨리며 말할 것이다. "참, 치사한 사람이다."

권력과 자본을 가진 기득권자가 때로 자신도 평범한 시민인 것처럼 행세를 할 때가 있다. 언젠가 청와대가 〈국민일보〉를 상대로 명예훼손 명목으로 소송을 건 적이 있다. 심지어 대통령 비판 기사를 실었다고 정부 광고를 철회하기까지 했다. 분명 명예훼손은 적절한 피해보상을 받아야 하는 범죄니, 청와대도 명예훼손에 대한 보상을 받을 자격이 있다. 또 광고를 내는 여부는 광고주 마음이니까, 광고를 철회한 것도 문제가 될 것 없다. 그렇지만 참 치사한 일이다. 그리고 또 언젠가는 전직 서울경찰청장이 국정감사장에서 재판이 진행 중이라는 이유로 증인선서를 거부한 적이 있다. 당시 국가정보원이 대통령 선거에 개입했던 경천동지할 사건이 있었는데, 이 사건을 축소하고 은폐했다는 혐의로 경찰은 피의자의 신분으로 재판을 받고 있었던 것이다. 그러니 경찰청장의 증인선서 거부는 분명 일리가 있는 이야기다. 그렇지만 이것도 참 치사한 일이다. 심지어 정부 정책에 비판적 댓글을 달았던 네티즌에게 소송을 걸기까지 한다. 참으로 치사한 일이다. 그러나 치사한 것이 이 일뿐인가. 대재벌이 자신들의 치부를 건드렸다고 내거는 명예훼손 소송은 어떤가. 영세업자나 시민단체 입장에서는 황당하기만 하다. 분명 맞는 일인 것처럼 보이지만 치사하다는 느낌이 들지 않는가.

법의 바탕에는 정의에 대한 감각이 깔려 있다. 아리스토텔레스의 《니코마코스 윤리학Ethika Nikomacheia》에서부터 존 롤스John Rawls의 《정의론A Theory of Justice》에 이르기까지 정의란 공동체의 공동선을 지향하는 것이고, 그것이 깨졌을 때 그것을 바로잡는 것이다. 《정의론》에 등장하는 롤스의 이야기를 잠시 경청해 보자. "사회의 기본구조는 가장 혜택받지 못한 사람들이 이용 가능한 기본 재화를 극대하고 모든 사람이 향유할 수 있는 평등한 기본적 자유를 활용할 수 있도록 구성되어야만 한다." 바로 이것이 정의로운 사회라는 것이다. 여기서 중요한 것은 가장 혜택받지 못한 사람을 위한 배려와 모든 사람에게 기본적 자유는 평등하게 주어져야 한다는 주장이다. 소수 기득권 세력들, 자신들의 권력과 부를 독점하려는 사람들로서는 여간 불편한 주장이 아닐 것이다. 어쩌면 역차별이라고 롤스를 공격할지도 모를 일이다.

기득권자들에게는 미안한 일이지만 정의란 바로 이런 것이다. 억울한 사람들, 혜택받지 못한 사람들이 가급적 사라져야만, 한 사회에 정의가 바로 서는 법이다. 그래서일까 정의의 여신은 눈을 가린 채 한 손에는 저울을, 그리고 한 손에는 칼을 잡고 있는지도 모를 일이다. 공동선이 위기에 빠지는 것은 항상 기득권자의 사사로운 욕망 때문이다. 하긴 힘이 있어야 공동체 전체를 위기에도 빠뜨릴 수 있는 법이다. 소수 기득권자의 욕망 추구는 다수의 사람들에게 엄청난 시련을 안겨 줄 수 있다. 그러니 정의의 여신상에서 중요한 것은 한 손에 들고 있는 저울도 아니고, 다른 손에 들고 있는 칼도 아니다. 눈을 가린 모습이 가장 중요하다. 권력자나 자본가에게 휘둘리지 않겠다는 의지인 셈이다. 만일 소수 기득권자들에게 휘둘리면, 다수의 소외된 사람들을 위한 정의는 훼손될 수밖에 없기 때문이다.

결국 법은 근본적으로 일부 소수의 사람들이 아니라 대다수 사람들의 억울함을 해소하는, 그래서 전체 공동체의 공동선을 회복하는 데 그 목적이 있는 것이다. 아니면 법이 무슨 필요가 있겠는가. 신문고를 치는 것과 법원에 소송하는 것은 별다른 차이가 없다. 억울한 사람이라면 누구든지 신문고를 칠 수 있고 누구든지 소송을 제기할 수 있다. 그렇지만 이 '누구든지'에 사회적 기득권자나 권력자는 빠져야 한다. 그럼에도 기득권자나 권력자가 갑자기 자신이 빵집 아저씨나 청소부 아줌마라도 되는 양, 피해자 코스프레를 하며 억울함을 호소할 때가 있다. 물론 신문고 제도나 법원에서 이러저러한 사람은 신문고를 칠 수 없고, 이러저러한 사람은 소송을 할 수가 없다고 명시화하지는 않는다. 왜 그랬을까. 정의를 알고 있는 정상적인 사람이라면 말해 줄 필요도 없으니까. 그렇지만 이런 허점을 이용해 기득권자나 권력자가 소송을 일삼는다. 정말 이것만큼 치사한 일도 없다.

식비를 아끼기 위해 회사 급식을 먹으려고 숟가락을 올린 사장은 치사한 사람이다. 회사 급식은 자신보다 월급이 적은 노동자들이 낮은 가격으로 영양가 있는 음식을 먹게끔 만들어진 것이니까 말이다. 나약한 학생들 앞에서 교권을 정열적으로 부르짖는 일부 선생님들도 치사한 사람이다. 교권은 약자인 학생들이 아니라, 교장이나 교육청, 나아가 정부 교육 당국에 대해 외쳐야 하는 것이기 때문이다. 선량한 다수 소액주주들의 피눈물 앞에서 자신도 피해를 보았다는 자본가도 치사한 사람이다. 피해를 줄이려고 자신이 가진 거대한 주식을 팔아서 주식 가격을 폭락시킨 장본인이기 때문이다. 쪼들린 가정을 위해 애쓰는 아내에게 피곤하다며 여행을 다녀오겠다는 남편은 치사한 사람이다. 여행은 팍팍한 가계를 돌보느라 지친 아내가 가야 마땅하기 때문이다. 회사 사정이 어렵다고 지금까지 동고동락해 온 직원들을 정리해고라는 미명으로 거리에 내몰며 아직도 사장 의자에 앉아 있는 사장은 치사한 사람이다. 고용할당제 등 여성의 안정적 삶을 보장하려는 제도를 역차별이라고 침을 튀기는 남자들은 치사한 사람이다.

어느 공동체에서나 의사결정의 최고 자리에 오르는 사람들의 덕목이 하나 있다. 그것은 자신이 약자라도 되는 양 권리를 외치는 것과는 무관한 것이다. 전쟁터에 참여한 장수를 비유로 들어볼까. 장수는 포탄이 떨어지고 총알이 날아다니는 전쟁터에 가장 먼저 발을 내디뎌야 한다. 그리고 전쟁터를 떠날 때는 가장 나중에 발을 떼야 한다. 기득권을 가질수록, 권력을 가질수록 권리는 없어져야 한다. 오직 공동체에 대한 의무만이 남을 뿐이다. 이것이 바로 정의이기 때문이다. 이것이 싫으면 장수의 자리에서, 대통령의 자리에서, 그리고 사장의 자리에서 내려와야만 한다. 전쟁터에 부하들을 먼저 투입하고 제일 나중에 발을 내디디는 장수, 후퇴할 때 부하들보다 먼저 헬리콥터에 타거나 배를 타는 장수, 정말 치사한 사람 아닌가.

아마도 박근혜 정부는 역대 어느 정부보다 치사하다고 기록에 남게 될 것이다. 정의를 훼손하고 자신들을 포함한 소수의 기득권만을 공고히 하려고 하기 때문이다. 그러니 복지를 공약했으면서도 이러저러한 명목으로 약속을 어기는 것, 온갖 공공비용을 올리는 것은 그나마 애교에 가까운 일로 치부할 수도 있다. 치사함이 절정에 이른 2014년도 있으니 말이다. 통합진보당 문제를 떠올려 보라. 사법부의 판단을 기다리고 있는 사안임에도 불구하고 정부가 아예 통합진보당 자체를 해산하자고 헌법재판소에 하소연했던 것도, 그리고 그걸 기꺼이 받아들였던 헌법재판소의 행동도 정말 흥미진진한 치사함이었다. 그런데 한 번 치사하면 끝까지 치사할 수밖에 없는 일일까. 공무원노조가 대통령 선거에 개입했다는 의혹을 제기하며 압수 수색을 하는 진풍경마저 벌어졌으니 말이다. 공동체의 공동선 자체를 와해시킬 수 있는 부정의의 막장은 통합진보당과도 같은 군소정당이 펼칠 수도 없고, 힘없는 공무원노조가 연출할 수도 없는 일이다. 그건 국가정보원처럼 가장 강력한 권력을 지닌 국가조직이나 할 수 있는 일이다.

왜 이렇게 치사할까. 국가기관이 저지른 공동선 와해! 이렇게 중차대한 범죄를 은폐하려는 것도, 그리고 그것을 소속 구성원의 자의적 행동으로 돌리는 것도, 그리고 다른 사건을 통해 정치적 범죄를 희석시키려는 것도 국가기관 책임자로서는 해서는 안 되는 일이다. 그건 너무나 치사한 일이니까 말이다. 정의는 대통령이나 정부 여당을 위해 있는 것이 아니라, 전체 공동체를 위해 있는 것이다. 이걸 모를 때 대통령도 치사하고, 정부 여당도 치사하고, 그들의 눈치를 보는 법조계도 치사하게 된다. 이렇게도 치사한 사회에서 치사하게 살아가는 우리도 언젠가 한국전쟁을 치사하게 겪던 할머니처럼 나이를 지긋이 먹게 될 것이다. 그때 어느 젊은이가 우리에게 물어볼 것이다. "할머니! 할아버지! 할머니와 할아버지에게 박근혜 정권은 어떤 시절로 기억되시나요?" 무어라고 대답할 것인가. "그때는 정말 치사한 시절이었어." 제발 이런 말을 다시 반복하는 삶을 살지는 말자. 미래에 만날 그 젊은이에게 "정의가 바로 세워졌던 찬란했던 순간"이었다고 말할 수 있는 삶을 우리는 살아 내야만 한다. 그것이 치사한 사회에서 치사하게 살지 않는 유일한 방법이니까.

지못미!
정의의 여신상

1995년 대법원에 설치된 정의의 여신상은 여러모로 특이하다. 보통 정의의 여신상은 한 손에는 칼을, 다른 손에는 저울을 들고 있다. 물론 두 눈을 천으로 가린 상태로 말이다. 소수 기득권자들에게 휘둘리지 않겠다는, 그래서 공동체의 공동선, 즉 정의를 지키겠다는 단호한 의지를 피력한 셈이다. 그런데 대법원의 여신상은 크게 네 가지 측면에서 차이가 난다. 첫째, 칼을 들었던 손이 칼이 아니라 법전을 들고 있다. 둘째, 두 눈을 가리던 안대가 사라지고 없다. 셋째, 한복을 입고 있다. 그리고 마지막 넷째, 서 있는 것이 아니라 의자에 앉아 있다. 칼이 아니라 법전을 들고 있는 것은 '문민정부'를 슬로건으로 삼았던 김영삼 정권의 의중을 반영한 것일 수도 있다. 그렇지만 무언가 나약한 인상을 지울 수가 없다. 정의의 판결에 저항하는 사람에게 공부를 시키려고 하는 것인가, 아니면 책을 던져 때리려고 하는 것인가. 한복도 그렇다. 정의는 억압받는 사람들의 억울함을 풀어 주는 것인데, 어떻게 민족주의적 색채를 정의의 여신이 드러낼 수 있다는 말인가. 또 하나 정의의 여신은 너무나 편하게 앉아 있다는 느낌이다. 관료주의와 권위주의의 냄새가 나는 건 나만의 기우일까. 그러나 무엇보다도 심각한 것은 안대를 과감히 풀어 헤친 모습이다. 도대체 무엇을 보려고 하는가? 저울만 있으면 되지 않는가? 눈을 뜨면 권력과 부가 보일 것이고, 그러면 저울은 심각하게 흔들릴 수 있는 것 아닐까. 그래서 여러 모로 대법원의 여신상은 섬뜩하기까지 하다. '한국적 민주주의'라는 기묘한 표현으로 유신독재를 정당화했던 독재자 박정희가 다시 부활하리라는 느낌마저 드니 말이다.

대한민국, 치사한 나라

제발 깊은 정치적 흉계라도 있었기를!

한 번은 비극으로, 한 번은 희극으로

뭐, 별수 없다. 첫 단추가 잘못 채워졌는데, 어떻게 나머지 단추가 온전히 채워지기를 기대할까. 더군다나 단추를 잘못 채운 사람들이 부녀지간이니 상황은 더 묘해진다. 부전여전의 형국이다. 첫 단추가 잘못 채워진 날은 1965년 6월 22일, 바로 '한일협정'이 조인된 날이다. '한일협정', 정식 명칭은 '대한민국과 일본국 간의 기본 관계에 관한 조약일본: 日本国と大韓民国との間の基本関係に関する条約'이 되겠다. 1962년 박정희의 쿠데타 동지 중 한 명, 김종필이 자신과 비슷하게 생긴 일본 외무상과 몰래 협상을 시작한 것이 마침내 결실을 맺은 것이다. 쿠데타로 국민의 민주주의 정신을 피폐하게 만들었으니, 국민의 배라도 불려야 권좌를 유지하리라는 조바심 때문에 시작된 일이다. 권력 유지의 조바심이 아무리 강해도 그렇지, 일제강점기 36년 동안의 만행에 쫄고 있는 가해자에게 구걸하는 건 무언가 잘못

되어도 크게 잘못된 것이다.

　　제정신을 가진 사람이라면 박정희 정권의 이런 황당무계한 폭거를 어떻게 가만두고 보겠는가. 1964년을 활활 불태웠던 6·3 한일협정 반대운동은 그래서 폭발한 것이다. 그러나 박정희가 누군가? 군사쿠데타의 주범 아닌가. 기다렸다는 듯이 비상계엄을 선포하여 공포 분위기를 조성한 뒤, 마침내 1965년 6월 22일 박정희는 일본과 '한일협정'을 조인하고 만다. 권위주의 체제에 어울리게 그다음 일정은 일사천리로 진행되었으니 같은 해 8월 14일 국회에서 집권 여당만으로 깔끔하게 비준은 마무리되었다. 왜 선배들이 '한일협정'에 그다지 격렬하게 반대했는지 궁금하다면, '한일협정' 제2조 전문을 살펴보는 것으로 충분하다. "1910년 8월 22일 및 그 이전에 대한제국과 대일본제국 간에 체결된 모든 조약 및 협정이 이미 무효임을 확인한다." 헉! 불법이 아니라 무효라니. 배우자가 사망하면 결혼이 무효가 되지만, 결혼의 합법성은 유지되는 것 아닌가. 제2차 세계대전에 패망하면서 일본이 우리 땅을 떠났으니, 그냥 '을사늑약'이 무효가 되었다는 것이다.

　　'을사늑약'이 합법적 조약이라고 합의했으니, 이제 일본은 자신의 불법성과 강제성에 책임을 질 필요가 없다. 박정희 정부가 민주적인 정부였다면, '을사늑약'이 일본이 강제한 불법적 조약이라는 사실에서 한 걸음도 후퇴하지 않았을 것이다. 그럴 수만 있었다면 일본은 36년의 식민지배, 그리고 그 사이에 고생했던 우리 민족 한 사람 한 사람에게 법적 책임을 지고 제대로 배상해야만 했을 것이다. 멍청했는지, 아니면 딴 뜻이 있었는지 박정희는 그러지 못했

　　　　　　　　　　　　　제발 깊은 정치적 흉계라도 있었기를!

다. 일본에 휘둘려 놓고는, 아니 어쩌면 기꺼이 일본에 휘둘렸다는 것이 정답일 것이다. 결국 일본 정부와 박정희 정권에게만 이로운 협정을 맺었으니, 과거 '을사늑약'을 주도했던 친일파와 무엇이 다른 가. '한일협정' 제2조 전문으로 사실 모든 것은 끝장이 난 것이다.

　　'한일협정'과 함께 조인된 '대한민국과 일본국 간의 재산 및 청구권에 관한 문제의 해결 및 경제협력에 관한 협정', 줄여서 '경제협력협정일본: 日韓請求権並びに経済協力協定'이란 세부 조약은 사실 사족에 지나지 않을 것이다. 이 세부 조약으로 일본은 일제강점기 36년 동안 조선에 투자한 자본과 일본인들의 개별 재산을 모두 포기하고 동시에 한국에 3억 달러의 무상 자금과 2억 달러의 차관을 지원하기로 한 것이다. 물론 그 대가가 없을 수는 없다. 한국은 대일 청구권을 포기하는 것이다. '경제협력협정'의 대일 청구권 문제도 중요하지만, '한일협정'보다 중요한 것은 아니다. 합법적인 조약에 의해 조선을 병합했고 지금 그 조약은 현실적으로 이미 무효가 되었다. 이것이 '한일협정'이다. 그러니 식민지배의 법적 책임을 질 필요가 없음에도 일본은 한국에 엄청난 경제적 원조를 시행하려고 한다. 물론 그 대가로 한국 정부는 대일 청구권을 완전한 포기해야 한다. 이것이 바로 '경제협력협정'이다.

　　결국 박정희는 '한일협정'으로 일제강점기 36년을 합법적인 것으로 추인한 것이다. 당연히 이제 한국인들은 식민지배에 대한 대일 청구권을 행사할 수 없다. 그런데 일본은 대일 청구권을 포기하는 대가로 3억+2억 달러를 원조한다는 것이다. 불가능해진 대일 청구권 요구를 더 확실히 불가능하게 만들기 위한 일본의 농간에 그대로 말려든 것이다. 3억+2억 달러에 정신이 팔려, 박정희와 그 정권은 자신이 무엇을 하는지 알고나 있었던 것일까? 한 가지 더 지적해 볼까. '경제협력협정' 제2조 1항은 조약을 체결하는 두 정부 이외에 두 나라의 국민도 언급한다. 그렇다면 도대체 무슨 법적 근거로 박정희는 국민들의 청구권마저 포기하여, 국민들이 피해보상을 받을 수 있는 근거를 원천적으로 박탈한 것일까. 그건 그냥 국민들을 겁내지 않는 쿠데타 장본인이니 그렇다 치고, 청구권을 포기한 대가로 받은 3억+2억 달러 중 최소한 일부라도 피해 자국민들에게 나누어 주지 않았다는 것, 이건 명백한 갈취나 사기 아닌가.

《루이 보나파르트의 브뤼메르 18일Der 18te Brumaire des Louis Napoleon》에서 마르크스는 말했던 적이 있다. "역사는 두 번 반복된다. 한 번은 비극으로, 다른 한 번은 희극으로." 와! 진리다. 1965년 6월 22일 '한일협정'이 조인된 순간이 비극이었다면, 2015년 12월 28일 위안부 협상이 타결된 순간은 바로 희극이었으니. 이제 2015년 12월 28일 전국을 쓴웃음 짓게 했던 희극의 전말을 되짚어 보자. 그날 일본 외무상과 우리 외교부 장관은 위안부 협상이 타결되었다고 발표한다. 지금까지 극우적 행보를 보였던 아베安倍晋三 총리가 위안부 문제에 대해 사과했다고, 박근혜 정부나 여당, 혹은 보수 언론들은 위안부 협상을 극찬하기까지 했다. 여기서 포인트! 기시다岸田文雄 일본 외무상은 협상 타결 후 일본 기자들을 만난 자리에서 위안부 할머니들에게 '배상'을 하는 것이 아니라, 위안부 할머니들을 위해 '사업'을 한다고 말한다. 대부분 우리 이웃들은 황당하기만 했다. 일본이 총리까지 나서 위안부 문제를 사과하는 척했지만 결국 말을

　　　　　제발 깊은 정치적 흉계라도 있었기를!

바꾸었다고 흥분하기까지 했다.

그러나 일본은 과연 말을 바꾸었던 것일까. 그걸 확인하기 위해서라도 먼저 일본 외무상의 협상 조목 중 1조를 살펴보자. "위안부 문제는 당시 군의 관여하에 다수 여성의 명예와 존엄에 깊은 상처를 입힌 문제로서, 이러한 관점에서 일본 정부와 아베 총리는 책임을 통감하고 사죄한다." 여기서 "이러한 관점에서"라고 의역된 "かかる観点から"라는 말에만 주목하자. 일본 정부와 총리의 책임 통감과 사죄는 무조건적인 것도 아니고, 식민지배에 대해 법적 책임을 지겠다는 것도 아니었다. 그러니 "위안부 문제는 당시 군의 관여하에 다수 여성의 명예와 존엄에 깊은 상처를 입힌 문제"라는 규정이 중요하다는 것이다. 여기서 우리 눈에 '관여關与'라는 단어가 들어와야 한다. 관여는 누가 우월하거나 열등하지 않는 수평적인 관계를 의미하는 말이다. 헉! 결국 일본군과 위안부 사이의 관계가 수평적이고 대등한 관계였다는 것이다.

논점을 분명히 하려면 '관여' 대신 수직적 위계를 나타내는 '강제'라는 말을 써 보라. 그러면 위안부 문제는 전혀 다르게 규정된다. "위안부 문제는 당시 군의 강제하에 다수 여성의 명예와 존엄에 깊은 상처를 입힌 문제"다. 빙빙 돌릴 필요 없다. 일본의 입장과 표현은 명확하다. 위안부는 강제로 끌려온 성노예가 아니라, 전쟁 매춘부라는 것이다. 전쟁의 공포와 긴장감 속에서 일본군들은 가혹한 잔혹행위로 매춘부의 명예와 존엄에 상처를 줄 수 있다는 것이다. 일본 정부와 일본 총리는 바로 이런 가혹행위를 겪은 매춘부에 대해 깊은 책임을 통감하고 사죄하고 있는 중이다. 와! 대단하다.

대한민국 수도 서울 외교부에서 지금 일본은 우리를, 그리고 위안부 할머니들을 진지한 얼굴로 능욕한 것이다. 이걸 보고 외교의 쾌거라고 설레발이니, 우리 정부나 보수 언론의 수준이 바로 그 정도다.

이제 기시다 일본 외무상이 협상을 타결하자마자 위안부 할머니들을 위한 10억 엔 출연을 '배상'이 아니라 '사업'이라고 했던 이유가 분명해지지 않은가. 법적인 책임이 없으니 '배상'이 아니고, 불쌍한 조선의 매춘부들에게 도의적 책임, 아니 정확히 말해 인도적 차원에서 도움을 주려는 것이니 '사업'이라는 것이다. 또 여기서 한 가지 덤으로 발생한 작은 희극에도 주목할 필요가 있다. 위안부 할머니들의 고통을 위로하기 위한 사업을 펼칠 때, 한국 정부는 그것을 담당할 기관을 설립하고 일본은 10억 엔을 출연하는 것으로 되어 있다. 아이고! 뭐 이런 일이 다 있나. 웃음을 창조하는 정말로 멋진 우리 정부, 우리가 투표로 뽑은 대통령이다! 일본 정부에 책임을 묻겠다고 하더니, 이제 스스로 위안부의 문제에 책임을 지는 꼴이다. 이런 젠장! 도둑을 잡으러 들어갔다가 도둑과 한편이 되다니.

10억 엔을 준다니 박근혜 정부는 신이 났나 보다. 일본 정부만 무언가 하는 것처럼 보여 체면이 구겨졌다고 느낀 것일까? 박근혜 정부도 통 큰 외교를 보여 주며, 아베의 사과에 화답한다. "한국 정부는 일본 정부가 주한 일본대사관 앞의 소녀상에 대해 공관의 안녕·위엄의 유지라는 관점에서 우려하고 있는 점을 인지하고, 한국 정부로서도 가능한 대응 방향에 대해 관련 단체와의 협의 등을 통해 적절히 해결되도록 노력한다." 그래도 딸은 아버지보다 소박하다. 아버지는 대일 청구권을 3억+2억 달러로 바꾸었는데 딸은

제발 깊은 정치적 흉계라도 있었기를!

소녀상을 10억 엔, 그러니까 약 850만 달러로 바꾸려 하니 말이다. 그러나 아직 풀리지 않는 미스터리가 한 가지 있다. 박근혜 정권에게 조약을 통해 남는 것은 뭔지 정말 이상하다.

소녀상 이전이나 폐기로 생기는 사회적 갈등과 국민적 저항 이외에 남는 것이 없어 보인다. 또 무엇이 있나 고민해 보니, 일본과 한국 사이의 관계 개선을 바라던 미국이 떠오른다. 뭐 그럴 수도 있겠다. 그러나 그것도 즉시 남는 건 아니다. 이렇게 서둘러 희극을 연출할 정도로 급했던 이유는 무엇이었을까. 잘못하면 10억 엔만 남는 셈이 된다. 그러나 박근혜 정권이 움직일 수 있는 재정 규모에 비하면 너무 조족지혈이라, 이거일 리는 없다. 철학자인 나의 머리로도 아직 풀리지 않는다. 정말 속을 모르겠다. 멍청한 것인지, 아니면 우리가 모를 깊은 속내가 있는지? 바라기로는 민주주의를 훼손하려는 깊은 흉계라도 있었으면 한다. 미우나 고우나 박근혜와 그 정권의 사람들은 우리와 함께 살고 있는 사람들이다. 36년이나 우리를 가지고 놀았던 일본인들에게 다시 조롱당하는 것보다, 반민주적이지만 멍청하지 않은 정권과 함께 사는 것이 정신승리에 더 유리할 테니 말이다.

소녀상을 기하급수적으로 증식시키자!

2015년 위안부 협상, 간단히 정리한다. 이제 위안부 할머니들은 일본이 법적 책임을 질 필요가 없는 매춘부다. 굳이 그럴 필요는 없지만 인도적 차원에서 한국과 일본 정부는 전쟁 매춘부의 상처를 쓰다듬으려고 한다니, 자애로움마저 느껴진다. 어쨌든 일본은 10억 엔을 희사하고, 그 고마움에 대가로 우리 정부는 소녀상을 어찌저찌 소부쳐서 옮기려고 할 것이다. 위안부가 성노예의 문제라고 확신하는 시민단체들은 위안부 협상 폐기를 요구하지만, "불가역적인 협상"이 그리 쉽게 없어질 리 만무한 일이다. 그냥 닥치고 소녀상이나 지키자! 그러나 일본대사관 앞 소녀상에만 시선이 국한되는 건 너무나 소극적이다. 소녀상을 증식시키자! 지금 소녀상 옆에 소녀상 한 서너 개를 더 만들자. 그리고 일본대사관 건너편 카페 앞에도 한두 개를 만들고, 조금 나가 광화문 앞에도 만들자. 아예 광화문광장 세종대왕 자리에 진짜로 근사한 소녀상을 커다랗게 만드는 것도 좋다. 소녀상 피규어도 제작하고, 소녀상 커플티셔츠도 만들고, 소녀상 머그잔도 만들자. 만일 일본이 소녀상에 또 힘들어한다면, 소녀상을 하나 만들어 주고 10억 엔을 받으면 된다. 그 돈이면 아마 수십만의 소녀상을 만들 수 있을 듯하다. 이렇게 너무나 많은 소녀상들이 우리 주변에 있다면, 원조 소녀상을 누가 건드린다는 말인가. 하나 밖에 없으니 문제였던 것이다. 다행스럽게도 박정희 정권이나 현 정권과는 달리 우리의 자존심과 명예를 잃지 않는 지방자치단체들이 많다고 한다. 이미 서른한 곳의 지방자치단체에 소녀상이 설치되었다. 그러나 각 지역에 소녀상 하나로 부족하니, 자신이 살고 있는 지역에 소녀상을 기하급수적으로 늘려야만 한다. 그래야 지금 일본대사관 앞에 있는 원조 소녀상이 안전할 테니.

정부의 현란한 저글링

∨

국가의 페르소나

종교를 이해하려면, 기독교나 불교, 이슬람교, 아니면 무속신앙 등 종교의 핵심적 가르침이 무엇인지를 이해하는 것보다 더 중요한 것이 있다. 일종의 종교경제학적 성찰이 종교를 이해하는 데 무엇보다도 중요하다. 목사, 스님, 이슬람 성직자, 그리고 무당이 어떻게 먹고사는지 이해할 필요가 있다. 일견 종교에 경제학적 관점을 도입한다고 불쾌할 필요는 없다. 보고 싶지 않은 진실을 본다는 것, 특히나 자신의 숭배하는 종교와 관련된 현실적 토대를 본다는 것은 여간한 용기가 아니면 힘들 것이다. 그렇지만 옳은 것은 옳은 것일 뿐이다. 생각해 보라. 특정 종교의 성직자들이 굶어 죽는다면, 설교나 예배 진행도 불가능할 것이다. 당연히 아무리 근사한 가르침을 전하는 종교라고 하더라도 성직자가 생존할 수 없다면 그저 역사 속의 흔적으로만 남게 될 것이다. 결국 탄생한 지 꽤 오래된 주요 종교들이 아직도 생존하는 이유는 그것들이 모두 경제학적 논리를 나름 관철시키는 데 나름 성공했기 때문이다.

물론 경제적 논리만으로 종교의 고유성이 모두 설명되는 것은 아니다. 경제적 논리에만 충실하다면, 그것은 기업이지 어떻게 종교단체일 수 있겠는가. 그렇지만 종교를 포함한 거의 모든 것은, 사랑도 그렇고 가족도 예외 없이, 경제에 의해 중층결정 overdetermination된다. 프로이트나 알튀세르Louis Althusser가 말한 것처럼 중층결정은 토대가 되는 것이 그렇지 않은 것을 최종적으로 결정하지만, 토대가 아닌 것도 나름 자율적으로 움직인다는 논리를 가리킨다. 그러니까 종교도, 사랑도, 가족도 그 자체 논리를 가지고 진행할 수 있지만, 최종적으로는 경제에 의해 제약된다는 것이다. 한마디로 경제적 논리가 충족되지 않는다면, 그래서 생존의 문제에 봉착한다면, 종교도, 사랑도, 가족도 모두 붕괴될 수밖에 없다는 것이다. 역으로 종교도, 사랑도, 가족도 그 자체의 고유성으로 발달한다면, 그것은 경제적 논리가 제대로 기능하고 있다는 걸 말해 준다고 하겠다.

국가에 대해서도 마찬가지의 논리가 그대로 적용될 수 있다. 가공할 압도적 공권력의 대상이라, 우리는 국가에 제대로 직면하기를 꺼린다. 그래서 그런지 국가는 정치와 외교를 주로 다루고, 경제와는 무관한 것처럼 표피적으로 사유되는 경향이 강하다. 그렇지만 종교와 마찬가지로 우리는 국가를 경제학적 논리에 따라 사유할 필요가 있다. 이 점에서 현대 일본 사상가 가라타니 고진柄谷行人의 통찰은 매우 중요하다. 그는 국가를 실체가 아니라 일종의 교환 시스템으로 사유하라고 이야기한다. 그의 입장에 따르면 국가는 수탈과 재분배 기구에 지나지 않는다. 조금 길지만 가라타니의 말을 직접 들어 보자. "지속적으로 강탈하기 위해서는 상대를 다른 적으로부터 보호한다거나 산업을 육성할 필요가 있기 때문이다. 그것이 국가의 원형이다. 국가는 더 많이 그리고 계속해서 수탈하기 위해 재분배함으로써 토지나 노동력의 재생산을 보장하고 관개 등 공공사업을 통해 농업 생산력을 높이려고 한다. 그 결과 국가는 수탈의 기관으로서 보이지 않고, 오히려 농민이 영주의 보호에 대한 답례로 연공年貢을 지불하는 것처럼 생각된다." 그의 책 《일본 정신의 기원日本精神分析》에 등장하는 구절이다.

　　　과거 왕조 시절에나 가능했던 이야기라고 쉽게 치부하지 말자. 지금도 이것은 어김없는 진실이니까 말이다. 의무라는 이름으로 이루어지는 납세와 병역의 의무가 조용조租庸調로 상징되는 토지세와 노역과 얼마나 차이가 있는가. 세금을 낼 수도 있고 안 낼 수도 있는 자유, 혹은 군대를 갈 수도 있고 가지 않을 수도 있는 자유란 국민들에게 원칙적으로 허용되지 않는다. 과거 왕조 시절과 마찬가지로 현대의 국가에서 납세나 병역의 의무는 수탈이라고 정의될 수밖에 없는 것도 이런 이유에서다. 납세나 병역은 국민이 선택할 수 있는 것이 아니라 강제로 국가기구에 의해 집행되기 때문이다. 과거보다 자유로운 사회에 살고 있다는 착시효과로 수탈이란 용어에 거부반응을 보일 필요는 없다. 압도적 힘에 의해 무엇인가를 빼앗긴다면, 그것이 수탈이 아니고 무엇이겠는가.

　　　그렇다. 무엇보다도 먼저 국가기구는 국가에 포섭된 국민들을 압도할 수 있는 힘을 가지고 있어야만 한다. 최소한 조세 저항이나 병역 기피를 막을 수 있는 우월한 힘이 없다면, 국가기구는 유지될 수조차 없다. 그렇지만 수탈만 계속할 수는 없는 법이다. 수탈을 거듭하다 보면 국가기구는 목숨을 내던지는 국민적 저항에 봉착할 것이다. 어차피 계속 수탈당해 생존조차 어려워 이리 죽으나 저리 죽으나 마찬가지라면, 국민은 봉기라도 일으키는 것이다. 왕조시대를 포함한 역대 정권들의 몰락은 재분배를 망각하고 수탈에만 몰두해서 생긴 현상 아닌가. 그렇기에 국가기구는 자신의 안정을 위해서라도 수탈한 재화를 국민들에게 지속적으로 재분배해야만 한다. "그동안 서운하셨죠. 국가가 여러분의 재산과 신체를 뺏는다고 속상하셨죠. 그렇지만 우리가 당신들의 것을 뺏은 이유는 우리 자신을 위해서라기보다 당신들의 삶을 위해서였습니다."

국가기구는 수탈은 수단이고 재분배가 목적이라고 강변한다. 그렇지만 결국 국가기구의 최종 목적은 원활한 수탈, 구체적으로 말해 국민적 저항을 불러일으키지 않는 수탈에 있다고 할 수 있다. 그래서일까, 항상 재분배는 주로 다음 수탈에 도움이 되는 방향으로 진행된다. 가라타니 고진이 "지속적으로 강탈하기 위해서는 상대를 다른 적으로부터 보호한다거나 산업을 육성할 필요가 있다"라고 지적한 것도 이런 이유에서다. 수탈당했다는 것은 자유의지를 가진 인간으로서 감당하기 어려운 수치일 수밖에 없다. 그래서 국민들은 수탈의 현실을 직시하기보다는 오히려 재분배에 모든 시선을 집중한다. "그래. 비록 국가가 강제하는 것처럼 보이지만, 내가 국가에 바치는 세금이나 병역은 모두 나 자신을 위한 거야." 모욕당한 자유의지라는 상처를 후비지 않고 가볍게 은폐하는 자기 기만술, 혹은 대건한 정신승리법인 셈이다. 21세기가 되어서도 대부분의 사람들이 이렇게 생각하고 있으니, 정말 이만큼 집요한 정신승리도 없다고 하겠다.

과거의 국가와 현대국가가 다른 점이 한 가지 있기는 하다. 지금은 무력에 의해 새로운 정권이 탄생하는 것이 아니라, 투표에 의해 새로운 정권이 탄생한다. 당연히 현대의 정권은 국민들에게 수탈자로서의 자기 본질을 감추고, 재분배자로서의 제스처를 더 강조할 수밖에 없다. 수탈당하는 국민들이 선거를 통해 정권을 선택하기 때문이다. 어느 국민이 노골적인 수탈 의지를 표방하는 정권이나 재분배 의지가 별로 없는 정권을 선택할 것인가. 바보가 아닌 이상, 누구나 확고하게 재분배의 의지를 표방하는 정권에 자신의 표를 던지게 될 것이다. 현대사회의 모든 정권이 '복지'를 키워드로 삼는 것도 이런 이유에서다. 그렇지만 막연히 산업을 육성한다거나 생산력을 증진시키는 토대를 갖추겠다는 공약은 더 이상 먹혀들지도 않는다. 감각적으로 확인될 수 있는 복지여야만 국민들은 기꺼이 자신의 표를 내놓을 테니까 말이다.

정말 박근혜 정부는 공약 제시에 탁월했고, 그래서 집권하는 데 성공한 것이다. 모든 노인에게 20만 원을 주겠다는 화끈하고 섹시한 공약은 이 점에서 상징적이라고 하겠다. 1997년 IMF 구제금융 사태 이후 더 이상 자식들에게서 경제적 봉양을 기대할 수 없게 된 노인들에게는 그야말로 눈이 번쩍 뜨이는 공약일 수밖에 없었다. 이것만이 아니라 박근혜 정부는 거의 모든 분야에서 철저하고 구체적인 복지 정책을 제시했다. 그렇지만 모든 재분배는 결코 수탈한

양을 넘을 수는 없는 법이다. 어떻게 세입 이상으로 지출을 할 수 있다는 말인가. 이것은 간단한 산수의 문제다. 현 정부의 화끈한 복지 정책은 화끈한 수탈이 없다면 불가능한 일이다. 가장 화끈하게 수탈하는 방법은 아주 쉽다. 그것은 자본가나 고소득자들에게 증세를 하는 것이다. 한마디로 과거 이명박 정부의 부자 감세 정책을 철회하고, 과감하게 부자 증세 정책을 실시하는 것이다.

문제는 현 정부가 태생적으로 과거 정부와 긴밀히 연결되어 있다는 점이다. 그래서일까, 현 정부는 부자 증세 정책을 실시할 의지도 그럴 생각도 별로 없는 것처럼 보인다. 대한민국이 모든 사람의 나라가 아니라, 그들만의 나라일 수밖에 없는 것도 이런 이유에서다. 그렇지만 이미 화끈한 복지 정책으로 국민의 지지를 받은 이상, 현 정부는 어떤 식으로든지 복지 정책을 실천하고 있다는 제스처라도 취해야만 한다. 그러나 어떻게? 복잡하게 생각하지 말자. 여기서도 간단한 산수 문제만 풀면 된다. 자본가들에게 증세할 생각이 없다면, 대다수 서민들에게 수탈을 가중시키면 된다. 그렇지만 그 수탈은 결코 증세의 형식이어서는 안 된다. 재분배를 하겠다는 정부가 노골적으로 세금이란 형식으로 수탈을 강화하겠다는 것은 국민적 저항을 불러일으킬 수도 있는 정말 위험천만한 일이기 때문이다.

부자 증세도 안 되고 대다수 서민에게 증세도 불가능하다면, 어떻게 제스처뿐인 복지 정책이나마 실시할 수 있을까? 공공요금 인상, 세금 짜내기, 혹은 과태료 폭탄이 정답이다. 여기에 담뱃값 인상 등 깨알 같은 세수 증대 방식도 포함된다. 흥미로운 것은 수탈 논리가 어딘가 자유주의적 경제 정책을 닮았다는 점이다. 그러니까 개개인들이 아껴 쓰면 공공요금이 올라도 별다른 부담이 없을 것이라는 논리, 세금을 제대로 안 내는 사람들에게게만 피해가 간다는 논리, 고속도로나 일반 도로에서 교통 규범만 지키면 과태료를 낼 필요가 없다는 논리. 지금 현 정부는 수탈로 생기는 개인들의 손해를 그들 각자의 탓으로 돌리고 있는 것이다. 우습지 않은가. 생활고에 시달리는 서민들에게 골고루 빼앗아 서민들에게 다시 복지로 재분배하겠다는 발상이. 그냥 이제는 부탁하고 싶다. 부자 증세를 하지 않으려면 차라리 복지 정책을 폐기하라고. 이제 깨알 같은 수탈로 삶을 더 팍팍하게 만들지나 말라고.

우리가 소냐!
음, 소인가?

수탈과 재분배의 논리! 결국 통치자나 통치 계급이 하는 일이란 수탈과 재분배를 원활히 하는 것이다. 훌륭한 통치는 재분배에 인색하지 않고, 비열한 통치는 그것에 인색할 뿐이다. 물론 훌륭한 통치자가 재분배에 신경을 쓰는 이유는 더 많이 수탈하기 위해서이지, 피통치자들을 아껴서는 아니다. 소를 키우는 사람을 생각해 보자. 그는 소를 애지중지한다. 축사 바닥이 축축하기라도 하면, 바로 마른 건초를 깔아 준다. 사료에도 영양제를 듬뿍 넣어 건강에 도움이 되도록 한다. 심지어는 소의 정서적 안정에 좋다는 이유로 축사에 스피커를 설치해 모차르트 음악을 틀어 줄 정도다. 그렇지만 결국 이 사람이 원하는 것은 소에서 나오는 우유, 아니면 소의 가죽, 아니면 소의 고기일 것이다. 이런 훌륭한 대접을 받는 소들은 그렇지 않은 소들보다 행복한 것처럼 보인다. 그렇지만 그 귀결은 어차피 마찬가지 아닌가. 자, 축사가 바로 국가이고, 이곳에서 사는 소가 바로 우리 자신이다. 과장된 비유만은 아니다. 중국 전국시대의 고전인 《관자管子》에서부터 200년 전 우리 지식인 정약용丁若鏞의 《목민심서牧民心書》에 이르기까지 명확하지 않은가. '목민牧民'이다. 소를 키운다는 뜻의 '목牧'이란 글자와 백성을 뜻하는 '민民'으로 결합된 글자다. 그러니까 백성을 소를 치듯이 친다는 뜻이다. 관중管仲에게, 그리고 정약용에게 화가 난다. 그리고 그들에게 말하고 싶다. 우리는 소가 아니라고. 우리는 당당한 사람이라고. 그런데 정말 우리는 소가 아닐까? 정말로 궁금하기만 하다. 우리가 스스로 소를 자처하니, 목민관이란 발상이 아직도 작동하는 것은 아닐는지.

정부의 현란한 저글링

책임자를   구속를   자를
처벌하라   석 하라

그들만의 아성, 그들만의 파라다이스!
그냥 우리와 다른 종種이라고 생각하자!

여기
사람이
있었다

용산참사 남일당 건물터, 서울 용산, 2012

누가 민주주의를 두려워하는가

신자유주의 정권의 민낯

모순도 오래되면 느끼지 못할 수 있는 것일까. 자본주의 체제에서 산다는 것, 그리고 민주주의 체제에서 산다는 것. 어느 사이엔가 우리는 둘 사이의 간극에 너무나 무감각해진 것 같다. 그렇지만 무감각해졌다고 해도 모순은 모순일 뿐이다. 세입자를 죽음으로 몰고 갔던 용산 참사나 해결된 듯 해결되지 않고 7년간이나 진행되고 있는 쌍용자동차 사태, 어느 여성 노동자를 크레인 꼭대기까지 내몰았던 한진중공업 사태, 그리고 서울역 후미진 곳에서 잠을 청하는 노숙인의 풍경 등등. 우리 삶을 지배하는 모순은 언제든지 핏빛 얼굴로 나타나 우리의 삶을 동요시키며 결단을 요구할 수 있다. "당신은 자본주의에서 살 것인가? 아니면 민주주의에서 살 것인가?" 다행스럽게도 우리에게 양자택일이 아닌 다른 방식으로 물을 수도 있다. "당신은 자본주의와 민주주의 중 어느 가치를 우선시하는가?"

자! 이제 어떻게 할 것인가? 당신은 어떤 입장인가?

　　　자본주의적 삶과 민주주의적 삶 사이의 모순을 다시 느끼려면 주주총회와 선거의 차이를 생각하는 것으로 충분할지도 모른다. 주주총회를 보자. 열 명의 주주가 총회를 열고 있다. 그중 한 명이 전체 주식의 90퍼센트를 가지고 있고, 나머지 아홉 명은 각각 1퍼센트의 주식만을 가지고 있다. 회사의 이익을 배당받을 때나 회사의 미래를 결정할 때도 대주주 한 사람이 전권을 행사하게 된다. 나머지 아홉 명으로서는 안타깝지만 어쩔 수 없는 일이다. 주주총회에서 중요한 것은 한 사람 한 사람의 권리가 아니라 각자가 소유한 자본의 양이기 때문이다. 그렇지만 국회의원을 선출하는 선거든 대통령을 뽑는 선거든, 미래 공동체의 삶을 결정하는 선거에서 이들 열 명은 동일한 권리를 행사할 수 있다. 이것이 바로 대표자를 선출할 때 재산이나 교육의 정도 혹은 신앙 등에 의해 선거권에 차등을 두지 않는다는 '보통선거'의 이념이다.

　　　주주총회가 인간의 수가 아니라 자본의 양으로 결정된다면, 선거는 자본의 양이 아니라 인간의 수로 결정된다. 바로 이것이 우리 삶을 규정하는 모순의 핵심이라고 할 수 있다. 자본과 인간 사이의 모순이라고 불러도 좋고, 재산권과 인권 사이의 갈등이라고 불러도 좋다. 아니면 경제와 정치 사이의 모순이라고 이야기해도 된다. 우리 주변에 펼쳐지는 비극은 항상 자본이 인간을 압도하려 할 때 벌어진다. 삶의 수단이 우리 삶을 옥죄는 핏빛 아이러니라고나 할까. 어떻게 하면 수단이 목적을 지배하려는 역설, 혹은 자본이 인간의 숨통을 조이는 역설을 해소할 수 있을까. 이것은 자본주의가

　　　　　　　　　　　　누가 민주주의를 두려워하는가

경제체제로 정착된 이후 지금까지 모든 인문정신들이 해결하려 했던 문제다. 자본을 우선시하는 자본주의는 항상 인간의 삶을 위기로 몰아갈 수 있으니까. 어떻게 하면 자본 앞에 구겨진 인간적 존엄성을 회복할 수 있을까? 이것은 어떻게 민주주의를 실현할 수 있을까라는 의문에 다름 아니다.

선거에서는 재벌 총수 한 명과 노동자 한 명이 동등한 한 표를 행사하는 것을 알기라도 하듯이, 대통령 후보는 앞을 다투어 '경제민주화'니 '복지'니 하며 선심성 공약을 남발한다. 어쨌든 재벌 총수 한 명의 지지를 받는 사람보다 노동자 두 명의 지지를 받는 사람이 권력을 잡기 쉬울 테니까 말이다. 그러니 여당 후보든 야당 후보든 아니면 돌풍을 일으켰던 무소속 후보든 모두 앞다투어 경제민주화나 복지를 역설하게 된 것이다. 어쩌면 보통선거 이념에 따라서 권력을 잡으려는 사람들로서는 불가피한 전략인지도 모를 일이다. 하긴 대통령은 태생적으로 자본주의의 자식이기보다는 민주주의의 자식이라고 할 수 있다. 대다수 국민의 압도적 지지로 선거에 의해 탄생하는 권력자가 바로 대통령 아닌가? 그렇지만 아는가? 민주주의의 자식이긴 한데, 선거 입후보자들은 모두 사생아라는 사실을. 그렇다면 그들의 진정한 아버지는 누구인가?

경제민주화나 복지를 주장하며 민주주의에 대한 장밋빛 향기를 풍기고 있지만, 이야기를 잘 들여다보면 대통령 후보들은 예외 없이 모두 자본의 성장을 강조하고 있었다. 다시 말해 자본이 성장해야 그 성장을 다시 노동자들에게 분배할 수 있다는 것, 혹은 자본이 성장해야 노동자들의 취업과 고용이 안정화된다는 것이다. '빵이 커지면 빵을 나누어 줄 수 있다'라는 해묵은 논리다. 대통령 후보들이 모두 사회민주주의social democracy를 표방하고 있다는 사실이 분명해진다. 단순화를 무릅쓰고 정의한다면 사회민주주의는 자본가가 얻은 이익을 환수해 노동자들에게 되돌려 주겠다는 이념이다. 물론 그렇게 하기 위해서는 공정하고 윤리적인 통치자 혹은 정치가의 존재가 불가피하다고 주장하는 것, 이것이 바로 사회민주주의의 근본적 입장이다. 그러나 누군가 대통령이 되는 순간, 안면몰수할 가능성은 항상 존재한다. 그러니 모든 선거에서 역사관이나 윤리성이 대통령 선거의 첨예한 쟁점이 되는 것이다. 혹시 생선을 고양이에게 맡기는 것 아니냐는 의구심이 발생할 수밖에 없으니까.

대통령을 꿈꾸는 사람들이 모두 민주주의의 사생아일 수밖에 없는 것은 그들의 진정한 아버지는 민주주의라기보다는 자본주의이기 때문이다. 이렇게 물어보면 문제의 핵심에 쉽게 들어갈 수 있다. "만일 자본이 그들의 생각처럼 성장하지 못한다면, 그들은 도대체 노동자들에게 무엇을 분배할 수 있다는 말인가?" 그렇다. 바로 이 점이다. 사회민주주의가 표방하는 공정한 분배라는 이념은 분배할 것이 충분할 때에만 의미가 있는 것이다. 자본이 충분히 성장하지 못하거나 불행히도 불황이나 공황이 엄습할 때, 사회민주주의는 위기감을 느끼게 될 것이다. 분배할 것이 없다면, 그들의 권력 기반 자체가 부정될 수밖에 없기 때문이다. 결국 사회민주주의자들은 결정적인 순간, 그러니까 불황의 순간에는 항상 자본 편을 들 수밖에 없다. 호황일 때는 민주주의자의 가면을 쓰지만 불황일 때는 가차없이 자본주의자로서의 맨얼굴을 드러내는 형국인 셈이다.

불황이나 공황과 같은 파국적인 경제 상태가 도래하지 않는다면, 결국 우리가 표방하는 자유민주주의 체제하에서 대통령은 두 종류로 존재하는 것만 가능한 셈이다. 선거 때의 초심을 잃지 않으려고 발버둥을 치는 대통령과 정부, 아니면 선거 때의 초심이야 아마추어와 같은 것이라며 과감히 쓰레기통에 버리는 대통령과 정부, 그 둘 중 하나일 뿐이다. 박근혜 정부의 위대함은 후자의 길을 꿋꿋하고 당당하게 걸어가고 있다는 데 있다. 보편적 복지와 경제민주화를 모토로 제안했던 화끈하고 실질적인 공약公約들을 하나둘 허공 속에 날리며, 현 정부는 세계사적으로 실패로 귀결되었던 자유주의 정책을 때늦게 관철시키려 하고 있다. 의료, 교육, 철도, 금융까지 그 적용 범위도 폭넓고 그 시행도 동시다발적이니 정신을 차릴 수 없을 정도다. 당연히 자유주의가 아니라 민주주의를 열망하는 대다수 국민들의 저항은 불가피할 것이다.

　　민영화를 하지 않겠다는 공약의 부담 때문인지, 박근혜 정부에서 '민영화'라는 용어는 금기어가 된 것 같다. 그렇지만 이 용어만 쓰지 않는다면 문제가 될 게 없다는 식으로 정부는 아주 강하고 집요하게 자유주의 정책을 구체화하려고 시도하고 있다. 철도 부문에서 코레일 내에 자회사 설립을 추진하고, 의료 부문에서 의료자본에 원격진료와 영리사업을 허용하려고 하며, 금융이나 교육 분야에서 외국자본이 들어올 수 있는 조건을 제대로 만들어 주려고 한다. 물론 '민영화'라는 금기어 대신 정부는 '혁신', '경쟁', '소비자의 선택권', '부가가치 창출', '창조경제' 등의 단어를 사용하기 좋아한다. 그렇지만 이런 자본친화적인 미사여구만으로도 얼마나 박근혜 정부가 자유주의 이념에 편향되어 있는지 우리는 충분히 직감할 수 있는 것 아닌가. 1997년 IMF 구제금융 사태 이후 지겹게 들어 왔던 용어들이 다시 등장하는 걸 보고 아연실색하는 것은 오직 나뿐일까. 이 모든 용어들은 자본의 자유 혹은 자유주의를 위해 바쳐진 장미꽃들에 지나지 않는다. 이런 장미꽃의 향기에 취한 결과 우리는 1997년 이후 지금까지 20년 가까이 민주주의적 가치가 훼손되는 것을 묵과해 왔다. 그 결과 우리는 지금의 참담한 현실에 던져진 것 아닌가.

　　자본의 자유를 허용한 결과, 우리는 이제 공동체라고 말하기 힘들 정도로 삶의 질이 하락해 버린 환경에 살게 된 것이다. 그러니 '민영화인가 민영화가 아닌가' 이건 쟁점도 아니다. 중요한 것은 박근혜 정부가 이미 파산 선고가 내려진 때늦은 자유주의 정책을 관철시키려고 하고 있다는 점, 박근혜 대통령이 이미 죽은 영국의 대처Margaret Thatcher 총리를 따라 '철의 여성' 코스프레를 하려고 한다는 점이다. 코레일 내부에 수서발 KTX라는 자회사를 설립해서 혁신과 경쟁을 도모하겠다는 것, 이것이 바로 자유주의 정책이다. 외국이나 국내의 거대 의료자본에 유리한 진료 방법이나 영리사업을 허용하는 것도 모두 자유주의 정책이다. 우리 공동체를 구성하는 대다수 사람들에게 이익이 되는 것이 아니라, 자본을 가진 소수의 사람들에게 이익이 되는 정책을 현 정부는 추진 중인 것이다. 자유주의의 전횡을 계속 묵과할 것인가? 바로 이것이 진정한 쟁점이다. 도대체 얼마나 부익부 빈익빈의 바닥에 이르러야 자유주의 정책에 맞서 싸울 수 있을 것인가? 아니면 너무나 바닥에 내려가서 이제 올라갈 힘도 남아 있지 않은 것인가? 모를 일이다.

전 세계적으로 자본이 불황으로 치닫고 있는 지금, 우리가 고민해야 할 것은 바로 이것이다. 불황에 이르러 자본은 자신의 체제를 유지하기 위해 정리해고든 뭐든 인간에게 가혹한 시련을 안겨 줄 것이다. 물론 정부는 자본의 이윤이 높아져야 나중에 고용도 창출될 것이라고 그들을 대변하는 데 혈안이 되었다. 그러나 지금은 민주주의의 가치를 더 깊이 생각할 때다. 위기의 순간에 더 절실한 것은 자본의 성장을 촉진하는 것이 아니라 한 사람 한 사람의 인권과 존엄성을 긍정하는 자세일 테니까 말이다. 어쩌면 우리는 과거 대통령 선거 후보들에게 잘못된 질문을 던졌던 것이다. 우리가 대통령 선거 후보들에게 물어봐야 했던 것은 경제민주화나 복지, 혹은 그들의 공정성이 아니었다. "빵이 커지지도 않고 오히려 작아질 때, 당신은 자본의 편에 설 것인가, 아니면 인간의 편에 설 것인가?" "혹시 당신은 민주주의를 두려워하고 있는 것 아닌가?"

아!
바보 노무현!

표는 국민에게서 얻고 통치는 자본에게 의존한다. 이것이 바로 우리 체제의 정치 경제학이다. 그러니 대통령 임기 5년 중 대부분의 시간에 국민들은 그야말로 피통치자일 뿐이다. 이명박 정부나 박근혜 정부보다 더 민주적이었다고 평가받는 노무현 정부도 체제의 정치경제학에서 자유로울 수 없다. 어차피 세입의 대부분이 자본가에서 나올 테니 말이다. 실업 문제와 고용 불안 문제를 해결하고 싶어도, 정부가 취업준비생들을 모조리 고용할 수는 없는 법이다. 당연히 무언가 자본가와 거래를 하지 않으면, 정부가 할 수 있는 일이 그다지 많을 수는 없다. 노무현 정부가 한·미 자유무역협정FTA 체결을 시도했던 것도 이런 이유에서. 물론 노무현 정권이 자유무역협정을 도입한 것은 자본의 이익을 위해서라기보다는 대다수 국민을 위해서였을 것이다. 노무현 대통령은 기대감을 가지고 있었던 것으로 보인다. 이익이 증가된 자본은 신규 인력을 채용할 것이고, 동시에 국가에 많은 세금을 내게 될 것이라는 기대감. 결국 사회적으로 국민들의 경제생활은 안정될 것이고, 막대한 세입으로 취약계층들을 돌볼 수 있으리라는 기대감. 그러니 자본이란 빵을 키워야 했던 것이다. 그렇지만 자본의 잉여가치가 증대되어야만 그걸로 노동자의 삶을 돌볼 수 있는 사회민주주의 논리는 자본이 성장하지 않는 순간 한계를 드러낸다. 노동자의 삶을 돌본다는 목적은 계속 연기되고, 오직 자본 편을 들게 될 테니 말이다. 그렇지만 이제 명확하지 않은가. 빵이 커야 나누어 줄 수 있다는 생각에서 벗어나지 못하는 순간, 노무현 정부는 사회민주주의의 한계 속에 갇히게 된 것이다. 노무현 대통령은 몰랐던 것이다. 빵이 작든 크든 항상 나누어 먹을 수 있다는 사실을. 정말 사람들의 말대로 노무현은 바보, 그렇지만 착한 바보였던 것이다.

설악산 레퀴엠

자본의 야만성, 그리고 인간과 자연

이병덕! 보통 사람들은 모르겠지만 산을 좋아하는 사람이라면 누구나 기억하고 있는 이름이다. 2009년 9월 18일 지리산의 주봉 천왕봉에서는 낯선 풍경이 연출되었다. 당시 91세의 이병덕 할아버지를 포함한 다섯 명으로 구성된 노인 등정대가 천왕봉 정상에 서 있었던 것이다. 산 아래 골과 골을 용처럼 넘나드는 하얀 구름 위로 우뚝 솟은 천왕봉에 구름보다 더 새하얀 머리를 한 노인네들, 그것도 나무 지팡이에 한복 차림이었으니 아마 근처에 있는 산악인들에게 그들은 모두 신선처럼 보였을 것이다. "죽기 전에 지리산 천왕봉 한번 가 보자!" 젊은이들마저 헉헉거리게 만드는 천왕봉 등정이 얼마나 힘들었을까. 그렇게 노인 등정대는 아홉 시간의 사투 끝에 정상에 섰던 것이다. 잊지 말아야 할 것은 천왕봉을 등정하려는 우리 할아버지들의 의지에는 '스스로의 걸음으로'라는 단서가 붙어 있었다는 점이다. 그렇다. 할아버지들은 스스로의 걸음으로 천왕봉에 오르고 싶었던 것이다.

물론 아들이나 손주 등에 업혀 천왕봉에 오를 수도 있었다. 혹은 헬리콥터를 타고 정상에 가볍게 착륙할 수도 있다. 그렇지만 이건 '스스로의 걸음'으로 이루어진 것이 아니다. 할아버지들은 너무나 잘 알았던 것이다. 이렇게 다른 것에 의지하지 않고 땀 흘리고 거친 숨을 몰아쉬며 정상에 올라야 제대로 된 희열을 느낄 수 있다는 사실을. 자신의 걸음으로 한 걸음 한 걸음 올라야만 한다. 자기 자신의 한계에 직면하고 그것을 극복하여 마침내 정상에 이를 때에만 우리 내면은 주체할 수 없는 희열로 뜨겁게 달아오를 수 있는 법이니까. 우리 할아버지들뿐만 아니라 산에 오르는 사람들이라면 누구든 말하지 않고도 안다. 정상에 오른 희열은 사실 겉모습일 뿐, 진정한 희열은 자신을 극복했을 때에만 가능하다는 사실을. 그래서 산은 정복의 대상이 아니라는 것, 오히려 정복의 대상은 항상 자기 자신이라는 사실을.

지리산 근처 함양 출신이지만 나는 설악산을 사랑한다. 설악산이 지리산보다 나를 훨씬 더 힘들게 하기 때문이고, 그 힘든 만큼 설악산은 장엄한 위용과 근사한 경관을 제공하기 때문이다. 설악산 정상 대청봉에서 일출을 보려면 새벽 일찍 탐방로가 열리자마자 오색 약수터를 서둘러 출발해야 한다. 동해를 배경으로 펼쳐지는 일출을 제대로 맞이하려면, 가파른 등산로를 오를 때 쉴 생각은 아예 포기하는 것이 낫다. 거친 숨을 몰아쉬며 해가 뜨기 직전 대청봉에 올랐던 적이 있는가. 그곳에서 아직 어둠이 채 가시지 않은 동해에서 불어오는 차가운 바람을 온몸으로 맞았던 적이 있는가. 아직도 나는 서서히 자신의 자태를 드러내는 태양을 보았던 대청봉에서의 희열을 잊을 수 없다. 당시 대청봉에는 나 말고 다른 사람들도 있었다. '스스로의 걸음으로' 대청봉에 이른 사람들, 막 떠오르고 있는 태양빛에 구릿빛을 띠고 있는 사람들은 얼마나 아름다웠던지.

설악산을 사랑하는 사람들에게 설악산은 단순한 풍경이 아니다. 당연히 그들에게 설악산은 동해의 일출을 내려다보는 전망대도 아니다. 차라리 설악산은 구도의 장소에 가까울 것이다. 세상살이에 대한 일체의 고뇌도 가파른 설악산은 티끌처럼 날려 보낸다. 턱까지 차오를 정도로 거칠게 호흡할 때 고뇌가 우리를 지배할 여력도, 우리를 좌지우지할 여지도 없으니까. 그래서 설악산은 좌절과 절망에서 허우적거리는 사람들을 기꺼이 구원해 줄 것이다. 설악산은 우리 마음만 다스려 주는 것이 아니다. 설악산은 우리 몸이 어떤 상태에 있는지, 있는 그대로 가르쳐 주기도 한다. 대청봉에 오르는 시간이 길어지거나 혹은 도중에 더 많이 쉬게 되었을 때, 우리는 허허로운 마음으로 자신이 약해졌거나 혹은 나이가 들었다는 것을 받아들일 수밖에 없으니까 말이다.

설악산에 오르는 한 걸음 한 걸음은 진리에 이르려는 구도자의 치열한 수행을 닮아 있다. 자신과 직면하고 자신의 한계를 넘어서는 것이 구도가 아니면 무엇이겠는가. 그래서 대청봉 정상에서 바라보는 아름다운 풍광이 가치가 있는 것이다. 대청봉에 펼쳐진 아찔한 설악산의 장관과 멀리 보이는 일망무제의 동해는 지금까지 치열했던 구도행위의 완성을 상징한다. 그렇다. 대청봉의 풍광이 아름다웠던 것은 그 풍광에 한 걸음 한 걸음 자신을 이기고 떼었던 발걸음들이 고스란히 묻어 있기 때문이다. 그러니 대청봉에 올랐던 사람들의 말, '풍광이 너무나 근사하다'는 말에 우리는 속아서는 안 된다. 헬리콥터나 케이블카 등 다른 수단으로 별다른 노력도 없이 대청봉에 올라서는 결코 그 풍광을 볼 수 없을 테니 말이다. 대청봉의 압도적인 풍광이란 바로 정상에 선 사람들의 치열한 구도행위가 완성되었다는 것을 상징한다. 다시 말해 그 압도적 풍광이 바로 그 순간 정상에 있는 서 있는 사람들의 내면이었다는 것이다.

산에 오르는 것이 아니라 자기에 이를 수 있다는 것에 산행의 진정한 가치가 있는 것이 아닐까. 쉽게 오를 수 있다면 그만큼 자신에 직면하기 어려운 법이다. 그래서 산의 가치를 알고 있는 모든 사람들이 가급적 힘든 코스로 산에 오르려고 한다. 그건 그만큼 아무런 도움 없이 고독하게 자신에 직면하려는 열망 때문은 아닐는지. 그런데 나 이외에도 설악산을 사랑하는 많은 사람들에게 지금 가슴 한쪽이 무너져 내리는 일들이 벌어지고 있다. 양양군 오색에서 시도되고 있는 케이블카 설치 소식 때문이다. 현재 케이블카가 설치된 권금성처럼 설악산 초입부도 아니고, 이제 아예 설악산의 정점인 대청봉 근처까지 케이블카를 설치하겠단다. 이유는 자명하다. 자본의 이익 때문이다. 문제는 여당이든 야당이든 자본의 이익에 모조리 굴복하고 있다는 사실이다. 정말 우리 대표자들의 계급 성향, 다시 말해 자연이나 인간보다는 자본의 이익을 대변하려는 성향은 여야를 가리지 않고 동일하다는 걸 여실히 보여 준 사건이다.

너무나 화가 났지만 발만 동동 구를 뿐이다. 압도적 힘을

　　　　　　　　　　　설악산 레퀴엠

가진 정치권에서 자신들의 계급 이익에 맞는 입법을 수행하니, 무슨 수로 막겠는가. 자조감에 이미 대청봉에 오르며 너무나 많은 가르침을 받았던 우리들로서는 아쉬울 것이 없을지도 모른다는 생각도 해 보았다. 정말 우리가 안타깝게 생각하는 것은 우리가 느꼈던 희열을 더 이상 후손들이 느끼지 못할지도 모른다는 점에 있다. 지금 우리가 권금성으로 가지 않는 것처럼, 그들도 대청봉에 가지 않을 수 있으니까 말이다. 케이블카 설치가 환경을 훼손하는지, 아니면 환경을 보호하는지 여부를 두고 다양한 논의들이 펼쳐지고 있다. 어느 쪽이든 설악산 혹은 등산이 가진 인문학적 가치를 알지 못하기는 마찬가지 아닌가. 설악산을 돈 몇 푼으로 쉽게 살 수 있는 매춘부로 만들지 말자. 우리의 엄청난 구애행위에도 눈 하나 꿈쩍하지 않는 도도한 여신으로 남겨 두는 것이 좋지 않을까. 우리를 위해서나 후손들을 위해서 말이다.

케이블카가 설치된 설악산과 장엄함마저 풍기는 지금 설악산 사이의 차이는 손쉽게 얻을 수 있는 매춘부와 여신과도 같은 사랑하는 여인 사이의 차이에 비교할 수도 있다. 잠시 이성복의 《프루스트와 지드에서의 사랑이라는 환상》에 등장하는 흥미로운 구절 하나를 읽어 볼까. "사랑하는 여인들의 매혹은 '거리'에 의해 존재하며, 그 거리는 그녀들을 처음 만났을 때와, 마침내 손아귀에 넣었을 때의 '차이'와 다른 것은 아니다. (…) 사창가 여인들이 극소의 차이를 나타내는 것은 그녀들이 덜 아름다워서가 아니라, 항시 우리의 요구에 응할 준비가 되어 있기 때문이다. 즉 그녀들은 우리가 어렵게 얻고자 하는 것을 미리 내줘 버리는 것이다. 이에 반해 쉽게 손에 넣을 수 없는 여인들은 그녀들을 알고, 접근하고, 정복할 때마다 모습과 크기와 윤곽을 달리하게 된다." 누군가를 처음 만나 사랑에 빠질 때와 그와 사랑의 결실을 맺을 때 사이의 '차이'가 중요하다. 이것이야말로 사랑의 열정을 가늠할 수 있는 척도이기 때문이다.

　　나는 너무나 냉정해서 도대체가 나를 사랑해 줄 것 같지 않은 여인, 혹은 변덕이 죽 끓는 것 같은 여자를 사랑하게 된다. 만났을 때 거의 에베레스트산과 같은 압박감과 절망감마저 생기게 만드는 도도한 여자이자, 기후와 시간에 따라 천태만상의 변화를 보이는 여자다. 이 경우 나의 열정은 거의 무한대에 가깝게 확대되기 마련이고, 나는 어떻게 하면 그녀를 내 여자로 만들지 고뇌하고 고민하게 될 것이다. 산이 높을수록 더 민감하게 등산로를 계산하고 그에 걸맞게 몸을 만드는 산악인과 같다.

　　헬리콥터나 케이블카로 산의 정상에 이른다는 것은 여러모로 관음증적인 현상이라고 할 수 있다. 산을 사랑하지 않고 손쉽게 산에서 쾌감을 얻으려고 하니 말이다. 산을 사랑한다면 산과 충분히 교감해야 한다. 사랑하는 사람과의 공들인 섹스처럼 충분히 만져 주어야 하고 동시에 산이 자신을 만지도록 허락해야만 한다. 이렇게 온몸으로 산의 몸에 몸을 붙여야 정상에서 제대로 된 희열을 느낄 수 있는 법이다. 한 걸음 한 걸음으로 완성하는 온몸의 대화이자 소통, 이 과정을 통해 성취의 진정한 의미를 깨닫는 과정이 등산이므로, 산과 사랑에 빠진 사람들은 산과의 에로틱한 열락을 막는 모든 인공물들을 그렇게도 싫어하는 것이다. 산에 설치하는 케이블카는 돈만 있으면 하룻밤 즐길 수 있는 매춘부로 이 장엄한 산을 전락시키는 일이다. 사랑 없이 이루어지는 섹스와도 같은 손쉬운 등정, 그것이야말로 일그러진 정복욕의 발현일 뿐이지 않을까.

산을 사랑하는 사람들은 설악산에 이미 설치된 케이블카, 권금성에까지 이르는 케이블카 근처에는 가려고 하지 않는다. '스스로의 걸음'이 아니라면 산에 오르는 것은 아무런 의미도 없다는 것을 너무나 잘 알고 있기 때문이다. 누가 감히 우리와 설악산 사이의 숭고한 '차이'를 제거하려고 한다는 말인가. 누가 함부로 설악산의 도도함, 그리고 그에 걸맞은 인간의 도도함을 꺾으려 하는가. 갑자기 궁금해진다. 이병덕 할아버지는 지금 설악산을 필두로 지리산과 같은 국립공원에 케이블카를 설치하려는 움직임을 어떻게 생각하고 계실까. '아이고, 진작 케이블카가 있었으면 천왕봉 오르는 것이 그만큼 쉬웠을 텐데' 이렇게 생각하셨을까. 아니면 '산은 스스로 올라야 맛이지. 뭐하는 짓인지 모르겠네' 이렇게 생각하고 계실까.

왜 아버지와 딸은
설악산을 잡아먹지 못해
안달일까?

1965년 설악산은 천연기념물로 정해졌고, 1970년 3월 24일 국립공원으로 지정된다. 독재자 박정희도 그나마 정상적인 생각을 할 때도 간혹 있었나 보다. 그렇지만 1971년 자신의 사위에게 권금성 케이블카 독점권을 주고 만다. 국립공원 지정도 자기가 했으니, 독점권도 자기 마음대로 해도 된다는 아주 독재자적인 발상인 셈이다. 자신과 자기 가족은 국립공원 보호에서 예외라고 생각하니, 이건 정말로 왕조 체제에서나 볼 수 있는 일 아닌가. 국립공원 지정은 결국 사위에게 부를 안겨 주려고 한 농간 아니냐는 음모론도 만들 수 있는 처사였다고 하겠다. 아버지에 그 딸이라고 했던가. 독재자 아버지를 미화하고 정당화하는 데 여념이 없는 그의 딸도 설악산에 대해 비슷한 일을 자행하려고 한다. 아니, 그나마 아버지는 설악산 초입부에 케이블카를 만들었다면, 딸은 아예 대청봉을 사정거리에 두고 있다는 화끈함을 보이고 있다. 청출어람, 청어람이다. 이래저래 불쌍한 건 양양 주민들이다. 대청봉 지척에 호텔까지도 연동하는 대규모 공사이니, 양양 주민들이 자본을 댈 수 없을 것이다. 당연히 양양 주민들은 케이블카 공사에서 콩고물 정도나 챙기게 될 것이다. 그렇지만 지역 주민들은 그저 지역 경제가 활성화되어 사람들이 설악산에 더 많이 와서 소비를 하리라는 기대감, 혹은 대자본의 하청이라도 받아 이득을 얻으려는 기대감에 부풀어 있다. 그렇지만 대부분의 이득은 대자본이 가져갈 게 눈에 뻔한 일 아닌가. 대자본의 프랜차이즈 서비스산업이 들어서면서, 그나마 있던 경제 기반마저 흔들릴 테니 말이다. 소탐대실小貪大失이다! 설악산을 자연의 품에 유지하는 것이 길게 보면 큰 이득이라는 것을 알지만, 지금 당장 작은 것마저 궁하니 말이다. 그러니 정말로 화를 나게 하는 건 이런 절박함을 이용하는 대통령과 정부 여당, 그리고 거기에 야합했던 야당이다.

누구를 위한 자유인가

규제 완화, 혹은 자유의 수사학

평화로운 동물원이 한 곳 있었다. 이곳에는 사자나 독수리와 같은 육식동물을 가두어 둔 우리도 있고, 다람쥐나 사슴과 같은 초식동물을 보호하는 우리도 있었다. 어느 날 동물원에 변화가 찾아오게 되었다. 사자 등은 동물원을 구획 짓는 수많은 우리들이 동물들이 가지고 있는 야생의 자유를 억압한다고 불만을 토로하기 시작했다. 그들은 더 이상 사료로 주어진 죽은 고기를 먹고 싶지 않았던 것이다. 이들의 속내를 눈치 채지 못한 순진한 몇몇 초식동물들은 사자나 호랑이의 의견에 동감을 표시하기도 했다. 그들도 우리에 갇혀 있는 것이 여간 갑갑한 것이 아니었기 때문이다. 마침내 동물원 당국자는 결단을 내리게 된다. 동물원에 설치되어 있던 수많은 칸막이들을 일순간 모두 제거해 버린 것이다.

하긴 무슨 상관이란 말인가. 동물원 당국자는 동물원 바깥에 안전하게 있으니까 말이다. 그저 그는 동물원에 다시 찾아온 야생의 활기, 피 냄새를 풍기며 구가되는 자유의 풍경을 흥미진진하게 관람하면 그뿐이다. 사실 동물원 당국자는 사자나 독수리 위에 있는 최종 포식자에 지나지 않았던 것이다. 어쨌든 불쌍한 것은 초식동물들이었다. 그들은 강인한 이빨과 날카로운 발톱이 없는 대신, 날렵한 몸매와 튼튼한 다리가 있었다. 그러니 동물원이란 인공적 상태가 아니라 자연적인 상태였다면, 육식동물도 그들을 쉽게 사로잡기 힘든 법이다. 불행히도 이들 초식동물들은 동물원에 갇혀 있었다. 그러니 육식동물과 초식동물 사이의 칸막이, 초식동물을 보호했던 그 칸막이가 제거되는 순간, 초식동물들은 어디로도 도망갈 곳이 없다. 반면 육식동물의 입장에서는 이제 초식동물들은 도망가려고 해도 갈 수 없이 포위된 손쉬운 사냥감에 지나지 않았다.

　　동물원 담장이 아니라 칸막이가 제거되는 순간, 한때 육식동물에 속아서 자유를 외쳤던 초식동물들은 때늦게 깨닫게 된다. 자신들이 지금까지 죽을 자유, 사냥감이 될 자유를 허망하게 외쳤다는 사실을. 그리고 이미 동물원에 포획된 순간 자신들은 결코 자유를 얻을 수 없다는 사실을. 칸막이가 제거되는 순간 육식동물들만이 자유를 구가하게 된다는 사실을. 초식동물들은 칸막이가 제거되기 전에, 먼저 동물원의 담장을 넘어 자유를 도모했어야 했다. 자신들의 자유를 가로막고 있는 진정한 칸막이는 육식동물과 그들 사이에 놓인 칸막이가 아니라, 동물원 안과 밖을 가르는 담장이었으니 말이다. 두 종류의 칸막이가 있으니, 두 종류의 자유가 있었던 셈이다. 1차적인 칸막이가 육식동물이든 초식동물이든 동물을 감금해서 훈육하는 동물원 담장이었다면, 2차적인 칸막이는 육식동물과 초식동물 사이에 놓인 칸막이라고 할 수 있다. 육식동물에 부화뇌동했던 일부 초식동물들은 1차적 칸막이와 2차적 칸막이를, 그러니까 1차적 자유와 2차적 자유를 혼동했던 것이다.

1차적 칸막이에서 벗어나는 것이 진정한 의미에서의 자유라고 할 수 있다. 니체가 '초인'을, 그리고 임제臨濟가 '무위진인無位眞人'을 말했을 때, 두 사람이 생각했던 것은 바로 이 1차적 자유, 즉 원초적 자유였다. 이 1차적 칸막이만 제거된다면, 모든 존재는 자신의 힘과 자신의 결단으로 자신의 삶을 결정할 수 있다. 이와는 달리 2차적 칸막이가 없어지는 것은 초식동물과 같은 약자에게는 죽음에 지나지 않는다. 폐쇄된 공간에서 어떤 은신처나 보호처도 없이 강자와 직면할 테니 말이다. 결국 강자와 약자 사이의 칸막이는 약자를 보호하고 강자를 제약하는 칸막이였던 셈이다. 이 칸막이를 제거하는 순간, 오직 육식동물과 같은 강자만이 자유를 구가하게 될 것이다. 이제 강자들은 아무런 구속이나 제약도 없이 약자를 마구 도륙하게 될 것이다. 그러니 '자유'라는 말은 항상 조심스럽게 쓸 일이다. 그것은 1차적 칸막이를 제거하자는 뜻으로도 쓰일 수도 있고, 2차적 칸막이를 제거하자는 뜻으로도 쓰일 수도 있으니 말이다.

잊지 말자. 현재 사용되고 있는 자유주의liberalism란 용어는 1차적 칸막이를 돌파하자는 뜻이 아니라, 2차적 칸막이를 제거하자는 뜻으로 사용된다. 보수적인 사람들, 그러니까 무엇인가 지킬 것이 있는 사람들, 한마디로 말해 사회적 강자들은 우리 사회를 '자유민주주의'라는 이념으로 규정하는 데 사활을 건다. 물론 그들의 시선은 '민주'보다는 '자유'라는 단어에 꽂혀 있다. 낡은 것이든 아니면 새로운 것이든 그들은 자유주의자이기 때문이다. 사실 따뜻해 보이는 자유주의라는 이념은 차가운 자본주의의 외양에 지나지 않는다. 자본주의라는 체제에서 자유주의자들이 주장하는 자유는 소비의 자유, 즉 자신들의 돈을 마음대로 쓸 수 있는 자유를 의미하니까 말이다. 그러니 자유주의라는 단어에서 일체의 낭만주의적 열정을 읽으려 해서는 안 된다. 자유주의는 돈을 가진 사람이 그 돈을 아주 자유롭게 쓸 수 있어야 한다는 자본주의적 이념에 지나지 않는다. 제약 없이 투자를 할 수 없다면, 자본을 어떻게 증식시킬 수 있다는 말인가. 마음껏 소비할 수 없다면, 엄청난 부가 도대체 무슨 소용이 있다는 말인가. 이것이 바로 그들의 정직한 속내이다.

기득권을 가진 사람들은 자신이 가진 기득권이 제약되지 않는 사회, 한마디로 자신이 가진 정치적 권력 혹은 경제적 부를 마음껏 휘두를 수 있는 사회를 꿈꾼다. 그렇기에 그들의 눈에는 한 사람 한 사람이 동등한 정치적 주체라는 '민주주의' 이념이 여간 못마땅한 것이 아니다. 국회의원이나 대통령이 저잣거리의 할머니와 같은 권리가 있다는 건 정말 불쾌한 일 아닌가. CEO의 입장에서 자신이 회사의 보잘것없는 사원 한 사람과 똑같은 제약을 받는다는 건 생각만 해도 기분 나쁜 일 아닌가. 자신이 가진 기득권이 있는 그대로 인정되는 사회, 나아가 자신이 가진 기득권이 원활하게 확대 재생산되는 것이 가능한 사회. 사자가 자신과 초식동물 사이를 가로막고 있는 철책이 사라지기를 꿈꾸는 것처럼, 기득권자들도 바로 이런 사회를 꿈꾼다. 강자가 아무런 거리낌 없이 강자의 자유를 만끽하는

누구를 위한 자유인가

사회! 이것이 그들이 집요하게 '자유'민주주의를 강조하고 있는 이유였던 것이다.

꿈은 이루어진다고 했던가. 지금 그들의 꿈은 조금씩 현실화되려 하고 있다. 그들의 힘에 걸림돌이 되었던 것들이 하나둘 제거되고 있으니까. 동물원 당국자가 사자 등 육식동물의 요구를 들어주고 있는 것이다. 그렇다. 과거에 학교 주변에는 꿈도 꿀 수 없었던 관광호텔도 이제 누구나 설립할 수 있게 되었다. 규제가 완화된 것이다. 자연경관이 빼어난 곳에는 지을 수 없었던 건축물도 이제 마음만 먹으면 누구나 멋지게 세울 수 있게 되었다. 규제가 완화된 것이다. 무분별한 환경파괴를 막기 위한 공장 주변의 녹지도 이제 지역 주민들의 눈치를 볼 필요 없이 없앨 수 있게 되었다. 규제가 완화된 것이다. 부동산 경기에 찬물을 끼얹었던 분양가 상한 제도도 이제 폐지되어 고급 주택이 부유층의 지갑을 유혹할 수 있게 되었다. 규제가 완화된 것이다. 이제 기득권자들은 거칠 것 없는 핏빛 자유를 구가할 수 있게 된 것이다.

모든 규제 완화는 선량한 우리 이웃들을 위한 것이 아니라, 지금도 압도적인 힘을 발휘하는 자본가를 위한 것이다. 당연한 일 아닌가. 학교 주변에 관광호텔을 신설할 수 있는 것도, 자연경관을 독점할 수 있는 거대 호텔을 멋지게 세울 수 있는 것도, 녹지를 없애고 공장을 증설할 수 있는 것도, 고급 주택을 만들거나 살 수 있는 것도 모두 우리 사회의 자본가 혹은 자본이 아니면 꿈도 꿀 수 없는 일이다. 결국 보수 정권이 풀어 버린 규제는 자본 혹은 자본가에 대한 규제였던 셈이다. 이제 자본이란 호랑이는 보수 정권을 통해 날개를 달아 버린 형국이다. 물론 그 대가는 치명적일 것이다. 러브호텔의 기능도 수행하는 관광호텔을 보면서 우리 아이들은 성적으로 개방적(?)인 사람으로 자라게 될 것이다. 누구나 볼 수 있었던 자연경관도 이제 호텔 투숙객이 독점하게 될 것이다. 공장을 둘러싸고 있던 녹지들이 조금씩 줄어들면서 우리 이웃들의 숨소리는 불쾌하고 탁해질 것이다. 고급 주택이 많이 등장하면서 우리 이웃들이 구매할 수 있는 주택은 그만큼 줄어들고 비싸질 것이다.

집권한 지 얼마 되지 않아 박근혜 정권은 우리 이웃들을 유혹하던 화장을 깨끗이 지우고 마침내 자본 편을 들고 싶었던 자신의 도도한 민낯을 드러냈다. 지금까지 보편적 복지라는 화장이 얼마나 거추장스럽고 불편했을까. 보편적 복지란 무엇인가? 특권계층뿐만 아니라 대다수 서민들에게도 복지의 혜택이 돌아가도록 하겠다는 것이다. 그러려면 약자와 서민을 보호하는 규제 장치가 더 강화되어야 한다. 그러나 지금 현 정권은 강력하게 규제 완화를 정책적으로 추진하고 있다. 이제 보편적 복지라는 화장을 과감히 지워버린 것이다. 어쩌면 길면 길다고 할 수 있는 1년이라도 화장을 유지하고 있어 줬던 것만으로 우리는 고마움을 느껴야 할지도 모른다. 그러나 어쩌겠는가. 평생 어울리지도 않는 화장을 하느니 당당히 민낯으로 살려는 것, 이것은 현 정권으로서는 불가피한 선택, 아니 행복한 선택일 것이다.

물론 보수 정권의 행복한 선택, 아니 솔직한 선택은 우리 이웃들에게는 거대한 불행의 서막이 될 것이다. 보편적 복지는커녕 약자를 보호하는 최소한의 칸막이마저 제거할 테니 말이다. 감언이

　　　　　　　　　　　　누구를 위한 자유인가

설에 속지 말고, 이제 제발 돌아보라. 지금 박근혜 정권이 얼마나 노골적으로 '자유주의' 정책을 실행하고 있는지를. 더 가증스러운 것은 불필요한 규제를 완화한다는 미명하에, 마치 모든 사람에게 자유를 주기라도 하는 듯한 제스처를 취하고 있다는 점이다. 현 정권은 사자와 사슴 사이를 가로막고 있던 철책을 깨끗하게 제거하려는 동물원 당국자와 얼마나 다른가! 이제 야생의 피 냄새가 진동하게 될 동물원 아닌 동물원이 탄생하는 건 시간문제일 뿐이다. 안타깝게도 이런 위기의 순간에서도 초식동물들은 자신들의 뻔한 미래를 애써 보지 않으려고 한다. 심지어 동물원 당국자가 과연 우리를 버릴 것이냐고, 그래서야 동물원이 과연 운영될 수 있겠느냐고 반문하며 그들은 위대한 정신승리를 구가하고 있을 뿐이다.

처음만 힘들어요!
진정한 자유는요.

동물원에는 두 가지 담장이 있다. 하나는 동물원과 그 바깥을 구분하는 담장이고, 다른 하나는 동물원 내부에 육식동물과 초식동물의 거주지를 구분하는 담장이다. 자유주의나 신자유주의가 표방하는 자유는 동물원과 그 바깥을 구분하는 담장이 아니라 강자를 감금해서 약자를 보호하는 담장을 없애자는 것이다. 결국 이것은 강자에게 약자를 포획할 수 있는 자유만을 인정하는 논리일 뿐이다. 진정한 자유는 동물원과 그 바깥을 구분하는 담장, 정확히 말해 동물들을 감금하고 있는 담장을 없애는 것이다. 이것은 물론 동물원 자체를 와해시키는 행위일 수밖에 없다. 우리의 자유를 막는 체제를 붕괴시키는 것이다. 그러나 체제, 혹은 동물원 생활에 적응한 동물들은 아마도 불안할 것이다. 한 번도 동물원 바깥으로 나가 보았던 적이 없으니. 그러나 잊지 말자. 한 번도 경험하지 못했던 것만을 우리는 무서워한다는 법이다. 무엇이든지 첫 번째가 힘들다. 처음 집을 떠나는 여행도, 처음으로 하는 연애도, 처음으로 하는 이혼도, 처음으로 참여한 시위도, 처음으로 하는 양심선언도. 한두 번 하다 보면, 힘든 일은 별로 없다. 이 모든 것은 다 내가 결정해서 한 것이니, 하면 할수록 뿌듯함으로 마음이 충만해질 것이다. 자유인의 긍지란 이런 것이다. 부모의 눈치도, 체제의 눈치도 보지 않고 내가 결정한 것이다. 물론 동물원 담장이 없어졌다고 저 멀리로 아무도 없는 곳으로 가야만 하는 것은 아니다. 그냥 담장이 없어졌으니 동물원 그 자리에 있어도 되고, 심심하면 멀리 가도 된다. 아니면 멀리 갔다가 다시 동물원 자리로 돌아와도 되고. 자유인의 여유로움이다. 물론 그렇다고 해서 고독한 생활이 펼쳐지는 것은 아니다. 유유상종類類相從! 노예는 노예들끼리 만나고, 자유인은 자유인들끼리 만나는 법이다. 그러니 잊지 마세요! 당신이 자유로워야 자유로운 사람을 만나 연애도 하고 우정도 맺을 수 있어요.

누구를 위한 자유인가

대한민국, 아니 삼성공화국.
들어야 할 자들이 듣지 않는 정의의 외침.

삼성을 **바꾸고**
삶을 **바꾸자!**

삼성전자서비스는

표적감사 중단하고

건당수수료 폐지하고

생활임금 보장해라

배고파서 못 살겠다

삼성전자서비스 비정규직 노동자, 서울 시청 앞, 2014

저출산과 고령화

∨

경쟁 사회의 도플갱어

생계가 심각한 위협에 빠졌을 때, 우리는 이기적으로 변한다. 아니, 변해야만 한다. 중요한 것은 어떻게 사느냐가 아니라 반드시 살아 있어야만 한다는 것이니까. 우리는 생존경쟁에 뛰어든 짐승으로 변하고 만다. 이렇게 자신이 가진 것과 가져야 할 것에 연연하는 순간, 우리는 보수적으로 변하고 만다. 왜냐고. 보수주의란 기본적으로 자신의 기득권을 지키겠다는 강력한 소유 의지가 아니라면 아무것도 아니기 때문이다. 보수주의가 기승하고 있는 상황에서 마치 연기처럼 허무하게 사라지는 것, 그것은 바로 사랑이다. 불행히도 사랑이 사라질 때, 우리는 인간에서 짐승으로 변하고 만다. 모든 것을 절망적으로 소유하려고 하고 그것을 목숨 걸고 지키려고 할 때, 어떻게 타인에게 무엇인가를 건네주는 일이 가능할 수 있다는 말인가. 자신이 소유한 것을 타인에게 건네줄 수 있는 힘, 아니 타인에게 주면서도 행복할 수 있다는 것, 그것이 바로 사랑 아닌가. 사랑이 없다면 과연 인간에게 사회는 가능할 수 있을까. 아마 불가능할 일이다.

1997년 IMF 구제금융 사태와 그로부터 강력하게 대두한 신자유주의라는 이념만큼 자본주의가 어느 정도까지 우리 인간을 망가뜨릴 수 있는지 명확히 보여 주었던 것도 없다. 자본의 자유에 최고의 가치를 부여하는 사회에서 어떻게 인간이 자신의 자긍심을 지킬 수 있다는 말인가? 모든 것이 인간이 아니라 자본을 중심으로 돌아간다. 이제 인간마저도 그가 가지고 있거나 가질 수 있는 자본의 양으로 평가되는 시대가 도래한 것이다. 그러니 달려야만 한다. 남보다 더 빨리 더 많이 자본을 가지려는 경쟁이 시작된 셈이다. 신자유주의를 지지하는 사람들은 해묵은 당근과 채찍의 전략을 다시 꺼내들었던 것이다. 경쟁에서 이긴 극소수의 사람이나 간신히 커트라인을 넘어선 사람들에게는 인센티브와 고속 승진이라는 달콤한 당근을 제공했다. 물론 불행히도 경쟁에서 뒤처진 사람들에게는 실직과 실업이라는 매서운 채찍이 뒤따랐다. 신자유주의의 당근과 채찍은 과거보다 더 교묘하고 잔혹했다. 당근과 채찍으로 상징되는 경쟁 구조를 자신들이 만들었음에도 그들은 당근을 받거나 채찍을 맞은 것이 모두 우리 이웃들 탓이라는 논리를 설파했으니 말이다.

경쟁에서 이겨야만 한다. 그래야만 돈을 벌고 생계를 유지할 수 있다. 경쟁 논리는 인간을 동물로 만들어서 자신을 사랑하거나 타인을 사랑하는 것을 불가능하도록 했다. 어쩌면 당연한 일 아닌가. 타인들은 모두 나의 잠재적 경쟁자이기 때문이다. 타인이 당

177   저출산과 고령화

근을 받으면, 내가 채찍으로 맞을 가능성은 그만큼 커지는 법이다. 또 한 가지, 신자유주의가 약속하는 궁극적인 당근은 바로 돈이라는 사실에 주목할 필요가 있다. 이 돈을 얻기 위해 우리는 자신을 근사한 상품으로 만들어야 한다. 내가 원하는 자신이 아니라, 돈을 주는 자본가가 원하는 자신이 되어야만 한다는 것이다. 이렇게 누군가에게 팔리는 상품이 될 때, 인간은 자신의 모습에 자긍심을 가질 수 없고, 따라서 자신도 사랑할 수도 없다. 그러니 어떻게 타인을 당당히 사랑할 수 있다는 말인가. 자본주의 경쟁은 이래서 무서운 것이다. 경쟁으로 사랑 자체를 무력화시킬 뿐 아니라, 상품화로 인간을 자기 경멸로 이끌기 때문이다.

　　이런 참혹한 삶의 조건에서 한때 사랑의 결실로 칭송되던 아이들도 더 이상 환영받지 못하는 것은 어쩌면 당연한 일일지 모른다. 이제 아이들을 낳고 기르는 행복도 생존에 불리하면 과감히 포기할 수 있게 된 것이다. 사랑이 사치가 되어 버린 시대에 절대적인 희생을 요구하는 아이에 대한 사랑은 거의 불가능하게 된 셈이다. 그러니 신자유주의가 지속되면서 출산율이 저하된 것은 너무나도 자연스런 귀결이라고 하겠다. 아이들이 자신의 생존에 더 이상 도움이 되는 존재라기보다 자신의 생존 가능성을 떨어뜨릴 수도 있는 귀찮은 존재로 여겨진 것이다. 한마디로 한때 축복의 대상이었던 아이가 이제는 감당하기 힘든 부담을 주는 저주의 대상이 되어 버린 것이다. 당연히 우리 사회에서는 아이들이 점점 줄어들었고, 그만큼 상대적으로 장년과 노년층이 늘어나게 되었다. '고령화 사회'가 마침내 등장한 것이다.

고령화 사회가 결코 바람직한 사회일 수는 없다. 생존만을 걱정하면서 삶을 영위했던 결과이기도 하지만, 고령화가 가중될수록 전체 사회 성원들은 더 치열하게 생존을 위해 경쟁해야 하기 때문이다. 젊은 세대들의 부양이 절대적으로 부족하니, 이제 노인들도 일자리를 둘러싼 경쟁에 뛰어들게 된 것이다. 그러니까 고령화 사회는 표면적인 문제에 지나지 않는다고 보아야 한다. 고령화 사회는 우리의 자유로운 결단에서 출현한 것이 아니라 신자유주의가 우리 삶에 강제한 서글픈 파국이니까. 10년 동안 이루어진 상처는 최소한 10년 이상은 어루만져야 치유되는 법이다. 그러니 노인들의 일자리를 마련하거나 복지를 강화하는 등의 고령화 정책은 일순간적인 마취제라면 모를까, 근본적인 해법일 리 없다. 더 가혹하게 말한다면 정부의 정책은 기만적이기까지 하다. 하긴 자본의 이익을 위해 경쟁 사회를 조장하고 강화하는 데 일조한 정부가 과연 출산율과 고령화 문제를 걱정할 자격이 있는지 의심스럽다. 개도 웃을 일 아닌가.

명심하자. 신자유주의로 무장한 자본가와 그것을 옹호하는 정부가 고령화 사회의 주범이라고 할 수 있다. 아이러니하게도 자본가와 정치가는 하나같이 모두 고령화 사회를 우려하고 있다는 제스처를 취하고 있다. 더 심각한 것은 자본주의나 신자유주의적 정부가 고령화 사회를 교묘하게 다시 이용하고 있다는 점이다. 양두구육羊頭狗肉도 이 정도면 예술의 경지에 이른 것 아닌가. 도처에 전개되는 상업 광고와 정치 선전을 보라. 외롭게 죽어 갈까 봐 두려워하는 동시에 남은 가족들을 걱정하는 노인들을 유혹하는 수많은 보험 광고가 우리 눈에 들어올 것이다. 보험 광고의 내용을 들여다보면, 더

저출산과 고령화

황당하기만 하다. 광고가 우려먹는 테마는 아이러니하게도 사랑이다. 경쟁 논리를 통해 사랑을 붕괴시켰던 자본가가 사랑을 가지고 장난을 치고 있는 셈이다. 그러니까 남겨진 자식들에게 부담을 주지 않으려면, 다시 말해 자식들을 사랑한다면 다양한 보험 상품에 가입해야 한다는 것이다. 물론 노인들이 가지고 있는 돈은 자식들이 십시일반으로 모아 주었던 생활비였을 것이다. 생활에 요긴하게 쓰라고 준 용돈을 보험회사에서 감언이설로 빼가는 걸 안다면, 자식들은 땅을 치며 안타까워할 것이다.

　　신자유주의를 표방하는 정부의 정책도 보험회사와 별다른 차이가 없다. 특히나 보수적인 정부나 정치가일수록 그들은 노인 쉼터나 노인복지센터 등 노인들에게 아낌없는 복지를 약속하곤 한다. 노인들로부터 표를 구걸하여 정권을 연장하거나 잡으려는 제스처인 셈이다. 노인들의 노후를 불안하게 만들었던 당사자들이 바로 그들 아닌가. 그럼에도 그들은 순진한 얼굴로 혹은 진심으로 걱정하는 낯빛으로 노후 불안을 해소해 주겠다며 다시 한 번 노인들을 우롱하고 있는 것이다. 누군가에게 돈을 훔친 다음에 그 돈으로 그에게 환심을 사는 것이니, 어떤 손해도 볼 일이 없다. 너무나 멋지지 않은가? 자본가와 정치가의 동물적 감각이 말이다. 고기와 내장도 다 빼내 먹고, 이제 뼈까지도 우려먹겠다는 형국이다. 그럼에도 불구하고 매번 우리 노인 세대들은 그 감언이설에 속아 넘어간다. 물론 그 결과는 더 불안해지는 노후 불안일 뿐이다. 또 계절의 순환처럼 노인 복지를 역설하는 정치권의 선심 공세가 이어진다. 언제나 우리 노인 세대들이 이 안타까운 뫼비우스의 띠에서 탈출할 수 있을는지.

어떻게 하면 고령화 사회를 극복할 수 있을까. 사실 이 의문을 제대로 풀려면, 우리는 다음과 같은 질문을 던질 수 있어야만 한다. "어떻게 하면 개인을 생존경쟁이 아닌 사랑의 가치에 눈뜨도록 할 수 있는가?" 무엇보다도 먼저 우리는 공동체의 작동 원리는 성원들 사이의 경쟁이 아니라 사랑에 있다는 원초적인 사실을 깊게 자각해야만 한다. 남태평양의 어느 부족의 삶을 그린 다큐멘터리를 본 적이 있다. GDP와 GNP에서는 우리와 전혀 경쟁할 수도 없을 정도로 그들은 남루한 삶을 영위하고 있다. 그렇지만 놀랍게도 그들은 우리보다 더 해맑은 미소를 띠고 있다. 거센 바람과 파도에 맞서 싸운 어부 한 명이 그 결실을 가지고 해변에 이른다. 그러자 기다렸다는 듯이 나머지 부족 성원들이 그에게 달려온다. 나이가 들어 더 이상 물고기를 잡을 수 없는 노인도, 그리고 바다에 나가기에는 너무나 어린 소년도 그 속에 섞여 있다. 그렇지만 아무런 미안한 마음도 없이 그들은 어부에게서 물고기를 받아 간다. 놀라운 것은 어부도 아무렇지도 않은 듯이 물고기를 웃으면서 나누어 준다는 점이다.

어떻게 이럴 수가 있다는 말인가. 그렇지만 의문은 생각보다 쉽게 풀린다. 어부로부터 물고기를 나누어 받은 노인들도 한때는 젊었었다. 당시 그들도 지금은 건장한 어부로 자란 어린 소년에게 물고기를 나누어 주었던 것이다. 그렇다. 지금 물고기를 받은 소년들도 나이가 들면 노인이 되어 있을 어부에게 물고기를 나누어 줄 것이다. 바로 이것이다. 자신이 가진 것을 나누어 주는 사랑의 원리가 노인과 소년의 삶을 궁핍하지 않도록 했으며, 그들의 얼굴에

저출산과 고령화

신뢰와 애정의 미소를 깃들게 한 것이다. 이 부족 성원들 중 그 누가 아이 낳기를 두려워할 수 있다는 말인가. 그 아이는 나만의 아이가 아니라 공동체 성원 전체의 아이니까 말이다. 물론 지금 자신에게 물고기를 받은 소년이 장성하지 못하고 죽을 수도 있다. 그렇지만 누구도 자신이 괜히 물고기를 나누어 주었다고 원망하거나 후회하지 않는다. 이렇게 사랑의 원리가 지배하는 곳에서 어떻게 경쟁에 지쳐 자살하는 젊은이나, 절망에 빠진 노숙자, 폐휴지를 찾아다니는 노인들이 있을 수 있겠는가. 어떻게 이런 곳에서 고령화 사회가 발생할 수 있다는 말인가. 오래된 미래가 있다면, 바로 이것을 말하는 것 아닐까.

돈은 돈으로,
사랑은 사랑으로!

우리는 아내를, 남편을, 부모를, 그리고 자식을 사랑한다고 습관처럼 말하는 경우가 있다. 그렇지만 정말 이것은 습관뿐일 수 있다. 사랑하는 상대방이 무엇을 원하는지 감도 잡히지 않는다면, 아니 별로 알려고 하지도 않는다면, 우리는 그를 사랑하는 것은 아니다. 그러니 타인을 사랑한다는 가장 현실적인 척도는 타인이 원하는 걸 정확히 모른다는 아픈 자각일 수 있다. 여기서 중요한 것은 '아픈'이란 말이다. 알고 싶은데 그러지 못할 때에만 우리는 아픔을 느낄 테니 말이다. 이런 아픈 자각이 있다면, 우리는 타인의 속내를 계속 읽으려고 노력할 것이다. 다행스럽게도 어느 사이엔가 조금씩 우리는 사랑하는 상대방이 무엇을 원하고 무엇을 원하지 않는지 알게 된다. 당연히 생일이든 기념일이 오면, 우리는 설레게 된다. 사랑하는 사람이 원하는 걸 선물할 수 있을 테니 말이다. 원하는 걸 받은 사람은 얼마나 행복한가. 그 행복을 미루어 짐작하니, 덩달아 우리도 행복해지는 것이다. 반면 습관적인 관계라면, 생일이든 기념일이든 여간 귀찮은 게 아니다. 그러니 우리는 그냥 상품권이나 현금을 상대방에게 건네주기 쉽다. 이제 가족도 돈이 오가는 회사처럼 되어 버린 것이다. 이런 식으로 어느 부모가 아이를 사랑했다면, 그러니까 아이의 마음을 읽기보다는 돈을 윤활유로 관계를 부드럽게 하려고 했다면, 그 말로는 뻔한 것이다. 과거 부모가 자신에게 했던 것처럼, 성장한 아이는 부모의 속내를 읽기보다는 돈으로 가족관계를 부드럽게 하려고 할 테니 말이다. 그렇다. 돈으로 처바르면 돈으로 처발리고, 사랑으로 처바르면 사랑으로 처발릴 것이다. 자! 이제 돈에 집중하는 관계가 아니라, 사랑에 집중하는 관계로 돌아가야할 때다. 어쩌면 이것이 고령화 사회를 없애는 가장 중요한 한 걸음이 될 수 있을 것이다.

핵발전소,
자본이 잡은 위험한 칼날

∨

핵발전의 정치경제학

핵발전이 휘청거리고 있다. 그렇지만 제대로 휘청거린다기보다는 묘하게 휘청거리고 있다. 한편에서는 거듭되는 크고 작은 핵발전소 사고로 전력 수급이 당장 위태롭다는 이야기가 들린다. 다른 한편으로는 핵발전소의 핵심 부품이 부실 검사로 채택되었다는 더 위험천만한 이야기도 오가고 있다. 어느 경우이든 핵발전소가 잘 돌아야 전력 수급이 차질이 없을 것이고, 나아가 핵심 부품을 제대로 검사했다면 핵발전소는 안전할 것이라는 믿음을 전제로 하는 논의일 뿐이다. 2011년 후쿠시마 핵발전소 사고를 우리는 너무 쉽게 망각하고 있는 것 아닐까. 그러니까 핵발전과 관련된 최근 쟁점들은 핵발전을 긍정하는 방향으로 휘청거리고 있다는 점에서 묘하다는 것이다. 제대로 휘청거린다면 핵발전과 관련된 일련의 사고들이 핵에너지와 인간 사이의 관계를 근본적으로 되물어 보는 계기도 될 수 있을 텐데 말이다.

　　사실 핵에너지와 인간 사이의 문제는 자본과 인간 사이의 문제이기도 하다. 인간이 고효율의 핵발전소를 욕망한 것이 아니라, 자본이 그것을 욕망했기 때문이다. 이윤 추구란 자본을 작동시키는 결코 종식시킬 수 없는 강박증인 셈이다. 순간의 효율을 강조하는 자본주의의 생리상 핵발전은 매력적일 수밖에 없다. 풍력발전, 지력발전, 태양에너지발전 등등 대체에너지가 있다고 하더라도 효율이 문제인 셈이다. 자본주의는 이윤이 존재하는 곳을 찾아내는 본능적인 후각을 가지고 있다. 그래서 자본은 결코 대체에너지에 얼굴을 돌리지 않을 것이다. 결국 핵발전의 경제성이 현저하게 떨어지지 않는 한, 자본은 집요하게 핵발전의 효율성에 자신의 몸을 맡기려고 할 것이다. 그래서일까. 체르노빌과 후쿠시마 핵발전소 사고는 그렇게도 쉽게 망각에 이르게 되었는지도 모를 일이다. 효율을 추구하는 정권 자체가 핵발전이 가진 위험성을 축소하고 그것이 주는 이득만을 과장했던 전술이나, 유명 연예인들의 핑크빛 기사들로 핵발전의 위험성을 알리는 보도를 덮으려는 전술이 먹혔기 때문일 것이다.

　　그렇지만 지금 당장 핵발전소 사고 현장을 방문해 보라. 핵발전이 무엇인지, 그리고 그것이 얼마나 인간의 삶에 위험한 것인지 명백히 체험하게 될 것이다. 핵발전소 사고는 과거에 일어났던 사고가 아니라 현재에도 그리고 미래에도 지속될 수밖에 없다는 사실을 직감해야만 한다. 그렇다. 핵발전은 단순한 효율의 문제를 넘어서는 인간의 삶, 혹은 생존의 문제였던 것이다. 그러니 잘못된 문제 설정에 속아서는 안 될 일이다. 핵발전소가 낙후되어 자꾸 멈추어 전력 수급에 차질이 발생하는 것이 핵심 문제가 아니다. 나아가 핵발전소에 부실한 핵심 부품이 사용되었다는 것도 중요한 문제가 아니다. 아니, 누구나 이런 표면적인 문제 이면에 더 큰 문제가 도사리고 있다는 것을 알고 있지 않은가. 핵발전은 항상 인간의 통제로부터 벗어날 수 있다는 것이 중요하기 때문이다. 핵발전은 수력발전이나 풍력발전, 혹은 조력발전과는 달리 통제 불능의 상태에 빠질 때 걷잡을 수 없는 재앙을 초래한다. 한마디로 발전소라는 외관을 갖춘 핵폭탄인 셈이다.

핵발전은 핵폭탄의 역사와 함께한다. 제2차 세계대전 당시 독일, 소련, 영국, 그리고 미국은 전쟁에서 승리하기 위해, 아니 정확히 말해 완전히 파멸하지 않기 위해 절박하게 핵폭탄 제조법을 먼저 얻으려고 했다. 역사는 그 최종 승자로 미국의 손을 들어 주었다. 그래서 양자전기역학quantum electrodynamics의 대가였던 현대 물리학자 파인만Richard Phillips Feynman을 나는 무척 싫어한다. 일본 히로시마와 나가사키에 떨어진 핵폭탄을 만드는 맨해튼계획에 참여했던 물리학자였기 때문이다. 아인슈타인Albert Einstein은 참여하기를 거부했던 무서운 살상 계획이었다. 당시 명령을 듣고 핵폭탄을 투하했던 조종사들은 양심의 가책으로 여생을 편히 살지 못했다고 알려져 있다. 그렇지만 나중에 히로시마와 나가사키의 핵폭탄의 잔혹성을 잊은 채 파이만은《파인만 씨, 농담도 잘하시네!Surely You're joking, Mr. Feynman!》라는 치기발랄한 자서전을 쓴다. 물론 직접적으로 파인만이 일본에 대한 적개심으로, 혹은 살육을 목적으로 맨해튼계획에 참여한 것은 아니다. 그는 천재적인 어린아이였을 뿐이다. 순진무구한 어린아이에게 무서운 칼날이 들려졌다고나 할까. 아무리 핵 기술의 발전으로 인류에 공헌했다고 자임해도, 그것이 핵폭탄이란 절대악을 미화할 수는 없을 것이다.

물론 핵이론 자체는 문제가 없다. 그리고 실험실에서 소규모로 적절히 통제되는 핵실험도 과학 발전을 위해 감당할 부분일 수 있다. 논점은 실험실에서 통제되는 핵이론이 아니라, 핵폭탄과 핵발전소처럼 거대한 규모로 현존하는 현실적 위험에 있다. 다시 말해 핵폭탄과 핵발전소는 이론만이 아니라 현실로 엄연히 존재하고 있다는 것이다. 언제든지 정치적 오판이나 공학적 실수로 인해 핵폭탄이나 핵발전소는 인간과 다른 생명체, 나아가 지구 자체를 완전히 파괴할 수 있다. 그러니까 핵폭탄은 핵이론을 잘못 사용한 경우이고 핵발전소는 잘 사용한 경우라는 판단은 오류라고 할 수 있다. 핵폭탄이든 핵발전소든 이미 핵이론을 잘못 사용한 사례이기 때문이다. 차라리 핵발전소는 고정된 핵폭탄이고, 핵폭탄은 날아다니는 핵발전소라고 정의하는 것이 사태의 본질에 가까운 것이라고 할 수 있다.

예를 하나 들어 볼까. 물리학에 의해 칼 이론을 체계화할 수 있다. 그렇지만 칼 이론을 증명할 수 있는 작은 칼을 만드는 것과 칼 이론을 통해 모든 것을 자를 수 있는 거대한 칼을 만드는 것은 완전히 다른 일이다. 거대한 칼을 잘 사용하면 좋고 잘못 사용하면 나쁘다는 생각은 너무나 안이하다. 거대한 칼 자체가 없다면 잘못 사용할 가능성과 위험 자체가 사라질 테니까 말이다. 더군다나 정치권력이나 거대자본의 손에 독점되는 순간, 거대한 칼 자체가 절대악 자체의 역할을 맡게 될 것이 뻔하지 않은가. 아이가 자기 방에서 놀다가 칼에 손을 베었다고 하자. 상처의 원인을 칼을 가지고 장난친 아이의 부주의 탓으로 돌려서는 안 되는 법이다. 애초에 아이의 방에서 그가 만질 수 없게 칼을 치우는 것이 정상 아닐까. 아이의 방에 칼이 존재하는 한, 아이는 칼에 베일 가능성에 항상 노출되는 법이니까 말이다.

핵발전소가 작동을 멈추었다는 소식을 들을 때, 혹은 핵발전소에 불량 부품이 들어가 있다는 것을 알았을 때, 우리의 전신에는 한 줄기 서늘함이 스치고 지나간다. 이것은 인류뿐만 아니라 지구의 생명체들을 절멸시킬 수 있는 핵폭탄이란 트라우마가 작동한 것이다. 이런 서늘한 한기는 핵발전소라는 근본적인 불안 요소를 우리의 삶에서 제거하지 않는다면 사라지지 않을 것이다. 이제 선택할 때가 아닌가. 효율이라는 미명 아래 핵발전소를 계속 방치할 것인가? 아니면 우리뿐만 아니라 후손의 삶을 위해 핵발전소를 점진적으로 폐기할 것인가? 불행히도 우리는 아직도 정부가 주장하는 효율의 논리에 휘둘리고 있다. 우리도 정부만큼이나 순간의 이익 때문에 미래의 위험을 방치하고 있지 않은가. 간혹 발생하는 전력 수급의 불안정한 상황이 핵발전의 위험성보다는 핵발전이 가져다주는 이득에 우리의 시선을 묶는 역할을 하는지도 모를 일이다.

한여름에 연례행사처럼 반복되는 불안정한 전력 수급은 당장 불볕더위에도 에어컨을 켜지 못하는 불편함, 혹은 결정적인 순간 단전이 되어 발생하는 생활의 불편함을 초래하곤 한다. 바로 이 부분이다. 핵발전의 이득이 우리 눈에 들어오는 순간, 우리는 정부와 자본의 논리에 포획될 수밖에 없다. 핵발전이 표방하는 효율의 논리만큼 인간적인 가치에 적대적인 자본의 가치가 가장 노골적으로 관철되는 곳이 있을까. 순간의 이득에 연연할 때, 우리는 자본주의에 완전히 길들여져 핵발전을 긍정하게 될 것이다. 반면 우리와 후손들의 안정적인 삶을 걱정한다면, 그래도 우리에게는 아직도 희망이 남아 있다. 인간의 가치가 그래도 자본의 가치보다 우위에 있다는 확신이 없다면, 우리는 결코 후손의 삶을 걱정하지도 않을 테니 말이다. 그래서 핵발전은 우리가 어떤 종류의 인간인지를 가늠하도록 만드는 하나의 거대한 시금석이라고 할 수 있다.

현재 삶의 편리함만을 생각할 것인가, 아니면 자신을 넘어서 전체 공동체, 나아가 인류의 삶을 생각할 것인가. 혹은 이렇게 노골적으로 물어도 좋다. 체르노빌이나 후쿠시마의 비극을 방치할 것인가, 아니면 효율 낮은 에너지를 쓰더라도 비극의 씨앗 자체를 제거할 것인가. 앞 세대는 다음 세대에게 안정된 삶의 조건을 물려줄 의무가 있다. 물론 어느 누구도 자신의 잘못된 선택으로 자식들에게 고통을 선사하기를 원하지는 않을 것이다. 분명 핵발전소가 줄어들고 장기적으로 폐기되는 과정에서 우리에게는 많은 불편함이 찾아올 수도 있다. 이런 불편함을 감내하지 않는다면, 우리는 계속 이윤을 확보해 주겠다는 정부와 자본의 논리에 휘둘릴 수밖에 없다. 그러니 이제 불편함 정도는 기꺼이 감내하도록 하자. 순간의 불편함은 심할지라도 그 열매는 무척 달 테니까. 지상에서 우리가 사라진다고 해도 이 지상에 사라지지 않을 희망과 행복을 심었다는 것만큼 보람찬 일이 어디에 있겠는가.

　　　　　　　　　핵발전소, 자본이 잡은 위험한 칼날

구체적으로 어떻게 하면 핵발전을 막을 수 있는가 막연하기만 할 것이다. 그렇지만 적을 알면 적을 이길 수 있는 법이다. 핵발전을 추진하는 정부나 자본의 논리를 막는 유일한 방법은 우리의 저항을 통해 핵발전 비용을 급격하게 올리는 것밖에 없다. 한마디로 수명이 지난 핵발전소 앞에서 핵발전소 재시동을 격렬하게 막거나, 새롭게 핵발전소를 만들려고 해도 격렬하게 저항해야만 한다. 집요한 문제 제기와 비타협적인 투쟁은 정권이나 자본으로 하여금 핵발전소 건립을 강행했을 때의 사회적 비용과 대체에너지를 추진했을 때의 사회적 비용을 고민하도록 만들 것이다. 어쨌든 정권이나 자본의 최종 잣대는 효율, 정권으로서는 재집권이라는 이득과 자본으로서는 안정적 이윤 확보라는 이득일 테니까 말이다. 물론 그러기 위해서는 우리가 자신이 가진 편리함과 기득권을 일정 정도 내려놓는 것만으로는 부족하다. 핵발전이란 치명적 위험에 맞서 싸울 수 있는 인류애적 용기와 실천적 의지로 무장해야만 한다. 이런 용기와 실천을 갖출 때에만 우리는 다음 세대에 대해 부끄러움을 느끼지 않게 될 것이다.

분해되지도
결합되지도 않는
생명

외과 수술이 발달한 서양의학에서는 해부학 실습이 불가피하다. 이를 통해 의대생들은 인체를 구성하는 해부학적 구조를 익히게 된다. 자동차 수리와 비슷한 절차라고 할 수 있다. 부분의 합은 전체이니, 전체가 문제가 되면 부분을 수정해야만 한다는 발상이다. 분해와 결합! 의학뿐만 아니라 서양과학의 핵심적 전통이다. 자동차는 분해해서 다시 결합하면 멀쩡해진다. 그렇지만 사람을 분해해서 다시 결합하면 멀쩡해질까? 이미 분해했을 때, 생명체는 죽는 것 아닌가. 더 이상 분해할 수 없을 정도로 계속 분해하자는 정신이 없었다면, 서양에서는 입자물리학이나 양자역학, 혹은 초끈이론 등도 나올 수 없었을 것이다. 문제는 이렇게 찾아진 가장 작은 입자들을 다시 결합한다고 해서 원래 분해하기 전의 상태로 돌아가기 힘들다는 데 있다. 특히나 생명체처럼 유기적인 구조를 갖춘 존재를 다시 복원한다는 것은 거의 불가능에 가까운 일일 것이다. 결국 서양과학이 찾은 쿼크, 중성미자, 초끈 등등을 아무리 결합시켜도 인간은커녕 들장미 하나 복원하기 어려운 것이다. 오히려 인위적으로 분해된 요소들을 다시 분열거나 결합할 때 만들어지는 것은 파괴적인 에너지 아닌가. 생명이 아니라 비非생명이, 아니 삶이 아니라 죽음이 만들어지는 셈이다. 우주가 있고, 태양이 있고, 지구가 있고, 나무가 있고, 생명이 있다. 이런 경이적인 것들이 존재하기에, 그들 안에는 놀라운 질서로 입자들이 서로 관계를 맺고 있는 것 아닌가. 오직 이런 경이적인 것들을 죽일 각오를 해야만 입자들을 찾는 분해를 시도할 수 있다. 그러니 이렇게 찾아진 입자들의 재결합이 어떻게 죽음의 냄새를 풍기지 않을 수 있다는 말인가?

서둘러 닫으려는 관 뚜껑

∨

조문과 장례의 윤리학

2014년 4월 16일을 기억하는가? 300명이 넘는 아이들과 이웃들이 불귀의 객이 되었고, 아직도 실종자가 모두 발견되지 않은 세월호 참사가 일어났던 날이다. 물론 유족들에게 참사는 여전히 진행형이지만, 대부분 사람들의 뇌리에 세월호는 먼 과거에 일어난 불행한 사건으로, 즉 과거형으로 기억되는 것 같다. 그동안 수백만 명에 가까운 조문객이 고인들의 명복을 빌면서 유족들을 애도하는 행렬에 합류했다. 우리 이웃들의 마음이 이렇게도 곱고 선하기만 한게 너무나 다행스러운 일이다. 그렇지만 불안한 생각이 영 가시지가 않는다. 유족들은 아직도 관 뚜껑을 닫으려고 하지 않았는데, 다른 사람들은 관 뚜껑을 서둘러 닫아 버린 형국이니 말이다. 국민의 안전보다는 자본의 이윤에 손을 들어 주었던 정권이 관 뚜껑을 재빨리 닫으려는 것은 어렵지 않게 이해가 되는 일이다. 세월호 참사를 빨리 과거사로 만들어야 정권은 자신들의 과실에 대한 면죄부를 얻을 테니 말이다. 국민보다는 자본의 이익을 우선시했던 자신들의 추한 범죄가 쉽게 망각되는 것, 이것이 바로 정권이 정말로 원했던 것이다.

자유주의든 신자유주의든 자유가 부여되는 주체는 인간이 아니라 자본이다. 세월호가 어떻게 서해를 다니게 되었는지 아는가. 2009년 이명박 정권은 선박의 선령 제한을 25년에서 30년으로 완화했다. 5년 정도 낡은 배를 더 몰 수 있으니, 당연히 해운자본은 더 커다란 이익을 남길 수 있다. 당시 이명박 정권은 이렇게 선박의 선령을 5년 더 늘릴 경우 약 250억 원 규모의 경제적 이익이 발생할 거라고 예측했다. 잊지 말자. 이명박 정권의 정책에서 우리 서민들의 안전은 1차적인 고려 대상도 아니었다는 사실을. 그래서 18년이나 일본에서 사용했던 세월호가 우리 이웃과 아이들을 태운 채 출항할 수 있었던 것이다. 만약 선박 수명에 대한 규제를 풀지만 않았다면, 2012년 해운자본이 '나미노우에호'라는 낡은 일본 배를 수입하지도 않았을 것이다. 신자유주의를 표방하는 정권이나 그 정권으로부터 규제 완화라는 선물을 받은 자본가에게 인간과 관련된 소중한 가치들은 이윤을 얻으리라는 장밋빛 후광에 가려 뒷전에 처박힐 수밖에 없다.

신자유주의 정책은 자본에 날개를 달아 주는 규제 완화와 그로부터 촉발되는 자본 간의 경쟁 심화로 실현된다. 간단히 말해 규제가 완화되거나 경쟁 논리가 도입될 때, 우리는 신자유주의 정책이 실행되고 있다고 말하면 된다. 문제는 현 정권에서도 신자유주

서둘러 닫으려는 관 뚜껑

의 정책이 멈출 줄 모른다는 데 있다. 누구나 알고 있지 않은가. 비극적인 세월호 사건이 있기 1~2주 전에 보수 정권이 전방위적인 규제 완화 정책을 천명한 사실을. 최소한 서민들이 이용하는 기차, 비행기, 여객선과 같은 대중교통의 경우 자본의 이득을 우선시하는 신자유주의 정책을 적용해서는 안 된다. 경쟁 심화와 규제 완화가 지속된다면 언제든지 제2의 세월호가 KTX라는 형식으로, 아니면 항공기라는 형식으로 반복될 수 있으니까 말이다. 사후 약방문이지만 이명박 정권이 자본의 이득이 아니라 서민들의 안전한 삶을 위해 선박의 제한 수명을 25년에서 20년으로 줄였다고 해 보자. 과연 세월호 침몰과도 같은 비극적인 사건이 일어났을까. 바보가 아닌 이상 어느 자본이 2년 동안 사용하려고 18년이나 된 낡은 배를 고가로 수입하려 하겠는가.

탑승객을 버리고 달아난 선장과 선원들은 비겁한 사람들이다. 비난받아 마땅하다. 그리고 이득을 위해 승객들의 안전을 도외시하고 선박을 과도하게 개조한 자본가도 비난받아 마땅하다. 그렇지만 우리의 분노가 세월호와 그 주변 사람들에만 머물러서는 안 된다. 신자유주의 정책이 없었다면 세월호 자체가 있을 수 없었다는 사실, 이것이야말로 우리가 한시라도 잊어서는 안 되는 핵심이니까 말이다. 진심으로 민주주의의 가치를 긍정하고 있다면, 그리고 우리 무고한 학생과 서민들의 목숨을 안타깝게 여긴다면, 지금 정권은 사후적 처벌을 강화하는 미봉책이 아니라 자본에 대한 사전적 규제를 강화해야만 할 것이다. 그렇지만 박근혜 정권과 같은 보수 정권이 이 규제 완화 정책을 재고하리라 우리는 기대할 수 있을까? 불가

능한 일이다. 여전히 보수 정권은 인간의 가치보다는 자본의 가치에
절대적인 우월성을 부여하는 정책을 밀어붙이고 있기 때문이다.

　　사인死因이 분명하지 않으면 관 뚜껑은 덮지 않는 법이다.
이것은 남겨진 자가 유명을 달리한 사람에게 해야 할 마지막 의무
다. 반면 조문의 행위는 관 뚜껑을 닫고 장례를 치르는 행위이다. 이
제 스스로에게 물어보자. 우리가 관 뚜껑을 닫으며 조문하려는 것
은, 죽은 자들의 사인이 명백해졌기 때문인가, 아니면 세월호 비극
을 가능하게 했던 자본주의의 냉정한 논리와 그것을 비호하는 정권
에 무기력을 느껴 세월호라는 비극적인 사건을 빨리 뇌리에서 잊으
려는 무의식적인 자기 보호 본능 때문인가. 사인이 명확하지 않았
다면, 그리고 죽은 자보다는 살아 있는 자의 자기 보호 본능이 작동
한 것이라면, 결단코 장례도 조문도 이루어져서는 안 되는 일이다.
조문소에서 눈물을 흘렸던 우리의 선한 마음도 문맥에 따라 이렇게
다른 의미를 띠는 법이다. 죽은 자들은 탄식하고, 정부는 쾌재를 부
를 일이었으니 말이다. 그러니 정부 당국이 도처에 조문소를 만들었
을 때, 우리는 그곳에 가지 않았어야 한다. 그럼에도 불행히도 정부
당국과는 달리 너무나 착했던 우리는 산 자의 의무를 망각하고 조
문소를 찾았던 것이다.

　　모든 죽은 자들, 특히 사고로 비명횡사한 사람들에게는 일
말의 억울함도 없어야 한다. 이것은 남겨진 자가 반드시 감당해야
할 과제다. 그래서 우리가 세월호 참사의 유족들에게 감정 이입을
하는 것만으로는 충분하지 않다. 죽은 자들의 억울함을 감당하기 위
해서 우리는 간장이 끊어지는 것처럼 애통해하는 유족들이 아니라,

세월호에 갇혀 있던 사망자들과 실종자들에게 우리 감정을 이입해야 한다. 그들은 철저하게 자본 편에 섰던 지난 정권과 현 정권이 세월호 자체를 가능하게 했다는 것을 알지 못했다. 그들은 정부가 국민의 생명을 우선적으로 구조하지 않을 수도 있다는 사실을 이해하지 못했다. 그들은 잠시 기다리라는 선장과 선원들의 말이 거짓일 수도 있다는 것을 조금도 의심하지 않았다. 그리고 배는 전복되고 그들은 배 안에 갇혀 버린 것이다. 그리고 조금씩 자신들의 발아래로 물이 차오르는 걸 보게 된다. '뭐지? 우리는 어떻게 되는 거야. 이렇게 우리는 죽는 건가. 이게 뭐야. 도대체 왜 우리는 죽어야 하는 거지?'

그렇다. 남겨진 유족들에게 감정 이입하는 것으로 충분한 것은 아니었다. 자신에게도 고등학교에 다니는 자식이 있다고, 그리고 그 자식을 잃으면 얼마나 슬픈 일이겠냐고, 남겨진 유족들을 위로하는 것에 그쳐서는 안 된다. 아무리 힘들고 고통스럽더라도 우리는 침몰하는 세월호에 갇혀 공포에 질려 있던 아이들이 되도록 노력해야 한다. 오직 그럴 때에만 우리는 고인들의 억울함, 그 공포와 그 분노에 직면할 수 있다. 왜 자신들이 죽어 가는지, 그리고 왜 아무도 구조하러 오지 않는지를 몰랐기에 그들은 두려웠고 분노했던 것이다. 그리고 억울함을 품은 채 이 세상을 떠났던 것이다. 자, 이제 우리는 이야기해 줄 차례다. 너희들은 이렇게 해서 침몰한 배에 갇히게 되었고, 너희들은 이렇게 해서 구조를 받지 못하게 되었고, 그리고 끝내 그래서 너희들은 억울하게 죽어가게 된 것이라고.

제대로 조문하려면 우리는 죽은 자들에게 그들의 죽음을

납득시켜야 하고, 다시는 그런 납득할 수 없는 죽음이 없도록 하겠다는 결의를 다져야만 한다. 불행히도 지금 우리는 통탄하고 있는 유족들에게 감정 이입하는 것으로 자신의 도리를 다했다고 자부하고 있는 것은 아닌가. 왜 그럴까. 아마도 우리는 자신도 이미 제2의 세월호, 제3의 세월호를 타고 살아가고 있다는 현실, 그 가공할 만한 구조적 압력에 지배되고 있다는 현실을 회피하려고 그러는지도 모를 일이다. 인간의 삶보다 이윤을 먼저 생각하는 자본의 탐욕, 그리고 그 탐욕을 규제하고 통제하기보다는 그것을 조장하는 권력의 본성. 이 구조가 바뀌지 않았는데, 어느 누가 감히 세월호의 희생자들을 조문할 수 있다는 말인가. 너무나 씁쓸하고 답답한 일 아닌가. 운이 좋아 아직은 희생되지 않은 사람들이, 운 나쁘게도 먼저 희생된 사람들을 조문하는 이 모양새가 말이다.

세월호 사건의 구조적 원인은 그대로 남겨둔 채, 그 구조에 의해 캐스팅되었던 배우들을 찾아서 단죄하려는 움직임만 횡행하고 있다. 그렇지만 비극의 가능성을 품고 있는 구조 자체를 바꾸지 않는 한, 우리 모두는 잠재적인 사망자이고 실종자가 아닐는지. 이런 엄연한 사실에 직면하는 것이 무섭고 두려웠던 것일까. 우리는 희생자들을 조문하러 가는 발걸음을 재촉했을 뿐이다. 잠재적 사망자와 실종자일 수도 있다는 사실을 잊기 위해, 그래도 아직은 자신과 가족들이 살아 있다는 다행스러운 상황을 확인하러 말이다. 하긴 조문은 오직 살아 있는 사람만이 할 수 있는 특권 아닌가. 어쩌면 희생자들의 관 뚜껑을 서둘러 닫으며, 우리는 덧없는 소원 하나를 가슴속에 품고 있는지도 모를 일이다. 관 뚜껑이 닫히는 순간, 앞으로 이런 비극의 가능성도 관 속에 영원히 묻혔으면 하는 소원 말이다.

사인이 밝혀지지 않은 채 죽은 사람은 귀신鬼神이 되어 살아 있는 사람에게 나타난다고 한다. 이유도 모른 채 죽은 것이 억울해 사인을 밝혀 달라고 부탁하기 위해서일 수도 있고, 아니면 자기가 죽은 원인이 남겨진 사람이 죽을 수 있는 원인이라는 걸 경고해주기 위해서일 수도 있다. 어느 경우든 사인이 명료하지 않은 시신의 관에 서둘러 뚜껑을 닫으려고 해서는 안 된다. 그건 살인을 저지른 사람들이 자신의 범죄를 은닉할 때나 하는 행동이기 때문이다. 그리고 죽음에 직면했을 때 고인들이 혀를 깨물며 되물었던 질문에 대답하려고 노력해야 한다. "왜 나는 죽어야 하지? 왜 아무도 구조하러 오지 않는 거지?" 이런 질문에 대답하는 건 고인들만을 위해서가 아니라 앞으로 살아가야 할 우리들을 위해서이기도 하다. 동일한 사인이 제거되지 않은 채 우리 주변을 떠돌아다니고 있다면, 어느 순간 우리도 죽을 수 있기 때문이다. 정말 고인들이 바라지 않는 건 어쩌면 바로 이것인지도 모를 일이다.

세월호 참사를 보아 버린 사람, 어디 손 좀 드세요!

'본' 것과 '보아 버린' 것 사이에는 건널 수 없는 차이가 있다. 본 것만으로는 삶이 변하지 않지만, 보아 버린 것으로 우리의 삶은 글자 그대로 머리끝에서 발끝까지 완전히 변하게 된다. 무언가를 보아 버리게 되면, 우리는 보아 버리기 이전으로 결코 되돌아갈 수 없다. 예를 들어 보자. 책이나 다큐멘터리 영상, 혹은 드라마를 버무린 블록버스터 영화로 우리는 전쟁을 볼 수가 있다. 그러나 이것은 그냥 본 것에 불과하다. 분명 본 순간에는 전쟁의 참상, 혹은 전쟁에도 불구하고 피어나는 인류애 등등에 감동받을 수 있다. 그리고는 어떤 전쟁도 정당화될 수 없다고 주먹을 불끈 쥐며 각오를 다질 수도 있다. 그렇지만 얼마 지나지 않아 우리는 전쟁에 대해 까맣게 잊어버리고, 심지어 웬만한 국제정치에도 전쟁을 불사해야 한다고 침을 튀길 수 있다. 그렇지만 전쟁을 보아 버린 사람도 있다. 물론 전쟁을 직접 겪은 사람에게 그럴 가능성이 가장 높다. 물론 드물지만 전쟁을 겪었지만 전쟁을 보아 버린 것이 아니라 본 것에 지나지 않는 사람도 있을 수 있고, 반대로 당연히 영화나 책이지만 전쟁을 보아 버린 사람도 분명 있을 수 있다. 세월호도 마찬가지 아닐까. 유족처럼 세월호 참상을 보아 버린 사람도 있지만, 세월호 참상을 그냥 본 사람도 있다. 세월호의 비극이 텔레비전이나 인터넷에 실시간 보도될 때, 보아 버린 사람들과 본 사람들은 구별되지 않는다. 오직 시간이 일정 정도 흘러서야만 보아 버린 사람과 본 사람이 구별될 수 있으니까. 세월호 참상을 이제 잊었는가. 그렇다면 당시 당신은 그냥 그 사건을 마치 영화 〈타이타닉Titanic〉을 관람하듯이 보았던 것이다. 심지어 당신은 이제 유족들에게 그만 지나간 일이니 잊으라고 투덜대고 있지는 않은가? 그렇지만 누군가에게 세월호는 본 사건이 아니라 보아 버린 사건이라는 사실을 잊지는 말아야 한다.

너희들에게 올리는 절이 아니다.
스스로에게 하는 절이다!

제주 해군기지 반대 탄원, 서울 국회 앞, 2012

건강불평등을 방조할 것인가

∨

의료민영화 비판

생로병사生老病死! 불교에서 인생은 이 네 글자로 간단히 요약된다. 그렇다. 모든 인간은 태어나고, 늙고, 병들고, 그리고 마침내 이 세상을 떠난다. 불행히도 태어나는 것도, 늙는 것도, 병드는 것도, 그리고 세상을 떠나는 것도 외롭고 고통스러운 일이다. 그러니 생로병사라는 말에는 이미 '고苦'에 대한 불교의 감각이 녹아들어 있었던 셈이다. 물론 우리의 삶이 이 네 가지에만 국한된 것은 아니다. 만일 그렇다면 우리의 삶은 너무나 불행하고 궁핍한 것일 수 있다. 사실 우리 삶이 살아 낼 만한 가치가 있는 이유는 생로병사 사이에 벌어지는 다채로운 일 때문이다. 우리는 사랑도 하고, 여행도 떠나며, 맛있는 음식도 먹고, 음악도 듣고, 스포츠도 즐기고, 직장에서 일을 하고, 책도 본다. 그럼에도 불교에서는 왜 생로병사로 삶을 요약한 것일까. 그것은 생로병사가 우리 삶의 행복을 위태롭게 만드는 하나의 한계와 같은 것이기 때문이다.

　　생로병사는 인간이라면 누구나 피할 수 없는 근본적인 한계와 같다. 그래서 생로병사에 맞닿아 있는 순간, 우리에게 삶 자체를 향유한다는 것은 하나의 사치일 수밖에 없을 것이다. 한 가지 흥미로운 사실은 누구나 겪는 생로병사의 경험이 최근에는 동일한 장소에서 이루어지고 있다는 점이다. 바로 병원이다. 우리는 병원에서 태어나고, 늙거나 병들면 병원을 찾는다. 그리고 마침내 병원에서 우리는 기구한 운명을 마무리한다. 병원은 정말 역설적인 공간 아닌가. 한쪽에서는 새로운 생명이 태어났다고 환호하고, 다른 쪽에서는 수술실 앞에서 환자의 가족들이 전전긍긍하고 있다. 그리고 또 다른 쪽에서는 고인의 영정을 모시고 유족들이 깊은 슬픔에 빠져 있다. 이곳이 바로 병원이다.

　　우리는 생로병사의 경험을 통해 자신이 무엇보다도 먼저 개구리나 벚꽃 아니면 병아리와 마찬가지로 육체를 가진 나약한 생명체라는 사실을 뼈저리게 경험하게 된다. 이런 한계에 직면할 때, 그러니까 태어나거나 늙거나 병들거나 아니면 죽을 때, 우리는 다른 사람의 도움 없이 혼자만의 힘으로 한계와 맞서야만 한다. 그 누구도 근본적으로는 우리의 생로병사를 함께할 수 없기 때문이다. 생로병사의 고苦는 다름 아닌 생로병사의 고孤, 즉 외로움이기도 하다. 다행히도 사랑하는 사람들이 있다면, 우리의 고독한 싸움은 덜 외로울 수도 있다. 그렇지만 사랑하는 마음만으로 생로병사의 외로운 고통을 덜어 줄 수는 없는 법이다. 그러기에 우리는 병원을 찾게 되는 것이다. 그래서 병원은 생로병사가 펼쳐지는 거대한 극장인

　　　　　　　　　　　　　　　건강불평등을 방조할 것인가

셈이고, 그곳의 의료진들은 우리의 생로병사를 지키는 동반자라고 할 수 있다. 고마운 일이다. 생로병사의 고통에 직면하여 두렵고 외롭기만 할 때, 우리는 병원에서 그나마 작은 평화와 안정을 찾게 되니 말이다.

　생명체라면 누구나 겪게 될 고통과 불안을 병원 의료진이 떠안는다는 것은 여간 다행스러운 일이 아니다. 그러니 환자 가족에게는 친구보다 더 위로가 되는 곳, 가장 약해질 때 우리에게 힘을 주는 곳, 그래서 가장 인간적이고 따뜻한 곳일 수밖에 없는 곳, 그곳이 병원이어야만 한다. 그렇지만 불행히도 지금 어느 누구도 병원을 그런 소망스러운 곳으로 생각하지 않고 있다. 누구나 알고 있지 않은가. 생로병사의 고통에 동반자를 찾기 위해서 우리는 엄청난 돈을 가지고 있어야 한다는 사실을. 더 친절하고 더 편안한 동반자를 찾으려면 상당한 돈을 의료비로 지불할 준비가 되어 있어야 한다. 이처럼 자본은 이익이 남는 곳이라면 어디든 동물적인 감각으로 찾아내는 법이다. 병원에서도 자본은 돈 냄새를 맡았던 것이다. 고통을 완화하거나 제거하는 대가이니, 어느 환자나 어느 가족들이 고가의 병원비를 아끼려 하겠는가. 아마 집을 팔거나 사채를 얻어서라도 병원비를 마련하려고 할 것이다.

　돈을 가진 사람이 상품을 가진 사람보다 우월한 것이 자본주의의 제1차 논리라고 할 수 있다. 그렇지만 예외가 있는데, 그것은 상품이 절대적으로 희소할 때다. 예를 들어 배가 너무나 고파 굶어 죽을 지경에 이른 사람에게 사과 하나는 천금의 가치가 있다. 생로병사의 고통에 빠진 사람에게 치료는 가능한 모든 금전적 가치를 압도한다. 당연한 일 아닌가. 생로병사에 고통받는 사람에게 그 불안을 해소해 준다는데 천금인들 아깝겠는가. 의료자본이 압도적 지위를 누리게 되는 것도 이런 이유에서다. 보통은 우리 상품을 사 달라고 광고도 하고 유혹도 해야 되지만, 의료자본은 그럴 필요가 없다. 아프게 되면 알아서 사람들이 내원하고 주머니도 기꺼이 열 테니 말이다. 나아가 다른 자본의 경우 상품을 팔아도 불량품에 대한 리콜 요구가 따르기 마련이지만, 의료자본은 이런 걱정이 별로 없다. "최선을 다했습니다." 이 한마디의 말로 모든 의료분쟁을 웬만하면 정리할 수 있다.

거대자본이 의료업에서 황금알을 낳는 거위를 놓칠 리 없다. 특히 최첨단 수준의 진단 장비와 수술 장비를 도입하고 유명한 의사들을 스카우트한다면, 환자들이나 예비 환자들은 돈다발을 들고 알아서 찾아올 테니 말이다. 만일 치료가 실패해 환자가 죽게 된다고 하더라도, 커다란 걱정은 없다. 그 시신은 유족들의 별다른 요구가 없다면 같은 병원에 상설되어 있는 장례식장으로 이동해서 또 돈다발을 던질 것이다. 이렇게 노다지가 펼쳐지는 의료 현장에 수많은 자본들이 모여드는 건 어쩌면 너무나 당연한 일 아닌가. 지금도 제약회사, 병원 경영자 등 의료자본가들은 인간을 위해서가 아니라 돈을 위해서 바쁘게 움직이고 있다. 제약회사의 해묵은 리베이트 관행, 의료진에게 직간접적으로 강제되는 과잉진료 관행이 생긴 것도 다 이유가 있었던 셈이다. 물론 그 피해는 모두 생로병사에 신음하는 우리 이웃들이 고스란히 떠안게 될 것이다.

다행히도 경제적 여유가 있는 사람에게 새로운 의약품, 새로운 진단 기술, 그리고 새로운 수술 장비 등은 여간 바람직하지 않을 것이다. 그러니 그들이 거대한 부가가치를 위해 움직이는 의료자본을 반기지 않을 리 없다. 그 정도쯤 구매할 자본은 충분히 있으니까 말이다. 그러나 과연 이런 사람들이 우리 사회에 몇 퍼센트나 될까. 대다수의 우리 이웃들에게 그런 고가의 의료서비스는 말 그대로 언감생심일 뿐이다. 환자를 우선으로 하겠다는 히포크라테스 선서 때문인지, 그들은 새로운 의료 생산물이 부유층에게만 공급되는 엄연한 현실이 찜찜했나 보다. 그러니 그들은 새로운 의료서비스가 언젠가 일부 부유층을 넘어 가난한 대부분의 사람들에게도 그 혜택이 돌아갈 것이라고 침을 튀기며 역설하는 것이다. 이른바 의료서비스에서도 '트리클다운trickle-down' 효과가 발생한다는 것이다.

사회 부유층이 더 부유해지면 더 많은 일자리가 창출되어 그 부가 가난한 사람들에게도 혜택으로 주어진다는 것, 바로 이것이 트리클다운 효과다. '트리클다운' 효과를 신뢰하면서 이루어지는 것이 바로 의료민영화다. 그러니까 이윤이란 자본주의 논리를 의료 영역에도 관철시키자는 것이다. 그를 통해 새로운 의료산업이 발전한다면, 그 결과로 새로운 고용 창출과 질 좋은 의료서비스 제공 등 장기적으로 모든 사람들에게 충분히 혜택이 돌아갈 수 있다는 것이다. 여기서도 다시 정치가들의 정치적 레토릭이 전가의 보도처럼 빛을 발하고 있다. 민영화라는 말의 레토릭에 속아서는 안 된다. 어떤 종류이든 민영화는 국민을 위한 것이 아니라 거대자본을 위한 것이니 말이다. 의료민영화도 마찬가지다. 국가가 관리하던 의료 기능을 민간에게 주었을 때, 그걸 떠맡을 수 있는 건 거대자본일 수밖에 없다.

결국 국가는 지금까지 값싸게 국민에게 제공했던 의료서비스를 중단하겠다는 것, 다시 말해 의료복지를 철폐하겠다는 것, 이것이 바로 의료민영화의 본질이다. 그러니 의료민영화라는 말보다는 앞으로 의료자본화라는 말을 쓰도록 하자.

아이러니한 것은 '참여정부'를 표방했던 노무현 정부 시절, 그러니까 2003년부터 의료민영화가 본격 논의되었다는 점이다. 보수도 아니고 진보를 자처했던 당시 정부가 트리클다운 효과를 맹신하고 있었다는 것, 의도적이든 그렇지 않든 국민들보다 소수의 거대자본 편을 들어 주었다는 사실이 안타깝기만 하다. 여기서 지그문트 바우만Zygmunt Bauman의 이야기는 우리에게 많은 시사점을 준다. "하지만 그와 같은 '트리클다운' 효과는 설령 그것이 과거 어느 곳에서는 실제로 이루어졌다고 하더라도 최근에는 그 어디에서도 찾아볼 수 없다. 엘리트 집단이 더 부유해지는 것과 공동체 전체의 삶이 더 안전하고 건강해지는 것 사이의 연관관계는 상상력의 산물일 뿐이다. 따라서 우리의 판단력을 흐리는 이런 정치적 선전을 묵과해서는 안 된다." 그의 책《고독을 잃어버린 시간44 Letters from the Liquid Modern World》 중 〈건강불평등Health and Inequality〉에 등장하는 구절이다. 트리클다운의 논리는 다른 분야에서뿐만 아니라 의료 분야에도 적용될 수 없다는 따끔한 질책이라고 할 수 있다.

지난 2013년, 진주에서 매우 중요하고도 안타까운 일이 벌어졌다. 진주의료원 폐업 사태다. 이 사태는 의료민영화, 즉 의료자본화라는 보수적 정책을 그 문맥에 놓고 보아야 그 본질이 드러난다. 비록 진주의료원을 거대자본에 팔아넘긴 것은 아니지만, 의료

복지를 포기했다는 점에서 공공의료기관 폐업은 거대자본의 이익을 위한 것이라고 할 수 있다. 진주의료원의 내방 환자들은 이제 거대자본의 손아귀에 있는 병원에 가야 한다. 아니, 갈 수밖에 없다. 디테일에 속아서 구조적 본질을 놓쳐서는 안 될 일이다. 당신은 자본의 가치가 아니라 공동체적 삶의 가치를 우선시하는가. 그렇다면 당신은 앞으로 공공의료기관을 폐업하려는 시도 자체에 맞서 싸워야만 한다. 돈이 없다고 병원에 가지 못하는 환자와 가난한 환자를 거부하도록 강요받는 의료진을 위해서라도 말이다. 병원은 인간이면 누구나 겪을 수밖에 없는 생로병사의 고통이 펼쳐지는 곳이고, 그만큼 가장 많은 사랑과 관심이 필요한 곳이다. 이곳을 무시하고 어떻게 복지를 논할 수 있다는 말인가. 인간이 아니라 자본의 편을 들고서도 어떻게 우리 사회가 복지라는 공동체적 이념을 지향한다고 말할 수 있다는 말인가.

이런 젠장!
의료복지 없이
복지라니!

인간에게 가장 중요한 것은 의식주, 그러니까 입고, 먹고, 자는 것이다. 그렇지만 이것은 정상적인 어른의 경우에만 해당한다. 더 중요한 것은 바로 의료 아닐까. 쿠바혁명의 지도자 중 하나였던 체 게바라Ché Guevara의 영향 탓인지, 쿠바는 헌법에 의료서비스를 받을 권리를 국민의 기본권으로 정하고 있다. 여기에는 체 게바라가 의학 박사 학위를 가진 의사 출신이었다는 사실도 한몫 톡톡히 했을 것이다. 의식주가 아무리 잘 갖추어져 있어도, 병이 들면 이런 것들은 아무런 의미도 없다. 몸이 아프니 음식을 제대로 먹을 수도 없고, 몸이 아프니 입는 것도 힘들고, 몸이 아프니 침대에 누워도 편하지 않을 테니 말이다. 민영화는 여러 모로 신자유주의 경쟁 논리를 닮아 있다. 일단 정부마저 하나의 기업체로 사유한다. 그러니까 세입보다 세출이 적게 하자는 것이다. 뜻대로 되면 정부의 재정은 튼튼해질 것이다. 그러니 적자가 나는 공공의료기관을 매각해 버리는 것이다. 그러나 도대체 국가재정의 토대인 세금은 누가 낸 것인가? 국민들이다. 그러니 웃기는 일 아닌가. 국민에게 다시 돌아가야 할 돈을 안 쓰고, 정부의 재정만 탄탄하게 하겠다는 논리가 말이다. 정부가 무슨 기업체인가. 더군다나 공립의료원의 경우는 더 황당하기만 하다. 공공기관에 삼성병원이나 아산병원에 버금가는 첨단 의료장비를 구비하고, 그것을 저렴한 의료비로 국민이 이용하도록 하면 된다. 그러면 국민이 왜 삼성병원이나 아산병원에 가겠는가. 그런데 제대로 된 의료원도 만들지 못한 처지에 국민이 내원하지 않는다고 의료원을 폐쇄하자는 것은 도대체 어느 머리에서 나온 것인가. 공립의료원 이용 부진도 정부의 책임이고, 폐쇄도 정부의 책임일 뿐이다. 그러나 저러나 이 와중에 죽어 가는 것은 불쌍한 우리 국민들일 뿐이다. 물론 또다시 보수 세력의 농간에 속아 그들을 대표자로 뽑겠지만 말이다. 자업자득치고는 너무 비극적인 일 아닌가.

신용의 본질, 빚

∨

신용경제의 심층 심리학

자본주의는 상품을 가진 사람보다 돈을 가진 사람의 우월성을 보장하는 체제다. 돈이 상품과는 달리 무한한 교환 가능성을 가지고 있기에 가능한 것이다. 그러니까 10만 원을 가지고 있다면, 누구나 10만 원에 상당하는 상품 중 어떤 것이든지 구매할 수 있다. 짜장면이 먹고 싶다면 짜장면을, 아름다운 장미를 애인에게 주고 싶다면 장미를 살 수 있다. 그렇지만 상품을 가진 사람은 이런 무한한 교환 가능성을 가질 수가 없다. 짜장면을 만든 사람이 아무리 애인에게 장미를 선물하려고 해도 돈이 없다면 불가능한 법이다. 반드시 짜장면을 팔아 장미를 살 수 있는 돈을 벌어야만 한다. 급하다고 해서 짜장면을 들고 꽃 가게에 갈 수는 없는 일이다. "여기 짜장면이 있으니, 장미 한 송이만 주세요." 아마도 미친 사람 취급을 받을 것이다. 논의가 복잡하다면, 다음 경우를 생각해 보도록 하자. 당신 앞에 10만 원의 현금과 10만 원 가격의 생수가 있다고 하자. 이 경우 어떤 걸 선택할 것인가. 사막처럼 극단적인 경우가 아니라 정상적인 경우라면 누구나 10만 원의 현금을 선택할 것이다.

자본주의 사회에서 모든 사람들이 취업하려고 혈안이 되어 있는 것도 이런 이유에서다. 아무리 배가 고파도 자신의 몸을 뜯어 먹고 살 수는 없는 일이니까. 그래서 청년들은 자신을 매력적인 상품으로 만들려고 지금도 애를 쓰고 있다. 상품 상세 설명서, 그러니까 스펙이란 말은 자본주의 사회에서는 결코 은유가 아니다. "이 스마트폰은 인터넷 속도가 빨라요. 그리고 애플리케이션도 다른 기종보다 훨씬 더 다양하게 활용 가능합니다. 더군다나 시중에 좋다는 디지털카메라보다 더 높은 화소를 가진 카메라도 장착되어 있고요." 사물을 상품으로 만들려면 이런 식으로 근사한 스펙을 읊조리는 법이다. 그러나 마찬가지로 우리도 자신을 상품을 만들려고 이런 식으로 스펙을 나열하고 있지는 않은가. "저는 명문대를 나왔습니다. 그리고 다양한 외국어를 구사할 수도 있습니다. 더군다나 저는 프레젠테이션의 달인입니다." 마르크스의 시니컬한 지적처럼 정말 지금 우리는 보편적 매춘의 시대에 살고 있는 셈이다. 그렇지만 어쩔 수 없는 일이다. 돈이 없다면 우리는 옷이나 집과 같은 생필품조차 구할 수 없는 사회에 살고 있으니까.

자본가의 파괴력은 바로 여기에 있다. 그는 모든 사람들이 자신을 팔아서라도 얻으려는, 돈을 많이 가지고 있는 사람이기 때문이다. 사실 우리가 회사의 CEO에게 인사하는 것은 그가 존경스러워서라기보다는 그가 돈을 많이 가지고 있기 때문에, 그리고 언제든지 나를 해고할 수 있는 힘을 가지고 있기 때문이다. 그는 내게 생살여탈권을 쥐고 있는 신처럼 보인다. 그렇지만 쥐구멍에도 볕 들 날이 온다는 속담이 맞긴 맞나 보다. 월급날 우리의 수중에도 작으나마 돈이 들어오니까 말이다. 우리는 작은 자본가가 된 것이다. 이 순간 우리는 노동자에서 소비자로 탈바꿈한다. 이제 상품은 자본가가, 아니 정확히 말해서는 그 자본가의 대리인이라고 할 수 있는 상점 주인이 가지고 있고, 그것을 구매할 수 있는 돈은 우리가 가지고 있는 셈이다. 어쨌든 잠시라도 소비자로서 우리는 당당한 입장에 서게 된다. 상품을 사고 말고는 전적으로 내 재량이기 때문이다. 당연히 상점 주인은 과거 우리가 회사 CEO에게 했던 아첨을 서슴지 않을 것이다. 얼마나 뿌듯한 일인가. 그러니 이런 소비의 현장에서 자본주의의 냉혹한 원리, 그러니까 돈을 가진 사람이 상품을 가진 사람보다 우월하다는 원리는 어김없이 작동한다.

평상시 자본가들은 소비자로 변신한 노동자를 별로 두려워하지 않는다. 어차피 우리는 자본이 만든 상품을 사느라 자신이 가진 돈을 다 소비할 테니 말이다. 바로 여기에 자본의 신비가 숨어 있다. 노동자가 자신이 번 돈으로 자신들이 만든 상품을 구매하는 메커니즘에 의해서만 자본은 잉여가치를 획득할 수 있다. 극단적으로 말해 볼까. 사실 자본가가 노동자들에게 봉급을 주는 이유는 그것으로 상품을 구매하라는 암묵적인 요구라고 할 수 있다. 그렇지만 소비자가 된 노동자들이 상품을 사지 않을 가능성, 아니 위험성은 항상 존재하는 법이다. 다시 말해 봉급으로 주었던 돈이 상품 대금으로 회수되지 않을 위험성이 존재한다는 것이다. 바로 이것이 자본주의라는 강력한 괴물이 가진 유일한 약점, 즉 자본주의의 아킬레스건이다. 광고를 통해 소비를 유혹하는 전략, 마케팅이 중요시되는 것도 바로 이런 이유에서다. 상품을 너무나 매혹적으로 만들어 돈의 무한한 교환 가능성을 망각하도록 만드는 전략이다. '이번 기회가 아니면 다시는 구입할 수 없다'는 암시든가, 아니면 '상품 하나로 보이지만 이것만 구입하면 당신의 사회적 위상은 엄청나게 증가할 것'이라는 암시를 통해서 말이다.

자본가의 입장에서는 어떤 방식으로든 노동자에게 봉급으로 주었던 돈을 반드시 회수해야만 한다. 그래야만 잉여가치가 발생할 수 있을 뿐만 아니라, 자본가로서의 위엄도 회복할 수 있으니까. 그렇지만 마케팅이고 뭐고 더 이상 노동자가 자본의 유혹에 빠지지 않는 경우가 생길 수 있다. 허영을 자극하는 선정적인 광고로도 더 이상 노동자의 지갑을 열지 못할 때가 있다. 어쨌든 자본주의 사회에서 돈을 쓰고 말고는 돈을 가진 사람의 마음에 달렸기 때문이다. 특히 광고와 마케팅으로도 노동자의 지갑을 열지 못할 경우는 경기가 상당히 위축되었을 경우라고 할 수 있다. 미래가 불안하니 돈을 가지고 있겠다는 노동자, 혹은 소비자의 불안 심리가 문제가 되는 경우다. 아무리 상품을 만들어도 그것이 소비되지 않는다면 자본은 잉여가치를 획득할 수 없는 법이다. 그러니 자본가로서는 목숨을 걸고 고뇌할 수밖에 없는 일이다. 자본주의의 아킬레스건을 보호할 수 있는 방법은 없을까. 마침내 묘수 한 가지가 자본가의 머리에 스쳐 지나갔다. 그것이 바로 신용카드와 대출로 상징되는 신용경제 시스템이다.

신용의 본질, 빚

신용경제는 노동자가 미래에 쓸 수 있는 돈을 미리 당겨 쓰도록 만든 시스템이다. 결국 신용경제는 빚 경제에 지나지 않는 것이다. 그렇지만 신용경제는 노동자에게 자신이 무한한 돈을 가지고 있다는 환각적인 착시효과를 준다. 순간적으로 돈이 마치 공돈처럼 생기니, 소비도 과시적으로 과도하게 이루어질 가능성도 많다. 물론 빚이라는 것은 알지만 그것은 단지 머리로만 알 뿐, 절실하게 체감되지는 않는다. 이런 식으로 노동자의 지갑은 신용경제 시스템에서 더 쉽게 더 크게 열릴 가능성이 커지는 것이다. 신용카드나 대출을 통해 이제 마음만 먹으면 어느 때든 우리는 명품 가방도 가볍게 구입할 수 있다. 타인에게 자신이 얼마나 부유한지를 과시하는 허영인 셈이다. 또한 부모가 입원을 한다든가 집주인이 전세나 월세를 올리려고 한다든가 갑자기 돈이 필요할 때, 신용카드는 치명적인 마력을 발휘한다. 친구나 동료들에게 돈을 빌린다는 것은 상당히 자존심 상하는 일이지만, 은행의 단말기는 어떤 꾸지람도 없이 버튼만 누르면 가볍게 300만 원을 빌려주기 때문이다.

신용경제는 인터넷과 스마트폰을 만나면서 더 폭발적인 힘을 발휘하고 있다. 지금 인터넷을 통한 상거래는 주로 신용카드로 이루어지고 있고, 웬만한 결제는 이제 스마트폰으로도 이루어지고 있다. 대도시에 살면서 파편화된 인간관계를 떠올려 보라. 마땅히 돈을 빌릴 곳도 없지 않은가. 그러니 신용카드와 스마트폰은 구세주처럼 보일 것이다. 이제 언제 어디서나 신용경제는 우리의 허영과 자존심을 음흉한 미소로 어루만져 주고 있는 셈이다. 열등감이 심한 사람이나 혹은 남에게 돈 이야기를 못할 정도로 소심하고 여린 사람, 즉 인간적인 너무 인간적인 사람일수록 신용경제의 유혹을 견디기 힘들어할 수밖에 없다. 바로 이들, 수줍고 여린 사람들이 신용경제를 표방하는 자본의 주된 표적이다. 얼마나 사악한가? 마치 거미줄을 치고 먹이를 기다리는 거미처럼 신용경제는 우리가 돈이 궁해질 때를 입맛을 다시며 기다리고 있는 것이다. 신용경제에 포획되어 빚을 지게 될 때 자본은 빚이 생긴 걸 자기 탓이 아니라 우리 탓으로 돌릴 것이다. 거미줄에 걸린 것이 자기 탓이 아니라 부주의한 곤충 탓이라고 말하는 기만적인 거미처럼 말이다.

부동산이나 명품 가방을 사고 싶을 때, 혹은 갑자기 급전이 필요할 때, 우리는 신용경제에 포획되어 순간적인 단맛을 볼 수 있다. 대출을 받는 순간 우리는 당장 갚지 않아도 된다는 사실에 더 집중하면서, 언젠가 반드시 갚아야 하는 빚이라는 사실을 무시하려고 할 것이다. 물론 그러기 위해서 '빚'이라는 단어보다는 '대출'이나 '신용'이라는 단어를 더 선호하게 될 것이다. 빚을 얻으려면 이 정도의 정신승리는 불가피하지 않는가. 바로 이 순간 우리는 항구적인 채무자의 길로 자신도 모르게 걸어 들어가고 있는지도 모를 일이다. 아이러니한 일 아닌가? 신용경제가 발달할수록 신용은커녕 가계 부채가 눈덩이처럼 불어나고 신용불량자가 양산되는 악순환이 벌어지니 말이다. 그렇지만 자본은 그런 일에 양심의 가책을 느끼지 않는다. 자본에게 중요한 것은 노동자의 지갑을 열어 상품을 팔아 잉여가치를 획득하는 일이기 때문이다.

자본주의 체제에서 모든 정권은 야누스의 얼굴을 할 수밖에 없다. 어떤 정권이라도 선거권을 가진 국민들의 지지로 집권하지

신용의 본질, 빚

만, 모든 정권은 노동자보다는 자본가의 이익에 복무할 수밖에 없으니까. 정권이 작동하는 물질적 토대, 즉 세수의 주된 근원이 자본가들에게 있기 때문이다. 더군다나 자유주의, 그러니까 자본의 자유를 긍정하는 정권이라면 말해서 무엇하겠는가. 과도한 개인 부채와 가계 부채를 걱정하는 제스처를 취하고 있지만, 이런 신자유주의적 정권은 더 노골적으로 빚을 조장하고 권장할 수밖에 없다. 그러니 당장 자본의 탐욕을 통제할 수 있는 방법을 신자유주의적 정권에서 기대하는 것은 어불성설이라고 할 수 있다. 예를 들어 부동산을 통해 경제 불황을 타개하겠다며 2012년 신자유주의 정권이 내놓은 정책, 그러니까 총부채상환비율DTI을 완화하겠다는 정책을 보라. 빚 갚는 것을 유보할 테니 안심하고 다시 빚을 얻으라는 정책이다. 이것은 우리들에게 빚을 내 부동산을 구매하라는 요구가 아니면 무엇인가. 국민의 삶을 보호해야 할 정부가 자본가를 보호하려는 것이다. 답답하기만 하다. 언제나 우리는 빚을 권하는 나쁜 사회로부터 벗어날 수 있을까. 아니 벗어날 수나 있는 것일까.

급전조합을
만들자!

아무리 신용이라고 포장해도, 빚은 빚이다. 과거 사회에서도 빚은 채무자에게 감당하기 힘든 짐이었다. 주택과 전답을 빼앗겼을 뿐만 아니라 자식마저 빼앗기기도 했다. 간혹 스스로 머슴이 되어 빚을 갚아야 하는 지경에 이른 사람도 있었다. 그렇지만 당시에는 채무자보다는 채권자를 탓하는 분위기가 지배적이었다. 대부분의 경우 채권자는 가난한 사람의 절박한 조건을 이용하여 과도한 이득을 취하려고 했기 때문이다. 사채라는 말이 아직도 무언가 부도덕한 뉘앙스를 띠게 된 것도 이런 전통 때문일 것이다. 자본주의 사회가 발달하면서 빚은 신용이란 미명하에 우리를 노리고 있다. 심지어 사채업도 기업화되어서 우리 주변에 '저축은행'이란 이름으로 횡행하고 있을 정도다. 그러니 우리 주변에는 보이지 않은 빚의 거미줄이 촘촘히 걸려 있는 것이다. 문제는 갑자기 급전이 필요할 수 있다는 점이다. 가장 좋은 것은 친구나 친지한테서 돈을 빌리는 것이다. 상부상조의 우정! 그렇지만 자본주의의 금융업체들은 기묘한 격언을 만들어 상부상조의 정신을 불신하도록 만들었다. "친구 사이에는 보증을 서지 않는다!" 상호불신에 빠진 우리는 더 불신해야 할 금융자본에 손을 내밀게 된다. 은행에서 돈을 빌리면 그나마 상황은 나은 편이다. 그렇지만 아무나 은행에서 돈을 빌릴 수는 없다. 까다로운 신용심사로 대출이 거부될 수 있으니까. 하긴 돈을 빌리려는 사람이 신용등급이 좋을 리 없는 법이다. 결국 마지막 출구는 고리로 대출을 해 주는 저축은행이나 사채일 것이다. 정부라면 반드시 해야 할 역할, 그러니까 급전을 저리로 빌려주는 역할을 하지 못한다면, 우리라도 상부상조하는 급전조합 등을 모색할 필요가 있다. 자! 이제 가까운 친구나 친지들과 급전조합을 맺도록 하자. 친구 사이에 무슨 보증을 설 필요가 있는가. 그냥 빌려주고 갚으면 되지.

강제 삭제된
한국판 워터게이트 사건

⌄

우리를 옥죄는 적들의 동맹

우리는 불쌍하다. 알량한 '도로교통법'으로 헌법에 보장된
집회결사의 자유를 막는 나라에 살고 있기 때문이다. 하위 법률이
헌법에서 보장된 민주주의 정신을 부정한다는 것은 있을 수 없는
일이다. 국민의 대표로, 그리고 국민의 세금으로 생계를 유지하는
국회의원들은 어떻게 하면 헌법의 작동을 하위 법률로 감속시킬 수
있는지만 고민하는 것처럼 보인다. 그러나 이런 국회의원들보다 더
심각한 것은 바로 우리들이다. 자신의 통행을 가로막는다고, 혹은
약속 시간에 늦었다고 시위대 앞에서 욕설을 퍼붓거나 경적을 울리
는 나라에 우리는 살고 있다. 헌법에 위배된다고 판시된 경찰 차벽
만큼 우리의 통행을 가로막는 것이 또 어디에 있다는 말인가. 공권
력에는 찍소리도 못하면서, 우리는 하소연할 곳이 없어서 공동체의
다른 성원들에게 힘을 모아 달라는 시위를 못마땅하게 생각하고 있

다. 우리는 얼마나 편협하고 얼마나 비루한가.

　　그것이 어떤 종류의 시위이든 간에, 우리는 일체의 시위를 포용하고 긍정해야만 한다. 시위를 부정하는 순간, 우리는 스스로 자신의 억울함과 분노를 토로할 공간 자체를 없애고 있다는 사실을 알아야 한다. 모든 사람에게 시위를 할 수 있는 자유를 보장하는 것은 곧 우리 자신이 시위를 할 수 있는 자유를 쟁취하는 지름길이니 말이다. 집회와 시위를 막으려는 체제는 그 정당화의 논리로 시위가 다른 시민들에게 불이익을 준다고 이야기한다. 그러니 우리가 목소리 높여 외칠 일이다. 상관이 없다고. 이웃들이 하소연할 자리를 남겨 두라고. 길이 막히면 돌아가면 되고, 그래도 계속 막히면 우리가 걸어갈 것이라고. 프랑스 이야기를 하는 건 또 부끄러운 일이지만, 만약 프랑스에서 시위대 앞에서 사사로운 불편 때문에 경적을 울리는 차가 있으면 바로 차체 자체가 뒤집어지는 수모를 당하게 될 것이다. 공동체에서 살 가치가 없는 사람이고, 그런 사람이 운전하는 차이니 수모를 당해도 쌀 일이다.

　　우리 공동체의 존망과 관련된 너무나도 중대한 일이 벌어진 바 있다. 민주주의의 이념 자체를 부정하는 사건이니, 독재자 전두환의 재산을 환수하는 일이나 축구 국가대표 감독을 선임하는 문제보다 수백, 수천 배나 중요한 사건이었다. 2012년 대통령 선거에 국가정보원이 개입한 사건, 민주주의와 양립 불가능한 사건이 벌어졌던 것이다. 이건 헌법 정신을 교묘하게 제약하는 하위 법률을 만들어, 아쉬우면 헌법재판소에 하소연을 하라는 식의 무책임한 입법 폭력보다 더 질이 나쁜 사건이다. 어쨌든 입법 폭력은 형식적이나마

　　　　　　　　　　　　　　　강제 삭제된 한국판 워터게이트 사건

최소한의 합법성을 갖춘 일이니까 말이다. 그렇지만 국가정보원의 선거 개입은 그냥 민주주의를 노골적으로 부정하는 야만일 뿐이다. 최종적으로 국민의 통제를 받아야 할 공권력이 국민을 통제하려고 나섰기 때문이다. 이것이 바로 독재고 권위주의 아닌가. 1972년 6월 17일 워터게이트 사건이 뇌리에 떠오르는 것은 단지 나뿐인 것일까.

워터게이트 사건은 미국에서 벌어졌던 공권력의 선거 개입 사건으로, 민주주의의 보루를 자처하던 미국의 모든 시민들은 당혹감을 넘어 분노의 감정을 품을 수밖에 없었다. 당시 대통령 닉슨Richard Nixon의 사임으로 민주주의가 받았던 모욕과 상처는 조금이나마 치유될 수 있었다. 하긴 행정부의 최고 수장이 책임지지 않으면 누가 책임질 수 있다는 말인가. 최소한 미국 정부는 양심은 있었던 것이다. 워터게이트 사건은 선거 조작이 아니라, 라이벌 정당의 전당대회를 도청하려는 사건이었다. 워터게이트 사건은 대통령 선거를 이기기 위한 정당 사이에 일어난 비열한 경쟁의 결과물인 셈이다. 그러나 우리 국가정보원 선거 개입 사건은 말 그대로 국민들의 민의를 정면으로 왜곡하려는 사건이었다. 그냥 노골적으로 국민들을 가지고 놀려는 것이었다. 그런데 책임지는 사람이라고는 눈을 뜨고 찾아보아도 찾을 수가 없다. 그냥 국가정보원 직원들의 개인 일탈이라고 돌릴 뿐이다. 대통령이 수천 번 사임해도 시원치 않을 사건인데 말이다.

뭐 복잡하게 먼 나라 미국의 사례를 생각할 필요도 없다. 우리의 경우에도 이승만을 권좌에서 물러나도록 만든 3·15 부정선거 사건이라는 아픈 기억이 있지 않은가. 이승만과 닉슨의 차이는 닉슨이 스스로 물러난 반면 이승만은 권좌에 쫀쫀하게 연연하다가 4·19혁명이란 국민적 저항에 직면해 하와이로 도망갔다는 점뿐이다. 어느 경우든 공권력의 선거 개입은 민주주의와 헌법을 수호한다고 취임 선서를 했던 최고 통치권자가 책임을 져야만 나름대로 미봉될 수 있는 중차대한 사건이다. 민주주의의 꽃인 선거를 짓밟은 사건만큼 국가를 위기에 빠뜨리는 사건이 또 있을 수 있을까. 이제 무슨 이유로 우리는 선거를 해야 하는가. 그냥 대통령은 기존 권력에서 정하고, 국가정보원 이하 정부 조직은 최대한의 노력을 다해 선거를 조작하면 될 테니 말이다. 국가정보원 선거 개입 사건은 이렇게 비유해도 좋을 것 같다. 집을 지켜야 하는 개가 주인을 지키기는커녕 자신에게 먹을 것과 잘 곳을 제공한 주인을 물어 버린 꼴이다. 민주주의를 지키는 성곽이 갑자기 사라진 꼴이다. 이제 국회의원들이 나설 차례이고, 언론이 나설 차례가 된 것이다.

개가 왜 주인을 물었는지 정확하게 원인을 진단하고 다시는 이런 미친 짓을 하지 않도록 조치를 취해야만 한다. 그리고 다시 민주주의 정신을 추슬러야 한다. 당연한 일 아닌가. 국회의원들은 행정부의 공권력을 감시하라고 선출된 대표자들이고, 언론은 행정부·입법부·사법부 등 권력기관이 국민을 제대로 대표하고 있는지 알려주어야 하는 신성한 임무를 띠고 있기 때문이다. 그렇지만 상황은 이상한 식으로 돌아갔다. 몇몇 국회의원들은 다시 양비론을 조성하고, 부창부수 격으로 유력 인터넷 포털 사이트나 주류 언론들도 민생 등의 경제적 사건이나 전두환 재산 환수 등 사회적 사건으로 쟁점을 희석시키려고 했다. 여기서 국가정보원과 긴밀히 연결된 집

강제 삭제된 한국판 워터게이트 사건

권 여당 국회의원들의 모습은 실망스러웠다. 그들의 행태를 무시해서는 안 되지만 일단 그러려니 무시하도록 하자. 당·정·청 회의라는 명목으로 항상 집권 여당 국회의원들은 국민을 대변하기보다 최고 통치자의 통치행위에 대한 암묵적인 지지나 동조를 당연한 자신의 임무로 생각하고 있으니까 말이다.

입법부가 행정부를 감시하지 못한다고 하더라도, 그래도 희망은 있다. 바로 언론이 존재하니까 말이다. 그러나 우리의 희망은 절망으로 바뀌는 데 몇 분도 필요하지 않았다. 민주 사회에서 언론은 민주주의 이념과 정신으로 사건과 사실의 우선순위를 정해야만 한다. 지금도 그렇지만 당시 유력 언론들은 국가정보원 선거 개입 사건보다는 스포츠나 연예면의 사건을 더 중시하는 보도 태도를 보였다. 정말 그들은 보수 사학계의 학자들로부터 제대로 왜곡 비법을 전수받은 것 같다. 일부 보수 사학자들은 일제강점기와 독재 시절의 사건과 사실들 중 경제 발전만을 강조하곤 한다. 이것은 물론 삶의 질이 상승했다는 자료만을 나열함으로써 당시의 정치적이고 정신적인 억압상을 희석시키려고 한 것이다. 그러나 이것은 당당한 자유인, 혹은 정의로운 인간으로 살기보다는 배부르고 기름기만 흐른다면 노예로 사는 것이 낫다는 황당무계한 자기변명이자 궤변일 뿐이다.

불행히도 우리 인터넷 포털 사이트나 유력 언론들의 행태도 뉴라이트 사학자와 마찬가지였다. 권력에 맞서서 생기는 불이익보다는 권력이 주는 이득을 선택했기 때문이다. 당시 인터넷 포털 사이트의 검색어 순위나 유력 신문들의 헤드라인을 떠올려 보라. 최고 통수권자의 사임까지도 가능한 중차대한 사건을 다른 쟁점으로 희석시키거나, 혹은 논점을 다른 식으로 변질시키려는 그야말로 환상적인 저글링이 도처에서 수행되고 있었다. 온갖 화려한 편집 기술이 총동원되니, 우리의 눈은 정말 종잡을 수 없을 정도였다. 민주주의의 가치가 훼손되었을 때, 가장 타격을 입을 수밖에 없는 것이 자신들이라는 사실을 언론은 알고나 있는 것일까. 아니, 이것은 너무나 아마추어와 같은 판단인지도 모른다. 주류 언론들이 공동체의 이익을 포기하고 자본의 메커니즘에 포섭된 지 오래이기 때문이다. 당연히 그들은 정부기관 선거 개입 사건 보도가 자신들의 이익에 부합되는지 주판알을 튕긴 것이고, 그 결과가 그대로 그들의 보도 행태에 드러난 것이다.

마침내 정말 근사한 21세기에나 어울릴 만한 창조적인 삼위일체, 박정희가 보았다면 부러워했을 반민주적인 삼위일체가 완성된 것이다. 국가정보원은 교묘한 선거 개입으로 국민들의 판단을 흐리게 하고, 행정부를 감시하는 임무가 부여된 입법부는 자기 임무를 방기하고, 주류 언론들은 논점 이탈이나 쟁점 희석화의 전략으로 국민들의 눈과 귀를 막으려고 한다. 가공할 만한 삼위일체가 완성되는 순간, 민주주의의 근본은 심각하게 훼손될 수밖에 없다. 이제 주위를 둘러보아도, 민주주의를 지켜 줄 방벽은, 안전장치는 보이지 않는다. 입법부도 주류 언론도 어느 사이엔가 시민들을 떠나 정치권력과 자본에 투항해 버린 것이다. 그렇다면 이제 우리는 어떻게 할 것인가. 행정부의 공권력이 민주주의 가치를 훼손했는데도 국회나 언론이 그것을 바로잡지 못하고 있는 지금, 이제 시민들이 직접 나설 수밖에 없다.

　　국가정보원의 선거 개입이라는 사건을 맞아 아주 오랜만에 우리 대학생들이 시국선언을 감행했고, 다양한 시민단체와 양심 있는 시민들도 자발적으로 민주주의를 위기에서 구하려는 청년들의 움직임에 동참한 바 있다. 결국 민주주의의 최종 보루는 우리 시민들의 단결된 힘일 수밖에 없다. 비록 입법부와 주류 언론의 외면을 받는다고 할지라도, 아니 그럴수록 우리 시민의 목소리는 더 커져야만 한다. 시민마저 위기에 빠진 민주주의를 구하지 않는다면, 다시 권위주의의 시대가 도래할 수밖에 없을 것이다. 이렇게 시민들이 직접 나서는 순간, 시민들이 공동체의 가치를 다시 세우려는 순간, 국회의원들은 그리고 언론인들은 모두 자신의 자리에서 물러나야만 할 것이다. 그들이 해야 할 일을 시민들이 수행하니, 그 자리에 있을 이유가 없지 않은가. 그러나 그들은 과연 자리에 물러설 만큼의 양심, 최소한의 양심이라도 가지고 있을까. 아마 그렇지 않을 것이다. 자신의 자리를 유지하기 위해서 입법부와 언론은 목숨을 걸고 매혹적인 잡음들을 계속 낼 것이다. 그래야 시민의 목소리를 희석시키고 최종적으로 묻어 버릴 수 있을 테니 말이다.

정말 똥이 더러워서 피하는 것일까?

"똥이 무서워서 피하냐, 더러워서 피한다"라는 말이 있다. 그러나 사실 무서워서 피하는 것 아닐까. 만일 더럽다면 말끔하게 치우면 되지, 무엇하러 피한다는 말인가. 그리고 더럽다고 피한다면, 나중에 누군가 똥을 밟을 수도 있는 것 아닌가. 그러니 더럽다는 이유로 똥을 피한 사람이 있다면, 그는 그곳에 똥을 싸지른 사람과 공범이게 된다. 이제 좀 솔직해지자. 여러모로 똥을 피하는 이유는 무서움 때문이라고 생각하도록 하자. 무서움 때문에 똥을 치우지 않는다는, 아니 못한다는 걸 의식하지 않으려고 우리는 더러워서 손을 대지 않는다는 말로 정신승리를 구가하고 있을 뿐이다. 그러니 더러운 똥 이야기는 《이솝 우화Aesop's Fables》에 등장하는 '신 포도와 여우 이야기'와 비슷한 데가 있다. 또 이런 말도 있다. "네가 그런다고 사회가 바뀔 것 같니? 다 너만 피곤한 일이야. 사회는 한 사람의 힘으로 바꿀 수 있는 것이 아니다." 맞는 이야기다. 시위를 원천봉쇄하려는 목적으로 거리를 막고 있는 경찰에게 항의를 한다고 해도 당장 바뀌는 것은 없다. 그러니 구시렁거리기라도 해야 한다. 그래야 경찰들도 우리의 눈치를 볼 테니 말이다. 구시렁! 타인이 듣기는 힘들지만, 무언가 불만을 읊조리는 행위다. 바로 여기서 작은 변화가 생긴다. 더군다나 다음에 등장하는 어떤 시민이 또 구시렁거린다면 점점 더 경찰은, 그리고 정권은 위축될 수밖에 없다. 한마디로 어떤 시위든 원천봉쇄하려는 자신들의 반민주적인 행동을 의식하게 된다는 것이다. 그럴수록 정권이나 공권력은 시민들의 눈치를 보게 될 것이다. 사회를 변화시키려면, 혹은 사회가 더 망가지는 것을 막으려면, 기득권 세력들이 시민들 눈치를 보아야 한다. 그러니 이제 계속 구시렁거리자! 현장에서든 아니면 인터넷에서든. "도대체 무엇하는 거예요?", "왜 길을 막죠?", "지금 이걸 정치라고 하고 있는 거예요?"

자본주의,
인간을 위한
진 혼 곡

"가난한 것은 부끄러운 일이 아니다." 지당한 말이다. 그러나 세상은 가난한 사람을 수치스럽게 만든다. 그렇게 만들면서 알량한 금언으로 그들을 위로한다. 이 금언은 과거에 한때 통용되다가 이미 오래전에 변질되어 버린 금언 중 하나다. 이 점에서 "일하지 않는 자 먹지도 말라"라는 잔혹한 금언과 전혀 다를 것이 없다. 일하는 자를 먹여 살리는 노동이 존재했을 때는 그를 수치스럽게 만들지 않은 가난도 있었다. 흉작 등의 불운에 의해 어쩔 수 없이 그렇게 되는 경우가 그렇다. 그렇지만 수백만 명이나 되는 사람들을 태어나면서부터 굶주리게 만들고, 수십만 명의 사람들을 점점 더 가난 속으로 옭아매고 있는 현재의 빈곤화는 사람들을 수치스럽게 만들고 있다.

벤야민Walter Benjamin
《일방통행로Einbahnstraße》

노인을 위한 자리는 없다

청춘과 노년의 연대를 꿈꾸며

서울 종로통, 특히 종로2가와 종로3가 사이에는 눈에 보이지 않는 묘한 경계선이 생긴 지 오래다. 북으로는 인사동과 낙원상가에서 남으로는 명동성당에 이르는 길이 경계선이다. 마치 물과 기름 사이의 경계처럼 섞이기 힘든 묘한 상태의 경계선이다. 탑골공원 방향의 종로3가에는 수많은 노인들이 북적거리지만, 경계선을 넘어 종로2가 쪽에는 노인들의 수가 현저하게 줄어든다. 젊은이들도 종로3가 쪽에서는 무엇인가 불편함을, 그리고 반대로 노인들도 종로2가 쪽에서는 무엇인가 이질감을 무의식적으로나마 느꼈던 모양이다. 그러던 것이 노인들이 서서히 종로2가 쪽으로도 많이 모습을 드러내는 흥미로운 현상이 벌어졌다. 종로2가와 종로3가 사이에 유지되었던 젊은이와 노인 사이의 경계선이 점점 광화문 쪽으로 옮겨 가고 있는 형국이다. 아마 종묘, 광장시장, 그리고 낙원상가를 중심으로 형성되었던 노인 문화권이 노인들의 수가 급격히 늘어나면서 확장 중인 모양이다.

종로3가를 중심으로 하는 서울의 노인 문화권은 주목할 만한 현상이다. 이곳에 모인 노인들은 도시에서 대부분의 삶을 보낸 도시화 첫 세대에 해당하기 때문이다. 젊은 시절과 장년 시절 종로통에서 사회생활의 고단함을 술로 풀었으며, 1960~70년대 해적 LP판을 구하기 위해서 낙원상가나 세운상가를 떠돌던 사람들이 바로 그들이다. 연어가 자기가 태어난 곳을 찾아 바다에서 하천을 거쳐 온갖 역경을 무릅쓰고 작은 내에까지 이르러 알을 낳고 마지막 숨을 몰아쉬는 것처럼, 도시에서 자란 첫 세대는 어느새 노인이 되어 젊었던 시절의 낭만을 향수처럼 찾아 종로통에 모여들고 있는 것이다. 대부분의 노인들은 5,000원 내외의 용돈을 갖고 이곳에 모여든다. 그들은 생면부지의 친구와 함께 종잣돈을 만들어 술을 마시며 왕년의 무용담을 늘어놓기 일쑤다. 또 이곳에서는 노인들을 상대로 한 노점상, 그리고 심지어 매매춘마저도 성행하는 모양이다. 한마디로 젊은이들이 감히 근접하기 힘든 나름대로의 노인 문화가 제대로 정착하고 있는 것이다.

이제 서울도 더 이상 동질적인 공간이 아니라 이질적인 공간으로 분화하고 있는 중이다. 서울에는 젊은이들과 노인들이 서로 분리되어 각각 점유하고 있는 공간들이 속속 등장하고 있다. 젊은이들은 주로 홍대 앞이나 강남에 모여들고, 노인들은 종로통에 모이게 된 것이다. 그렇다면 왜 젊은이들과 노인들은 물과 기름처럼 서로 섞이지 않는 것일까? 젊은이들은 노인들을 꺼리고, 노인들도

노인을 위한 자리는 없다

젊은이들 속으로 당당하게 들어가지 못하는 이유는 무엇일까? 만약 키케로Marcus Tullius Cicero가 보았다면 고개를 갸우뚱거릴 일이다. 키케로가 살던 시절 노인들은 젊은이들과 일종의 건강한 공동체를 구성할 수 있었기 때문이다. "노년은 성가신 것이 아니라 즐겁다네. 마치 현명한 노인들이 훌륭한 자질을 타고난 젊은이들을 보고 좋아하고 젊은이들의 존경과 사랑을 받음으로써 노년이 더 수월해지듯이, 젊은이들도 덕을 닦도록 이끌어 주는 노인들을 좋아한다네. 자네들이 내게 즐거움을 주는 것 못지않게 나도 자네들에게 즐거움을 준다고 나는 생각하네."

　　방금 읽은 부분은 키케로가 자신의 저서 《노년에 관하여 De Senectute》에서 했던 말이다. 키케로의 지적은 로마시대가 아니라도 도시화가 되기 이전 과거 우리의 시골 공동체를 떠올려 보면 어렵지 않게 이해될 수 있다. 한참 벼가 자랄 무렵 가뭄이 유례없이 극성이다. 그러면 마을의 젊은 남성들과 장년의 남성들은 모여서 대책을 의논하게 될 것이다. 뾰족한 결론이 나지 않을 때, 그들은 함께 마을의 최고 연장자를 찾아갈 것이다. 그로부터 마을에 닥친 위기를 극복할 수 있는 혜안을 얻기 위해서다. 그러면 최고령 연장자로서 백발이 성성한 노인은 퀭한 눈으로 기억을 더듬어 마을 사람들이 탄복할 만한 해법을 알려 주게 될 것이다. "지금으로부터 60년 전 내가 젊었을 때 이와 비슷한 재난이 있었지. 그때 어른들은 말이야." 노인의 말이 시작되면 마을의 그 누구도 그의 이야기 한마디 한마디를 놓치지 않으려고 귀를 기울였을 것이다.

　　이렇듯 과거에 노인들은 경험으로부터 우러나오는 지혜

를 제공했으며, 강건한 신체를 가진 젊은이들은 그들의 지혜를 존경했고 사랑했었다. 그렇다면 무슨 일로 노인과 젊은이가 공존했던 사회가 와해되고, 노인과 젊은이가 소통하지 못하는 사회가 도래한 것일까? 산업자본이 추동했던 모더니즘modernism의 논리에서 우리는 그 해답의 실마리를 찾을 수 있을 것 같다. 산업자본은 소비자의 필요에 따른다면 생존할 수 없다. 다시 말해 필요 이상으로 소비자가 상품을 구매하도록 해야만 생존할 수 있는 시스템이 바로 산업자본이라는 것이다. 예를 들어 보자. 산업자본이 작동하기 이전 시대에는 사람들은 사용가치가 없어질 때에만 낫을 새로 구입했다. 그렇기 때문에 다량의 낫을 소지하고 있던 사람들은 별로 없었다. 그렇지만 산업자본은 소비자가 구매한 상품이 사용가치를 다할 때까지 기다릴 수 없다. 대량생산된 상품을 신속하게 판매하지 않는다면, 산업자본은 붕괴될 수밖에 없기 때문이다.

산업자본은 필요 이상의 상품을 사도록 소비자를 유혹할 수밖에 없으며, 유혹 전략의 핵심은 바로 신상품을 통한 유행의 전파였다. 그 결과 현대인들은 사용가치가 아직도 있는 제품을 버리고 새로운 유행의 신상품을 앞다투어 구입했던 것이다. 그래서 옷장이나 신발장에는 유행이 지난 옷들과 신발들이 수두룩하게 쌓이게 되었다. 산업자본의 생존 전략에서 모더니티modernity의 논리를 간파했던 철학자가 바로 리오타르Jean-François Lyotard였다. '포스트모던postmodern'이란 말을 인구에 회자시킨 것으로 유명한 그의 말을 《포스트모던의 조건The Postmodern Condition》이란 그의 책에서 직접 읽어 보자. "어느 시대에 등장하든 간에, 모더니티는 기존의 믿음을 산산이

노인을 위한 자리는 없다

부수지 않고서는 그리고 '실재의 결여'를 발견하지 않고서는 존재할 수가 없었다. 동시에 모더니티는 다른 실재들을 발명하면서 존재하게 되는 것이다."

모던modern이란 말은 '새로움'을 의미하는 중세 라틴어 모데르나moderna로부터 유래한 말이다. 결국 모더니티는 새로움, 그리고 모더니즘은 새로움을 추구하는 경향을 뜻한다. 중요한 것은 새로움이 중시되자마자 낡음도 동시에 부각된다는 점 아닐까? 산업자본의 생리, 그리고 모더니즘의 취향은 낡은 것은 무가치해서 버려야 할 것이며 새로운 것은 중요한 것으로 선택해야만 한다는 무의식적 경향을 우리에게 각인시킨 것이다. 지금도 모더니즘을 추구하는 사람들, 그러니까 유행에 발맞추어 가려는 사람들은 자신이 '얼리어답터early adopter'라는 사실을 자랑하고 있을 정도다. 신상품을 지향하는 경향성은 새로움과 낡음을 구별하는 취향, 나아가 낡음보다는 새로움이 소중하다는 가치평가마저도 낳게 된다. 이로부터 노인을 폄하하고 젊은이를 높이는 풍조로 이어지는 것은 한 걸음이면 족할 것이다. 현실적으로도 노인들은 스마트폰이나 새로운 상품들에 대한 적응도가 현저히 떨어지기 마련이다. 노인이 아니더라도 장년층 성인들도 신상품의 작동법을 알려면 젊은이들에게 물어보아야만 하는 것이 우리의 현재 모습 아닌가?

이제 신상품이 우후죽순으로 쏟아져 나오는 도시 생활에서 지혜는 노인들이 아닌 젊은이들에게서 찾을 수밖에 없게 된 것이다. 그러니 새로움을 강박적으로 강요하는 산업자본주의 시대에서 노인이 설 자리는 더 이상은 없다. 그들은 귀찮게 뻔한 것을 물어

보는 짐과 같은 존재가 된 것이다. 그렇지만 과연 이것이 노인들에게만 해당되는가? 지금 젊은이들도 노인이 되었을 때 지금 노인들과 비슷한 자괴감을 경험하게 될 것이다. 어쩌면 산업자본주의시대에 태어난 인간은 다음과 같은 순서로 삶을 영위하는지도 모를 일이다. 스마트폰 등 신제품만 보아도 아무런 두려움 없이 사용한다면, 그는 젊은이일 것이다. 상세 설명서를 보면서 조심스럽게 기계를 만진다면, 그는 중년일 것이다. 반대로 간략 설명서를 보아도 기계 만지기가 무섭기만 하다면, 그는 이제 노인이 되었을 것이다. 잊지 말자! 지금 모던한 젊은이도 얼마 지나지 않아 신제품을 두려워하는 노인이 되리라는 사실을.

흥미로운 것은 종로통에 모여든 노인들은 도시에서 생활한 첫 세대, 그러니까 모더니즘 첫 세대에 해당한다는 사실이다. 그들은 한때 유행의 첨단을 걸었던 사람들, 통기타와 카페 문화에 처음으로 발을 디뎠던 사람들이다. 당시 그들은 자신의 윗세대 사람들을 새로운 풍조를 모르는 낡은 세대라고 조롱했었다. 업보인 걸까. 이제 그들도 나이가 들어 자신들이 했던 조롱을 지금 젊은이들로부터 받고 있다. 젊은이들은 노인들이 자주 찾아드는 종로통을 떠나 홍대 앞이나 강남으로 자신들의 근거지를 옮겼다. 그렇지만 지금 젊은이들도 알아야 하지 않을까? 지금 종로통에 노인들이 모여들었던 것과 마찬가지로, 자신들도 노인이 되었을 때 홍대 앞이나 강남으로 과거에 대한 향수 때문에 연어처럼 발걸음을 옮기게 될 거라는 사실을 말이다. 그렇다. 언젠가 홍대 앞 주차장길이나 강남의 가로수길에는 노인들의 발걸음이 끊이지 않게 될 것이다. 그때 새롭게 탄생한 젊은이들은 한때 홍대 앞과 강남을 주름잡았던 노인들을 피해 전혀 다른 곳에 모여들게 될 것이다.

바로 이 점이다. 젊은이들이 종로통에 모여든 노인들에게 배울 것이 있고, 노인들은 홍대 앞이나 강남에 모여든 젊은이들에게 가르칠 게 있다. 중요한 것은 디테일의 변주가 아니라 형식의 반복일 테니 말이다. 산업자본주의는 노년보다는 청년에 방점을 찍는 체제라고 할 수 있다. 처음 소비문화의 향락에 젖어들었으니 청년 세대들의 소비는 말릴 수 없을 정도로 격정적일 수밖에 없을 것이다. 산업자본주의가 모더니즘과 청년 문화를 긍정하는 것도 이런 이유에서다. 산업자본은 카멜레온처럼 부단히 자신을 변형하면서 새로운 젊은 세대들에 기생하려고 한다. 그리고는 그들이 나이가 들면 과감하게 지금까지 가졌던 애정과 관심을 철회해 버린다. 새로운 세대가 또 소비문화로 들어오기 때문이다. 그러니 노인과 젊은이는 새로움만을 편집증적으로 추구하는 자본주의적 삶이 가진 허망함을 가르치고 배워야만 한다. 의외로 우리 시대 노인들과 젊은이들은 서로 가르치고 배울 것이 많다는 것. 이것은 불행일까, 아니면 다행일까.

세대론을 피력하는 자, 당신은 체제의 하수인!

소수가 다수를 지배하는 방법은 단순하다. 그것은 다수를 깨알처럼 만들어 서로 연대하지 못하도록 만드는 것이다. 서로를 불신과 경쟁의 대상으로 생각하도록 하는 것! 이것이 모든 지배와 통제의 핵심 수단이다. 돌아보라. 특수고와 일반고, 명문대와 지방대의 구분은 청년들의 유대와 연대를 가로막고 있다. 남성과 여성의 차별은 남성과 여성 사이의 유대를 막고 있다. 정규직과 비정규직의 구분, 비정규직과 파트타임직의 구분도 노동자들의 유대를 막고 있다. 노골적으로 자본 편을 드는 정권들은 항상 이런 식으로 어떤 구분과 차별을 제도화해서 다수 사람들을 깨알처럼 만들고 있다. 여기에 한몫 단단히 하는 것이 바로 세대론이다. '486세대'니 '3포 세대'니 '4포 세대'니 하는 세대론이나 '88만원 세대'라는 세대론도 있다. 이런 세대론은 IMF 구제금융 사태 이전 세대와 이후 세대를 대립적으로 바라본다. 그러니까 40대는 경제적 안정을 독점적으로 향유했지만, 그 이후 20~30대는 취업마저 힘들게 되었다는 논의다. 마치 40대가 20~30대를 수탈하고 착취하고 있다는 뉘앙스마저 풍기는 이런 세대론은 고용 불안이나 취업 불안, 혹은 생계 불안으로 이득을 얻는 당사자가 바로 자본이나 국가라는 사실을 은폐하기 쉽다. 세대론의 극한은 아마도 노인과 젊은이 사이에 그어진 구분일 것이다. 노인은 젊은이의 삶을 등쳐먹고, 젊은이는 노인을 멸시한다는 세대론이다. 아이러니하게도 이렇게 세대론을 구조화했던 자본과 국가는 세대론에 기승해서 자신의 안녕을 도모한다. 청년을 위한다는 명목이나 노인을 위한다는 명목으로 자본은 수많은 금융 상품들을 만들고 있고, 국가는 낯부끄러운 선심성 정책을 선전하고 있으니 말이다.

시간도둑들의 거짓말

⌄

자본주의적 시간 비판

     '시간을 훔치는 도둑과, 그 도둑이 훔쳐간 시간을 찾아 주는 한 소녀에 대한 이상한 이야기'라는 부제가 붙은 《모모Momo》라는 소설을 아는가? 독일 작가 미하엘 엔데Michael Ende가 1973년에 집필한 흥미진진한 동화로 우리에게도 이미 스테디셀러로 자리 잡은 소설이다. 독일 어느 마을 원형극장 유적지에 말라깽이 소녀 모모가 살게 되는 것으로 이야기는 시작된다. 그녀에게는 타인의 말을 경청할 수 있는 능력이 있다. 당연히 마을 사람들은 외롭거나 우울할 때, 혹은 삶에 지쳐 피곤할 때, 그녀에게 달려와 자신의 속내를 털어놓는다. 모모와 이야기를 나누는 것만으로 그들은 자신의 삶을 반성하고 앞으로 삶을 살아 낼 수 있는 용기와 희망을 얻곤 했다. 그렇지만 마을 사람들과 모모 앞에 아주 강력한 적들이 등장한다. 바로 시간도둑들이다. 그들은 효율적인 시간 관리의 중요성을 설교하러 다니는 자본주의적 삶의 가치의 전도사들이다.

　　잠시 모모가 마을을 비운 사이에 마을 사람들은 시간도둑들에게 설득되어 버렸다. 이제 마을 사람들은 모모를 찾아오지도 않고 찾아올 필요도 없다. 그들에게는 더 이상 모모와 이야기를 나눌 시간의 여유가 없기 때문이다. 바로 이것이 시간도둑들이 마을 사람들로부터 시간을 훔친 핵심적인 결과다. 시간을 빼앗기자마자, 마을 사람들은 너무나 분주하고 바빠졌던 것이다. 자본주의가 부과한 업무를 처리하느라, 그들은 타인들, 심지어 가까운 가족과 희로애락을 함께할 시간마저 상실한 것이다. 결국 시간을 합리적으로 통제한다는 환상만 심어 주었을 뿐, 시간도둑들은 마을 사람들의 소중한 인간관계를 와해시켜 버린 것이다. 물론 마을 사람들은 지금 해야 할 일만 완수하면 타인과 함께 시간을 보낼 거라고 끊임없이 기대하곤 한다. 그렇지만 베케트의 연극 〈고도를 기다리며Waiting for Godot〉처럼 그들의 기대는 항상 유보될 뿐이다. 마치 컨베이어 벨트가 움직이는 것처럼 하나의 일이 마무리되면, 어느 사이엔가 새로운 일이 그들 앞에 놓여 있을 테니 말이다.

　　자본주의는 시간이 항상 물처럼 흘러가는 것이라고, 그러니까 촌각을 다투어 무언가 일을 해야 한다고 강조한다. 여기서 현재 자체는 향유되는 것이 아니라, 미래를 위해 소모되어야 하는 것이라는 기묘한 시간 관념이 출현하게 된다. 결국 자본주의적 시간 관념에 따르는 순간, 우리는 현재를 잃어버리고 미래만을 꿈꾸게 된다. 그러나 아이러니하게도 현재를 잃어버리는 순간, 우리는 시간을 잃어버리게 된다. 어떻게 현재가 없는데, 과거나 미래가 있을 수 있다는 말인가. 시간도둑들에게 시간, 즉 현재를 빼앗긴 마을 사람들은 덧없이 미래만을 꿈꾸면 영원히 분주하기만 하다. 그러니 그들은 이제 모모는커녕 가족과도 함께 보낼 시간도 여의치 않았던 것이다. 비록 동화의 형식을 띠고 있지만《모모》라는 소설이 우리 가슴 한 부분을 서늘하게 만드는 이유도 다른 데 있는 것이 아니다. 소설의 마지막 장을 넘기며 우리는 자신이야말로 시간도둑에게 시간을 빼앗긴 마을 사람들과 다름없다는 것을 느끼게 되니까 말이다.

이렇게《모모》라는 소설은 도둑맞은 시간, 혹은 강탈당한 시간을 성찰해 볼 수 있는 자리로 우리를 안내한다. 사실 시간의 비밀을 알려면 원시시대로 돌아가 보면 된다. 원시인들에게는 동물을 사냥하거나 과실을 채집하는 시간과, 사냥한 것을 가족이나 부족과 나누며 향유하는 시간이 있다. 전자가 '노동하는 시간'이라면 다른 하나는 '사랑하는 시간'이라고 할 수 있다. 바로 이런 사랑하는 시간이 있었기에 그들은 자신의 동굴에 벽화를 그리고 축제를 벌일 수 있었던 것이다. 그렇다. 원시인 누구나 노동하는 시간은 사랑하는 시간을 위한 수단에 지나지 않는다는 것을 잘 알고 있었다. 비록 원시적이고 고단한 삶을 영위했지만 그들은 행복이 무엇인지를 알았던 것이다. 행복이란 가급적 노동하는 시간을 줄여 인생 전체 시간에서 사랑하는 시간이 많아지는 것에 지나지 않으니까. 물론 사랑하는 시간을 위해 노동하는 시간을 완전히 제거할 수는 없다. 어떻게 배가 고픈 사람이 타인과 사랑을 나누며, 예술을 향유할 수 있다는 말인가.

여기서 노동하는 시간과 사랑하는 시간에 대해 한 가지

덧붙일 말이 있다. 그것은 노동과 사랑이 가진 시간성과 관련된 논의다. 노동은 현재보다는 미래를 지향하는 행위이다. 그러니까 오늘의 고통을 대가로 내일의 행복을 희망하는 행위가 바로 노동이라는 것이다. 그것이 월급이어도 좋고 아니면 연금이어도 좋다. 미래의 행복을 위해 기꺼이 현재를 희생하는 것이다. 문제는 바라던 미래가 도래하는 순간, 그 미래는 바로 현재가 되어 버린다는 점이다. 그러니 다시 새롭게 도래한 현재를 또 다른 미래를 위해 소모하게 되는 것이다. 반면 사랑에는 미래가 중요하지 않다. 지금 바로 여기서 기쁨을 누리지 않으면 사랑은 어떤 의미도 없기 때문이다. 그렇다고 걱정할 필요는 없다. 내일이 찾아와 새로운 현재가 온다면, 사랑은 다시 그 현재를 기쁨으로 향유할 테니 말이다. 이렇게 노동에서 현재의 행복이 끝없이 유예된다면 사랑에서는 현재의 행복은 바로 향유된다는 것이 중요하다. 결국 노동하는 시간에서 우리는 행복을 기대하지만 그 행복은 결코 도래하지 않는다. 반면 사랑하는 시간에서 우리는 행복을 향유하게 된다.

기대되는 행복과 향유되는 행복! 그건 완전히 다른 것이다. 바로 이것을 알았던 것이 과거 원시인들 아니었을까. '오래된 미래'라고 할 수 있는 원시인들의 지혜로부터 우리는 진보의 잣대 한 가지를 얻게 된다. 노동하는 시간이 줄어 상대적으로 사랑하는 시간이 늘어나게 되면, 그 사회는 과거보다 진보한 것이라고 할 수 있다. 그렇다면 여기서 우리는 심각한 의문을 가질 수밖에 없다. 우리가 자랑하는 자본주의 사회는 과거 사회보다 더 진보한 사회인가? 이것은 '자본주의 사회가 노동하는 시간을 줄여서 사회 성원들에게

시간도둑들의 거짓말

사랑하는 시간을 더 많이 허용하는 좋은 사회인가'라는 물음에 다름 아니다. 과거 농경 사회를 떠올려 보자. 남루해 보이는 이 시절에도 사람들은 노동하는 시간만큼 사랑하는 시간도 충분히 확보하고 있었다는 것을 알 수 있을 것이다. 노동하는 시간, 즉 농번기만큼이나 노동에서 면제되는 사랑하는 시간이 넘치도록 충만했다. 바로 농한기다. 겨울 동안 아이들이나 친구들과 토끼 사냥이나 꿩 사냥을 떠나는 농부의 행복한 얼굴을 떠올려 보라. 우리의 예상과는 달리 과거 농경 사회에서 그렇게도 많은 축제들이 벌어질 수 있었던 이유도 다른 데 있는 것이 아니다. 노동하는 시간이 많은 경우, 축제를 어떻게 염두에 둘 수 있었겠는가.

물론 우리 시대 시간도둑들은 당시 농경시대의 낮은 GDP를 내보이며 그때가 불행한 사회였다고 주장할 것이다. 심지어 지금은 농경시대 경제난을 상징하는 보릿고개가 사라졌다고, 그래서 지금 자본주의 사회가 더 진보한 사회라고 설레발을 칠 것이다. 항상 시간도둑들은 이런 식이다. 인간의 행복이 질적이라는 사실을 은폐하고, 우리의 행복은 자본의 양에 의존한다는 궤변을 펼치니까 말이다. 그렇다면 묻고 싶다. 지금 그렇게 GDP가 높은데도 우리가 OECD 국가 중 자살률 1위를 달리고 있는 이유는 무엇인가? 우리 이웃들이 스스로 자신의 삶이 불행하다고 느끼고 있다는 방증 아닌가? 그리고 덤으로 알아 두자. 과거 농경 사회에서 주기적으로 반복됐던 보릿고개라는 현상의 이면에는 정부나 지주의 창고에서 곡식이 썩어 가는 냄새가 진동하고 있었다는 사실을. 최소한의 공동체가 이루어진 다음에 정의로운 삶의 규칙이 존재한다면, 굶주림으로 죽어 가는 일은 있을 수 없는 법이다. 그러니까 공동체의 총생산량이 성원들을 먹여 살릴 수 없을 정도로 떨어지는 경우는 그야말로 천재지변이 아닌 이상 거의 생각할 수도 없는 것이다.

지금 우리 사회에는 우리들에게 사랑하는 시간을 허락하지 않는 시간도둑들로 가득하다. 안정적 직장을 허용하지 않는 자본가들, 저임금을 유지하면서 맞벌이를 하도록 강요하는 자본가들, 농한기에 비해 너무나 적은 휴가 일수를 생색이라도 내듯이 허락하는 자본가들, 살인적인 경쟁 교육으로 아이들이 서로 사랑할 수 있는 시간마저 빼앗고 있는 교육 당국자들, 근본적으로 사랑하는 시간을 늘려 주는 것이 아니라 분배를 더 늘리겠다는 미사여구만을 읊조리는 정치가들, 자본주의 체제가 과거보다 진보적이라고 역설하는 지식인들. 그들은 모두 현재를 희생하고 미래를 대비하라고 역설한다. 한마디로 사랑하는 시간을 없애고 노동하는 시간을 늘리는 것이 미래를 위한 지혜로운 행동이라는 것이다. 농가성진弄假成眞이라고 했던가. 거짓말도 반복되면 진실이 되어 버린다는 말이다. 시간도둑들의 거짓말이 반복되면서 우리는 지금 자신이 처한 삶의 불행에 눈을 감고 있다. 그렇지만 언제까지 우리는 시간도둑들의 말에 순진하게 속고만 있을 것인가. 이제 인정해야 하지 않을까. 지금 우리는 원시인들보다 더 불행한 삶을 영위하고 있다고.

이제 심각하게 고민해 보자. 사랑하는 시간을 위해 우리는 노동하고 있는가? 어쩌면 우리는 소와 같은 삶을 영위하고 있는 것은 아닐까? 소는 아침 일찍 나가 저녁 늦게까지 밭을 갈다가, 축사에 들어오면 잠에 곯아떨어진다. 옆에 있는 소와 하루의 일을 도란

도란 이야기하거나 몸을 비빌 시간도 없다. 소의 일과와 우리의 그것 사이에는 어떤 차이가 있는가. 1주일 내내 노동하다가 주말이 되면 쉬기에 바쁜 우리가 어떻게 타인과 이야기를 나누고 예술을 만끽하는 사랑의 시간을 향유할 수 있다는 말인가. 간혹 축사의 소처럼 널브러진 남편의 휴식을 방해하지 않으려고, 아이들과 잠시 집을 떠나는 아내도 있다. 얼마나 슬픈 광경인가? 아내와 아이들은 남편과, 그리고 남편은 아내와 아이들과 사랑할 시간을 빼앗기고 있는 것이다. 그러니 GDP가 오른 만큼 사회체제는 주 5일 근무가 아니라 주 4일, 혹은 주 3일로 노동하는 시간을 줄여야 한다. 불행히도 시간도둑들의 집요한 설교 탓인지 우리는 사랑하는 시간의 증가야말로 사회의 진보를 나타낸다는 사실, 그리고 그것이 바로 행복이라는 사실을 망각하고 있다. 그렇지만 우리는 소가 아니다. 우리는 인간이다!

슬럼프란
무엇인가?

자신이 원하는 걸 하는 행복한 사람에게는 슬럼프란 있을 수 없다. 물론 자신이 원하는 걸 하는 사람도 피곤해지기는 한다. 좌우지간 무슨 일을 한다는 건 그만큼 에너지가 소모되는 일이니 말이다. 피곤해지면 그는 그냥 쉬거나 잔다. 그뿐이다. 전시회나 판매가 목적이 아니라, 그냥 좋아서 그림을 그리는 화가가 있다고 하자. 푹쉬었다면 즐겁게 그리고, 피곤하면 붓을 접고 쉬면 될 뿐이다. 그러니 슬럼프가 찾아올 일이 없다. 이와 달리 자신이 원치 않는 일을 하는 사람들이 있다. 아니, 정확히 말해 대부분의 사람들은 자신이 원하는 일을 하지 못하고 있다. 자본가에게 고용되어 남의 돈을 받고 노동하는 사람일 수도, 혹은 엄격한 시댁 어머니의 눈치를보며 가사를 돌보는 며느리일 수도, 혹은 정해진 날짜에 맞추어 작업을 하는 작가일 수도 있다. 바로 이들에게는 바로 슬럼프가 찾아온다. 어떤 사람에게는 빈번하게 찾아오고 또 다른 사람에게는 아주 드물게 찾아오는 차이만이 존재할 뿐이다. 자신이 하는 일이 자신이 원하는 일이 아니더라도, 훌륭하게 업무를 수행할 수 있다. 당연히 다른 사람들의 칭찬, 아마도 대부분 자신보다 지위가 높아 자신을 평가할 만한 위치에 있는 사람들의 칭찬이 뒤따를 것이다. 그렇지만 어느 순간 자신이 원치 않는 일을 하는데 그 결과마저 시원치 않을 때가 온다. 이럴 때 엄청난 피곤함과 무기력감이 밀려온다. 컨디션이나 박카스를 먹는다고 해서 해결될 일도 아니다. 이렇게 슬럼프가 올 때, 잠시 멈출 필요가 있다. 그리고 깊게 반성할 일이다. '지금 나는 내가 원하는 일을 하고 있는 것인가?'

시간도둑들의 거짓말

자식이라는 새로운 종교

⌄

자식 광신의 계보학

내가 대학 강의를 접은 데에는 당시 내가 겪었던 충격적인 한 가지 사건도 크게 한몫을 했다. 10여 년 전으로 기억된다. 대학에서 강의를 끝내고 강의실을 나가려는데, 어느 세련된 중년 여성이 내 길을 막아섰다. 내 수업을 듣고 있던 학생의 어머니였다. "저, 제 아이의 중간시험 성적이 예상보다 좋지 않아 확인차 왔는데요." 대학에서 처음 겪는 일이라 당혹스러웠다. 그럼에도 친절하게 아이의 시험 결과를 알려 주다가 놀라운 사실을 하나 확인했다. 출석부를 확인해 보니 문제의 학생은 군대까지 갔다 온 아이였다. 학번을 보니, 복학생이 확실했던 것이다. 순간 미간이 찌푸려졌다. 이미 어른인데도 어머니의 치마폭에 안겨 있는 학생도 문제지만, 그렇게 나약하게 아이를 키운 어머니도 문제였기 때문이다. 심지어 그 학생은 자기 어머니 뒤편에서 안도의 모습으로 전후 사정을 지켜보기까지

했다. 아마도 어머니가 등장했으니, 모든 문제가 말끔하게 해결되기를 기대하는 눈치였다.

내 마음도 모르는 채 철부지 어머니의 이야기는 계속되었다. "좋은 외국 대학에 유학을 보내야 하기 때문에 제가 아이를 직접 관리하고 있거든요. 선생님께서 잘 선처해 주세요." 정말로 절절하고 안타까운 모정이다. 그렇지만 그녀는 자기 아이의 성적을 올려 주면 다른 아이의 성적은 떨어진다는 사실을 알기라도 하는 것일까? 한번 고려를 해 보겠다는 말로 모자를 안심시켜 돌려보낸 뒤, 나는 잠시 동안 생각에 잠길 수밖에 없었다. 이 충격적인 경험을 통해 나는 우리 시대 부모들의 자식 사랑이 종교적 맹신에 가깝게 변하고 있다는 것을 직감했다. 종교적 맹신에 빠진 사람은 자신이 믿는 종교만 눈에 보이고, 모든 다른 종교를 부정하기 마련이다. 결국 자기 자식만 눈에 보이고 다른 아이들을 볼 여력이 없는 그 어머니도 일종의 종교적 맹신에 빠진 셈이다. 자신이라는 이름의 종교, 아니 정확히 말해 자기 자식만이 유일자로 보이는 맹목적인 종교!

아이러니하게도 지금은 한때 축복받았던 자식들이 짐스러운 존재로 전락한 시대이기도 하다. 당연히 이런 시대에 자식을 낳아 기르려는 우리 부모들의 속내는 경제적인 현실을 넘어 종교적인 색채를 띨 수밖에 없을 것이다. 도대체 어떤 계기로 우리 부모들은 자신의 자식에 광적으로 몰입하게 된 것일까? 〈대도시와 정신적 삶The Metropolis and Mental Life〉라는 짧은 논문에서 짐멜Georg Simmel이 했던 이야기를 실마리로 고민해 보도록 하자. "사람들이 가장 외롭고 쓸쓸하게 느끼는 곳은 다름 아닌 대도시의 혼잡 속이라고 하는데,

자식이라는 새로운 종교

이는 위에서 말한 자유의 이면일 따름이다. 왜냐하면 한 사람이 누리는 자유가 반드시 그의 정서적 안정으로 나타날 필요는 결코 없다는 사실은 대도시에서 가장 잘 나타나기 때문이다."

짐멜의 통찰을 제대로 음미하려면 작은 우회로가 필요할 듯하다. 대도시의 삶에 적응된 사람들에게 '외상'은 이미 전설이 되어 버린 교환행위일 것이다. 번잡한 길을 걷다가 어느 편의점에 들어가 음료수를 꺼내들고 점원에게 말해 보라. "돈은 나중에 갖다 줄게요." 아마 점원은 당신을 미친 사람으로 볼 것이다. 그렇지만 시골 구멍가게에서 마을 사람들은 별다른 불편 없이 외상으로 물건을 살수 있다. 소수의 사람들로 영위되는 시골 생활에서 사람들은 서로 인격적 관계를 맺고 있기 때문이다. 구멍가게 할머니는 누가 누구인지, 혹은 그가 어느 집에 살고 있는지 훤히 알고 있다. 그렇기 때문에 외상이 가능한 것이다. 이제 편의점에서 외상이 불가능했던 이유도 분명해진다. 낯선 사람들, 너무나 많은 사람들로 우글거리는 편의점에서 사람과 사람이 인격적 관계를 맺을 가능성은 그만큼 적다. 외상은 인격적으로 아는 사람에게만 통용되지 모르는 사람에게는 불가능한 법이다.

시골에서 밥이 떨어지면 옆집에서 밥 한 그릇 얻어오는 것은 그다지 어려운 일도 아니었다. 물론 갑자기 찾아오는 이웃 때문에 낭패를 볼 수도 있다. 그만큼 시골 사람들은 사생활의 자유를 포기할 수밖에 없었다. 그들에게는 공동체에 속해 있다는 정서적 안정감은 강하지만 개인의 자유는 그만큼 희생되었던 것이다. 그렇지만 자본주의의 발달이 대도시의 성장으로 이어지면서 사정은 전혀 달라진다. 대도시에는 너무나 많은 사람들이 너무나 상이한 직업으로 살아가고 있다. 당연히 대도시의 사람은 모든 사람들과 일일이 인격적인 관계를 맺을 수도 없다. 그저 생활의 필요에 의해 만나고 헤어질 뿐이다. 당연히 서로의 삶에 대한 불간섭은 하나의 불문율로 자리 잡게 된다. 마침내 인간은 대도시 생활을 통해 사생활의 자유를 획득했던 것이다. 그렇지만 그 대가는 치명적이었다.

자유를 얻자마자 대도시 사람들은 정서적 안정감을 상실한다. 인간의 정서적 안정은 인격적 관계를 통해서만 가능한 것이다. 그들이 사랑에 몰입하고 가족을 꿈꾸는 것도 이런 이유에서일 것이다. 그를 통해 잃어버린 인격적 관계, 그리고 그로부터 얻어지는 존재의 안정감을 되찾으려는 것이다. 마침내 우리는 사랑과 가족이 우리 시대의 화두가 된 이유를, 구체적으로 말해 경제적 효율을 고려하지 않고 자식을 낳아 키우려는 현대 부모들의 숨겨진 욕망을 발견하게 된다. 《사랑은 지독한 그러나 너무나도 정상적인 혼란Das ganz normale Chaos der Liebe》이란 책에서 울리히 벡Ulrich Beck은 말한다. "현대 유럽인은 자유를 선고받았다. 그는 고향을 상실했다. 아이를 갖고 돌보고 부양하는 일은 삶에 새로운 의미와 중요성을 부여해 줄 수 있고, 사실상 개인의 사적 존재의 핵심이 될 수 있다. 다른 목표들이 임의적이고 상호 교환될 수 있는 듯하고 내세에 대한 믿음은 사라지고 현세의 희망이 덧없어진 바로 그곳에서, 아이는 단단한 발판과 가정을 발견할 기회를 준다."

울리히 벡의 통찰은 현대 유럽인뿐만 아니라 우리에게도 그대로 적용된다. 자본주의의 발달, 산업화, 도시화, 그리고 이어지는 개인의 파편화는 유럽에만 적용되는 현상은 아니니까. 짐멜과 마찬가지로 울리히 벡은 현대인들의 자유가 고향을 상실한 대가로 얻어졌다고 이야기한다. '상실된 고향'은 인격적 관계를 통해서만 얻을 수 있는 정서적 안정감에 다름 아닐 것이다. 정서적 안정감을 얻기 위해서 남이 부러워할 만한 재산을 축적할 수도 있고, 혹은 사회적 명망을 얻을 수도 있다. 그러나 이런 것들은 일순간 사라질 수 있는 덧없는 것들이다. 더군다나 우리는 언젠가 떨어지는 낙엽처럼 이 세상을 떠날 허무한 존재 아닌가? 이런 상황에 재산이나 명망이란 것이 위로가 될 리 없다. 그렇다고 해서 현대인들은 과거 사람들처럼 천국과 같은 내세의 삶을 꿈꾸면서 위로를 받을 수도 없다. 그들은 너무나 세속적이고 속물적으로 변해 버렸기 때문이다. 니체의 말대로 우리는 신이 죽은 시대에 살아가고 있는 셈이다.

　　　　그렇다면 '상실된 고향'을 되찾는 방법은 무엇일까? 울리히 벡은 우리가 선택한 방법이 바로 "아이를 갖고 돌보고 부양하는 일"이라고 이야기한다. 우리 어머니들은 아이에게서 영원성, 즉 정서적 안정의 근거를 발견하려고 했던 것이다. 생명 연장의 꿈이라고나 할까? 자신이 죽어도 자신에게서 나온 아이는 자신의 생명을 연장할 것이라는 믿음이다. 어쩌면 너무나 팍팍한 자본주의 생활 때문인지도 모른다. 숙명적인 경쟁에 던져진 남편은 아내를 연애 시절처럼 품어 줄 여유도 없으니, 아내의 외로움은 가중될 수밖에 없다. 그럴수록 아내, 즉 어머니는 자신을 필요로 하는 아이에게 '올인'하게 되는 건지도 모른다. 전업주부도 그렇지만 맞벌이로 일하는 여성도 사정은 마찬가지다. 직장에서도 자신을 필요로 하는 사람이 없는 것

같고, 집에서도 남편이 그렇다면, 자신의 존재 이유를 아이에서 얻으려는 욕망이 불가피하게 발생할 테니 말이다.

아이에게서 존재 이유를 찾는다는 건 사실 아이에게서 정서적 안정을 구한다는 것과 마찬가지다. 외출을 한 뒤 집에 돌아왔을 때 반겨 주는 아이, 자신이 부재할 때 자신을 그리며 울었을 것만 같은 아이! 얼마나 매력적인 존재인가. 그럴수록 아내, 혹은 어머니는 아이에게 더 집중하게 된다. 마침내 아브라함Abraham이 신을 위해 자신의 아들을 제물로 바쳤던 것처럼, 우리 어머니들도 자식을 위해 신을 포함한 모든 것들을 기꺼이 제물로 바쳐 버리게 된다. 아이에 대한 집착! 아이에 대한 열광! 이제 어머니는 아이 광신도가 된 것이다. 광신도는 가족도, 친구도, 직장도 신을 위해 포기하는 경우가 종종 있다. 물론 이런 파괴적인 결과를 그가 의도했던 것은 아니다. 신에게만 온갖 관심과 정신을 기울이기 때문에 그는 가족, 친구, 직장에 대해서는 그럴만한 정신적 여유가 없을 뿐이다. 자식을 통해서만 정서적 안정을 찾으려는 우리 부모들도 이와 마찬가지 아닐까? 자식 광신도는 그것이 주는 안정과 평온의 감정에 매료되어 자신과 더불어 살고 있는 타인들이나 주변의 사물들에 시선을 둘 여지가 없게 된다. 자식이란 신에 사로잡혀, 자신의 삶에서 마주치는 것들에 대해 둔감해진 것이다.

어쩌면 당연한 일 아닌가? A에 정신적 에너지를 집중하면 할수록 B에는 그만큼 적은 에너지만 투사될 수밖에 없으니까 말이다. 남편을 기러기 아빠로 방치한 채 아이의 유학 생활을 돕기 위해 외국으로 나간 어느 어머니를 생각해 보라. 헌신적인 자식 사랑이

자식이라는 새로운 종교

다. 이웃의 아이들은 생각하지 않고 원정 출산을 당당히 떠나는 어느 젊은 임산부의 위대한 거동은 또 어떤가? 군대까지 갔다 온 아들을 위해 대학 캠퍼스를 휘젓고 다니는 어머니들은 또 어떤가? 때로 평자들은 자연스런 모정이라고 이들을 옹호하기도 한다. 그렇지만 이제 우리는 안다. 정서적 안정을 얻기 위해서 우리 어머니들은 자식을 신적인 위치로까지 격상시켰다는 사실을 말이다. 그래서 우리 어머니들은 맹신하는 자식을 위해 모든 것을 제단에 기꺼이 바치고 있을 뿐이다. 흥미로운 것은 그녀의 남편이나 다른 식구마저도 그녀의 이런 종교에 기꺼이 귀의하고 있다는 점이다. 자식 종교는 위대한 선교의 힘마저 갖추고 있는 셈이다.

아내는 자식으로,
남편은 일로!

연인들이 영화를 보는 경우가 많다. 연인들의 영화 관람은 사랑의 시작과 끝, 이 두 순간에서 더 강렬하게 일어난다. 서로 마주 보고 있는 것만으로 설레거나 긴장된다면, 연인들은 영화를 주시하며 서로의 노골적인 시선을 잠시 피할 수 있다. 반대로 서로에 대한 설렘과 흥분이 사라진 지 오래된 연인들은 서로를 응시하는 것이 심드렁해서 영화에 몰입할 수도 있다. 서로 마주 보는 것이 너무나 긴장되어 영화에 잠시 시선을 두는 것, 그리고 서로 마주 보는 것이 심드렁해서 영화에 몰입하는 것. 이 두 가지 상황 사이에는 건널 수 없는 요단강이 흐르고 있다. 바로 이 후자, 서로 마주 보지 않으려고 다른 것을 보고 있는 안타까운 관계에 주목해 보자. 서로 마주 보는 것이 심드렁해질 때, 그렇지만 관계를 해체할 용기도 부족할 때 우리는 영화와 같은 것을 찾기 마련이다. 아내라면 아이가 영화의 역할을 할 수 있고, 남편에게 직장 일이 그 역할을 대신할 수 있다. 아이를 돌보는 것으로 남편을 응시하지 않는 자신의 삶을 정당화하고, 직장 일에 몰입하는 것으로 아내를 응시하지 않는 자신의 삶을 정당화하는 것이다. 아내를 더 사랑하지 않게 되었을 때 남편은 일에 더 몰입하게 되고, 남편을 더 사랑하지 않게 되었을 때 아내는 자식에 더 몰입하게 된다. 결국 아내나 남편은 상대방과 누려야 할 애정을 다른 대상에서 찾고 있는 것이다. 그러니 자식 중독과 일중독에서 벗어나는 방법은 간단하다. 서로를 사랑하고 서로에게서 사랑받는 것이다. 문제는 이것이 정말 똥구멍이 빠지도록 힘들다는 데 있다. 그러나 어떻게 할 것인가? 이것이 유일한 방법이니.

자식이라는 새로운 종교

누가 저 젊은이들에게 형구를 채웠는가?
자. 본. 주. 의.

청년 실업 해결 촉구 대학생 집회, 서울 시청 앞, 2012

광장과 밀실의 공멸

∨

스마트폰론(論) 하나

"광장은 대중의 밀실이며 밀실은 개인의 광장이다. 인간을 이 두 가지 공간의 어느 한쪽에 가두어 버릴 때, 그는 살 수 없다. 그럴 때 광장에 폭동의 피가 흐르고 밀실에서 광란의 부르짖음이 새어나온다. 우리는 분수가 터지고 밝은 햇빛 아래 뭇 꽃이 피고 영웅과 신들의 동상으로 치장이 된 광장에서 바다처럼 우람한 합창에 한몫 끼기를 원하며 그와 똑같은 진실로 개인의 일기장과 저녁에 벗어놓은 채 새벽에 잊고 간 애인의 장갑이 얹힌 침대에 걸터앉아 광장을 잊어버릴 수 있는 시간을 원한다." 이만큼 지금 우리가 살아가고 있는 삶을 반성하도록 만드는 예리한 글을 본 적이 있는가. 들뢰즈Gilles Deleuze도, 촘스키Noam Chomsky도, 그렇다고 해서 아감벤Giorgio Agamben이 쓴 것도 아니다. 방금 읽은 글은 1961년 2월 5일 우리 소설가 최인훈이 소설《광장》을 집필하면서 쓴 서문의 일부분이다.

인간에게 광장과 밀실이 동시에 필요하다는 성찰은 아직도 유효하다. 공적인 생활과 사적인 생활이라 해도 좋고, 노동의 공간과 향유의 공간, 혹은 주장의 공간과 침잠의 공간이라고 해도 좋다. 광장과 밀실, 어느 것 하나 인간의 삶에서 빠져서는 안 된다. 최인훈의 말처럼 밀실이 없을 때, 광장에는 폭동의 피가 흐르게 될 것이다. 밀실로 돌아갈 수 있는 자유를 달라는 외침이자 개인만의 고유한 내면을 확보하려는 몸부림이다. 반대로 광장이 사라질 때, 밀실 안에서는 광란의 울부짖음이 새어나오게 될 것이다. 연대의 권리와 정치적 발언을 빼앗긴 사람은 자폐증의 울분과 분열증의 절규를 토해낼 수밖에 없기 때문이다. 그렇다. 충분한 거리를 두고 광장과 밀실, 두 공간이 우리에게 가능해야만 하고, 동시에 우리는 자유롭게 두 공간을 오갈 수 있어야만 한다.

　　소설《광장》에서 밀실로 돌아가지 못하고 광장에 포획된 사회는 북한이고, 반대로 광장에 모이지 못하고 밀실에 갇혀 있는 사회는 바로 남한이었다. 소설의 주인공 이명준은 밀실이 부재한 광장도, 그리고 광장이 부재한 밀실도 모두 경험하게 된다. 폭동의 피와 광란의 부르짖음에 원 없이 노출되었던 이명준은 광장과 밀실이 적당한 거리에 공존하는 사회를 꿈꾸게 된다. 그렇지만 현실은 남북한의 전쟁, 즉 한국전쟁이었다. 우여곡절 끝에 거제도 포로수용소에 갇힌 이명준에게 선택의 기회가 주어진다. 그러나 그 선택은 그로서는 결코 받아들이기 힘든 선택이었다. 북쪽으로 가든지 혹은 남쪽으로 가든지. 이명준은 그래서 제3국을 선택한다. 그는 광장이 없는 밀실도 들어갈 수도 없었고, 밀실이 없는 광장에 남아 있을 수도 없었던 것이다.

그렇지만 이명준이 어디로 가겠는가. 한반도에 태어나 우리말로 우리 사람들과 희로애락을 함께하지 못한다면, 그는 단지 객지를 떠도는 처량한 영혼에 지나지 않을 테니 말이다. 그래서일까, 이명준은 제3국에 도착하기 직전 바다에 몸을 던지고 만다. 어쩌면 그가 자신의 몸을 던진 곳은 남태평양 머나먼 이국의 바다가 아니라, 한반도를 가로지르는 휴전선, 즉 남과 북을 가르는 그 날카로운 칼날 위였는지도 모를 일이다. 그러니 광장과 밀실을 양분했던 그 날카로운 칼날은 그의 발을 찢고, 끝내는 그의 심장까지 베어 버렸던 것이다. 어쩌면 이명준에게, 아니 우리 소설가 최인훈에게 통일은 휴전선에 박힌 날카로운 칼날이 무뎌지고 넓어지는 것, 아니 칼날이 대평원이 되는 것으로 그려졌을 것이다. 그래야 밀실도 인정되고 광장도 긍정되는 인간적인 사회, 혹은 통일된 사회가 가능할 테니 말이다.

최인훈을 소설가를 넘어서 위대한 지성으로 만든 것은 광장과 밀실에 대한 그의 통찰 때문이었다. 《광장》 이후 그의 모든 작품은 모두 극단적인 광장과 극단적인 밀실의 대립, 혹은 광장과 밀실 사이의 하염없는 거리를 해소하려는 노력에 방향을 맞추고 있다. 그렇지만 광장과 밀실 사이의 건널 수 없는 엄청난 거리보다 더 심각한 문제가 발생했다는 걸 알았다면, 최인훈은 무슨 생각을 했을까. 그것은 바로 광장과 밀실 사이의 거리가 양자를 구별할 수 없을 정도로 가까워져서 발생하는 문제다. 광장과 밀실이 너무 멀어서도 문제지만, 동시에 광장과 밀실이 너무 가까워 거의 겹쳐지는 지경에 이른 것도 문제라고 할 수 있다. 한국전쟁을 통해 최인훈은 광장과 밀실 사이의 단절을 경험했다면, 지금 우리는 스마트폰을 통해 광장과 밀실의 중첩을 경험하고 있다.

중요한 것은 광장과 밀실 사이의 충분한 거리, 너무나 멀지도 않고 그렇다고 너무나 가깝지도 않은 거리라고 할 수 있다. 너무나 멀지도 가깝지도 않는 거리, 이런 충분한 거리를 확보하지 못하는 순간, 광장도 밀실도 그 고유한 기능을 수행할 수 없을 테니까 말이다. 그렇지만 스마트폰이 생활의 필수품으로 자리 잡은 지금, 광장과 밀실 사이의 거리가 식별할 수 없을 정도로 좁아졌다. 최인훈도 예측하지 못한 사태가 발생한 것이다. 연예인과 운동선수 등 스타들의 사생활뿐만 아니라 일반인의 사생활도 아무런 여과 없이 광장에 진열되곤 한다. 이제 안전하게 사생활을 누리는 것은 거의 불가능해졌다. 누군가 나의 말을 녹음하고 행동을 녹화해서 SNS로 세계의 모든 사람에게 알릴 수도 있기 때문이다.

비밀스러운 침실을 안전하게 감싸고 있던 두툼한 외벽이 이제 누구나 들여다볼 수 있는 투명한 유리창으로 바뀐 형국이다. 결국 비밀스런 침실에서도 우리는 감시와 검열을 받고 있다고 느끼게 된다. 이런 식으로 스마트폰은 우리의 침실 외벽을 조금씩 제거하고 있는 중이다. 반대로 업무는 이미 끝났지만 직장 상사나 거래처 사람이 보내는 긴급 메시지와 메일, 혹은 세상 돌아가는 정보가 도착했다는 알림 메일이 부단히 우리 스마트폰으로 찾아든다. 이렇게 하루 여덟 시간의 노동시간은 허무하게 붕괴되기 시작한 것이다. 퇴근해도 계속 업무와 관련된 일을 수행하니, 회사에 아직도 있는지 아니면 퇴근한 것인지 구별하기 힘들다. 회사라는 공적 공간을 무한대로 확장시킨 스마트폰의 힘은 놀랍기만 하지 않은가.

　　도대체 광장의 생활과 밀실의 생활은 언제 끝나고 언제 다시 시작되는가. 광장과 밀실의 식별 불가능성! 이것이 바로 스마트폰이 우리에게 열어 준 현기증 나는 세계다. 여기서 공적인 생활과 사적인 생활은 쉽게 구분되지 않는다. SNS를 상징하는 트위터나 페이스북은 광장과 밀실의 구분을 희석시키는 물질적 토대라고 할 수 있다. 사적인 입장에서 트위터에 올린 글이 공적으로 독해될 수도 있고, 반대로 공적인 입장에서 올린 글이 무관심 속에 방치되어 사적인 글로 폄하될 수도 있다. 그러니 얼마나 무서운 일인가. 일기처럼 내면적 고백을 담은 사적인 글이나 사적인 생활이 공적인 담론으로 확산되어 이슈가 되는 순간, 우리에게 밀실은 사라지게 된다. 반대로 정치적 입장을 표명하는 글이 사적인 글로 폄하되는 순간, 광장은 사라질 수밖에 없다. 그 결과 지금 폭동의 피와 광란의 울부짖음이 스마트폰의 화면에 불쾌한 앙상블을 내며 울려 퍼지고 있는 것은 아닌지.

　　스마트폰은 밀실과 광장을 식별 불가능할 정도로 흡수하는 블랙홀과도 같다. 바로 여기서 가상공간, 그러니까 가상 밀실과 가상 광장이 발생하는 것이다. 그래서일까. 우리는 타자에 직면해야만 하는 광장에 불편하게 서 있기보다는 스마트폰이 열어 놓은 가상 밀실로 쉽게 도망치곤 한다. 친구관계가 분명한 젊은이들이 서로를 앞에 두고도 스마트폰에 열중하는 모습은 이미 우리에게 너무나도 익숙한 풍경 아닌가. 반대로 성찰과 사색이 이루어져야 하는 밀실에 홀로 있는 순간, 우리는 고독을 견디지 못하고 스마트폰이 펼쳐 내는 가상 광장에 발을 디디기도 한다. 이렇게 점점 가상 광장과 가상 밀실에 빠져드는 순간, 우리는 실제 광장과 실제 밀실을 점점 망각하게 된다. 그 결과 능숙한 트위터리안이나 블로거가 되면 될수록, 우리는 직접 대면한 타자와의 공적인 관계나 침묵과 휴식의 시간에 심한 무력감을 느끼기 쉽다. 그래서 우리는 다시 스마트폰을 꺼내는 악순환에 쉽게 빠질 수밖에 없는 것이다.

지금 스마트폰은 점점 우리에게서 광장도, 밀실도 빼앗아 가고 있는 것 아닌가. 단지 스마트폰은 우리에게 광장으로 가고 있다는 착시효과만, 그리고 밀실로 되돌아가고 있다는 착시효과만을 주고 있을 뿐 아닌가. 스마트폰이 가능하도록 만든 가상세계는 광장에 당당히 진입하지도 못하고, 동시에 밀실에서 편안히 쉬지도 못하는 어정쩡한 상태를 증식시키고 있으니까 말이다. 매매를 용이하게 만드는 좋은 수단이었던 화폐가 어느 사이엔가 숭고한 목적으로 변질되었던 것처럼, 소통을 용이하게 만드는 매체일 수도 있는 스마트폰 자체가 하나의 숭고한 목적이 되어 가고 있는 시대에 우리는 살고 있는 것 아닐까. 그리고 그만큼 우리는 인간으로서의 힘을 잃어버리고 있는 것은 아닐까.

1주일에 며칠, 혹은 하루에 한두 시간이라도 좋다. 이제 스마트폰을 잠시라도 꺼 놓도록 하자. 처음에는 낯설겠지만 식별 불가능할 정도로 가까워졌던 광장과 밀실, 두 공간 사이의 거리가 점점 커질 테니까 말이다. 아니 정확히 말해 가상적 광장과 가상적 밀실이 사라지고, 실재 광장과 실재 밀실이 점점 우리에게 다가올 수 있다는 것이다. 물론 회복된 광장과 회복된 밀실 사이의 거리는 우리가 충분히 오갈 수 있을 정도의 거리여야만 할 것이다. 이렇게 광장과 밀실과 관련된 최인훈의 논의는 지금 시대에 맞게 업데이트되어야 한다. 광장과 밀실 사이는 단절되어서도 안 되지만, 동시에 식별 불가능할 정도로 겹쳐서도 안 된다고 말이다. 다시 한 번 강조하지만 우리에게는 "광장에서 바다처럼 우람한 합창에 한몫 끼기를 원하며 그와 똑같은 진실로 개인의 일기장과 저녁에 벗어놓은 채 새벽에 잊고 간 애인의 장갑이 얹힌 침대에 걸터앉아 광장을 잊어버릴 수 있는 시간"이 필요하다. 그래야 하는 게 바로 인간이다. 자본과 체제가 이걸 허락할지 의문이지만 말이다.

인문주의자의
스마트폰 사용법

1984년 세계적인 예술가 백남준은 〈굿모닝 미스터 오웰Good Morning Mr. Orwell〉이란 제목의 거대한 비디오아트를 연출한다. 미스터 오웰은 《1984》라는 소설로 암울한 미래사회를 경고했던 소설가 조지 오웰George Orwell을 가리킨다. 오웰은 1984년의 사회가 개개인을 철저히 훈육하고 통제하는 대중매체의 시대라고 경고했던 것이다. 사실 대중매체는 거대자본이나 국가가 대다수 사람들을 통제하는 가장 강력한 수단이다. 그렇지만 캠코더의 발달로 자본이나 국가가 아닌 우리 각자가 매체의 주체, 즉 제작자가 될 수 있는 길이 열렸다. 이제 자본이나 국가가 은폐하려고 했던 생생한 장면을 우리 스스로 찍어 타인에게 전달할 수 있다. 바로 이것을 선구적으로 관철시켰던 것이 비디오아트 아닌가. 그래서 이 분야를 개척한 백남준은 당당히 외쳤던 것이다. "오웰 씨, 굿모닝. 저승에서 잘 지내시죠. 당신의 걱정은 기우였네요. 우리는 지금 잘 지내고 있어요." 아이러니한 것은 캠코더도 신제품을 만들어 팔려는 자본에서 대중화시켰다는 점이다. 개인적 기념일을 찍으라고 만들었던 캠코더가 공적인 장소에 출몰하리라 예상했던 자본가는 아마도 없었을 것이다. 스마트폰은 여러모로 캠코더와 운명을 같이하고 있다. 신제품으로 잉여가치를 만들려는 자본에 의해 만들어졌지만, 개개인들은 이것을 사적인 목소리뿐만 아니라 공적인 목소리를 내는 데 사용했기 때문이다. 캠코더보다 스마트폰은 더 강력한 데가 있다. 그것은 거의 실시간으로 전 세계에 자신의 공적인 목소리를 전파할 수 있기 때문이다. 이제 스마트폰의 노예가 되기보다는 감독이 되자. 자본이나 국가의 감시에 맞서, 스마트폰으로 자본이나 국가의 전횡을 감시하고 동료들에게 알려 주자. 물론 동료들이 매료될 수 있는 근사한 촬영과 편집 기법도 탑재해야 할 것이다. 스마트폰의 백남준이 되는 것! 이것이 바로 인문주의자가 스마트폰을 가장 근사하게 악용(?)하는 유일한 방법이다.

삶을 지겹게 만드는 방법

∨

놀이의 권리를 찾아서

아이가 게임을 하지 않도록 만드는 방법은 있을까. 가장 효과적인 방법을 찾기 위해 우리가 먼저 숙고해야 할 것이 있다. 왜 아이는 그렇게도 게임에 몰두하는가? 글자 그대로 게임은 놀이이기 때문이다. 요한 하위징아Johan Huizinga를 인용하지 않더라도 누구나 인간이 얼마나 놀이에 매료되는지 어렵지 않게 납득할 수 있다. 그렇다면 놀이의 어떤 특성이 인간을 그렇게 사로잡는 것일까. 노동과 대조했을 때 놀이는 자신의 특성을 분명히 드러낸다. 철학적으로 노동은 행위의 수단과 목적이 불일치한 것으로, 반대로 놀이는 행위의 수단과 목적이 일치하는 것으로 정의할 수 있다. 예를 하나 들어볼까. 오랜만에 만난 친구들과의 음주는 놀이일 수 있지만, 직장 상사나 거래처 사람과의 회식 자리에서 음주는 노동일 수밖에 없다. 친구 사이에서 음주행위는 그 자체로 수단이면서 동시에 목적이지만, 업무상 이루어지는 음주행위는 술이 수단이고 친밀한 관계 확보나 계약 달성이 목적이기 때문이다.

인간이라면 누구나 놀이를 좋아하고 노동을 싫어하는 법이다. 이것은 놀이가 자유의 성격을 갖고 있다면, 노동은 자의반 타의반 강요의 성격을 갖는다는 사실과 밀접히 관련된다. 놀이는 참여자가 어느 때이든 원하면 그만둘 수 있다. 반면 노동은 함부로 그만두기가 여간 까다로운 것이 아니다. 친구와 술 마시는 것보다 사업상 술 마시는 것이 힘든 것도 이런 이유에서다. 친구와 술을 마시다가 언쟁이 붙으면, 술자리를 파하고 나오면 된다. 술자리 자체가 놀이로 진행되었기 때문이다. 그렇지만 사업상 만난 거래처 사람이 불쾌하다고 하더라도, 우리는 술자리를 파하고 나올 수는 없다. 술자리는 그 자체 목적이 아니라 계약의 성사를 위한 수단이기 때문이다. 그러니 어느 누가 거래처 사람에게 잘 보이기 위해 술을 마시는 것을 좋아하겠는가. 하위징아가 인간을 '호모 루덴스homo ludens', 그러니까 놀이하는 인간으로 정의 내린 것도 다 이유가 있는 셈이다. 인간은 수단과 목적이 일치되는 행동을 지향하는 존재, 그러니까 자유를 지향하는 존재라고 할 수 있으니까.

이제 게임에 몰두하는 아이를 통제할 수 있는 방법이 분명해지지 않았는가. 아니, 정확히 말해 게임이라면 아이가 경기를 일으키도록 만드는 방법이 보이지 않는가. 게임을 놀이가 아니라 노동으로 만들어 버리면 된다. 같은 말이지만 게임을 자유롭게 하도록 내버려 두는 것이 아니라 강제로 하도록 시키면 된다. 예를 들어 게임에서 10만 점의 점수를 얻어야 밥을 준다고 어머니가 제안, 아니 강요하는 것이다. 이 순간 게임을 하는 행위는 밥을 먹기 위한 수단으로 전락하고, 당연히 게임은 이제 곤혹스러운 노동이 된다. 아니면 지금부터 하루에 다섯 시간씩 반드시 게임을 해서 프로게이머가 되어야 한다고 아이에게 주문해도 좋다. 이전에는 시간 가는 줄 모르고 게임에 몰입했던 아이도 다섯 시간이 끝나기를 기다리며 연신 시계를 쳐다보게 될 테니까. 이제 수단이자 목적이었던 게임이 프로게이머가 되기 위한 연습으로 변질되었으니까 말이다.

여기서 놀이와 관련된 오해 두 가지를 바로 잡을 필요가 있다. 첫 번째 오해는 놀이란 무엇인가 무위도식하는 것이라는 편견이다. 간단한 사례로 첫 번째 오해는 금방 해소될 수 있다. 설악산 대청봉에 오를 때 놀이로 오를 수도 있고, 아니면 노동으로 오를 수도 있다. 마음 맞는 친구들과 대청봉에 오르면, 중간중간 힘들어도 우리는 한 걸음 한 걸음 즐겁게 오를 수 있다. 놀이로서의 산행이다. 이와는 달리 회사 단합대회 차원으로 CEO를 포함한 전 사원이 대청봉으로 오를 수도 있다. 결코 즐겁지 않은 산행, 일종의 노동으로서의 산행이 벌어진 것이다. 산행 자체가 목적이 아니라, 산행을 좋아하는 CEO의 마음을 거스르지 않으려는 것, 혹은 조직에서 튀지 않으려는 것이 목적이기 때문이다. 노동으로서의 산행과는 분명 구별되지만, 놀이로서의 산행은 무위도식과는 아무런 상관없다는 것이 중요하다. 좌우지간 친구들과 산행을 해도 대청봉 등정은 정말 똥구멍이 빠지도록 힘든 일이니 말이다.

두 번째 오해는 첫 번째 오해와 밀접한 관련이 있다. 그것은 놀이란 노동을 잠시 잊고서 술과 음악에 몸을 맡기는 것이라는

3부 | 자본주의, 인간을 위한 진혼곡

생각이다. 한마디로 놀이란 노동에 지친 사람들의 재충전 활동이라는 것이다. 이런 생각에 따르면 "열심히 일한 자여! 떠나라! 그리고 즐겨라!"라는 표어에 부합하는 행동을 놀이라고 할 수 있다. 그렇지만 이것은 겉으로 아무리 놀이라고 보여도 결코 순수한 놀이일 수는 없는 법이다. 대학생들이라면 중간고사나 기말고사가 끝난 뒤 클럽에서 광란의 밤을 보내는 것, 직장인들이라면 프로젝트가 마무리된 뒤 1차, 2차 등으로 이어지는 밤 문화를 보내는 것이 그 좋은 예라고 할 수 있다. 그러나 이런 식의 여흥이나 스트레스 해소는 그 자체가 목적이라기보다는 단지 과거의 노동을 위로하려는 수단, 혹은 새로운 노동을 위한 준비 수단에 지나지 않는다. 하긴 노동의 대가로 얻은 돈을 서비스업의 서비스를 구입하는 데 사용하는 것이 어떻게 놀이일 수 있다는 말인가.

지금은 자본주의적 삶의 가치가 공동체뿐만 아니라 우리의 내면까지 지배하고 있는 불행한 시대다. 이제 돈이 모든 행위의 지고한 목적, 거의 유일하기까지 한 목적으로 신격화된 것이다. 그 결과 우리를 몰입시켰던 놀이의 영역은 점점 더 줄어들어 가고 있다. 중·고등학교 학생들이 책이 아니라 교재를 읽기 시작한 지도 상당히 오래되었다. 마치 게임처럼 뜬눈으로 밤을 새우게 했던 독서는 수단과 목적이 일치되는 행위인 반면, 학교나 학원에서 교재를 읽고 암기하는 행위는 더 좋은 상급학교 진학이라는 목적에 종속되는 수단으로 전락해 버린 것이다. 고등학교 공부가 입시라는 목적을 위한 수단이 되는 순간, 고등학생들은 젊은 창조성을 잃어버리고 고달픈 지적 노동자로 전락하게 된다. 하루빨리 그리고 가장 효과적으로 목적을 이룰 수 있는 수단을 확보하지 않으면 고단한 노동에서 벗어날 전망이 보이지 않는다.

　　대학 입학이 목적이기에 대학 측에서 학생을 선발할 때 요구하는 것들을 미리미리 준비하는 것이 가장 효과적이다. 학업 성적 증명서, 기타 과외 활동 증명서, 그리고 수능 성적 증명서만 갖추면 된다. 이런 증명서들이 입시를 결정하기에 가능한 한 모든 방법이 동원될 여지가 생긴다. 해당 과목에 흥미가 없거나 들키지 않고 부정행위를 하더라도 성적만 좋으면 된다. 과외 활동에 별다른 열의가 없거나 심지어 실제로 하지 않았더라도 과외 활동을 했다는 증명서만 있으면 된다. 흥미로운 일 아닌가. 수단과 목적이 분리되어 그 틈이 더 크게 벌어질수록, 그만큼 비리와 편법이 침입할 수 있는 개연성은 더 커지니 말이다. 이런 상황에서 아무리 정당한 목적이라도 수단이 정당하지 않으면 의미가 없다는 말은 문제의 본질을 흐리는 주장일 뿐이다. 공부를 지적 놀이가 아니라 지적 노동으로 변질시키지 않았다면, '정당한 수단'이란 말 자체가 나올 수도 없었을 테니까 말이다.

　　지적 놀이의 공간을 제공했던 대학이나 대학원마저도 1997년 IMF 구제금융 사태 이후 취업이란 절박한 목적을 위한 수단으로 전락해 버리고 말았다. 이제 우리 대학생들은 자신이 선택한 전공의 학문을 평생 즐거움을 줄 수 있는 지적 놀이의 장으로 생각하지 않게 된 것이다. 그들에게 전공 영역은 고소득 직업을 얻기 위한 수단에 지나지 않기 때문이다. 그렇지만 대학에서 전공 과정은 수단과 목적이 일치되는 학문 영역, 그러니까 지적 놀이여야만 한다. 오직 그럴 때에만 대학에서 독창적이고 비판적인 지성인이 탄생할 수 있는 법이다. 마치 게임을 하는 것처럼 밤을 새워 가며 공부에 몰두했을 때 어떻게 창조적인 지성인이 나오지 않을 수 있겠는가. 아마 지적 놀이에 몰입했던 대학생은 어느 정도 경제적 여유가 있다면 대학원이란 상급학교에 진학하게 될 것이다. 너무나 재미있었던 공부와 연구를 학부 과정 동안에만 국한시킬 수는 없는 일이니까.

　　지적 놀이를 즐기는 사람들에게 논문과 학위는 하나의 결과물, 그러니까 놀이의 흔적에 지나지 않는다. 오히려 그들에게 논문과 학위는 기쁨의 대상이기는커녕 심지어 슬픔의 대상이기까지 하다. 논문을 쓰고 학위 과정을 마치는 순간, 그래서 마침내 대학이나 대학원을 떠나는 날, 그들은 자신을 매혹시켰던 놀이 영역과 작별해야 하기 때문이다. 힘들었지만 즐거웠던 시간을 추억으로 남기는 것보다 슬픈 일이 또 있겠는가. 그렇지만 1997년 IMF 구제금융 사태 이후 작게나마 존재했던 지적 놀이의 장으로서 대학은 사실상 거의 죽어 버리게 된다. 지적 놀이의 결과물에 불과했던 학위가 숭고한 목적으로 승격해 버린 것이다. 물론 논문이나 학위가 이렇게 신격화된 이유로는 학위가 일종의 스펙으로 기능하는 풍조도 한몫 차지한다. 그렇지만 더 중요한 것은 이미 자본주의 논리에 편입된 대학 측이 학위를 돈만 있으면 언제든지 구매할 수 있는 매력적인 상품이라고 은근히 혹은 노골적으로 선전하기 시작했다는 점이다.

　　명문대부터 널리 알려지지 않은 대학에 이르기까지 모든 대학의 대학원 과정을 들여다보라. 얼마나 기묘한 대학과 대학원

과정이 우후죽순으로 생겨났는지를, 그리고 얼마나 용이하게 학위가 매매되는지를. 학위를 쉽게 받을 수 있다는 불문율을 믿고 입학은 했지만, 지적 놀이가 아니라 지적 노동으로 논문을 쓴다는 것은 그리 만만한 일이 아니다. 그렇다고 지금까지 수업료 등으로 지출한 비용을 생각하면 논문 작성을 포기할 수도 없는 일이다. 마침내 논문 표절과 대필이 성행할 수밖에 없는 조건은 모두 갖추어진 셈이다. 그래서일까. 이제 아예 논문 표절과 대필 문제는 연례행사처럼 반복되고 있다. 이 와중에 정당한 수단만이 가치 있다는 원론적인 논의나 엄격한 논문 검증 방식이 필요하다는 이야기가 도처에서 들린다. 그렇지만 논문 표절과 대필 사건을 방지하는 유일한 방식은 자본에 맞서서 놀이가 가져다주는 창조적 즐거움을 회복하는 것이다. 수단과 목적이 일치되는 자발적인 행동 앞에서 대필이나 표절과 같은 불미스러운 일은 발을 붙일 수조차 없을 테니까 말이다.

멈출 수 있는 경쟁, 그리고 죽어야 끝나는 경쟁

경쟁은 서로에게서 인정을 받을 수 있는 수단일 경우에만, 그리고 언제든지 우리가 그만둘 수 있을 경우에만 가치가 있다. 더욱더 아름답게 화장하려는 노력은 사랑을 받으려는 것일 때, 그리고 스스로 언제든지 그만둘 수 있을 때에만 인간적 가치를 갖는다. 그렇지 않을 경우 우리의 화장은 서글프고 우울한 매춘의 행위에 지나지 않게 될 것이다. 생존을 위하여 스스로 그만둘 수 없는 매춘부의 화장에서 어떻게 우리가 인간적인 가치를 발견할 수 있다는 말인가? 그렇다. 이제 알겠다. 신자유주의가 표방하는 경쟁이 얼마나 나쁜 경쟁인지, 아니 정확히 말해 경쟁을 왜곡하고 경쟁이 가진 인간적 가치를 훼손하는지 말이다. 신자유주의가 만들어 놓은 경쟁 게임은 언제든지 그만둘 수 있는 자유로운 게임이 아니라, 한번 뛰어들면 그 누구도 쉽게 그만둘 수 없는 강제된 게임이다. 로마시대 콜로세움에서 이루어졌던 목숨을 담보로 하는 검투사의 경기와도 같다. 죽어야만 경쟁은 끝난다. 비록 승리를 했다고 하더라도, 승리한 검투사는 내일 다시 콜로세움에 서야 한다. 얼마나 비극적인 일인가? 이기면 이길수록 계속 콜로세움에 서 있어야만 하는 신세가 말이다. 결국 모든 검투사들은 치열한 경쟁으로 죽어 가게 될 운명에 처해 있는 것이다. 이것이 바로 무한 경쟁이 체제 발전의 동력이라고 선전하는 신자유주의의 잔혹함이다. 아직도 신자유주의는 현대판 콜로세움에 아이들에서부터 어른들까지 세워 놓고 그들의 치열한 생존경쟁을 지켜보면서 박수를 치며 환호하고 있다. 그러니 이제 우리는 신자유주의적 경쟁이 경쟁이 아니라고, 그것은 단지 살육에 지나지 않는다고 외쳐야 한다. 타인으로부터 사랑받으려는 경쟁이 아니라면, 그리고 언제든지 스스로 그만둘 수 있는 경쟁이 아니라면, 그것은 경쟁도 무엇도 아니다. 그것은 강제이고 강요일 뿐이다.

허리 위 음악, 허리 아래 음악

헉헉대는 보디뮤직의 시대

갑작스러운 사고로 사랑하는 사람을 잃는 것만큼 고통스러운 일도 없을 것이다. 잠시 혼절해서라도 자신에게 닥친 비극을 잊으려고 할 정도로 고통은 참혹하기만 하다. 주위 사람들로부터 따뜻한 위로가 쇄도할 것이다. "그는 좋은 곳으로 갔을 거예요", "인생이란 어차피 이별 아닌가요. 이별이 조금 일찍 왔을 뿐이에요" 등등. 그렇지만 고통이 완화되기는커녕 그들의 위로가 위선적으로 들리기까지 한다. 그러니 겉으로 고맙다는 말은 하지만 속으로는 '당신처럼 행복한 사람이 나의 고통을 헤아릴 수나 있을 것 같나요'라고 절규하기 십상이다. 이럴 때 자신보다 더 큰 상처와 고통을 가진 친지가 찾아오면 상황은 전혀 달라진다. 그는 다른 사람과는 달리 그저 묵묵히 눈물을 비치며 우리의 손을 꼭 잡을 뿐이다. 이런 고통에 무슨 말로 위로를 할 수 있다는 말인가. 그저 손을 잡아 주거나 묵묵히 옆에 함께 있어 주는 것밖에.

바로 여기에서 인간에 대한 놀라운 진실이 발견된다. 더 큰 고통을 경험했던 사람만이 그보다 작은 고통을 겪는 사람에게 조금이나마 위로가 될 수 있다는 진실 말이다. '아! 나보다 더 힘든 일을 겪었지만, 저 사람은 그래도 살아가는구나. 심지어 자신의 고통에 대해 애잔한 웃음마저 짓는구나.' 바로 여기서 우리는 절망 속에서 작은 희망을 보는 것이다. 자신보다 앞서 모든 희로애락의 감정을 겪은 친구의 속삭임처럼 우리 곁에 있는 것이 바로 음악이다. 그래서 음악은 삶이 피폐할 때 우리에게 더 없이 소중한 벗이 되어 왔는지도 모른다. 우리가 음악을 만드는 예술가들을 사랑하는 것도 이런 이유에서인지도 모른다. 그들은 자신의 개인적인 상처나 환희에 보편적 의미를 부여하여 그것을 매혹적인 선율로 우리에게 들려 주기 때문이다. 천둥벌거숭이 친구들보다는 때때로 음악이 100배는 더 힘이 되는 경우도 있다. 그랬었다. 유재하와 김광석이 세상을 떠나기 전까지 우리 대중음악은 말 그대로 대중의 친근한 벗이었던 적이 있었다.

모든 예술가들처럼 한때 우리 음유시인들에게도 자기만의 스타일이 있었다. 당연한 일이 아닌가. 자신의 진솔한 감정을 토대로 노랫말과 선율을 만들면, 스타일이 발생하는 것은 불가피한 일이다. 그래서였을까. 1990년대까지는 매년 압도적인 인기를 얻는 가수나 노래가 있었지만 그래도 대중은 자기만의 음유시인을 가질 수 있었고, 궁핍하나마 우리 음유시인들은 노래를 대가로 생계를 유지하는 데에는 무리가 없었다. 그러나 신자유주의의 열풍이 거세지면서 사정은 완전히 달라진다. 이제 음악도 산업이 되어 버렸다. 음악이 수단으로 전락하고 돈이 숭고한 목적으로 등극한 것이다. 물론 과거 우리 음유시인들도 돈을 벌었다. 그렇지만 그들에게 돈보다 소중했던 것은 자신만의 스타일로 자기의 노래를 만들고 부르는 것이었다. 당연히 그들에게 돈은 자신의 노래를 대중이 얼마나 사랑했는지를 보여 주는 증거였을 뿐이다.

정확히 말해 2000년대 들어 대중음악과 관련된 모든 것이 완전히 달라졌다. 이제 가수들은 자기만의 스타일이 아니라 대중의 취향이나 욕망에 영합하려고 한다. 자기만의 스타일을 고집했다가는 히트곡이 탄생할지 불확실하지만, 대중이 원하는 것에 자신의 음악을 맞춘다면 그나마 성공 가능성이 높아지기 때문이다. 결국 중요한 것은 음악의 진정성이 아니라, 얼마나 대중이 자신의 음악을 소비하느냐의 여부였다. 물론 이런 음악 산업화의 중심부에는 재계의 재벌 흉내를 내는 거대한 기획사가 똬리를 틀고 있다. 이제 가수가 되고자 하는 사람들은 자신의 스타일을 헌신짝처럼 버려야만 한다. 기획사는 음악 소비자들의 욕망을 정확히 읽고 있고, 거기에 맞춘 노래를 가수들에게 공급할 테니까 말이다. 2000년대 이전에도 대중음악 중 상당수가 소비자의 기호에 영합하는 상품이었다고 할 수 있다. 그렇지만 기획사가 등장하고 나서부터, 가수들도 상품화의 길을 걷게 된 것이다. 상품이 상품을 만드니, 대중음악의 상업화는 정말 걷잡을 수 없이 가속화된 셈이다.

이런 상황에서 가수 개인의 고유한 스타일은 장애만 될 뿐이다. 내용과 형식에서 모두 자기만의 개성을 가진 스타일리스트,

즉 이들이 바로 싱어송라이터 아닌가. 음유시인들이었던 싱어송라이터들은 기획사 입장에서는 여간 불편한 존재가 아니었다. 상품의 논리에 따르면 너무나 강한 스타일과 개성은 대중음악이 대량소비되는 데 장애물일 수 있다. 더군다나 현실적으로도 이런 음유시인들이 기획사의 요구를 제대로 들어줄 리 만무한 일이다. 싱어송라이터만큼 창작의 절대적 자유를 믿고 있는 사람도 없을 테니 말이다. 그러니 우리 시대 음유시인들은 서서히 기획사에 의해 배제되고 도태되어 갔던 것이다. "악화가 양화를 구축한다"라는 말이 있다. 어느 사이엔가 대중음악 기획사가 만든 음악들이 엄청난 마케팅의 힘으로 우리 주변에 울려 퍼지게 됐다. 불행히도 점점 더 대중의 귀는 이에 적응하게 되고, 그만큼 싱어송라이터들의 음악이 낯설어지는 것은 불문가지不問可知의 일이다.

개성 있는 예술가들이 많을수록 대중은 하나의 덩어리가 아니라 나름대로 개성을 가진 존재로 분화할 수 있다. 이것은 음악을 하나의 패키지로 만들어 대량소비시키려는 기획사로서는 여간 못마땅한 일이 아닐 것이다. 대중들이 자신만의 개성을 가질수록, 음악을 하나의 패키지로 판매하는 것은 불가능해진다. 당연히 대량소비를 목적으로 한다면 기획사는 대중을 하나의 덩어리로 만들어야만 한다. 그렇다면 인간이라면 누구나 거부할 수 없는 공통적인 욕망을 자극하는 것이 가장 현명한 방법일 것이다. 여기서 마침내 허리 아래로 부르고 듣는 음악이 탄생하게 된 것이다. 가장 원초적 욕망, 그것은 바로 섹스에의 욕망이다. 아직도 금기시되고 있기에 섹스에 대한 욕망은 뿌리치기 힘든 유혹일 것이다. 바타유Georges

허리 위 음악, 허리 아래 음악

Bataille가 말했던 것처럼 인간은 금지되었다는 이유만으로 무언가를 그렇지 않았을 때보다 더 강렬하게 욕망하는 존재니까 말이다. 여기서 모든 사람의 정신과 영혼은 나름대로의 역사와 고유성을 가진다는 자명한 사실은 무시될 수밖에 없다.

허리 위에는 사람마다 뚜렷이 다른 이목구비가 펼쳐진다. 다양한 얼굴만큼 다양한 정신성을 상징하는 것도 없는 법이다. 반면 허리 아래만 놓고 보면, 우리는 여자인지 남자인지 대략적인 윤곽만 보게 된다. 당연히 허리 아래에서 우리는 개성보다는 일반성만을 자각하게 된다. 결국 섹스 코드로 무장한 기획사에서 생산한 음악들이 대중의 귀를 장악하자마자, 허리 위로 부르고 듣는 음악, 그래서 각 개인만의 고유성에 호소하는 음악은 자취를 감추게 된 것이다. 2000년대 이후 얼마나 많은 아이돌 그룹이 허리 아래를 흔들며 우리의 아랫도리를 자극했는가. 이제 하체와 하체가 교감하는 음악이 주도적인 대중음악이 된 것이다. 하체와 하체 사이에서 공명하는 음악은 세대, 언어, 그리고 역사를 가로지르는 놀라운 힘이 있는 법이다. 그래서 청소년 팬뿐만 아니라 '삼촌 팬'마저도 생길 수 있었고, 우리나라를 넘어 미국이나 영국, 호주, 중국, 일본 등등 세계인들의 하체에 강한 영향을 미칠 수 있었다.

어차피 가사는 중요한 것은 아니다. 모든 인간이면 공유할 수 있는 보디랭귀지, 그것도 섹스를 연상시키는 허리 아래의 음악이니, 가사가 무슨 문제가 되겠는가. 바로 싸이의 리드미컬한 하체 움직임은 이런 사실을 웅변적으로 보여 주지 않는가. 그것이 '말 춤'이든 '시건방 춤'이든 간에 말이다. "있잖아 말이야/ 너의 머리 허리 다리 종아리 말이야/ Good! feeling feeling?/ Good! 부드럽게 말이야/ 아주 그냥 헉 소리 나게 악 소리 나게 말이야." 〈강남스타일〉이란 노래에 이어 세계적으로 선풍을 일으켰던 〈젠틀맨〉이란 노래 가사 중 일부분이다. 지금 싸이는 우리를 가르치고 있다. 지금 직면하고 있는 타인의 고유한 개성이나 역사를 읽는다는 것은 여간 귀찮은 일이 아니다. 그러니 육체에만 주목하라. 그렇다면 남녀관계의 모든 곤란은 사라지고 '쿨'한 혹은 '굿'한 전망만이 남게 될 테니까.

그렇지만 자신뿐만 아니라 타자에게도 육체로, 혹은 섹스로 모두 환원되지 않는 어떤 고유성이 있다는 것은 숨길 수 없는 진실이다. 이런 자각 때문일까. 이제 갑자기 20~30년 전 유행하던 포크 음악이 다시 부각되고, 심지어는 도저한 개성을 자랑하는 클래식 음악마저 새롭게 듣는 사람들이 조금씩 증가하는 현상이 벌어지고 있다. 허리 아래와 허리 아래 사이에 이루어지는 일반적이고 단순한 교감이 아니라, 허리 위와 허리 위 사이의 복잡한 교감에 대한 욕망이 대두한 셈이다. 섹스만이 관계의 전부가 아니라는 자각이 대두한 것이다. 그렇다고 해서 더 이상 금기가 아닐 정도로 섹스에 익숙한 중년 이상 세대에만 국한된 현상이라고 진단해서는 안 된다. 오히려 젊은 세대들에게도, 포크 음악이든 아니면 클래식 음악이든 강한 개성을 가진 음악들에 대한 선호도가 증대하고 있으니 말이다.

〈아르페지오네 소나타Arpeggione Sonata〉에 고스란히 담겨 있는 슈베르트의 애잔한 마음에 공감하기도 하고, 교향곡 5번 네 번째 악장 〈아다지에토Adagietto〉를 들으며 말러Gustav Mahler의 비통함과 애절함에 함께 안타까워하기도 한다. 죽음과 삶의 비애에 젖어 들게

허리 위 음악, 허리 아래 음악

하는 클래식 음악이 아니어도 좋다. 오히려 우리의 정서에 맞는 것은 전통적인 포크 음악일 테니 말이다. 김광석도 리바이벌해서 콘서트에서 즐겨 부르던 노래가 하나 있다. 1974년 발매된 한대수의 노래 〈바람과 나〉이다. 힘든 일과 복잡한 인간관계를 퉁치고 섹스의 향락에 허리 아래를 맡기자는 노래는 아니다. 권력이 지배하든 자본이 지배하든 억압적인 사회에서 자유롭게 살기는 힘든 법이다. 그렇다고 어떻게 자유를 포기할 수 있다는 말인가. 그래서 바람처럼 자유롭고 싶은 우리는 꿈은 멈출 수 없다. 한대수도 그렇고, 김광석도 그렇고, 우리도 그렇다. 이런 인간적인 정서는 하체로 부르고 듣는 노래로는 전달하기 힘든 법이다. 그러니 허리 아래의 음악이 지배적인 현실에 맞서, 대중들은 조용히 그러나 확고하게 외치고 있는 것이다. 우리는 허리 아래만이 아니라, 허리 위의 음악도 필요하다고 말이다.

리드미컬하게
흔들리는
섹시한 모르핀!

고통에 빠졌을 때 아편, 즉 모르핀은 정말 친구보다 애인보다 더 필요한 존재일 수 있다. 전쟁터에서 죽어 가는 전우의 고통을 마지막으로 덜어 주는 것이 모르핀 주사 아닌가. 물론 아편이나 모르핀은 아주 강한 중독성이 있어서, 고통이 사라졌을 때 사용하기도 한다. 하긴 고통을 순간적으로 느끼지도 못하도록 만들고 온몸을 편안하게 완화시키니, 중독성은 불가피한지도 모를 일이다. 그래서 간혹 고통이 없는데도 아편을 찾기도 한다. 지금 섹시한 군무로 무장한 걸 그룹과 보이 그룹은 우리 시대의 아편인지도 모른다. 그러니 우리 시대의 섹시 종교를 한 방에 극복할 수 있다는 낙관론은 금물이다. 돌아보라. 초등학교에서 노동 현장까지 거의 사회의 모든 분야에서 경쟁이란 정글의 논리가 강요되어 있다. 생존을 위한 날선 경쟁을 잠시나마 잊기 위해 우리는 허리 아래의 감정에 집중하고 있는 것은 아닐는지. 더군다나 섹스의 금기마저 허리 아래의 욕망에 더 불을 붙일 테니 말이다. 허리 위에서는 사회구조에 대한 불만이나 아니면 미래에 대한 염려가 작동하지만, 개인의 힘으로는 어찌할 수 없다는 패배감이 지배적이다. 그러니 가급적 허리 위를 사용하지 않는 것이 좋다. 바꿀 수 없는 현실에 절망하는 자신의 남루한 모습을 보는 건 여간 불쾌한 일이 아닌 법이다. 바로 이 순간 우울할 때마다 허리 아래를 뿌듯한 긴장감으로 채울 수 있는 음악이 있으니 얼마나 다행스러운 일인가. 연예 기획사는 바로 이런 대중들의 욕구를 정확히 파악하고 있다. 아편 중독자가 있으니 아편 장사가 생기기도 하고, 아편 장사가 생겨서 아편 중독자가 발생할 수도 있다. 아편 중독자와 아편 장사의 묘한 공생관계인 셈이다. 그러니 중요한 것은 삶 자체에 가중한 고통을 부여하는 사회 자체가 근본적으로 변해야 한다는 점이다. 직면하기도 싫은 고통이 없다면, 아편 장사와 아편 중독자는 조금씩 우리 곁에서 사라지게 될 테니 말이다.

허리 위 음악, 허리 아래 음악

제목 : 백혈병 발병 전, 지연씨의 모✂

지난번 지연씨네 집에 방문했을 때,
지연씨의 허락을 득하여^^ 사진 한장 받아왔✂
넘 예쁘가 나왔죠? ㅎㅎ
지금은 서울 성모병원에서 다시 어려운 항임✂
받고 있지만 머지않아 다시 이렇게 건강한 모✂
만났으면 좋겠어요*^~* 치료 잘 받으시고,
저희도 기도 많이 할께요~
화이팅입니다!!!

《《댓글》》

반올림
박지연씨 빨리 나아서 건강한 모습으✂
10.01.19 10:00

착하기에 아프지 않아야 한다!
곱기에 세상을 떠나지 말아야 한다!

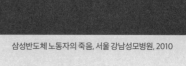

습입니다

았습니다

암치료를

모습으로

삼성반도체 노동자의 죽음, 서울 강남성모병원, 2010

왜 부동산에
절망적으로 집착하는가

∨

무소유의 지혜

우리는 눈에 보이는 것만을 가질 수 있다. 사람의 몸을 가질 수는 있지만, 그의 마음을 가지기가 어려운 것도 다 이유가 있었던 셈이다. 마음은 보이지 않기 때문이다. 그렇지만 그가 자신의 마음을 내게 보일 수 있도록 한다면, 우리는 그의 마음을 가지고 있다고 나름대로 확신할 수도 있다. 마음뿐만 아니라 시각적이지 않은 것들을 가지려면, 그것들은 어느 순간에는 반드시 시각화되어야만 한다. 귀로만 들을 수 있는 소리의 경우를 생각해 보자. 어느 귀족의 만찬에 울려 퍼지는 피아노 소나타는 다행스럽게도 귀족만이 들을 수 있는 것은 아니다. 차를 나르는 시종이나 청소를 하는 시녀도 들을 수 있으니까. 그렇기 때문에 누구나 들을 수 있는 피아노 소나타는 사적으로 나만이 가질 수 있는 재산이 될 수 없다. 연주자들이나 그들을 초청한 귀족이 자신이 연주하고 듣고 있는 음악을 시종이나 시녀가 듣지 않도록 만들 방법은 없다. LP나 CD는 이런 불만과 고뇌의 자식이었다. LP나 CD는 아름다운 음악을 시각화하여 소유할 수 있도록 만들었고, 당연히 음악 저작권이란 개념을 가능하게 만든 상품이다.

마침내 LP나 CD를 통해 우리는 피아노 소나타를 소유하게 되었고, 오직 나만이 몰래 그것을 들을 수 있게 된 것이다. 이어폰이 LP나 CD의 적장자일 수 있는 것도 이런 이유에서다. 그래서 〈감각의 사회학Sociology of the Senses〉이란 글에서 게오르그 짐멜은 이야기했던 것이다. "일반적으로 우리는 단지 가시적인 것만을 소유할 수 있다"라고 말이다. 짐멜의 통찰이 아름다운 음악에만 적용될 필요는 없을 것이다. 그것은 청각 이외에 다른 감각에도 그대로 적용될 수 있기 때문이다. 들판에 아무렇게나 피어 있는 라벤더나 프리지어는 너무나 매혹적인 향내를 풍기는 꽃이다. 그렇지만 눈에 보이지 않는 향을 자기만 맡아야 한다고 누가 주장할 수 있겠는가? 그렇지만 이 꽃들로부터 향을 추출해서 향수병에 담는 순간 이야기는 완전히 달라진다. 이제 꽃향기는 시각화되었기 때문이다. 시각 대상인 향수병을 통해 이제 냄새도 사적인 재산으로 변형된 것이다. 누구든 함부로 향수병 마개를 따고 그 향을 맡을 수는 없다. 향을 맡고 싶다면 우리는 향수병을 사야만 한다.

눈에 보이는 대상만이 우리가 가질 수 있는 것, 즉 재산이 될 수 있다. 재산이 보통 동산動産, movables과 부동산不動産, immovables으로 구분되는 것도 이런 이유에서인지 모를 일이다. 움직이지 않음이나 움직임은 모두 시각적 범주이기 때문이다. 자신이 가진 LP나 CD

왜 부동산에 절망적으로 집착하는가

의 음악을 자신과 무관한 다른 사람이 듣거나 혹은 자신이 가진 향수병에서 담긴 향내를 자신과 무관한 타인이 맡으려고 할 때, 소유욕이 강한 사람은 불편함을 느끼기 마련이다. 자동차나 돈처럼 움직이는 재산은 아파트처럼 움직이지 않는 재산보다는 더 유동적이고, 그래서 소유욕이 강한 우리를 불안하게 한다. 그렇다. 자동차는 다른 사람이 만지거나 탈 수도 있고, 돈은 상품 구매로 타인의 손으로 넘어가거나 아니면 잃어버릴 수도 있다. 주식도 언제든지 폭락해 종이로 전락할 수 있다. 이것은 움직이지 않는 대상이 움직이는 대상보다 더 안정적인 시각 대상이라는 사실과 무관하지 않다. 우리가 움직이지 않는 재산, 즉 부동산에서 더 편안함을 느끼는 것도 이런 이유에서일 것이다.

한 가지 더 기억해 두어야 할 것은, 소유욕이 가진 것이 사라지는 상황을 상상할 때 발생하는 불안감으로부터 증폭된다는 점이다. 물론 이런 불안감은 인간을 살벌한 생존경쟁으로 내모는 사회에 우리가 살고 있기 때문에 발생한다. 사실 동산이든 부동산이든 언제든지 남의 소유로 넘어갈 수 있다는 예감처럼 우리를 불안하게 하는 것도 없을 것이다. 영민한 발터 벤야민이 이런 사실을 간과했을 리 없다. "걱정Die Sorgen은 자본주의 시대에 고유한 정신병이다. 빈곤, 떠돌이-걸인-탁발승적 행각에서 정신적(물질적이 아닌) 탈출구 없음. (…) '걱정들'은 개인적이고 물질적인 차원에서가 아니라 공동체 차원에서 탈출구를 찾지 못했다는 불안에서 생겨난다."〈종교로서의 자본주의Kapitalismus als Religion〉라는 짧은 글에 등장하는 구절이다.

1997년 IMF 구제금융 사태 이전에 노숙자는 별로 눈에 띠지 않았다. 그렇지만 이제 노숙자는 대도시 서울의 가장 익숙한 풍경 중 하나가 되었다. 과거 아파트로 상징되는 부동산이 부유함과 행복함의 상징이었다면, 이제 부동산은 단순한 허영의 대상이라기보다 생존의 바로미터, 즉 노숙자인가 아닌가를 가늠하는 척도가 된 지 오래다. 이제 고가의 아파트가 문제가 아니라 전세나 월세로라도 부동산을 잠시나마 갖는다는 것도 다행으로 여겨야 하는 시대가 도래한 것이다. 이런 상황에서 벤야민의 이야기는 우리의 가슴을 서늘하게 만든다. 그는 우리가 '걱정'이라는 정신병을 앓고 있다고 말한다. 그에 따르면 걱정은 "빈곤, 떠돌이-걸인-탁발승적 행각에서 정신적 탈출구가 없음"에서 발생하는 것이다. 한마디로 미래의 삶에 대한 걱정은 노숙자가 언제든지 될 수 있는 가능성을 마음속에서 완전히 떨쳐 버릴 수 없기 때문에 증폭된다는 것이다.

돌아보라. 회사로 출근하고 집으로 퇴근하는 시간, 우리는 추위에 떨고 있는 노숙자들을 하나의 풍경처럼 바라보게 된다. 물론 애써 그것이 남의 일이라고 치부하며 우리는 갈 길을 재촉한다. 그렇지만 노숙자는 우리에게 치유할 수 없는 트라우마로 남게 된다. 언제든지 노숙자, 즉 집 없는 사람으로 전락할 수 있다는 무서운 예감이 우리 내면을 찌르고 들어오기 때문이다. 어쩌면 체제에서 노숙자를 그대로 방치하는 것은 이런 교육적 효과도 염두에 두고 있기 때문은 아닐는지. 언젠가 서울역에서 충격적인 장면을 목격했던 적이 있다. 서울역에 들어가는 모자 사이의 대화였다. 어머니는 노숙자들을 가리키며 아이에게 말한다. "너, 공부 열심히 하지 않으면 저렇게 된다." 정말 한심한 어머니다. 노숙자라는 형식 자체가 없는 사

　　　　　　　　왜 부동산에 절망적으로 집착하는가

회를 남겨 주려 노력하기보다는 그녀는 아이에게 경쟁의 불가피성, 혹은 실패가 야기하는 두려움을 각인시키고 있기 때문이다. 그녀는 정말 자본가나 정부로부터 칭찬받을 만한 어머니였다.

　　미래에 펼쳐질 경제적 상황에 대한 불안과 근심이 걱정이란 정신병을 가중시킨다. 고가의 아파트를 소유하고 있다고 할지라도, 이런 걱정으로부터 자유로운 사람은 별로 없을 것이다. 아파트인가 단독주택인가, 혹은 집주인인가 세입자인가의 문제가 아니다. 지금은 노숙자가 될 수 있는 가능성이 걱정의 형식으로 우리 내면을 지배하는 시대이기 때문이다. 문제는 노숙자가 버젓이 존재하는데도, 이것을 공동체가 방치하고 있다는 사실이다. 물론 특정 노숙자에 대한 사적인 관심과 애정이 존재하기는 한다. 그렇지만 사적인 성격의 보살핌은 언제든지 철회될 수 있는 취약한 것일 수밖에 없다. 우리의 걱정과 불안을 근본적으로 해소하기 위해서는 노숙자라는 형식 자체를 없애야 하는 것 아닐까? 벤야민이 "걱정들은 공동체 차원에서 탈출구를 찾지 못했다는 불안"으로부터 유래한다고 말했던 것도 이런 이유에서다. 역으로 말해 공동체의 차원에서 탈출구를 찾을 수만 있다면, 우리는 미래에 대한 두려움과 걱정으로부터 자유로울 수 있을 것이다.

　　내 손에서 떠날 수 있는 부동산을 절망스럽게도 소유하려는 욕망의 이면에는 언제든지 자신도 노숙자가 될지도 모른다는 공포에 가까운 두려움이 깔려 있다. 그렇지만 이런 절망스런 소유욕 대신 공동체 차원에서 주거의 공포를 해소하려는 노력이 우리에게 더 희망적인 것은 아닐까? 법정法頂 스님의 《무소유》라는 책이 스님이 죽은 뒤에도 우리를 깨우는 죽비소리로 남은 것도 이런 이유에서일지도 모른다. 무소유를 달성되어야 할 개인적인 이상일 뿐이라고 단정하지는 말자. 무소유는 공동체적 삶으로 나아갈 수 있는 기본적인 태도이다. 내가 가지지 않겠다는 것은 우리가 함께 가지겠다는 자비의 마음에 다름 아니기 때문이다. 무소유를 통해서 우리는 맹목적인 소유욕에서 벗어나 주변을 돌아볼 수 있는 여유를 가질 수 있다. 오직 이럴 때에만 우리는 노숙자라는 형식 자체를 소멸시킬 수 있는 공동체적 노력을 시작할 수 있는 것 아닐까.

2,000여 년 전 장자莊子도 우리에게 말하지 않았던가. "방을 비우면 빛이 들어온다(虛室生白)"라고 말이다. 방이 어둡고 좁아 보였던 것은 사실 우리가 계속 사들인 소유물들 때문이었다. 그렇지만 가재도구를 모두 치우고 보라. 찬란한 빛이 들어오는 넓은 방이 우리에게 미소를 짓고 있을 것이다. 지나친 소유물들이 자신의 삶을 빛내기보다는 오히려 자신을 살찌울 햇빛마저도 차단했었던 셈이다. 자신이 부여잡고 있는 것 때문에, 우리가 다른 중요한 것을 놓친다는 것은 얼마나 어리석은 일인가. 이제 부동산에 대한 집착으로부터 자유로워지자. 우리는 소유할 수 있는 것, 즉 눈에 보이는 것으로부터도 자유로울 수 있게 될 것이며, 동시에 너무나 많은 것들이 타자와 함께함으로써 빛을 발한다는 사실을 알게 될 것이다. 내가 구입한 LP나 CD에서 아름답게 울리는 음악 소리를 타인이 들을 수 있다는 사실에 고마움을 느끼는 삶, 혹은 내가 구입한 향수 냄새를 나와 무관한 타인이 맡고서 행복해한다는 사실에 기쁨을 느끼는 삶! 이것이 과연 머나먼 이상에만 불과한 것일까?

법정 스님의 무소유는 빈곤과 걱정이 아니라 풍요와 안정으로 가는 지름길이었던 셈이다. 여기서 우리는 무소유라는 개념을 강하게 읽을 필요가 있다. '소유가 없음'이라는 상태를 뜻하는 것이 아니라, '소유를 없애다'는 동사의 뜻으로 말이다. 한마디로 '무無'를 '없다'가 아니라 '없애다'로 독해하자는 것이다. 그러면 무소유는 자신이 가진 것을 없앤다는 의미가 된다. 물론 그렇다고 해서 이것이 자신이 가진 것을 자신뿐만 아니라 아무도 사용할 수 없도록 파괴해야 한다는 것은 아니다. 오히려 자신이 가진 것을 없애는 무소유는 타인에게 준다는 의미, 더 확장한다면 자신만이 아닌 우리의 소유가 늘어난다는 의미여야 한다. 여기서 우리는 무소유의 실천이 유대와 연대가 가능하기 위한 필요조건이라는 사실을 이해하게 된다. 하긴 그것이 무엇이든지 간에 나의 것을 타인에게 내어놓지 않고서, 어떻게 타인과의 유대를 꿈꿀 수 있다는 말인가. 공동체적 유대가 아니더라도, 사적인 연애에서도 무소유 원리는 마찬가지로 적용되는 법이다. 어떻게 자기 소유를 고집하는 사람이 자신이 사랑하는 사람에게서 신뢰와 애정을 받을 수 있다는 말인가.

수명,
소유의 한계치

소유에 대한 집착을 완전히 버린다면, 우리는 불교에서나 기독교에서 말하는 성인聖人의 경지에 이르게 될 것이다. 자신이 가진 것, 그것이 생명일지라도 기꺼이 내어놓을 수 있어야 성인이니까 말이다. 그만큼 소유욕을 끊는 것은 평범한 사람으로서는 너무나 하기 힘든 일이다. 그래서 현실적으로 중요한 것은 소유욕을 없애는 것이 아니라 소유욕을 제한하려는 노력일 것이다. 바로 이 대목에서 쉽게 망각되곤 하는 소유의 원칙 한 가지를 떠올릴 필요가 있다. 그것은 오래 사는 것만이 그렇지 않은 것을 소유할 수 있다는 것이다. 만일 애완견이나 애완묘의 수명이 200살이라면, 인간은 개나 고양이를 소유할 수 없다. 당연한 일 아닌가. 만일 다행히도 개나 고양이가 우리를 아낀다면, 그들은 나이 들어 죽어 가는 우리의 임종을 애정 어린 시선으로 지켜볼 것이다. 한마디로 개나 고양이 입장에서 우리는 애완인이 되는 것이다. 또한 부모가 아이를 소유할 수 있는 것은 아이가 언제 죽을지도 모를 취약한 상태일 때에만 가능하다. 만일 아이가 충분히 건강하게 성장해서 예상 가능한 수명을 확보할 수 있다면, 아이가 부모를 소유하고 돌봐야만 한다. 부모가 20~30년 정도 수명이 남아 있고, 이미 성년이 된 아이는 50년 정도의 수명을 가지고 있기 때문이다. 그러니 성년이 된 아이를 소유하려고 발버둥 쳐서는 안 된다. 최종적으로 죽음을 앞두었을 때, 우리는 자신이 가진 거의 모든 것을 내려놓아야 한다. 바로 죽음을 목전에 둔 순간 우리는 이 세상의 어떤 것보다 수명이 짧은 존재일 테니까 말이다. 이 원리를 관철한다면 인간이 사사롭게 가질 수 없는 것이 많이 눈에 들어올 것이다. 예를 들어 토지를 생각해 보라. 이것을 우리 인간이 소유할 수 없다는 것은 너무나 자명한 일 아닌가. 땅이 인간보다 월등히 오래 사니까 말이다.

'삼촌 팬' 탄생의 기원

∨

강박증의 상상적 해소

어느 텔레비전 광고가 떠오른다. 화실이었다. 화실에는 젊은 남녀가 있었다. 여자는 그림을 그리던 남자를 옆에서 지그시 응시하고 있다. 그녀는 갑자기 그의 얼굴을 붙잡고 깊은 키스를 나눈다. 상당히 당혹스런 광경이다. 그러나 이 정도로 당황해서는 안 된다. 여자는 남자와의 키스가 마음에 들지 않아서인지 "아닌가 보다"라고 말하며 쿨하게 돌아선다. 짧은 광고이지만 우리 시대 남성과 여성 사이의 위상 변화를 가장 신랄하게 보여 주는 상징이라고 할 수 있다. 이것은 과연 광고에서만 드러나는 현상일까. 아니다. 주변을 돌아보면, 적극적으로 프러포즈를 시도하는 여성이 적지 않다. 심지어는 노골적으로 모텔로 유인하려는 여성도 있으니 말이다. 과거에는 적극적인 구애행위는 보통 남성의 전유물로 여겨졌다. 그렇지만 이제는 여성도 자신의 욕망을 당당하게 표출하고, 심지어는 남성이 나와 맞는지를 적극적으로 실험하기도 한다. 실험에 통과하면 남성을 애인으로 삼겠지만 통과하지 못한다면 친구로 지내면 된다는 식이다.

　　만약 남성으로서 당신이 이런 상황에 처하게 된다면 어떤 감정이 들 것인가? 한 번 정도는 무방할 수도 있다. 그렇지만 여성이 반복적으로 자신의 욕망을 피력할 때, 어느 남성이든 당혹감과 불편함을 느끼게 될 것이다. 전통적으로 남성이 백치미를 가진 여성을 좋아하는 것도 다 이유가 있었던 셈이다. 백치미를 가진 여성은 자신이 무엇을 원하는지, 심지어 상대방이 무엇을 욕망하고 있는지를 알지 못하는 여성이기 때문이다. 한마디로 연애관계에서 수동적인 역할을 담당하는 여성, 그래서 작은 키스에도 얼굴에 홍조를 띠는 여성이다. 이 점에서 남성들이라면 누구나 나보코프Vladimir Nabokov의 소설《롤리타Lolita》로부터 유래한 아동성애적 콤플렉스, 즉 롤리타콤플렉스에 노출되어 있다고 할 수 있다. 소녀만큼 백치미를 가진 성적으로 수동적인 존재도 없을 테니까. 역설적으로 롤리타콤플렉스가 등장한 것은 그만큼 우리 시대 여성들이 소녀와 같은 순진함이나 백치미를 벗어던지고 남성들을 만나고 있다는 반증이라고도 할 수 있다.

　　우리 시대 남성들이 겪고 있는 성적인 위축감을 가만히 놔둘 대중문화가 아니다. 비록 환상일지라도 성적인 당당함을 회복할 수만 있다면, 남성들은 아무런 거리낌 없이 지갑을 열 태세를 갖추고 있기 때문이다. 이미 걸 그룹 시대가 도래할 준비는 모두 갖추어졌던 셈이다. 걸 그룹은 과거 H.O.T.나 핑클과 마찬가지로 아이돌 그룹에 속한다. 그러나 과거 아이돌 그룹에게는 없었던 흥미로운 현상이 걸 그룹을 둘러싸고 생겼다. 바로 '삼촌 팬'의 등장이다. 청소년 틈에 섞여 걸 그룹의 공연에 열광하는 30~40대 아저씨들의 모습은 이제는 별로 낯설지 않은 풍경이다. 도대체 무엇이 30~40대 아저씨들을 걸 그룹에 열광하도록 만들었는가? 삼촌 팬들의 성적 판타지가 가지는 메커니즘은 어떤 특징을 보이는가? 이 대목에서 현대의 위대한 정신분석학자 라캉의 통찰에 도움을 청해 보도록 하자. "남자는 자신의 욕망 원인을 제외하고는 자신에게 타자인 성적 상대에 도달하지 못한다. 이런 점에서 이것은 환상과 다르지 않다."

《세미나 X X Seminar xx》에서 라캉은 가부장제 사회에서 남자는 오직 자신의 욕망만을 돌아본다고 지적하고 있다. 한마디로 남자는 이기적이고 심지어는 어린아이와 같은 성적 욕망을 가지고 있다는 것이다. 이런 자기중심적인 욕망이 강해져서 타자와 충돌하는 것이 바로 강박증néurose obsessionnelle이다. 반대로 대부분의 여자는 히스테리hystérie의 지배를 받는다. 히스테리의 어원이 자궁hystera과 같을 정도니, 히스테리가 여성에게 얼마나 지배적인 것인지 분명해진다. 히스테리 환자는 자신의 욕망을 부정하고 타자가 욕망하는 대상이 되려고 한다. 그렇지만 어떻게 자신의 욕망을 부정할 수 있겠는가? 어느 순간 자신의 욕망이 드러날 경우, 히스테리 환자는 말 그대로 히스테리를 부리게 되는 것이다. 반면 강박증 환자는 자신의 욕망을 관철시키는 데 집중하고 타자의 욕망 자체는 부정하려는 경향을 가진다. 그렇기 때문에 강박증 환자에게 타자는 자신과 유사한 욕망의 주체가 아니라 단지 욕망을 충족시켜 줄 수 있는 수단이나

도구에 지나지 않는다. 라캉이 "남자에게 여성은 창녀 아니면 어머니 밖에 없다"라고 이야기했던 것도 이런 이유에서다.

　　　대부분 남자는 사랑하는 애인에게 적극적인 신체 접촉을 시도하고, 여성은 사랑하는 애인에게 매력적으로 보이기 위해 노력한다. 이렇게 남성이 자신의 욕망에, 그리고 여성이 타자의 욕망에 집중하게 된 이유는 무엇일까? 라캉은 가부장적 가족제도, 나아가 그것을 지탱하는 가부장적 사회제도에서 그 원인을 찾는다. 남아를 선호하는 분위기에서 여자아이는 남자아이에 비해 부모를 포함한 타자의 눈치를 보면서 자라게 되지만, 남자아이는 상대적으로 자신의 욕망을 솔직하게 피력할 수 있었던 것이다. 그러니까 여자아이가 남자아이보다 성숙하다는 건 어른들의 착각이었던 셈이다. 하긴 눈칫밥을 먹는 아이들은 다 어른처럼 보이는 법이다. 이런 식으로 남자는 강박증적 내면을, 반대로 여자는 히스테리적 내면을 갖게 된 것이다. 당연히 남성의 성적인 당혹감은 타자가 자기의 욕망을 실현시켜 줄 수 있는 수단이 아니라, 자기만의 고유한 욕망을 가진 주체로 등장할 때 발생한다. 한마디로 상대 여성이 적극적으로 자신의 욕망을 관철시키려고 할 때, 대부분의 남자는 불편한 느낌에 사로잡히게 될 것이다. 역으로 이것은 대부분 남성이 애인이나 아내가 자신의 욕망을 받아 주는 수동적인 자세를 취할 때 편안함을 느끼는 이유도 설명해 준다.

　　　이제 라캉을 통해 우리는 삼촌 팬들의 복잡한 욕망 메커니즘을 이해할 수 있는 실마리를 얻게 되었다. 우리 30~40대 아저씨들은 1997년 IMF 구제금융 사태의 한파를 온몸으로 겪었던 첫 세대라고 할 수 있다. 무한 경쟁과 그로부터 발생하는 고용 불안의 시대에 자신의 욕망을 관철시키려는 강박증자의 길은 그다지 쉬운 것은 아니다. 경제적 우월감이 없을 때 성적으로 위축될 수밖에 없는 것이 남성이다. 반대로 맞벌이에 뛰어들었던 그들의 애인이나 아내는 상대적으로 당당해지게 되었다. 자신의 욕망을 관철시키기에 너무나 무력해진 남성적 삶의 조건, 그리고 상대적으로 강화된 여성적 삶의 조건. 이 두 가지 조건 속에서 우리 아저씨들은 위축되어 있다. 그렇지만 압축된 용수철은 언젠가 조건만 주어진다면 튀어 오르기 마련이다. 마침내 우리 아저씨들은 자신의 강박증적 욕망을 해소시킬 수 있는 대상을 발견하게 된다. 아니, 정확히 말해 해방구가 없어 보였던 그들의 억압된 욕망에 기막힌 미끼가 던져진 것이다. 그것이 바로 걸 그룹이었던 셈이다.

그녀들의 노래는 풋내 나는 청순한 소녀의 목소리로 울려 퍼지지만, 그녀들의 춤은 이와는 대조적으로 골반의 움직임을 과도하게 강조하는 관능미를 띠고 있다. 연예 기획사는 걸 그룹에 자신의 욕망에 수줍어하는 순수한 소녀의 이미지, 그리고 나이에 비해 성숙한 육체가 뿜어내는 섹시한 이미지를 부여했던 것이다. 소녀의 이미지가 우리 아저씨들을 당당하게 만들었고, 그녀들이 뿜어내는 섹시한 이미지는 마침내 아저씨들의 억압된 욕망에 활기를 불어넣은 것이다. 사실 걸 그룹이 가진 이런 이중적 이미지는 이미 일본에서 만들어졌다. 일본의 경우 1990년대 초 버블경제가 붕괴되면서 교복을 입은 여학생이 성적 판타지의 대상으로 등장했던 적이 있다. 취업과 고용이 불안하자, 남자들은 경제적 무능을 조롱하듯이 쳐다

보는 아내나 동료 여성보다는 경제적 관념이 없는 소녀들에게 자신의 욕망을 집중했던 것이다. 아니 멀리 갈 필요도 없을 것이다. 1997년 IMF 구제금융 사태 이후 우리 사회에 원조교제나 아동성추행이 얼마나 커다란 사회적 문제가 되었는지를 기억한다면 말이다.

경제적으로 위축되었을 때 우리 아저씨들은 성관계에 소극적일 수밖에 없다. 그렇지만 억압될수록 그들의 욕망은 더 강해질 수밖에 없는 법이다. 이 순간 영민한 연예 기획사가 만든 걸 그룹이 우리 아저씨들의 욕망을 집요하게 부추겼던 것이다. 그렇지만 걸 그룹에 대한 아저씨들의 욕망은 현실화될 수 없는 신기루와 같은 것 아닌가? 기 드보르Guy-Ernest Debord라면 아저씨들의 눈에 비친 음란하면서 동시에 순결한 소녀들은 하나의 풍경, 즉 '스펙터클spectacle'에 불과하다고 이야기했을 것이다. 자신의 현실을 망각하게 만들 정도로 강렬한 흡인력이 있는 볼거리나 눈요깃거리가 바로 '스펙터클'이다. 그래서 스펙터클이란 "삶에 대한 시각적 부정"이라고 기 드보르는 자신의 주저 《스펙터클의 사회La Société du Spectacle》에서 강조했던 것이다. 남의 집 불구경하느라 자기 집에 불이 붙은 걸 모르는 형국인 셈이다.

걸 그룹을 향한 삼촌 팬들의 환호는 자신의 욕망을 관철시키기 위해 약하고 수동적인 존재를 찾는 강박증적 증상을 반복하고 있다. 그래서 삼촌 팬들의 열광은 원조교제나 아동성추행과 유사한 메커니즘을 공유한다고 할 수 있다. 물론 삼촌 팬들의 열광은 원조교제나 아동성추행과는 분명 다른 것이다. 전자가 환상 속에서 작동하는 것이라면, 후자는 현실적 폭력이기 때문이다. 어쨌든 만

'삼촌 팬' 탄생의 기원

약 우리 시대 남성들이 강박증을 벗어난다면, 당연히 걸 그룹도 삼촌 팬들도 존재할 수 없을 것이다. 걸 그룹의 성적 백치미는 우리 아저씨들의 위축된 성적 강박증을 먹고 살아가기 때문이다. 사실 강박증은 히스테리와 함께 인간이 반드시 극복해야 할 대상 아닌가? 타자와 제대로 관계하려면 그것이 성적인 것이든 아니든 간에 우리는 자신의 욕망뿐만 아니라 타자의 욕망도 부정하지 않아야 한다. 어쩌면 위기에 빠진 남성들은 드디어 온전한 인간으로 거듭날 수 있는 기회를 잡은 것인지도 모른다. 위축된 남성적 강박증을 상상적으로나마 실현할 것인가? 아니면 여성의 욕망도 긍정하는 성숙한 인간이 될 것인가?

가부장제의 유산,
강박증!

모든 남자가 본질적으로 강박증 환자라는 라캉의 지적은 불편하지만 어김없는 사실이다. 자기만의 욕망에만 집중하니, 기본적으로 모든 남자는 여자의 욕망을 부정하거나 무시하게 된다. 가부장제의 비호를 받은 남자들의 내면에 만들어진 상처라고 하겠다. 불행히도 현실적으로 모든 남자가 자신의 강박증을 관철시키기는 힘든 법이다. 자신의 강박증을 관철하려면, 우리는 무엇보다 자신이 만나고 있는 여자보다 압도적인 힘을 가지고 있어야 한다. 그렇지만 이것이 어떻게 쉬운 일이겠는가. 어떤 남자는 자신이 감당하기에 너무나 훌륭한 여자를 만나기도 하고, 또 어떤 남자는 자신보다 연봉이 엄청 높은 여자를 만나기도 한다. 또 어떤 남자는 자신의 욕망을 관철시키기에는 너무나 소심하고 나약하기도 하다. 현실적으로 내면의 지배욕, 혹은 자신의 욕망을 관철하려는 강박증이 관철되기 어려우면 관념적으로나마 욕망을 충족해야만 한다. 어쩌면 여자보다 남자가 자위행위에 더 몰입하게 되는 것도 이런 이유에서일 것이다. 문제는 이런 환상적 욕망 충족이 강박증적 경향을 지속하고 강화시킬 수 있다는 점이다. 그러는 동안 내면의 강박증, 그러니까 가부장제적 습성을 뿌리 뽑는 노력은 당연히 물 건너가게 된다. 물론 그렇다고 해서 자신의 욕망 자체를 부정하려고 해서도 안 된다. 사랑이란 나의 욕망만큼 타자에게도 욕망이 있다는 자명한 사실에 기초하고 있다. 그러니까 타인의 욕망을 부정해도 사랑은 불가능하지만, 또 자기 욕망을 제거해도 사랑은 불가능하다는 것이다. 그러니 나와 타자, 두 개체의 욕망을 긍정할 수 있을 때까지, 단순히 머리에서만 아니라 온몸으로 드러낼 수 있을 때까지, 우리는 더 깊게 배우고 더 많이 훈련해야 한다.

사재기와 표절의 시대

⌄

얼어 버린 책의 정신

매출액 기준으로 5위 안에 들어가는 거대 출판사에 강의를 하러 간 적이 있다. 출판사 직원들에게 인문학 특강을 해 달라는 청탁을 받은 것이다. 저자로서 어떻게 출판사의 부탁을 거절할 수 있겠는가. 강연하기에 앞서 이미 나와 책을 함께 만들었던 편집자가 출판사의 최근 동향을 넌지시 알려 주었다. 충격이었다. 마케팅을 담당하는 직원이 출판 기획회의에 참여하고 있다는 이야기 때문이었다. 당장 5,000부 이상 나갈 책이 아니면 기획회의에서 말도 꺼내기 힘들다는 푸념을 들었다. 경악할 일이다. 이제 자본의 논리가 책이 출간되기도 전에 낙태 여부를 결정하고 있으니 말이다. 이런 식이라면 니체와 같은 위대한 철학자가 나타나도 출간 제안조차 할 수 없을 것이다. 그의 주저《차라투스트라는 이렇게 말했다Also Sprach Zarathustra》의 경우 출간 후 3년이 다 되도록 판매량이 200권을 넘지 못했으니까 말이다. 당시 니체가 《차라투스트라는 이렇게 말했다》를 출간하지 않았다면, 이 책에 담겨 있는 니체의 자유 정신을 지금 우리가 어떻게 맛볼 수 있겠는가.

단기간에 잘 나가는 책이 고전의 반열에 오르는 것도 아니고, 당장에 별로 반응이 없는 책이 영원히 잊히는 것도 아니다. 한마디로 모든 베스트셀러들이 스테디셀러, 즉 고전이 되는 것은 아니다. 이렇게 바꾸어 말해도 좋다. 마케터가 출판 기획회의에 참여하는 순간, 또는 출판사 사장이 마케팅 마인드로 출판을 결정하는 순간, 베스트셀러들이 나올 수는 있지만 고전들이 나오기는 어려운 법이다. 독자들이 원하는 책을 만들면 베스트셀러가 탄생하기 쉽다. 그러니 소비자의 취향과 욕구를 읽어서 그에 영합하는 상품을 내놓으려는 마케터의 논리, 그러니까 출판시장에서도 자본주의 논리가 힘을 발휘할 수밖에 없다. 책을 하나의 상품으로 취급하는 출판사라면 상관이 없다. 그러나 인문주의를 표방하는 출판사도 경쟁적으로 자본주의 논리를 채택하고 있다는 것이 심각한 문제다. 인문주의는 자본이 아니라 인간을 지고한 가치에 놓는 입장이기 때문이다.

우연히 만난 인문 출판사 사장이 지금까지 미망에 살다가 갑작스럽게 깨달음이라도 얻은 것처럼, 혹은 자신이 모던한 경영 기법이라도 배운 세련된 CEO로 거듭나기라도 한 것처럼 마케팅의 논리를 설파하는 경우가 있다. 이럴 때 나는 사장의 얼굴을 슬픈 눈으로 쳐다보게 된다. 사람과 사람 사이에는 항상 진심이 통할 수 있다는 확신은 어디론가 사라지고, 사람을 유혹하여 상품을 팔려는 미끈덩한 자본가가 되었기 때문이다. 마치 동지를 잃어버리는 듯하니,

사재기와 표절의 시대

어떻게 슬프지 않을 수 있겠는가. 사실 황당하다 못해 분노할 수밖에 없는 경우도 있었으니, CEO로 거듭난 이 출판사 사장은 귀여운 축에 든다고 하겠다. 어떤 편집자가 내게 당당히 제안했던 적이 있다. "선생님이 쓰고 싶은 책을 쓰세요. 대신 제목만 제가 달도록 해주세요. 인문 서적으로 분류되지 않고 경영과 처세 서적으로 분류되어야 하니까요. 최소 10만 권 이상 나갈 수 있을 거예요."

순간 모멸감에 얼굴이 화끈거렸다. 대학원 석·박사 시기 10여 년, 그리고 필자로 활동한 지 5년이나 되었던 철학자가 얼마나 속물로 보였으면 이런 제안을 서슴없이 할 수 있다는 말인가. 자본이나 국가 등 체제의 이익이 아니라, 앞으로 태어날 후손을 포함한 인류의 이익에 복무하지 않는다면, 철학이니 인문학 등이 무슨 필요가 있다는 말인가. 그러니 독자들의 사유를 깨우고, 자신의 삶, 나아가 공동체적 삶의 가치를 고민하도록 해야 하는 인문 저자에게 돈을 위해 글을 쓰라는 제안을 아무런 거리낌도 없이 할 수 있다는 사실에 경악할 뿐이었다. 저자도 이렇게 모독하는데 그 편집자가 독자들을 세 치 혀로 어떻게 모독할지는 명약관화한 일 아닌가. 독자들을 성숙시키기는커녕 그들의 욕망을 자극하거나 아니면 그들의 값싼 자기 정당화에 논리를 제공해서 돈을 벌려고 할 테니 말이다.

책은 단순한 상품이 아니다. 수많은 책들이 오늘도 쏟아져 나오지만, 책이라는 외양만 갖고 있는 상품도 있고 동시에 책이라는 이름에 걸맞은 책도 있다. 상품으로서의 책은 독자들에게 원하는 정보를 주거나 아니면 재미를 주는 것이다. 반면 책으로서의 책은 독자들을 불편하도록 만들어 사유를 자극한다. 그래서 카프카Franz Kafka

도 말하지 않았던가. "우리는 불행처럼 우리를 자극하는 책들, 다시 말해 우리에게 아주 깊이 상처를 남기는 책이 필요하다. 이런 책들은 우리가 자신보다 더 사랑했던 사람의 죽음처럼 느껴지고, 사람들로부터 격리되어 숲으로 추방되는 것처럼 느껴지고, 심지어 자살처럼 느껴질 것이다. 책은 우리 내면에 얼어 있는 바다를 내려치는 도끼 같은 것이어야만 한다. 나는 이렇게 믿고 있다." 방금 읽은 것은 《친구, 가족 그리고 편집자들에게 보내는 서신Letters to Friends, Family, and Editors》이라는 책에 실려 있는, 1904년 1월 27일에 카프카가 자신의 친구에게 보낸 서신 중 일부분이다.

　　　카프카의 말에서 중요한 것은 "내면에 얼어 있는 바다"라는 비유다. 이 비유는 삶의 활기를 잃어버린 상태를 가리킨다. 아무리 바깥이 추워도 생명체는 따뜻한 온기를 유지하는 법이다. 그러니 온기는 사라지고 얼음처럼 차가워졌다는 것은 우리가 무생물처럼 무기력하고 무감각하게 살아가고 있다는 걸 비유한다. 물은 바깥이 추워지면 얼어붙고 바깥이 따뜻해지면 녹는다. 이렇게 외부 환경의 변화에 전적으로 순응하는 삶은 살아가는 것 같지만 사실 죽은 것에 다름없다고 할 수 있다. 그래서 카프카는 바로 이 얼어 있는 바다와 같은 우리의 마음을 도끼로 내려치려고 한 것이다. 제대로 살아 있다고 착각하지만 우리의 마음은 이미 얼어붙어 있다는 걸 가르치고 싶었던 것이다. 마음 깊은 곳에서 '쩽!' 하는 파열음이 들리면, 우리가 자신이 죽어 있다는 걸 자각하리라는 기대를 품고 말이다. 자본이나 국가 등 체제의 명령에 따라 살아갈 때, 우리의 마음은 얼어 있는 바다와 같게 된다. 카프카는 바로 이것을 알려 주고 싶었다. 당신들은 살아 있는 것처럼 보이지만, 사실 죽어 있다고 울부짖었던 것이다.

이것이 바로 상품으로서의 책이 아니라 책으로서의 책이 중요한 이유다. 진정한 책은 카프카의 말대로 "우리 내면에 얼어 있는 바다를 내려치는 도끼"와 같은 역할을 해야 하기 때문이다. 그렇다. 위대한 작가가 독자들을 불편하게 만드는 이유는 사디스트적인 취향 때문이 아니다. 그것은 독자들, 그러니까 이웃들과 후손들에 대한 애정 때문이다. 좋은 약은 입에 쓰고 좋은 말은 귀에 거슬린다는 말이 있는 것도 이런 이유에서다. 그렇지만 입에 쓰지만 몸에 좋은 약을 기꺼이 먹거나, 혹은 귀에 거슬리는 말을 기꺼이 듣는다는 것은 얼마나 힘든 일인가. 이것이 바로 책다운 책이 베스트셀러가 되기 어려운 이유, 혹은 잘해야 고전의 반열에 올라 스테디셀러가 될 수밖에 없는 이유다. 하긴 누가 자신에게 아첨하는 책, 장자의 표현을 빌리면 "똥구멍을 핥는" 책이 아니라 자신을 불편하게 만드는 책을 좋아할 수 있다는 말인가.

다행인지 불행인지 상품으로서의 책은 그 수명이 얼마 남지 않은 것 같다. 모든 종이 매체가 그렇듯이 통신과 영상 기술의 발달은 정보와 재미를 제공하는 책의 기능을 현저히 축소시키고 있다. 누구나 쉽게 자신의 스마트폰을 열면 필요한 정보나 재미를 충분히 얻을 수 있기 때문이다. 그렇지만 책으로서의 책은 결코 수명이 다하지 않을 것이다. 아니 다하지 않아야만 한다. 인간이 인간을 깨우려는 노력이 멈추는 순간, 우리에게는 어떤 소망스러운 미래도 불가능하기 때문이다. 그래서 전자책의 형태를 취하든 어떻든 간에 자본보다는 인간적 가치에 무게를 두는 책은 계속 나와야 한다. 우리 공동체가 탁류처럼 되더라도, 작으나마 맑은 샘물 한 줄기라도 흘러들어야 그나마 완전히 썩지는 않을 테니까 말이다. 바로 여기에 문학, 철학, 역사 등을 다루는 인문 저자와 출판사들의 존재 이유가 있다.

지금 출판계에는 베스트셀러를 억지로 만들어 잉여가치를 얻으려는 자본의 맹목적 충동이 횡행하고 있다. 대형 작가와 관련된 사재기 사건이나 표절 사건의 근본적인 원인도 바로 여기에 있다. 책으로서의 책을 만들어야 할 출판계, 책으로서의 책을 집필해야 할 저자가 자본의 노예가 된 충격적인 사건들이다. 물론 다른 분야의 사건들에 묻혀 출판계의 사건들을 대부분의 사람들은 쉽게 잊고 있을 수도 있다. 그렇다면 다시 그 충격의 상처를 아프게 아로새겨야만 한다. 저자와 독자, 그러니까 책을 매개로 만나야 하는 인간관계를 왜곡한 사건, 일어나서는 안 될 사건이 인문주의를 표방하는 출판사에 의해 일어난 것이기 때문이다. 베스트셀러만 만들면 된다는 장사치에 가까운 출판사가 아니라, 인문학의 꽃이라고 할 수 있는 문학을 표방했던 출판사가 저지른 사건이라는 것이 중요하다. 탁류를 정화시키는 작은 샘물마저 오염된 꼴이니까 말이다. 저자와 독자를 이보다 심하게 모독하는 경우가 어디에 있다는 말인가. 그렇지만 돌아보면 출판사 탓만이 아닐지도 모른다. 저자나 독자가 책의 정신을 올바르게 세우고 있었다면, 과연 이런 일이 일어날 수 있었을까. 자본에 모독당한 출판사가 내건 베스트셀러라는 유혹에 저자나 독자들도 모두 매혹되었던 것은 아닐까.

물론 그렇다고 해서 인문 저자나 출판사들에게 이익을

버리고 자선사업을 하라는 것은 아니다. 애써 집필한 책이나 출간한 책이 많이 팔려서 수익이 증가하는 것은 좋은 일이다. 그렇지만 이렇게 얻어진 수입은 1차적으로 책의 정신에 독자들이 많은 공감을 표시했다는 증거, 다시 말해 아이를 돌보듯이 정성 들여 집필했고 출판했던 책을 독자들도 사랑했다는 증거로 받아들여야만 한다. 지독히 보수적인 사상가라고 비판되기도 하는 공자孔子마저도 말했던 적이 있지 않은가. "녹재기중祿在其中!", 그러니까 '봉록은 그 사이에 있다'는 말이다. 제자들이 스승의 학문을 언제까지 배워야 출세해 돈을 잘 벌 수 있는지를 묻자, 실망감을 간신히 이기고서 공자가 제자들에게 한 말이다. 공자도 돈, 그러니까 봉록을 부정한 적은 결코 없다. 그렇지만 그것은 인간다운 삶을 영위할 때 발생하는 부차적인 효과, 그 이상도 그 이하도 아니었다. 인문 저자들도 그렇지만 인문주의를 표방하는 출판사 사장도 반드시 아로새겨야 할 가르침 아닌가.

책의
마지막 탈출구

문자 해독률이 비약적으로 높아진 18세기 이후 근대사회에서 책은 소수의 지배층만이 아니라 일반 대중도 읽을 수 있는 것이 되었다. 대중들은 자신들이 원하는 것을 책에서 찾으려고 했다. 책의 대중화라고나 할까. 이제 책은 세 가지 목적에 종사하는 중요한 매체가 된다. 첫째는 오락을 제공하는 것이다. 음란물이어도 좋고 아니면 감미로운 낭만적 소설이어도 좋다. 혹은 지적인 독자라면 정치물이나 역사물이어도 좋다. 이때 책은 시간 보내기에 최고의 수단이 되게 된다. 둘째는 정보를 제공하는 것이다. 자연에 대한 책, 생명에 대한 책, 정치에 대한 책, 경제에 대한 책, 언어 습득을 위한 책 등등. 무언가 삶에 유익한 정보를 주는 것 또한 책이다. 마지막 세 번째는 번뜩이는 통찰력을 제공하는 것이다. 마르크스, 카프카, 스피노자Baruch de Spinoza, 들뢰즈, 원효, 나가르주나Nāgārjuna, 김수영, 베케트 등등 위대한 인문 저자들의 책은 우리에게 오락이나 정보가 아니라 세상과 자신을 새롭게 볼 수 있는 안목을 제공한다. 19세기까지 책은 이 세 가지 기능, 즉 오락, 정보, 그리고 통찰력의 보고라는 기능을 독점했다. 그러나 20세기 들어서면서 책 이외에 다양한 매체가 등장하면서 상황은 급변하게 된다. 영화, 텔레비전, 컴퓨터 등등이 책이 수행하던 기능을 대신하기 시작했기 때문이다. 21세기 들어 책은 더 강한 적을 만나게 됐다. 바로 스마트폰이다. 스마트폰은 책뿐만 아니라 영화, 텔레비전, 그리고 컴퓨터의 기능마저도 모조리 흡수하게 된다. 당연히 대중들은 스마트폰에 열광하게 된다. 이제 그들은 스마트폰을 통해 신속하고 편리하게 오락과 정보를 얻게 되었으니까. 그렇지만 책은 아직도 마지막 기능, 즉 통찰력을 제공하는 기능을 빼앗기지 않았다. 그러니 저자들은 오락이나 정보가 아니라, 통찰력을 갈고 다듬을 때다. 그리고 그것을 책에 응축시켜야 한다. 오직 이것만이 책이 존재할 수 있는 유일한 길이니까.

사재기와 표절의 시대

얼마나 많은 초혼곡이 필요할까?
우리의 웃음이 다시 돌아올 때까지.

기륭전자 복직 투쟁, 서울 구로, 2010

음란 사회 진단서

∨

가부장적 관습과 경쟁 체제의 잘못된 만남

　　가장 정신적으로 숭고한 사랑, 다시 말해 성욕을 넘어서는 플라토닉 러브를 신봉하는 여성은 어떤 사람일까? 좋은 집안에서 태어나 명문 대학을 다니며 결혼 이전에 어떤 남자와도 관계를 맺지 않은 요조숙녀일까? 절대 아니다. 오히려 사랑에서 중요한 것이 육체적 교감보다는 정신적인 교감이라는 사실을, 아니 정확히 말해 정신적 교감이어야만 한다는 사실을 알고 있는 사람은 바로 매춘부다. 그녀에게서 섹스라는 것은 사랑을 확인하는 어떤 증거도 아니다. 그것은 단지 성욕을 가진 남성이 돈으로 구매할 수 있는 것이니까. 어떻게 팔 수 있는 것이 소중한 것일 수 있겠는가? 논의를 명료화하기 위해 이렇게 되물어 보도록 하자. 언제 매춘부는 자신의 신세를 가장 서럽게 느낄까? 사랑하는 남자와 섹스를 즐긴 후, 아침에 혼자 남겨진 매춘부를 생각해 보라. 그녀를 남기고 떠난 남자는 야속하게도 하룻밤의 대가로 돈을 남기고 갔다. 사랑해서 섹스를 했는데, 상대방 남자는 사랑하는 여자와 하룻밤을 보낸 것이 아니라 매춘부에게 자신의 욕정을 풀었던 것이다.

발터 벤야민이 《아케이드 프로젝트Das Passagenwerk》에서 루이 뤼린Louis Lurine의 말을 인용했던 것도 이런 맥락에서 아니었을까? "13구에는 진정으로 사람을 사랑하기 시작했을 때 죽어 가는 여성들이 있다. 이들은 매춘부로서의 마지막 한숨을 사랑에 바치고 있는 것이다." 파리의 13구는 매춘 장소로 유명했던 곳이다. 매춘부는 돈을 벌기 위해 정말 굴욕스러운 행위도 마다하지 않는다. 자신의 몸을 돈으로 사려는 남자가 원하면 무엇이든 못하겠는가. 그렇지만 어느 날 어떤 남자를 사랑하게 되면, 그녀는 더 이상 매춘부가 될 수 없다. 섹스를 한 뒤에, 그에게서 돈을 받을 수 없기 때문이다. 그래서 사랑에 빠진 매춘부는 매춘부로서는 죽어 가는 셈이다. 그리고는 마지막 한숨을 쉬게 될 것이다. 왜냐고. 돈이 없어서 몸을 팔았는데, 이제 돈을 벌 수 없으니 어떻게 한숨이 나오지 않겠는가. 다시 매춘부가 되기 전의 상태로 내던져진 셈이다. 이제 사랑하는 남자마저 덤으로 생겼으니, 이제 어떻게 먹고살 것인가? 그러니 마지막 한숨이 서럽지만 동시에 기쁘게 내뱉어지는 것이다.

매춘부에게 섹스는 사랑의 징표도 무엇도 아니다. 그녀에게 사랑은 섹스 이상의 무언가를 함축해야만 한다. 이와 달리 요조숙녀에게서 섹스는 결혼할 때까지 금기시되어야 하는 행위로 인정된다. 그녀에게 섹스는 부부가 되었다는 사실을 증명하는 절대적인 관문인 셈이다. 결국 이렇게 물어보는 것이 빠른 일일지도 모른다.

음란 사회 진단서

매춘부와 요조숙녀 중 누가 섹스를 중요하게 생각할 것인가? 당연히 매춘부가 아니라 요조숙녀일 것이다. 매춘부에게 섹스가 식욕이나 수면욕처럼 충족되면 곧 사그라지는 욕망이었다면, 요조숙녀에게 섹스는 단순한 욕망이 아니라 모든 판타지가 투사되어 신성시되는 그 무엇이기 때문이다. 여기서 심각한 아이러니가 발생한다. 우리의 기대와는 달리 진정으로 음란한 사람은 매춘부가 아니라 요조숙녀이다. 매춘부와 달리 요조숙녀는 섹스를, 물론 부부 사이의 아름다운 섹스를 지속적으로 꿈꾸기 때문이다.

뒤마Alexandre Dumas fils의 《춘희La Dame aux Camélias》나 모파상Guy de Maupassant의 《비곗덩어리Boule de Suif》와 같은 소설들은 이런 아이러니가 없었다면 쓰일 수도 없었을 것이다. 19세기 소설가들은 정숙해 보이는 귀족 부인들이 음란하며, 음탕해 보이는 매춘부들이 더 숭고하다는 사실을 간파하고 있었던 것이다. 섹스와 관련된 이런 아이러니가 발생하는 이유는 무엇일까? 욕망에 대해 가장 깊은 사유를 전개했던 바타유를 언급할 필요도 없이, 인간의 욕망은 금기와 밀접한 관련이 있는 법이다. 다시 말해 우리는 금지된 것만을, 아니 정확히 말해 금지되었다는 이유만으로 그것을 욕망한다는 것이다. 예를 하나 들어 볼까. 울타리를 지나다가 우리는 경고 문구와 함께 작은 구멍을 발견하게 된다. "들여다보지 마시오." 아마 이 문구를 보지 않았다면, 우리는 울타리를 그냥 지나쳤을 것이다. 그렇지만 금지 문구를 보는 순간 우리는 구멍을 통해 울타리 안을 들여다보고 싶은 욕망을 강하게 느끼게 될 것이다.

바타유의 놀라운 통찰이 적용되는 수많은 예들이 존재한

다. 날씬한 몸매나 '식스팩'을 만들기 위해 다이어트에 여념이 없는 젊은이들에게 음식은 참을 수 없는 욕망의 대상이 될 수밖에 없다. 다이어트에서 음식은 금지의 대상이기 때문이다. 음식만이 그럴까? 게임도 부모가 강하게 금지할수록, 아이들은 더 강하게 게임을 욕망하기 마련 아닌가. 이런 이유로 바타유는 인간의 욕망은 동물의 단순한 욕구와는 달리 인간적인 색채를 띨 수 있다고 주장했던 것이다. 가질 수 없을 때 포기하기보다는 더 가지려고 하는 것, 다른 말로 구속을 느꼈지만 그걸 돌파하려고 하는 것, 이것이 바로 인간의 자유이기 때문이다. 다양한 금지가 있지만 그래도 가장 강한 금기의 대상은 뭐니 뭐니 해도 섹스일 것이다. 이것은 동양과 서양, 그리고 과거와 현재에 관계없이 성욕이 항상 금지의 대상이었다. 금욕禁欲이나 절욕節欲이라는 개념이 나온 것도 다 이유가 있었던 셈이다. 당연히 섹스 혹은 성욕에 대한 욕망은 더 가열하게 혹은 더 목마르게 증폭되었던 것이다.

섹스 금기에서 순결이라는 해묵은 이상이 발생하게 된다. 잊지 말아야 할 것은 순결이란 이상은 남성이 아니라 주로 여성에게 부가되는 가치라는 점이다. 이것은 물론 자신의 권력과 재산을 자신의 아들에게 물려주려는 가부장의 욕망이 투영된 것이다. 그래서 조선시대만 하더라도 해가 진 다음 궁궐에는 수태 가능한 남성으로 오직 군주 한 명만이 있었다. 왕의 적통 아들, 즉 대군大君들도 수태 가능하면 궁궐 밖으로 나가 살게 했을 정도다. 혹시 왕이 건드릴 수 있는 후궁을 대군들이 건드릴까 두려웠던 이유에서다. 동시에 사대부 가문에서도 여성은 안채, 혹은 가옥의 가장 깊숙한 곳에

음란 사회 진단서

숨겨 두었다. '안방마님'이란 말도 이래서 탄생한 것이다. 왕실에서든 사대부 가문에서든 이렇게 여성을 순결하게 만들려는 이유는 분명하다. 여성은 자신의 배에서 자라고 있는 아이의 아버지가 누군지 알지만, 남성은 그 아이가 자신의 핏줄인지 확신할 수 없는 법이다. 그러니 다른 남성과의 노출을 가급적 막아야만 했고, 동시에 여성의 내면에는 순결의 이미지를 각인시킬 수밖에 없었던 것이다.

아이러니하게도 순결은 결코 순결하지 않다. 섹스와 관련된 가부장적 흉계가 깔려 있기 때문이며, 동시에 섹스에 대한 금기를 만들면서 성욕을 비대화시켰기 때문이다. 기묘한 일 아닌가? 순결을 강조하는 사회야말로 섹스에 온갖 시선을 집중하도록 만드는 음란한 사회라는 사실이. 더 심각한 것은 금지된 것에 대한 욕망이 강하면 강할수록, 우리는 금지된 것 이외의 것에 별다른 관심을 보이지 않는다는 점이다. 금지된 것에 몰입하니, 금지되지 않은 것에 몰입할 정신적 여력이 없는 것이다. 이런 식으로 여성은 남성을, 혹은 남성은 여성을 성적인 대상으로만 보려는 편집증적 경향이 형성된다. 그 결과는 참혹하기만 하다. 마침내 우리는 지금 자신이 만나는 여성이 성적으로 여성이면서도 동시에 다른 수많은 특성을 가진 존재라는 사실을 쉽게 망각하게 되었으니까. 그녀의 정치적 견해, 그녀의 미적인 감수성, 그녀의 정신적 이상, 혹은 그녀가 가진 운동 능력 등등 한 여성을 설명할 수 있는 다른 중요한 가치들이 송두리째 부정되거나 무시되는 셈이다.

종종 우리 사회를 충격에 빠뜨리는 끔찍한 아동성범죄가 일어날 수 있는 토양이 이미 충분히 자리 잡고 있다. 성적 독립성과 자립성이 없으니, 자신의 억제된 성적 욕망을 아동에게 풀기 쉬운 것이다. 여기에 신자유주의가 강요하는 무한 경쟁에서 좌절했던 피해의식이 덧붙여지면 모든 것이 완벽하게 갖추어진다. 피해의식에서 벗어나는 가장 손쉬운 방법은 무엇일까? 그것은 자신보다 약한 존재를 찾아 그에게 승리를 거두는 것이다. 잠시 동안 피해의식이 완화된 듯한 착각이 일어나기 때문이다. 착각이면 또 어떤가? 순간적이나마 약자를 통제했다는 지배욕을 느낄 수 있으니 말이다. 그렇다면 가장 약한 존재는 누구일까? 그것은 아이, 그리고 여성 아닌가. 아이러니하게도 가해자는 항상 피해자에서 출발하는 법이다. 아동성폭력 가해자 대부분은 유년 시절 가정폭력을 경험했던 일종의 희생자였다. 더 조사해 보면, 그들에게 폭력을 행사한 부모들은 대부분 경쟁 체제에서 낙오된 사람들인 경우가 많다. 자신들의 피해의식을 그들은 고스란히 애꿎게도 자신의 아이에게 폭력으로 해소하려고 했던 것이다. 바로 이 가정폭력의 피해자들이 자라면 이번에는 아동성폭력이란 끔찍한 범죄의 가해자로 탈바꿈하는 것이다.

자본주의라는 콜로세움에서 패배한 해묵은 가부장적 의식이 음란한 사회에서 자신의 권력을 회복하기 위해 가장 약한 여성, 가장 약한 아동, 나아가 여아를 공격하고 있는 시대. 이것이 바로 지금 우리는 살고 있는 시대다. 결국 여성이나 아동과 관련된 잔혹한 성범죄는 가부장제가 조성한 음란한 사회와 자본주의가 가중시킨 피해의식의 잘못된 만남이 현실화된 것일 뿐이다. 수천 년 지속되어온 가부장제의 유습과 자본주의가 낳은 반인문주의가 불행히도 지금 우리 시대에 제대로 조우한 셈이다. 진단이 나왔다면 해법

음란 사회 진단서

도 분명한 것 아닐까. 우선 섹스에 대한 금기를 허물어야만 한다. 그러기 위해 우리는 섹스를 긍정적으로 바라보고, 나아가 섹스를 남녀 사이에 가능한 수많은 관계들 중 하나로 자리 잡도록 해야 한다. 동시에 우리는 자본주의적 경쟁 구조를 완화해 피해의식을 사회에 증폭시키지 말아야 한다. 그렇지만 '아동·청소년의 성보호에 관한 법률', 그러니까 '아청법'과 관련된 정부의 조치는 섹스와 관련된 금기를 강화시키고 있을 뿐이다. 나아가 정부는 심지어 아동성폭력 가해자를 양산하고 있는 현재의 가혹한 경쟁 구조 자체를 뜯어고칠 생각은 아예 없는 것 같다. 선무당이 사람 잡는다고 했던가. 아니, 어쩌면 정부 당국은 선무당이 아니라 다른 의도를 가진 나쁜 무당일지도 모를 일이다. 섹스에 대한 금기를 강화하면서 가부장제와 자본주의의 구조적 문제에 우리 시선을 멀어지도록 만들고 있으니까.

러브호텔과
교회 사이

가부장적 관습의 아이러니는 성욕을 부정하면서 동시에 성욕을 신성화한다는 데 있다. 그러니까 가부장제는 성욕을 부정하면서 동시에 긍정하는 묘한 분열 의식을 우리 인간에게 각인시킨다는 것이다. 이런 이중성은 가부장제가 강요하는 순결 이미지에도 묘하게 관철되어 있다. 순결은 지켜져야 하지만, 딱 한 번 제대로 더럽혀지기 위해 지켜져야 하는 것이다. 여러모로 순결의 이미지는 묘하게 자본주의 논리를 닮아 있다는 것에 주목할 필요가 있다. '신상', 즉 신상품의 논리가 바로 그것이다. 중고보다는 신상이 더 비싼 것이 사실 아닌가. 그렇지만 영원히 팔리지 않아 신상으로 영원히 있고자 하는 것, 이것은 신상이 바라는 것은 아닐 것이다. 가장 비싸게 팔리기 위해, 그래서 가장 비싸게 중고가 되려는 꿈이 신상의 꿈일 테니 말이다. 섹스와 순결의 이중성과 분열성! 이걸 이해하려면 문정희 시인이 〈러브호텔〉이란 시에서 말했던 것처럼 깊은 밤 높은 곳에서 도시를 내려다보는 것으로 충분하다. 교회를 알리는 십자가 문양의 네온사인과 러브호텔을 알려 주는 목욕탕 문양의 네온사인, 이 붉은 빛들이 마치 은하수처럼 도시를 밝히고 있다. 러브호텔과 교회! 섹스에 대한 우리의 이중적 태도에 대한 정말 근사한 상징이라고 하겠다. 문정희가 말했던 것처럼 우리 몸 안에는 '러브호텔과 교회'가 분열적으로 공존하고 있는 셈이다. 러브호텔에서의 섹스를 부끄럽게 여기니, 교회에서 참회하고 헌금을 내야 한다. 반대로 교회의 금욕주의와 염세주의에 우울해지니, 러브호텔에서 낙관주의적 욕망을 분출하고 그 대가로 입실료를 내는 것이다. 결국 교회는 러브호텔의 열정에 기생해서 먹고살고, 러브호텔은 교회의 금욕주의에 의지해서 먹고사는 셈이다.

음란 사회 진단서

인정투쟁의 새로운 무대, SNS

스마트폰론(論) 둘

깊은 밤 굉음을 내며 도심지를 질주하는 폭주족들이 있다. 그들이 타고 있는 오토바이는 할리데이비슨과는 거리가 멀다. 통닭집이나 중화요리집 배달용으로 어울릴 만한 초라한 오토바이다. 그래서 그런지 그들은 오토바이를 개조해 노면에 날카로운 섬광을 만들며 질주하는지도 모를 일이다. 그 경관을 보고 몇몇 어른들은 혀를 끌끌 차기도 한다. 그들은 폭주족들이 무엇 때문에 불법에 가까운 그런 위험한 짓을 하는지 이해조차 하려 들지 않는다. 그들에게 폭주족들은 우리 사회에서 사라져야 할 불쾌하고 두려운 대상들에 지나지 않기 때문이다. 그들이 폭풍처럼 질주해 지나쳤던 곳에서 비슷한 또래의 젊은이들이 힙합 춤에 몸을 맡기고 있다. 주변에는 묘기에 가까운 몸동작에 탄성을 지르는 사람들이 모여들어 있다. 그렇지만 공부는 하지 않고 춤에만 몰입하는 젊은이들에 못마땅한 시선을 던지는 어른들도 개중 눈에 띈다.

폭주를 통해, 혹은 춤을 통해 우리 젊은이들이 얻으려는 것은 무엇일까? 그것은 주변의 관심과 애정이다. 다른 사람들은 무시해도 좋다. 같이 폭주를 하거나 함께 힙합을 하고 있는 동료들로부터 애정과 관심을 얻을 수만 있다면 타인의 시선은 무시해도 좋다. 어쩌면 이들은 행복한지도 모른다. 그들에게는 알량하지만 최소한 동료들이 있기 때문이다. 동료마저도 없는 사람들은 도대체 누구로부터 관심과 애정을 얻을 수 있겠는가? 물론 그들도 학교나 직장에 다니고 있기는 하다. 그렇지만 자신이 원해서 선택한 학교나 직장이 아니라면, 그곳에서 주고받는 애정과 관심은 그들을 충족시키기에는 턱없이 부족할 수밖에 없다. 그래서 그런지 그들은 자신에게 관심과 애정을 기울일 수 있는 동료들을 찾아다닌다. 이것을 가능하게 한 것이 바로 컴퓨터와 스마트폰이 열어젖힌 사이버공간이다. 가상공간에서 그들은 미니홈피나 블로그 속에 거주한다. 자신만의 주거 공간을 아름답게 꾸며 동료들을 유혹하고 그들로부터 애정을 받으려는 노력을 게을리하지 않는다.

이들의 구애행각을 가만히 놔둘 자본이 아니다. 마침내 자본은 외로운 그들에게 'TGIF'로 상징되는 SNS를 제공하기 시작한 것이다. T는 트위터Twitter, G는 구글Google, I는 아이폰I-phone, 그리고 F는 페이스북Facebook의 약자다. 과거 미니홈피나 블로그와는 달리 SNS는 글자 그대로 실시간 네트워크라는 그물망 조직을 제공한다. 새로운 구애 공간이 만들어지자마자 새로운 입주자들이 앞다투어 속속 등장하고 있는 실정이다. 스마트폰으로 활성화된 SNS에 도

인정투쟁의 새로운 무대, SNS

취되어 이 네트워크가 전제하고 있는 인간의 원초적 욕망을 간과해서는 안 된다. 다시 말해 스마트폰이라는 새로운 매체와 그에 따라 등장한 SNS의 새로움에 현혹되어, 타인으로 인정받으려는 인간의 오래된 욕망을 무시해서는 안 된다는 것이다. 많은 동서양 철학자들이 인간의 인정욕구를 간파했지만, 가장 극적으로 포착했던 철학자는 아마도 파스칼Blaise Pascal일 것이다.

자신의 주저 《팡세Pensées》에서 파스칼은 인간의 본질을 이성이 아니라, 허영에서 찾는다. 중요한 것은 허영의 이면에는 비합리적인 인정 욕구라는 메커니즘이 자리 잡고 있다는 그의 통찰이다. "허영은 사람의 마음속에 너무나도 깊이 뿌리박혀 있는 것이어서 병사도, 아랫것들도, 요리사도, 인부도 자기를 자랑하고 찬양해 줄 사람들을 원한다. 심지어 철학자도 찬양자를 갖기를 원한다. 이것을 반박해서 글을 쓰는 사람들도 훌륭히 썼다는 영예를 얻고 싶어 한다. 이것을 읽는 사람들은 읽었다는 영광을 얻고 싶어 한다. 그리고 이렇게 쓰는 나도 아마 그런 바람을 가지고 있는지 모른다. 그리고 아마도 이것을 읽을 사람들도 그럴 것이다." 데카르트René Descartes가 인간을 이성적인 동물이라고 이야기했을 때, 동시대 파스칼은 인간에게서 전혀 다른 것을 보았던 셈이다. 그의 눈에 인간은 이성적이고 합리적인 존재라기보다는 무엇보다 먼저 허영과 같은 비합리적인 충동에 지배되는 존재로 보였으니까 말이다.

인간이라면 누구나 "자신을 자랑하고 찬양해 줄 사람들을 원한다". 이것은 인부처럼 못 배운 사람이건 아니면 철학자처럼 지혜로운 사람일지라도 예외가 없는 사실이다. 심지어 자신마저도 허영에 빠지는 존재일 수밖에 없다고 스스로 인정할 정도로 파스칼은 철저한 사람이었다. 사실 허영의 의미는 '배너티vanity'라는 영어 표현보다 '허영虛榮'이란 한자 표현이 더 예리하게 전해 준다. '배너티'는 '덧없음' 정도만을 의미하지만, '허영'이란 단어는 허영의 내적 메커니즘을 잘 드러낸다. 허영이란 단어는 실제가 아니라는 의미의 '허虛'와 화려하게 꽃핀 모양을 뜻하는 '영榮'으로 구성된 글자다. 그러니까 허영은 실제가 아닌 화려함, 헛된 화려함이란 뜻을 가진다. 뚱뚱한 사람은 건강하다는 말을 듣고 싶어 한다. 못생긴 사람은 마음이 곱다는 말을 원한다. 성적이 낮은 학생은 행복은 성적순이 아니라는 이야기를 자주한다.

　　　　파스칼이 보았던 인간 본성, 즉 허영이 물질화된 공간이 바로 SNS 속의 가상공간 아닐까? 화려하게 장식된 가상공간은 자신을 찬양해 줄 사람들을 유혹하려는 공간이기 때문이다. SNS를 상징하는 트위터에 들어가 본 적이 있는가? 여기서 '팔로워follower'라는 단어를 접하게 된다. 자신이 거주하는 가상공간을 추종하는 사람들을 말한다. 파스칼의 용어를 빌리자면 "자신을 자랑하고 찬양해 줄 사람들"인 셈이다. 팔로워가 많을수록 우리의 허영은 충족될 것이고, 반대로 팔로워가 줄어들거나 없어지면 우리는 좌절하게 될 것이다. 물론 이것은 어느 정도의 추종자를 거느린 유명 인사들에 국한된 일이다. 대부분의 사람들은 단지 자신이 누구의 추종자인지를 자랑하는 것으로 자신의 허영을 충족시키고 있기 때문이다. 주변을 보라. 유명 인사와 잘 안다고 떠벌리며 뿌듯해하는 불쌍한 동료가 몇 명은 있을 것이다. 물론 이 불쌍한 사람들도 언젠가 팔로워들을 거느리는 유명 인사를 꿈꾸고는 있을 것이다.

트위터나 페이스북은 탁월한 사람의 허영과 열등한 사람의 허영이 교차하는 매혹적인 공간을 만들어 낸 것이다. 실시간의 접속이 가능하다는 점에서, 새로운 가상공간의 영역에서 허영의 충족과 좌절은 더 극명하게 드러난다. 그만큼 스마트폰이 열어 놓은 가상공간은 미니홈피나 블로그 같은 가상공간보다 더 치명적인 곳이라고 할 수 있다. 파스칼이 살아 있다면, 그는 우리가 허영이 날개를 달게 된 시대에 살고 있다고 이야기했을지도 모를 일이다. 허영을 비판하는 것은 옳다. 그렇지만 우리는 동료로부터 인정과 관심을 받으려는 우리의 욕망 자체를 부정해서는 안 된다. 실제로는 그렇지 않은데 그렇다는 칭찬을 받으면, 우리는 정말로 그런 칭찬을 받으려고 노력할 수도 있기 때문이다. 얼떨결에 선생님의 질문에 대답을 제대로 하게 된 학생이 하나 있다고 해 보자. 당연히 선생님의 칭찬은 이어진다. 문제는 이 학생은 방금 대답한 것 이외에 알고 있는 것이 별로 없다는 점이다. 당연히 이 학생은 선생님의 칭찬을 감당하기 위해 실제로 공부를 열심히 하게 되고, 결과적으로 공부를 잘하는 학생이 될 수 있을 것이다.

인간의 허영을 부정적으로 보았던 파스칼과는 달리 헤겔 Georg Wilhelm Friedrich Hegel이 인정과 관심을 가지려는 인간의 욕망을 긍정했던 것도 이런 이유에서다. 헤겔의 생각처럼 허영일지라도 인정받는 순간, 우리는 제대로 인정받기 위해 노력하게 노력하는 존재이기도 하다. 헤겔이 강조했던 변증법적 과정은 이런 논리를 전제로 하고 있었던 것이다. "인정행위 속에서 나는 개별자가 아니다. 나는 당연히 인정행위 속에서 존재하며, 더 이상 매개 없는 현존재가 아니다. (…) 인간은 필연적으로 인정받으며, 필연적으로 인정하는 존재다. (…) 인간 자체는 인정행위로서의 운동이다." 방금 읽은 부분은 《예나 시대의 실재철학Jenaer Realphilosophie》이란 책에 등장한다. 헤겔의 이야기를 읽으면 정신분석학이나 최근 진화심리학적 연구가 전해 주는 동일한 한 가지 가르침이 떠오른다. 그것은 인간이란 타자의 관심과 애정이 없다면 존재할 수 없다는 통찰이다. 옳은 지적이다.

사실 인간은 만물의 영장이기는커녕 가장 나약하고 여린 존재라고 할 수 있다. 다른 동물들은 태어나자마자 부모로부터 어느 정도 독립한다. 그렇지만 인간의 갓난아이는 스스로의 힘으로 걷지도 먹지도 못한 채 몇 년을 보내야 한다. 부모나 타인의 도움이 없다면 삶을 제대로 영위하기도 버겁다. 당연히 갓난아이에게 주변의 관심과 애정은 단순한 선택의 문제가 아니라 자신의 사활을 건 문제일 수밖에 없다. 관심과 애정의 대상이 되면, 갓난아이는 더 안정적으로 삶을 영위할 수 있을 테니 말이다. 이것은 갓난아이에게만 해당하는 일일까? 성숙한 어른들도 마찬가지라고 할 수 있으니 말이다. 대부분의 성인들이 학연이나 혈연, 그리고 외모 등등에 연연하는 이유를 생각해 보라. 아마도 그 이유는 대개 타인들로부터 손쉽게 관심과 인정을 받으려는 욕망, 그래서 삶의 안정성을 확보하려는 무의식적인 욕망에서 찾아야 할 것이다.

인정과 관심을 받기 위해 우리는 자신을 부단히 매혹적인 존재로 만들려는 존재다. 이것이 바로 개인의 성장과 변화의 동력 아닌가? 난해하다던 헤겔의 변증법은 이런 생각에서 탄생한 것이다.

그렇지만 현실세계에서 자신을 매혹적으로 만든다는 것은 매우 힘든 일이다. 나아가 만들었다고 하더라도 동료들이 매혹적이라고 인정하지 않을 위험도 있다. 그렇기 때문에 우리는 가상세계에서 자신을 매력적으로 만드는 손쉬운 방법을 선택하는지도 모를 일이다. 가상세계에서는 실제로 자신을 바꿀 노력도 크게 필요하지 않고, 아주 간단히 자신의 매력을 다르게 변경시킬 수도 있기 때문이다. 폭주족의 광란의 질주나 힙합족의 무아지경의 춤사위가 스마트폰의 작은 자판을 현란하게 움직이는 손동작과 오버랩되지 않는가? 이제 SNS가 마련한 가상세계 위에 전개되는 복잡한 네트워크를 종횡무진 횡단하는 질주나 춤사위를 잠시 멈출 필요가 있다. 더디고 위험하지만 현실세계에서 타자와 마주치며 그로부터 인정받으려는 진지한 삶의 자세를 다시 추스르기 위해서 말이다.

퍼거슨 감독의 지혜,
"SNS는 인생의 낭비다!"

맨체스터 유나이티드Manchester United라는 축구팀을 명문 구단으로 만들었던 축구 감독 퍼거슨Alex Ferguson은 말했던 적이 있다. "SNS는 인생의 낭비다." 팔로워 수가 정말로 엄청난 축구 선수들이 SNS에 쓸데없는 글을 남겨 구설수에 오르는 경우를 많이 보았기 때문이다. 당연히 상대팀 팬들은 경기장에서 구설수에 휘말린 선수들에게 야유를 보낼 것이고, 당연히 그 선수들의 경기력뿐만 아니라 팀의 조직력도 급격히 악화되기 쉬울 것이다. 이런 지경에 이르면 선수로서의 생명력은 얼마 남지 않을 것이다. 이것은 과연 스포츠 스타들에게만 국한되는 일일까. 그렇지 않다. 거의 모든 사람에게 생길 수 있는 위험성이다. 더군다나 팔로워 수를 다투는 유명 인사들에게 이런 위험성은 더 커진다. 트위터 등 SNS 매체의 특성 탓으로 기록된 글은 짧을 수밖에 없다. 짧은 문장은 자의적으로 해석될 가능성이 농후하다. 그래서 읽은 사람들이 다양한 문맥에 그것을 끼워 넣어 해석할 여지가 생기는 것이다. 만일 그 유명 인사를 좋아하는 사람들에게는 별문제가 되지는 않지만, 그를 싫어하는 사람들에게는 이런 짧은 글이야말로 손쉬운 먹잇감이 될 수 있다. 더군다나 유명 인사들은 서로 팔로워 수를 놓고 경쟁 중에 있다. 그러니 이런 먹잇감을 놓치지 않고 하이에나처럼 달려들려고 할 것이다. 이런 유명 인사들의 인정투쟁은 팔로워들 사이의 인정투쟁을 증폭시키고, 이제 트위터에 남긴 글은 걷잡을 수 없는 구설수의 표적이 될 것이다. 이럴 때 오해를 낳은 글을 트위터에서 삭제하거나, 아니면 오해를 바로잡기 위해 새로운 글을 트위터에 남길 수 있다. 이런 조치가 더 큰 오해를 낳지 않으면 다행일 것이다. 영국에서 나비가 날갯짓 한 번 하자, 저 멀리 있는 태평양에서 태풍을 불러일으킨 형국이다. 퍼거슨 감독의 명언이 떠오르는 순간이지만, 이미 때늦은 반성과 후회일 뿐이다.

등록금 투쟁에서 한 걸음 더!

∨

이익 투쟁 vs. 사랑 투쟁

마르크스의 말처럼 지금 우리는 보편적 매춘의 시대에 살고 있다. 몸을 팔아서 돈을 버는 매춘부와 마찬가지로, 우리는 돈을 벌기 위해 스스로 자신을 상품으로 만들고 있기 때문이다. 대학이 진리를 탐구하지 않게 된 것도 이미 오래전 일이다. 아니 진리를 탐구하기는 한다. 그렇지만 대학에서 지금 탐구하고 있는 진리는 자본주의 사회에서 돈을 버는 방법과 관련된 것, 당연히 자본의 이익에 종사하는 진리일 가능성이 많다. 간혹 자본주의의 허위와 폭력을 비판하는 학자들도 대학에 존재하기는 하지만 그들은 조직 내에서 왕따이거나 아니면 낙오자로 취급받기 십상이다. 대학의 남루한 상황을 알려면 고등학생들이 선호하는 학과들, 속칭 인기 학과들의 면면을 살펴보라. 대부분의 경우 고소득이 보장되는 학과들뿐이다. 많은 젊은이들이 잘 팔리기 위해 자신이 원하는 것이 아니라 자본이 원하는 근사한 상품이 되려고 노력한다. 어쩌면 그들은 이야기할지도 모른다. 자신이 원하는 일을 하기 위해서 반드시 돈이 필요한 것 아니냐고 말이다. 지금 현실에서는 타당한 말이다. 그렇지만 잘 팔리기 위해 자신을 가꾸는 데 대부분의 시간을 보내고 있는데, 어느 겨를에 자신이 원하는 것을 하면서 살 수 있다는 말인가.

2011년 이래 지금까지 우리 대학생들은 반값 등록금을 관철시키려는 뜻깊은 저항을 시도하고 있다. 나약한 줄로만 알았던 젊은이들은 결코 나약하지 않았던 것이다. 자신들을 옥죄는 삶의 조건들을 변화시키는 데 능동적으로 참여하고 있기 때문이다. 그렇지만 반값 등록금과 관련된 대학생들의 저항에는 한 가지 우려가 되는 부분이 있다. 우리 젊은이들이 자본의 논리를 일정 부분 수용하고 있는 것처럼, 혹은 자본의 냉혹한 논리를 너무 가볍게 생각하고 있는 것처럼 보이기 때문이다. 그렇다. 반값 등록금과 관련된 저항에는 자본주의 논리가 전제되어 있다. 마치 물건을 살 때 흥정을 하는 것처럼, 지나치게 등록금이 비싸니 깎아 달라는 것이다. 물론 잘 팔리기 위해 대학을 선택했음에도 불구하고 졸업 후에 생각처럼 팔리지 않는다는 절망감도 한편에 존재했을 것이다. 만약에 정부나 학교 측에서 반값 등록금을 수용한다면, 우리 대학생들은 어떻게 할 것인가? 학비가 낮아졌다고 만족할 것인가?

어쨌든 반값 등록금 투쟁이 소기의 성과를 거둔다고 하더라도, 불행히도 우리 대학생들에게 변한 것은 별로 없을 수도 있다. 낮은 학비로 대학 생활을 무사히 보낸다고 해도, 그들은 다시 오지 못할 소중한 대학 생활을 자본가에게 잘 팔리기 위한 화려한 분칠로 보내야 되는 것 아닌가? 결국 현재의 과도한 등록금과 반값 등록금 사이에는 얼마나 여유롭게 화장을 하느냐 마느냐라는 차이만 존재할 뿐이다. 그렇다면 대충 화장을 하든 진하게 화장을 하든, 우리 젊은이들은 자본가라는 손님을 기다리는 매춘부의 신세로부터 한 걸음도 벗어나지 못한 것일 수밖에 없다. 기우였으면 좋겠다. 반값 등록금이 관철되는 순간, 우리 젊은이들은 간만에 경험한 사랑과 연대의 대오를 떠나서 잘 팔리기 위한 과거 경쟁 체제에 다시 편입될 수도 있다는 사실이 말이다. 그렇기에 자신들의 등록금이 아니라 후배들의 등록금을 반으로 줄여야겠다는 사랑과 연대의 슬로건을 폐부에 아로새기는 것이 그렇게도 중요했던 것이다. 오직 그럴 때에만 우리에게는 고독한 매춘부의 신세에서 벗어날 희망이 허락될 테니까.

우리 젊은이들이 자본주의 자체가 아니라 분배만을 문제 삼는 사회민주주의의 노선을 따라서는 안 된다. 분배라는 시혜가 최종적으로 자본과 권력에 의해 이루어지는 것처럼, 분배의 철회도 그들의 손에 이루어질 수 있기 때문이다. 결국 지금 등록금이 반값으로 떨어진다고 해서 본질적으로 달라지는 것은 별로 없는 셈이다. 애쓴 투쟁 끝에 변화된 것이 아무것도 없다는 것은 너무나도 애석한 일이다. 우리 젊은이들이 자본주의의 내적 논리에 더 정직하게 직면해야만 하는 이유도 바로 여기에 있다. 적과 싸우려면 적을 정확히 이해해야만 한다는 것은 너무나 당연한 일 아닌가? 물론 그렇다고 해서 마르크스의 《자본Das Kapital》을 다시 꼼꼼하게 읽으라는 이야기는 아니다. 이미 대학생들을 포함해서 우리는 삶으로 자본주의를 하나의 상처로서 겪어 내고 있지 않은가?

자본주의의 모든 신비는 사실 돈이라는 너무나 평범한 사물에 모두 담겨 있다. 분명 돈은 공동체 생활을 하는 데 너무나 요긴한 수단이다. 돈은 물물교환이 가지는 난점을 극복하는 데 결정적인 도움을 주기 때문이다. 나는 사과 열 개를 수확했다. 그중 다섯 개는 식용으로 사용할 것이다. 나머지 다섯 개는 물고기를 잡는 친구의 물고기와 바꿀 것이다. 친구의 집에 들른 나는 당혹스러울 수밖에 없었다. 친구가 당분간 다른 일로 물에 나가 고기를 잡을 수 없다는 것이다. 언제쯤 물고기를 잡으러 나갈 생각이냐고 묻자, 친구는 한 달 정도 뒤에나 나갈 생각이라고 답한다. 얼마나 당혹스러운 일인가? 그 사이에 다섯 개의 사과가 지금처럼 싱싱하게 있을 리 만무하기 때문이다. 그래서 인간은 교환수단, 즉 썩지 않은 교환수단을 모색해 왔던 것이다. 금속이나 보석 등이 교환수단으로 이용되었던 것도 그것들이 희귀할 뿐만 아니라 썩지 않기 때문에 가능했던 것이다. 불행히도 금속이나 보석, 혹은 지폐로 사용되는 튼튼한 종이도 언젠가 마모되고 파손될 수밖에 없다. 완전히 불변하는 돈을 찾았던 인간은 최근 전자공학 기술의 발전으로 그 최종적 형태에 이르게 되었다.

마침내 돈은 가상세계, 즉 모니터로 확인되는 숫자로 표시되는 데 이르렀기 때문이다. 무엇 때문에 이렇게 불변하는 물질을 찾아 돈을 만들려고 했던 것일까? 그것은 모든 것을 구매할 수 있는 자신의 꿈을 영원히 안정적으로 보장하려는 인간의 무의식적 노력 때문일 것이다. 그렇지만 그 결과는 치명적인 데가 있다. 돈을 만든

등록금 투쟁에서 한 걸음 더!

인간이 돈보다 열등한 존재로 전락했기 때문이다. 사과나 물고기와 마찬가지로 인간도 언젠가는 늙고 병들어 썩어 갈 테지만, 돈은 그대로 자신의 가치를 유지할 테니까 말이다. 기독교에서 예수의 부활이 중요한 이유도 여기에 있다. 부활은 예수가 평범한 사람과는 달리 지속적인 내구성endurance을 갖춘 신의 아들이라는 사실을 입증하는 사건이기 때문이다. 예수를 신으로 믿는 기독교도처럼 우리는 돈을 하나의 신으로 신봉하고 있다. 단순한 교환수단이었던 것이 이제는 모든 것을 가능하게 하는 전능을 가진 숭배의 대상으로 승격된 것이다.

과거 종교는 현세가 아니라 내세의 행복을 보장하면서 인간에게 파고들어 왔다. 현재의 삶이 팍팍하니까 당연히 내세의 삶에는 행복을 꿈꾸는 것, 어쩌면 이것은 인지상정이라고 할 수 있다. 그렇지만 돈은 과거의 종교보다 더 강력한 힘을 가지고 있다. 돈은 내세가 아니라 바로 현세의 행복을 가능하도록 만들기 때문이다. 돈이 마침내 물신物神, fetish의 자리에 오르게 된 것도 이런 이유에서다. 문제는 돈의 지위가 신의 지위에까지 이를수록, 우리 인간의 지위는 그만큼 돈에 비해 열등해진다는 사실에 있다. 예를 들어 유괴범이 생기는 것도 이런 이유에서다. 유괴범은 돈을 벌기 위해서 납치한 아이를 가지고 부모와 흥정하는 사람이다. 돈의 가치가 사람보다 열등하다면, 결코 유괴라는 범죄는 생길 수도 없었을 것이다. 우리 사회에 횡행하는 모든 부정과 비리, 혹은 잔혹한 범죄의 이면에는 돈을 신처럼 숭배하는 맹신이 악마처럼 도사리고 있다. 얼마나 무서운 일인가? 인간의 삶을 윤택하게 하는 도구인 돈이 결국 우리의 목을 옥죄고 있다는 사실이 말이다. 수단과 목적의 전도가 이처럼 극명하게 드러난 적이 있었던가?

지금 우리는 불행한 시대에 살고 있다. 편리한 삶을 위해 고안된 수단에 불과했던 돈이 어느새 신과 같은 숭고한 목적 행세를 하고 있기 때문이다. 우리가 만든 수단에 지배되지 않는 방법은 없는 것일까? 어쩌면 우리의 일상적인 경험에서 우리는 그 해답을 찾을 수 있을지도 모르겠다. 아무리 소중한 돈이라고 해도 우리는 아낌없이 사랑하는 사람에게 주는 법이다. 이것은 그 사람이 돈보다 더 가치가 있다고 생각하기 때문이다. 바로 이것이다. 우리 인간이 서로 신뢰하고 사랑한다면, 돈은 우리를 결코 지배하지 못할 것이다. 반면 우리가 서로 반목하고 미워한다면, 돈은 악마처럼 우리를 지배하게 될 것이다. 이제 분명해지지 않았는가. 등록금을 반값으로 줄이려는 투쟁에서 진정으로 중요했던 것은 실제로 반값 등록금이 현실화되었느냐의 여부가 아니었다. 지금까지 서로를 경쟁 상대로만 생각했던 학생들이 연대했다는 것, 그 연대의 대오에서 그들이 서로 신뢰하고 사랑했다는 경험, 바로 이것이 무엇보다도 가치가 있었던 것이다. 고마운 일 아닌가. 반값 등록금이 실현되든 그렇지 않든 우리 젊은이들은 이미 이번 투쟁에서 그보다 더 중요한 것을 얻었던 셈이다. 비로소 이제 진정한 전쟁은 시작되고 있는 것이다. 인간과 사랑의 가치를 위해 돈과 경쟁의 논리와 싸우는 전쟁 말이다.

노파심에서 하는 말이지만, 반값 등록금 투쟁이 등록금을 많이 받겠다는 대학자본과 적게 내겠다는 학생 사이의 갈등이어서는 안 된다. 등록금 투쟁이 이익 다툼으로 비칠 때, 대학생들은 공동체 성원들의 지지를 받는 데 한계를 가질 수밖에 없다. 단순한 이익 투쟁이 아니라 제대로 된 공동체를 지향하는 사랑의 투쟁이란 걸 명확히 할 필요가 있다. "우리는 당신들이 원하는 대로 등록금을 모두 내겠다! 그러나 앞으로 우리 후배들의 등록금은 반으로 줄여야만 한다." 이럴 때 등록금 투쟁은 자신의 이익이 아니라 앞으로 대학에 들어올 수천, 수만, 수십만의 후배들을 사랑하려는 투쟁, 정말로 숭고한 투쟁이 된다. 바로 이 순간 이익을 탐하는 대학자본과는 달리 학생들은 정치적 정당성을 얻게 된다. 당연히 다수의 시민들은 자신의 이익을 탐하는 대학자본보다는 자신의 이익보다는 공익을 우선하는 대학생들을 지지하게 될 것이다. 결국 이익과 이익의 충돌이 아니라 이익과 사랑의 충돌로 투쟁을 이끌어 갈 때, 대학생들의 등록금 투쟁은 달콤한 결실을 맺게 될 것이다.

연대를
꿈꾸는 자를 위한
윤리적 명령

암벽등반! 정상을 향해 두 사람은 교대로 암벽용 못, 즉 하켄을 박아 로프를 연결해 등정 루트를 개척한다. 문제는 예상치 못한 사고가 암벽등반에서는 수시로 발생한다는 점이다. 하켄이 빠지며 두 사람이 모두 대롱대롱 로프에 연결된 채 허공에 매달리게 되는 사고만큼 치명적인 것도 없다. 두 사람의 몸무게를 암벽에 박혀 있는 하켄이 얼마나 버틸 수 있을 것인가? 이럴 때 두 사람에게는 마지막 윤리적 의무가 기다리고 있다. 위에 있는 사람은 절대로 로프를 끊어서는 안 된다. 그는 함께 죽을 각오로 아래에 있는 동료와 있으려고 해야 한다. 이것이 위에 있는 사람의 의무다. 반대로 밑에 있는 사람의 의무도 있다. 그는 어떻게 해서든 로프를 끊으려고 해야 한다. 묘하지 않은가? 위에 있는 사람은 아래에 있는 사람의 손을 놓으려고 하지 않고, 아래에 있는 사람은 위에 있는 사람의 손을 뿌리치려고 한다. 당연히 절대 말해서는 안 되는 것이 있다. 위에 있는 사람은 아래에 있는 사람에게 "자신이 밑에 있었으면 스스로 줄을 끊었을 것"이라고 말해서는 안 된다. 그리고 아래에 있는 사람은 위에 있는 사람에게 "자신이 위에 있었다면 결코 손을 놓지 않을 것"이라고 말해서도 안 된다. 이것은 과연 암벽을 오르는 산악인에게만 통용되는 윤리일까? 아니다. 모든 유대, 연대, 우정, 그리고 사랑을 위한 윤리적 강령일 것이다. 그래서 정규직 노동자들은 비정규직 노동자들의 손을 놓아서는 안 된다. 비정규직 노동자는 파트타임 노동자의 손을 놓아서는 안 된다. 직장인은 노숙자의 손을 놓아서는 안 된다. 부모는 자식의 손을 놓아서는 안 된다. 선배는 후배의 손을 놓아서는 안 된다. 감당할 수 있는가? 그렇다면 연대와 유대는 마침내 그 결실을 맺게 될 것이다.

거침없이
민주주의
재 장 전

기성 육법전서를 기준으로 하고
혁명을 바라는 자는 바보다
혁명이란
방법부터가 혁명적이어야 할 터인데
이게 도대체 무슨 개수작이냐
불쌍한 백성들아
불쌍한 것은 그대들뿐이다
천국이 온다고 바라고 있는 그대들뿐이다
최소한도로
자유당이 감행한 정도의 불법을
혁명정부가 구육법전서를 떠나서
합법적으로 불법을 해도 될까 말까 한
혁명을
불쌍한 것은 이래저래 그대들뿐이다
그놈들이 배불리 먹고 있을 때도
고생한 것은 그대들이고
그놈들이 망하고 난 후에도 진짜 곯고 있는 것은
그대들인데
불쌍한 그대들은 천국이 온다고 바라고 있다
(…)

김수영金洙暎
〈육법전서와 혁명〉

다시 뜨겁게 유신헌법 비판

∨

간접민주주의와 직접민주주의

1894년 11월 8일 우금치에는 겨울을 재촉하는 싸늘한 바람이 몰아치고 있었다. 그렇지만 그날 우금치는 이전만큼 춥지 않을 것이다. 동학군東學軍, 즉 농민들의 거친 호흡과 피범벅이 되는 뜨거운 땀방울을 예견하고 있었으니까. 한여름보다 더 뜨거웠던 우금치 전투! 어쩌면 그것은 전투라기보다는 일방적인 학살에 가까웠다. 독일에서 현대전을 배운 일본군, 그리고 그들과 함께했던 조선 관군 앞에서 동학군은 솔개 앞의 병아리 떼와 같았을지도 모른다. 신식 서양 무기와 전술로 무장한 일본 주력군 앞에서 죽창이나 농기구가 무기의 전부였던 농민들은, 사격장의 표적지와 같은 신세일 수밖에 없다. 그렇지만 조선 관군의 어느 지휘자의 보고에 따르면 시체가 산을 이루고 그 피가 강을 이루었어도 농민들은 두려워하지 않고 전진했다고 한다. 얼마나 그 모습이 장엄했고 무서웠는지 그 지휘자는 그들이 악귀와 같았다고 기록할 정도였다.

　　　　동료의 시체를 밟고 피의 강을 건너며 전진하는 농민들은 더 이상 아무래도 좋을 무지렁이들이 아니었다. 아마 더 이상 살육을 원하지 않았던 농민 지도부가 후퇴를 결심하지 않았다면, 그날 우금치에서 살아서 돌아갈 농민들은 한 명도 없었을지도 모를 일이다. 그렇다면 무엇이 순하디순한 농민들을 이런 전사로 만들었던 것일까. 물론 그것은 동학東學의 가르침이 그들을 자유인으로 각성시켰기 때문이다. "인내천人乃天!" 그렇다. 사람 한 명 한 명이 모두 하늘처럼 존귀하고, 그러니 자유롭다는 가르침이다. 그 누가 그들의 존엄성과 자유를 꺾을 수 있다는 말인가. 스스로를 주인으로 자각한 사람들을 그 누가 다시 노예로 만들 수 있다는 말인가? 주인으로 죽을지언정 노예로 살기를 원하지 않았던 사람들. 바로 그들이 차가운 우금치를 한여름처럼 뜨겁게 만들었던 우리 조상들이었다.

　　　　우금치의 열정으로 우리는 직접민주주의라는 뜨거운 이상을 마음에 새기게 되었다. 민주주의는 한 사람 한 사람이 주인일 수 있을 때, 그리고 그들이 자신의 입장을 굽히지 않고 표현할 수 있을 때에만 간신히 가능한 제도다. 지금 나는 "간신히"라고 말했다. 그렇다. 민주주의는 누군가의 선물로서 주어지는 것이 아니라 우리가 주인으로 당당히 서 있으려고 할 때, 오직 그럴 때에만 존재할 수 있는 법이다. 물론 그렇다고 해서 간접민주주의 자체를 부정하는 것은 아니다. 효율성의 측면에서 간접민주주의는 제도로서는 나름 인정할 수 있으니 말이다. 그러나 간접민주주의라는 형식 자체에 직접민주주의 정신이 없다면, 그건 민주주의와 아무런 상관이 없다고 할 수 있다. 《순수이성비판Kritik der reinen Vernunft》에서 칸트Immanuel Kant는 "내용이 없는 사유는 공허하고, 개념이 없는 직관은 맹목적이다"라고 했다. 이 말을 빌리자면 직접민주주의 정신이 없는 간접민주주의는 공허하고, 간접민주주의 제도가 없는 직접민주주의의 정신은 맹목적이라고 할 수 있다. 한마디로 말해 제도로서의 간접민주주의의 성패를 결정하는 관건은 이 제도가 우금치로 상징되는 직접민주주의 정신을 담보하고 있느냐에 달려 있다는 것이다.

우리가 박정희의 유신헌법에 치를 떠는 것도 다른 이유가 있는 것은 아니다. 유신헌법은 국민을 일종의 거수기로, 다시 말해 정치적 주체가 아니라 수동적인 객체로 만들려고 했기 때문이다. 아무리 독재자의 딸이 권좌를 차지하고 있고 아버지에 대한 남다른 효심을 자랑한다고 할지라도, 민주주의를 가슴에 품고 있다면 우리는 유신헌법의 부정의를 묵과해서는 안 될 것이다. 옳은 것은 입에 똥이 들어와도 옳은 것이니 말이다. 독재를 정당화하려는 듯 유신헌법 전문 제1조 2항에는 다음과 같은 글귀가 있다. "대한민국의 주권은 국민에게 있고, 국민은 그 대표자나 국민투표에 의하여 주권을 행사한다." 다행스럽게도 지금 우리 헌법 제1조 2항은 다음과 같이 바뀌어 있다. "대한민국의 주권은 국민에게 있고, 모든 권력은 국민으로부터 나온다." 유신헌법과 무슨 차이가 있을까. 핵심은 "대표자나 국민투표"라는 구절에 있다. 한마디로 말해 직접민주주의 정신이 없는 간접민주주의를 통해 민주주의라는 제스처만 취하겠다는 것이다. 바로 이것이 박정희가 그리도 강조했던 '한국적 민주주의'의 실체였다.

1972년 제정된 유신헌법으로 박정희는 우리 사회의 미래를 결정할 수 있는 정치적인 의견을 직접 표현하지 말라고 시민들에게 명령, 아니 강요한 것이다. 오직 대표자를 통해서만 주권을 행사해야 한다는 것이다. 극단적으로 말해 대통령을 뽑았다면, 그 대통령의 재임 기간 중 입 닥치고 있으라는 것이다. 시위와 같은 직접민주주의적 행동은 언감생심의 일일 뿐이다. 그렇지만 주권은 반드시 대표자를 통해서만 행사해야 한다는 것, 이것만큼 민주주의 이념을 그 뿌리에서부터 흔드는 만행이 또 있을 수 있을까. 그러나 박정희에게는 깨알 같은 걱정거리가 한 가지 있었다. 자신이 대통령이 되지 않으면, 대표자를 통해서만 주권을 행사한다는 유신헌법이 무슨 소용이 있다는 말인가. 영구 집권을 확보하기 위해 대통령 본인이 의장이 되는 통일주체국민회의를 유신헌법과 함께 발족시킨 것도 이런 이유에서다. 이제 대통령 선거뿐만 아니라 국회의원 선거까지 아예 '체육관 선거'로 치러 영원히 권력을 행사하겠다는 노골적인 야욕이었다.

이제 유신헌법이 철폐된 지금 현실로 돌아오자. 비록 헌법 전문에 "대한민국의 주권은 국민에게 있고, 모든 권력은 국민으로부터 나온다"라고 인정하고 있지만, 우리 현실은 과연 유신헌법에서 얼마나 멀리 벗어나 있는가? 정당정치라는 미명하에 여전히 유력 정당의 정치인과 입후보자들이 거의 모든 정치적 권한을 행사하고, 그들을 통해 여론마저도 좌지우지당하고 있지 않은가. 이념으로서의 유신헌법은 사라졌지만, 현실로서의 유신헌법은 엄연히 작동하고 있는 셈이다. 아니다. 이것은 정확한 진단이 아닐지도 모른

다시 뜨겁게 유신헌법 비판

다. 유신헌법에서 우리가 해방된 것처럼 보이지만, 사실 유신헌법은 우리 안으로 해방된 것은 아닐는지. 다시 말해 밖으로는 유신헌법을 폐기했지만, 우리 안에는 이 독재자의 칙령이 똬리를 틀었다는 것이다. 그래서일까, 아직도 대부분의 사람들은 직접민주주의의 정신을 회복하기보다는 간접민주주의라는 제도에 목을 매고 있다. 거리에서 인터넷에서 당당한 정치의 주체로 서는 것보다 훌륭한 대통령이나 좋은 국회의원 등 대표자를 기다리느라 목을 빼고 있으니 말이다.

유신헌법으로 상징되는 독재가 사라지고 이제 민주주의 사회가 도래한 것일까. 불행히도 그렇지 않은 것처럼 보인다. 우리 내면에는 "국민은 그 대표자나 국민투표에 의하여 주권을 행사한다"라는 독재자의 명령이 철저히 폐기되고, 그 자리에 "모든 권력은 국민으로부터 나온다"라는 단호한 정치적 판단이 들어서야 했다. 그러니 아직도 유신독재는 우리에게 진행형의 사건인지도 모를 일이다. 하긴 그러니 독재자의 딸이라는 이유 하나만으로 대통령으로 선출되는 경천동지할 사건도 벌어진 것이다. 더 자세히 생각해 보면, 지금 우리 내면에는 정말 중요한 전쟁이 일어나고 있는 중인지도 모를 일이다. 독재자의 명령과 민주주의의 열망 사이의 양립 불가능한 전쟁 말이다. 내면에 독재자의 명령이 우월해질 때, 우리는 강력한 지도자나 훌륭한 지도자를 대표자로 영접하려는 태도를 취하게 된다. 반대로 민주주의의 열망이 지배적일 때, 우리는 정권과 자본의 온갖 반민주주의적인 작태에 항의하러 거리로, 그리고 인터넷으로 나아가게 된다.

유신독재의 핵심은 "국민은 대표자에 의해 주권을 행사한다"라는 구절에 고스란히 실려 있다. 이를 통해 박정희는 직접민주주의의 정신을 교살하려고 했던 것이다. 유신독재를 부정하는 사람이라면 국민이 직접 주권을 행사할 수 있는 가능성을 높여야 하는 이유도 바로 여기에 있다. 그러나 현실을 돌아보라. 박정희 이후 역대 대통령이나 국회의원들은 유신헌법을 관철시키고 있는 것은 아닌지. 비록 헌법에 "모든 권력은 국민으로부터 나온다"는 말이 등장하지만, 기득권자들은 하위 법률의 형식으로 헌법 전문의 명령을 지연시키거나 방해하고 있기 때문이다. '도로교통법'이나 '집회 및 시위에 관한 법률', 혹은 '국가보안법'과 같은 하위 형식의 법률이 직접민주주의 정신의 방해물로 작동하고 있다. 국민을 지치도록 만들기에 충분히 복잡한 절차와 다양한 하위 법률들은 헌법 전문이 보장한 직접민주주의 이념에 도달하지 못하도록, 혹은 도달하기 힘들게 만들고 있는 셈이다. 정말 쫀쫀한 기득권 세력들이지만, 이들의 농간에 고스란히 속는 우리들은 남루하기까지 한 일이다.

　　직접민주주의 정신이 없다면, 혹은 직접민주주의 정신을 실현할 제도를 모색하지 않는다면, 우리 사회는 아직도 유신헌법에서 벗어나지 못한 것이다. 그러니 지금부터라도 대통령, 여당, 그리고 야당마저도 유신 잔당이라고 규정하도록 하자. 말로는 부정하고 있지만 분명한 행동으로 그들은 오직 자신들을 통해서만 국민은 주권을 행사해야 한다고 주장하고 있기 때문이다. 그러나 어쩌면 이것보다 더 심각한 것은 우리 내면에 자신의 소중한 주권을 대표할 대표자를 찾으려는 갈망이 여전히 남아 있다는 점 아닐까. 결국 우

　　　　　　　　　　　　　　　다시 뜨겁게 유신헌법 비판

리 자신도 유신헌법에서 완전히 해방되지 못한 것이다. 그러니 대통령, 여당 지도자, 야당 지도자 모두에게 항상 투덜대고만 있다. 좋은 정치 지도자가 없다는 걸 개탄하고만 있다. 지금 우리는 정말 중요한 걸 잊고 있는 것은 아닐까. 대표자나 지도자를 기다리는 것이 아니라 우리가 스스로 지도자가 되려고 할 때, 민주주의는 가능하다는 사실을.

대표자나 지도자는 그저 직접민주주의 정신을 현실화하기 위한 제도적 장치 중 하나에 지나지 않는다. 대통령이든 국회의원이든 대표자를 뽑는 것도 우리의 주권이고, 임기 중이라도 자기 임무를 제대로 수행하지 못하는 대표자들을 리콜해야 하는 것도 우리의 주권이다. 하루라도 우리는 우리의 주권을 포기해서는 안 된다. 주권 행사가 선거 기간에만 국한되는 순간, 우리 사회는 유신독재 시절과 별다른 차이가 없게 된다. 대표자에 의해서만 우리의 주권이 행사되는 꼴이니 말이다. 이제 우리 사회를, 그리고 우리 내면의 직접민주주의 정신을 고사시키려는 모든 내적, 외적 압력에 분연히 맞서 싸우자. 이것이 바로 우금치에서부터 불타올랐던 직접민주주의에 대한 집요한 꿈이자, 동시에 "모든 권력은 국민으로부터 나온다"라는 헌법 전문의 숭고한 명령이기 때문이다. 우금치에서 당당히 쓰러져 갔던 선조들이 지금 우리를 걱정스러운 얼굴로 주시하고 있다. 우리 후손들이 민주주의를 감당할 지혜와 용기가 있는지를. 지금 우금치를 넘나드는 겨울바람은 과거보다 더 차갑고 매섭기만 하다. 뜨거운 가슴으로 분발할 때다.

민주주의를
지킬 사람,
오직 당신뿐!

몇몇 아나키스트에게 민주주의란 사람들에게 '독재자를 뽑을 수 있는 권리'를 부여한 것에 지나지 않는다. 히틀러가 투표로 선출되었던 역사를 생각해 보라. 공약을 어기고 자기 마음대로 정치를 하려는 대통령을 보라. 아나키스트들의 조롱은 마냥 부정하기는 힘든 이야기이다. 사실 주어진 임기 중 자신이 하고 싶은 대로 국민의 눈치를 보지 않고 정책을 밀어붙이는 대통령이 독재자가 아니면 무엇이겠는가. 언제든지 대표자는 민주주의를 실현하기 위한 수단이 아니라, 목적으로 신격화될 수 있다. 이것이 바로 대의민주주의의 가장 커다란 허점이다. 이럴 때 대표자는 임기를 가진 독재자나 군주로 군림하게 된다. 투표로 탄생한 왕, 얼마나 아이러니한 일인가. 그러니 투표를 했다고 해서 민주주의를 완전히 실천한 것은 아니다. 아나키스트들의 조롱에 당당히 맞서려면, 우리는 민주주의가 독재자를 뽑는 것이 아니라는 사실을 이론에서만 아니라 현실에서도 입증해야만 한다. 항상 대의민주주의의 관건은 임기 중 대표자의 전횡을 막을 수 있는 장치를 마련할 수 있느냐의 여부에 있다. 아니, 장치만으로 충분하지 않을지도 모른다. 모든 제도적 장치에는 빈틈이 생길 수 있고, 결정적인 순간에 이 빈틈은 너무나 치명적인 결과를 만들 수 있으니까 말이다. 대표자가 독재자로 변질될 수 있는 것을 막을 수 있는 힘, 혹은 독재자를 제거할 수 있는 힘은 시민에게 주어져야 한다. 아니, 지금 잘못 이야기한 것 같다. 누가 이런 힘을 시민에게 주겠는가. 오직 시민은 바로 이런 힘을 필사적으로 거듭 차지해야만 한다. 아무리 대표자 등 기득권 세력들이 쫀쫀하게 저항한다고 할지라도.

다시 뜨겁게 유신헌법 비판

전사 아킬레스처럼 돌진하자!

∨

절차민주주의 유감

제논Zēnōn의 역설을 아는가. 바람처럼 빠른 아킬레스도 자기보다 앞서 출발한 거북이를 결코 추월할 수 없다는 이야기다. 아킬레스는 거북이보다 100미터 뒤에서 출발한다고 하자. 자! 경주가 시작되었다. 아킬레스가 100미터를 달려 거북이가 있던 곳에 도착했을 때, 이미 거북이는 출발선에서부터 10미터를 가고 있었다. 그다음 아킬레스가 출발선에서부터 10미터 지점에 이르렀을 때, 거북이는 이미 출발선에서부터 11미터에 이르렀다. 그러니까 거북이는 아킬레스가 10미터 달리는 동안 1미터를 달렸던 것이다. 이런 식으로 계속 추론하면, 아킬레스는 결코 거북이를 추월할 수 없게 된다. 그렇지만 누구나 알고 있지 않은가? 아킬레스는 거북이를 추월할 수 있다는 사실을. 그렇다면 역설이 발생하는 이유는 무엇인가. 그건 100미터라는 구간, 10미터라는 구간, 1미터라는 구간, 10센티미터라는 구간을 설정했기 때문이다. 이렇게 정해진 구간을 전제하고 논의를 전개하는 순간, 아킬레스는 결코 거북이를 이길 수 없다는 역설이 발생하는 것이다.

제논의 역설에 주목하려는 이유는 단순하다. 제논의 역설로 우리는 아킬레스를 절망에 빠뜨릴 수 있기 때문이다. '아무리 네가 노력해도 너는 결코 거북이를 추월할 수도 없어. 그러니 달리기를 포기하는 것이 나은 게 아닐까' 뭐 이런 논리다. 정상적인 사람이라면 누구나 아킬레스가 거북이를 이길 수 있다는 것을 알고 있다. 그렇지만 아킬레스가 제논의 역설을 받아들인다면, 그는 결코 거북이를 추월할 수가 없다. 왜냐고? 그는 절망에 사로잡혀 경주를 포기할 테니까 말이다. 뛰기만 하면 아주 가볍게 거북이를 따라잡을 수 있을 텐데, 뛰기를 포기하니 그는 결코 거북이를 따라잡을 수 없는 것이다. 제논의 역설은 그래서 보수주의자가 선택할 수 있는 가장 섹시한 논리일 수도 있다. '내가 이미 앞서 있다면, 너는 아무리 노력해도 나를 앞지를 수 없어.' 물론 그렇게 하기 위해 체제나 보수주의자들은 제논처럼 자신들이 설정한 구간을 절대적인 것으로 받아들이도록 설득해야만 한다.

2014년 1월 법원은 "2012년 MBC 노조의 파업은 언론 공정성을 지키기 위한 정당성이 인정된다"라며 사측이 파업 참가 노조원들에게 내린 해고 등의 징계는 모두 무효라고 판결했다. 생각이 있는 사람들 모두가 법원의 결정은 당연하다고 환호를 보냈다. 그렇지만 그건 순간적인 착각이었다는 것이 금방 드러났다. MBC 사측이 정말 쿨하게 항소할 것이라고 밝혔기 때문이다. 허탈함이 찾아드

　　　　　　　　　　　전사 아킬레스처럼 돌진하자!

는 순간이다. 이내 지방법원, 고등법원, 대법원, 그리고 헌법재판소로 이어지는 달리기 경주가 시작된 것이다. 그렇지만 항상 힘 있는 측이 조금씩 앞서 가게 된다. "MBC는 정영하 전 위원장 등 해고자 6명에게 각각 2,000만 원, 38명의 정직자들에게는 각각 1,000만 원을 지급하라!"라는 명령은 일순간 정지되고, 다음 단계의 경주가 새롭게 시작되기 때문이다. 결국 바뀐 것은 아무것도 없다. 여전히 해고자는 해고된 것이고, 여전히 정직자는 정직된 것이다.

아킬레스가 질 수밖에 없는, 혹은 아킬레스가 절망할 수밖에 없는 경주는 이렇게 현실에서도 진행되는 중이다. 아니, 정확히 말해 아킬레스가 절망할 때까지 이 경주가 지속되는지도 모를 일이다. 절차적 민주주의의 허구가 이처럼 분명하게 자신의 맨얼굴을 보이는 경우가 또 있을까. 그나마 다행스러운 것은 아킬레스와 거북이의 경주처럼 무한한 절차를 만드는 것이 현실적으로 불가능하다는 사실뿐이다. 상상하는 것만으로 충분히 끔찍한 일 아닌가. 지방법원, 고등법원, 대법원이라는 세 단계의 소송 절차가 만일 100단계의 소송 절차로 세분화된다면, 우리가 앞서 출발한 사람을 따라잡는 것은 그만큼 불가능할 테니까 말이다. 그렇지만 잊지 말자. 앞서 출발한 사람들, 혹은 기득권자들은 자신을 추월하는 것을 힘들게 만들 수 있는 복잡한 절차들을 무한히 만들 수 있는 힘이 있다.

어쨌든 그렇게 상급법원에까지 이르는 절차들을 거치면서 MBC 노조원들뿐만 아니라 시민들은 나이를 먹어 갈 것이고, 어쩌면 생계를 유지하기 위해 다른 일을 해야 할지도 모른다. 물론 다행스럽게도 2015년에 고등법원에서 MBC 사측 항소를 기각했다. 그러나 이런 다행은 항상 있는 일이 아니라는 것이 함정이다. 만일 절차들을 따르는 경주가 지속된다면, 처음에는 열광적으로 경주에 주목했던 사람들도 이제 심드렁해져서 다른 달리기 경기장에 몰려갈 것이다. 체제는 언제나 수많은 경주들을 새롭게, 그리고 다양하게 시작하고 있기 때문이다. 그래서 경주는 항상 체제가 마련한 절차에 대한 언제 끝날지 모를 고독한 싸움으로 귀결되기 마련이다. 최종적으로 해고자들과 정직자들이 승리한다고 하더라도, 주어진 절차나 정해진 구간을 통과한 다음 그들에게 남은 것은 돈 몇 푼이나 잘해야 너무나 달라진 회사의 한직이 전부일 것이다. 그러니 이걸 경주에서, 혹은 소송에서 이겼다고 말할 수 있을까. 경주를 치르느라 소비된 삶의 시간, 혹은 경주를 시작하느라 포기한 삶의 다른 기회들을 누가 다시 회복시켜 줄 수 있다는 말인가.

　　　"법 앞에 한 문지기가 서 있다"라는 구절로 시작되는 카프카의 단편소설 《법 앞에서 Vor dem Gesetz》가 우리에게 보여 주려고 했던 것도 바로 이것이다. 법으로 들어가겠다는 어떤 시골 사람을 가로막으며 문지기는 지금은 들어갈 수 없지만 나중에 들어갈 가능성은 있다고 말한다. 그렇지만 법으로 들어가는 문은 항상 열려 있었고, 문지기도 그 문을 정면으로 지키지 않는 순간이 찾아왔다. 시골 사람은 그 틈을 이용해 그 안을 들여다보려고 한다. 그러자 문지기는 웃으면 말한다. "그것이 그렇게도 끌린다면 내 금지를 어겨서라도 들어가 보게나. 그러나 알아 두게. 나는 힘이 장사야. 그래도 나는 단지 최하위의 문지기에 불과하다네. 그러나 홀을 하나씩 지날 때마다 문지기가 하나씩 서 있는데, 갈수록 더 힘이 센 문지기가 서 있다네. 세 번째 문지기의 모습만 봐도 벌써 나조차도 견딜 수가 없다네." 법이란 문은 누구에게나 열려 있어서, 아무나 언제든지 들어갈 수 있다는 생각이 어리숙한 믿음이었을 뿐이다.

마침내 시골 사람은 법이라는 문으로 들어오라는 허락을 받을 때까지 기다리기로 작정했다. 그렇지만 허락은 언제 떨어질지 모를 일이고, 실제로 아주 오랫동안 떨어지지 않았다. 마침내 시골 사람은 법 앞에서 기다리다 지쳐 어느 사이엔가 늙어 죽어 가게 되었다. 죽음을 눈앞에 두고 시골 사람은 너무나도 궁금했다. "지난 수년 동안 나 이외에는 아무도 입장을 허락해 줄 것을 요구하지 않았는데, 어째서 그런가요?" 이때 문지기는 죽어 가는 그의 귀에 말한다. "이곳에서는 너 이외에는 아무도 입장을 허락받을 수 없어. 왜냐하면 이 입구는 단지 너만을 위해서 정해진 곳이기 때문이야. 나는 이제 가서 그 문을 닫아야겠네." 얼마나 소름끼치는 일인가. 변호사 출신이었던 카프카는 법의 논리가 얼마나 잔혹한지, 그리고 얼마나 기만적인지 누구보다 잘 알고 있었던 것이다. 경찰로부터 부당한 압수 수색을 당했다고 하자. 자! 어떻게 할 것인가. 소송을 신청할 것이다. 이미 이 순간 우리는 소송을 받아들일 것인지, 말 것인지의 여부를 법에게 위임한 것이다. 그러니 하염없이 기다릴 일이다.

소송이 진행된다고 해도, 언제든지 사법부의 판단에 따라 소송 절차는 이론적으로 무한히 연기될 수 있다. 그러니 또 기다려야 한다. 마침내 지방법원으로부터 압수 수색이 경찰의 불법행위라고 판결을 받았다고 하자. 마침내 승소한 것이다. 그렇지만 얼마 지나지 않아, 우리는 무기력에 빠지게 될 것이다. 경찰 측에서 고등법원에 항소를 했기 때문이다. 하나의 문을 간신히 지나가자 또 새로운 법의 문이 열린 것이다. 여기서 또 우리는 하염없이 기다려야만 한다. 다시 조사를 받고, 다시 재판이 열릴 것이다. 물론 조사 시간이나 재판 시간은 우리가 정하지는 않는다. 이론적으로 그것은 무한히 연기될 수 있다. 다행히 재판이 열리게 된다. 몇 차례 재판은 연기된다. 몇 차례 연기될 것인지 우리가 정하는 것은 아니다. 부당한 압수 수색을 당한 우리가 정하는 것이라고는 거의 없으니, 정말로 무기력한 일 아닌가.

고등법원에서 모든 일이 끝날까? 아니다. 다시 경찰 측에서 상소를 할 수 있으니 대법원까지 재판이 올라갈 수도 있다. 지방법원보다 고등법원보다 대법원의 문은 더 좁기만 하다. 하기는 한 곳밖에 없으니, 얼마나 많은 재판 건이 밀려들어 왔을지 모를 일이다. 언제 재판이 열릴지도 모르고, 열린다고 해도 재판은 경찰의 입장 때문에 혹은 재판관의 일정 때문에 언제든지 연기될 수 있다. 이 정도 되면 부당한 압수 수색을 당했을 때 느꼈던 우리의 모멸감도 점점 마모된다. 심지어 담당 경찰은 의무경찰이었기에 이제는 제대해서 일반인으로 지내고 있다. 이제 조금씩 우리에게는 회의감이 물밀듯이 찾아온다. 도대체 무엇을 위한 소송인지 모를 일이다. 이리저리 통보받은 대로 움직이느라 일상사도 뒤죽박죽이기는 마찬가지다. 이제 점점 우리는 지쳐 가고 있다. 더군다나 소송 상대방은 국가기관 아닌가. 반면 소송을 준비하느라 경제적 손해와 시간적 손실이 우리에게는 너무나 많았다. 이제는 아예 배보다 배꼽이 더 큰 형국이 되어 버린 것이다.

전사 아킬레스처럼 돌진하자!

우리 주변에는 법이라는 절차에 들어갈 헛된 희망으로 자신의 소중한 삶을 낭비하고 있는 사람들, 그리고 어차피 경주를 해봐야 지는 게임이라며 절망하며 무릎을 감싸 안고 울고 있는 이웃들이 너무나 많다. 그렇다면 이제 우리는 어떻게 해야 하는가. 법이 만들어 놓은 구간들에 들어가려고 하지 말자. 아킬레스가 100미터, 10미터, 1미터 등등으로 자의적인 구획을 받아들이는 순간, 그는 결코 거북이를 따라잡을 수 없는 것과 마찬가지다. 그렇지만 제논이 만든 역설에 걸린 아킬레스와는 달리, 우리의 전사 아킬레스는 이미 한두 걸음으로 거북이를 가볍게 따라 잡았을 것이다. 그러니 그냥 전사 아킬레스처럼 과감하게 달리면 된다. 어느 사이엔가 주어진 구간도 지나치고 앞서간 거북이도 가볍게 추월할 테니까 말이다. 그렇지만 이게 어디 쉬운 일이겠는가. 지금 이 순간 한 가지 사실만 명심하도록 하자. 절차에 포획되는 순간, 민주주의는 숨 쉴 수도 없다는 사실을. 절차란 민주주의를 지치게 하기 위해 만든 교묘한 역설이라는 사실을.

정말 순진하시네요,
변호사님!

민변, 그러니까 '민주사회를 위한 변호사모임'은 집회에 참여하는 사람들에게 법적인 조언을 아끼지 않는다. 민변에서 출간한 《쫄지 마 형사절차》라는 책을 거들떠보자. 경찰이 불심검문을 요구할 경우, 반드시 신분증과 구체적인 혐의를 확인하라. 경찰은 불심검문으로 답변을 강요하거나 체포, 연행할 수 없다. 경찰이 소지품을 외부에서 관찰하는 것은 허용되나, 흉기가 없는 경우 소지품을 보여줄 필요는 없다. 경찰의 임의동행 요구는 거부할 수 있다 등등. 그런데 경찰이 신분증도 보이지 않고 강제로 불심검문을 한다면, 답변을 강요하거나 체포한다면, 그냥 소지품을 뺏어 열어 본다면, 임의동행을 강제로 행한다면, 우리는 어떻게 해야 할까? 또 소송일 뿐이다. 이런 젠장! 이런 무기력한 대응법이 어디에 있는가. 집회 현장에 경찰이 이름표를 달고 다닐 리도 없고, 소대나 중대 단위로 움직이며 위압감을 떨치고 다니는 상황이다. 차라리 잡히지 않을 범위에서 경찰의 얼굴에 침을 뱉고 튀라는, 혹은 로우킥으로 경찰의 무릎을 발로 차고 도망가라는 조언이 더 타당하지 않을까. 아니면 불심검문을 받자마자, 그냥 땅바닥에 주저앉아 대성통곡을 하는 것이다. 혹은 갑자기 경찰에 뛰어들어 뺨에 키스를 날리는 것이다. 아니면 함께했던 동료를 갑자기 때리며 시비를 걸어도 좋다. 불심검문을 피하고 소송에 말려들지도 않고 집회에 참여할 수 있는 다양한 방법은 수없이 많을 것이다. 헌법재판소에서 위헌이라고 판결한 차벽을 세우고 있는 경찰이고 정부다. 민변의 법적인 조언에 말귀를 기울이지 않는 공권력인 것이다. 그런데 뭐라고? 다시 소송을 걸자고? 우아하고 품위 있는 방식도 있고, 좀 치졸하고 더러운 방식도 있다. 차라리 소송을 하느니, 이런 다양한 방식을 선택하자. 소송을 하자고 집회에 참여한 것이 아니라, 집회에 참여하는 것이 우리의 목표라면 말이다.

전사 아킬레스처럼 돌진하자!

'벌거벗은 생명'의 정치학

∨

소수성 긍정, 민주주의의 정수

철학은 사랑이다. 철학의 영어 표현인 '필로소피philosophy'
에 이미 사랑을 뜻하는 '필로philo'가 들어 있다는 것을 여기서 다시
상기시키고 싶지는 않다. 여기서는 단지 철학자는 무엇을 사랑하는
지 이야기하고 싶을 뿐이다. 국가도, 자본도, 관습도, 체제도 아니다.
철학자가 사랑하는 것은 '덧없고 사소한 것'이나 '쓸모없는 실존'이
기 때문이다. 물론 그렇다고 해서 철학자의 사랑이 싸구려 동정이라
고는 오해하지는 말자. 철학자의 사랑은 '덧없고 사소한 것'을 영원
하고 중요한 것으로 만들려는 의지, 혹은 '쓸모없는 실존'을 가장 쓸
모 있는 실존으로 격상시키려는 분투이기 때문이다. 만일 철학자의
사랑이 그 결실을 맺는다면, 덧없고 사소한 것들이나 쓸모없는 실존
들은 자기 부정이 아니라 당당한 자기 긍정에 이르게 될 것이다. 모
든 진지한 철학자들이 죽을 때까지 가슴에 품고 있었던 꿈은 바로

이것이었다.

철학자의 원대한 포부가 아니더라도, 조금만 생각해 보면 '덧없는 것'이 '영원한 것'보다 더 소중하다는 건 누구나 알 수 있는 일이다. 단도직입적으로 물어보자. 플라스틱으로 근사하게 만들어 번쩍번쩍한 빛마저 발산하는 조화造花가 좋은가? 아니면 들판에서 자라 먼지도 조금은 내려앉은 야생화가 좋은가? 제정신이 있는 사람이라면 별다른 고민도 없이 야생화를 고를 것이다. 조금 지나친 사례지만 누군가 미워하는 사람이 있을 때를 생각해 보자. 내게 너무나 불쾌한 언행을 자주 해서 영 그가 탐탁하지 않다. 간혹 아예 없어졌으면 하고 바라기도 할 정도다. 그렇지만 그가 오늘만 살고 내일은 죽을 것이라고 생각해 보자. 아니, 정말 그렇게 된다고 철저하게 믿어 보라. 그러면 그가 내게 행하는 모든 장난도 측은하게 보일 것이고, 어느 것 하나 받아들이지 않을 것이 없게 될 것이다. 도대체 무슨 일이 있었던 것일까. 그것은 바로 그가 영원한 것이 아니라, 내일 이 세상을 떠날 덧없는 존재라는 걸 알기 때문이다.

인간, 아니 정확히 말해 인간이란 개념은 영원하지만, 내가 만나는 인간들 중 영원한 존재는 하나도 없다. 개라는 개념은 영원하지만, 나의 애완견 멍멍이는 언젠가 사라질 존재이다. 이처럼 개념은 영원하지만, 개별자들은 덧없는 것이다. 어쩌면 이런 이유에서 인간은 개념과 같은 영원한 것을 추구하는지도 모른다. 그러나 누가 영원한 걸 사랑하겠는가. 만일 사랑하는 사람이 있다면, 아마도 그는 덧없는 것을 사랑할 수 없을 정도로 유치하거나 나약한 사람일 것이다. 정말 우습지 않은가. 활짝 피었지만 곧 덧없이 떨어질

'벌거벗은 생명'의 정치학

꽃들을 사랑하는 것이 무서워서 '꽃'이라는 개념을 사랑한다는 것이 말이다. 그러나 이것은 우스운 데 그치는 것이 아니라 심각한 폭력마저도 낳을 수 있으니 중대한 문제라고 할 수 있다. 인간이란 개념을 유지하기 위해 인간들을 부정하려고 하고, 개라는 개념을 유지하려고 개들을 부정할 수 있고, 그리고 꽃이란 개념을 지키려고 꽃들을 부정할 수도 있으니 말이다. 자기 관념 속의 개념을 지키려고 자기 바깥에서 생생하게 살아가는 존재를 부정하는 형국이다.

영원한 것이 아니라 덧없는 걸 사랑하자. 개념이 아니라 개별자들을 마음에 품자! 아우슈비츠를 경험했던 아도르노라는 철학자에게 이것은 단순한 꿈이라기보다는 너무나도 절실한 소망이었다. 철학자로서의 절절한 소망이 이루어지지 못할 때, 인간에 대한 대량학살은 언제든지 다시 반복되리라는 것을 온몸으로 겪었기 때문일 것이다. "개념으로는 도달하지 못하는 것, 개념의 추상 메커니즘을 통해 삭제된 것, 아직 개념의 본보기가 되지 않는 것, 그런 것이 개념에 대해서는 절박한 것이 된다." 그의 주저 《부정변증법 Negative Dialektik》에 나오는 구절이다. 아도르노는 '절박함'이라고 말했다. 도대체 무엇에 대한 절박함이었을까? 기존 개념으로는 보호받지 못하는 것들은 언제든지 폭력에 노출되어 살해될 수 있기 때문이다. 철학자들이 항상 새로운 개념을 창조하는 데 시급을 다투는 것도 이런 이유에서인지 모른다. 조금이라도 게으름을 피우는 순간, '쓸모없는 실존들'은 글자 그대로 아무런 비명도 지르지 못하고 죽음에 이를 수 있으니까.

사소한 것을 사소하지 않게 만드는, 그리고 쓸모없는 것들이 쓸모가 있다는 것을 보여 주는 새로운 개념을 창조해야만 한다. 조르주 아감벤이 만든 '벌거벗은 생명'이라는 개념이 중요한 이유도 바로 여기에 있다. 벌거벗은 생명, 누구든지 죽여도 법의 처벌을 받지 않는 그런 사람들을 가리키는 말이다. 아감벤의 '벌거벗은 생명'은 어떻게 다수가 소수를 억압하고 배제하는지, 그 은밀한 폭력의 논리를 폭로하는 개념이다. 벌거벗은 생명은 우리 사회에 횡행하는 왕따의 논리로 쉽게 설명될 수 있겠다. 약자를 다수가 집요하게 공격하는 것이 바로 왕따의 논리다. 물론 그 시작은 공동체 안의 압도적인 힘을 가진 사람이다. 그가 어떤 사람을 왕따로 지목하면서 모든 사달이 벌어지기 때문이다. '왕따 편에 설래, 아니면 나의 편에 설래?' 대통령이든 아니면 학급에서 싸움질 잘하는 동료든 간에 힘이 있는 자는 이렇게 다수를 압박하는 것이다.

체제는 벌거벗은 생명이나 왕따의 논리를 우리 내면에 공포의 형식으로 각인시킨다. 먼저 다수의 사람들은 자신의 안위를 위해 권력자가 지목하는 약자를 왕따로 공격하기 시작한다. 흥미롭게도 왕따를 만드는 데 일조했던 다수의 사람들 대부분은 개인적으로는 왕따를 당한 사람을 측은하게 여기고 있다. 그렇지만 공개적인 자리에서 그들은 아무런 거리낌이 없는 듯이 왕따를 공격하게 된다. 왜 속으로는 측은하게 여기면서도 다수는 약자 한두 명을 왕따로 만들어 공격하는 것일까? 누군가를 왕따로 만들지 않는다면 자신이 왕따가 될 수 있다는 묘한 두려움 때문이다. 결국 왕따의 메커니즘 이면에는 자신도 그런 소수가 되지 않기 위한 발버둥이 있었던 셈이다. 누군가를 사소하고 쓸모없는 것으로 만들어야만 자신이 그런

'벌거벗은 생명'의 정치학

존재로 낙인찍히지 않으리라는 기대 때문에 우리는 벌거벗은 생명, 즉 왕따를 만드는 데 일조하고 있다. 왕따가 되지 않기 위해, 벌거벗은 생명이 되지 않기 위해, 우리는 체제가 강요하는 왕따와 벌거벗은 생명의 논리의 동조자가 되었던 것이다.

'벌거벗은 생명'이란 개념으로 아감벤이 우리 누구나 왕따의 논리에 개입될 수 있다는 슬픈 현실을 보여 주었다면, 생성과 긍정의 철학자답게 질 들뢰즈는 '벌거벗은 생명' 자체가 미래사회를 결정하는 핵심 동력이라고 찬사를 보낸다. 그가 만든 소수성minorité이라는 개념이 중요한 이유도 바로 여기에 있다. 소수성이라는 개념은, 비록 지금은 소수인 것처럼 보이지만 미래사회의 공동체적 성격을 결정하는 생성의 계기를 가리킨다. 지금 들뢰즈는 사소하고 쓸모없어 보이는 존재들이 새로운 미래사회를 구성하는 동력이라고 이야기하고 싶었던 것이다. 소수성이라고 해서 수적으로 소수만을 가리키는 것은 아니다. 특정 시점에 주어진 공동체에서 대표되지 않는 현실에도 불구하고 계속 자신들을 대표하라고 끈질기게 요구하는 개인들이 바로 진정한 소수성을 확보하고 있는 소수이기 때문이다. 한때 소수였던 여성이 그랬고, 한때 소수였던 노동자들이 그랬던 것처럼 말이다.

여기서 우리는 직감하게 된다. 결국 벌거벗은 생명이 점차 소멸되는 과정, 혹은 소수성이 힘을 얻어 가는 과정이 바로 민주주의로 이행하는 과정이라는 사실을. 그렇지만 벌거벗은 생명이 스스로 삶의 권리를 주장하지 않는다면, 그래서 들뢰즈의 의미에서 끈덕지게 소수성에 충실하지 않는다면, 진정한 민주주의에로의 길, 혹은 진보의 길은 결코 열리지 않을 것이다. 만일 외부에서 그들에게 삶의 권리와 발언권을 부여한다면, 외부에서는 필요에 따라 그것을 항상 다시 철회할 수도 있다. 그러니 소수자 스스로 삶의 당당한 권리를 되찾아야만 한다. 스스로 얻은 것은 남이 빼앗기 힘들지만, 남이 준 것은 남에게 쉽게 빼앗기는 법이다. 이런 의미에서 1994년 2월 7일 '친구사이'라는 단체가 발족된 것은 매우 중요한 사건이다. 이 단체의 시작이 바로 우리 사회 성소수자 인권운동의 시작을 알리는 서막이기 때문이다.

　　　　체제에 훈육되어 작동하는 다수의 폭력에 고스란히 노출되었던 성소수자들이 드디어 삶에의 권리와 삶에의 발언권을 주장하기 시작한 것이다. 자신을 위해, 그리고 친구들을 위해서. 이제 성소수자들은 어떤 때는 서로에게 따뜻한 옷이, 또 어떤 때는 서로에게 튼튼한 갑옷이 되어 주게 된 것이다. 지금 우리 친구들은 더 이상 이제 벌거벗은 생명에 머물지 않고 당당히 소수성을 외치는 주체로 거듭나고 있다. 그들이 더 공개적으로, 더 적극적으로 자신들의 삶을 긍정하고 표현하게 된 것이다. 소수성이 공동체와 역사를 끌고 가는 추진력이 될 때, 당연히 체제는 다수의 반동적인 저항을 그만큼 더 강하게 조성할 것이다. 물론 그렇다고 해서 다수를 너무 미워할 필요는 없다. 단지 다수는 체제에 길들여진 자신의 삶을 절망적으로 정당화하고 있거나, 아니면 주체로 당당히 살려는 소수자의 삶을 질투하고 있는 것에 지나지 않으니까 말이다. 아니, 정확히 말해 다수는 스스로 왕따가 되어서 탄압받을까 봐 전전긍긍하고 있는 것이다.

　　　　　　　　　　　　　　　　　　'벌거벗은 생명'의 정치학

왕따가 되어도 당당히 살 수 있다는 걸 왕따가 보여 준다면, 우리는 왕따가 되는 걸 더 이상 무서워하지 않게 될 것이다. 그러니 벌거벗은 생명들이 자신의 소수성을 견지하는 것에 고마움을 표할 일이다. 그들 덕에 이제 왕따가 되어도 우리는 자신의 삶을 돌볼 수 있는 희망이 생긴 것이다. 사실 자신만의 고유한 삶을 공동체에 당당히 발언할 수 없다면, 한 사회에 민주주의가 있다는 말은 화려한 미사여구일 뿐 아무것도 아닐 것이다. 그래서 민주주의를 꿈꾸는 사람이라면 누구나 소수자들의 인권운동에 고마움을 피력해야만 한다. 소수성이 견지되지 않는 사회는 민주주의와 아무런 관련도 없는 사회, 아니 정확히 말해 반민주적인 사회일 수밖에 없다. 수많은 진지한 철학자와 진정한 인문학자들이 성소수자들의 활동에 적극적인 지지와 관심을 가지는 것도 이런 이유에서다. 끝으로 엄청난 고난과 고초 속에서도 마침내 성소수자 인권운동을 지금까지 성장시킨 관계자들의 용기와 지혜에 고맙다는 말, 감사하다는 말을 꼭 전하고 싶다. 당신들의 노력으로 우리는 더 이상 무기력하기 이를 데 없는 벌거벗은 생명, 혹은 왕따를 무서워하지 않게 되었다고.

광신도 대처법!

어느 사이엔가 우리 주변에 IS와 별다른 차이가 없는 기독교 광신도들이 출몰하고 있다. 그들은 아주 열렬히 맨틀과 핵의 방향을 가리키며 지옥을 이야기하고 있고, 저 은하계를 가리키면서 천국을 이야기하고 있다. 그들이 원하는 대로 정말 우주복 없이 (반드시 우주복이 없어야 한다!) 저 은하계로 보내고 싶다. 그들의 설교를 그대로 방치해서일까? '예수=천국, 불신=지옥'이란 그들의 폭력적 테제를 묵과했던 탓일까? 그들은 우리 대다수 인문주의자들이 자신들의 말을 듣고 있다고 착각하고 있는 것 같다. 그러니 그들은 더 노골적으로 자신들의 종교적 신념을 강요하거나, 그걸 토대로 타인들을 공격하기까지 한다. 성소수자 모임을 공격하거나 훼방 놓으려는 그들의 전근대적인 작태를 보라. 심지어 그들은 노골적으로 보수주의를 취하면서 사사건건 정권과 자본의 편에 서고 있다. 권력, 자본, 기독교의 삼위일체를 꿈꾸면서 말이다. 그러니 우리의 방식은 처음부터 잘못되었던 것이고, 처음부터 너무 아마추어 같았던 것이다. '똥이 무서워서 피하냐, 더러워서 피하지!' 이런 태도로는 충분하지 않았던 것이다. 광신도가 고래고래 설교할 때, 말대답할 필요는 없다. 최신 과학적 업적을 이야기할 필요도 없고, 티라노사우루스와 같은 고생물학 이야기도 의미가 없다. 어차피 우리 이야기를 들으려고 하는 사람들이 아니니. 말로 안 된다고 그들에게 폭력을 행사해서는 안 된다. 우리는 인문주의자니까. 그러니 그들 앞에 서서 그들의 눈을 들여다보고, 혀를 한 번쯤 끌끌 차자. 아니면 그들 앞에서 갑자기 "아!" 하고 괴성을 지르자. 아니면 볼을 쭉 잡아 늘이고 혀라도 한번 쏙 내밀자. 그리고는 서둘러 자리를 피하는 것이다. 이런 조그만 노력들이 쌓여야 광신도들의 부정적 영향을 조금이라도 줄일 수 있을 것이다.

'벌거벗은 생명'의 정치학

거리의 주인이 시민이 될 때!
민주주의가 숨을 쉴 때!

전 세계 오큐파이 투쟁의 날, 서울 대한문 앞, 2012

사랑의 혁명성

∨

진보의 시금석, 사랑

　　장례식장에서 가장 슬픈 표정을 짓는 사람은 누구일까. 아마 상조회사 직원 아니면 부의금을 대신 전달하려고 온 사람일 것이다. 왜냐고? 고인과 일면식도 없다는 사실을 숨기기 위해서다. 돌아보면 우리도 마찬가지 아닌가. 고인이나 유족과 그저 아는 정도의 관계라면, 우리는 그 사실을 애써 숨기기 위해 더 공손하게 향을 지피고 더 애절하게 조화를 고르곤 한다. 이래서 예절이나 법도가 요긴한 법이다. 자신의 속내를 있는 그대로 드러내지 않고도 상황에 맞는 연기를 가능하도록 하기 때문이다. 간혹 장례식장에는 예의범절이 파괴되는 근사한 장면이 펼쳐지기도 한다. 갑자기 조문장이 소란해진다. 어느 초로의 남자가 조문의 예를 치르지 않고, 고인의 영정에 손가락질 하면 역정을 낸다. "야, 이 개새끼야. 이런 식으로 연락을 하냐. 이 쌍놈의 새끼." 그러나 유족을 포함한 그 누구도 이 남자를 제제하지는 않는다. 이 초로의 남자야말로 진정으로 고인의 친구였다는 걸 직감하기 때문이다.

　　누군가에 대해 형식이나 방법에 얽매일수록, 우리는 스스로 그를 사랑할 수 없음을 토로하고 있는 셈이다. 아버지가 생전에 좋아하던 음식이 짜장면이라는 것을 알고 있다면, 당신은 제사상에 어떤 음식을 올려놓을 것인가. 아마도 당신은 생전에 아버지가 제일 좋아하던 중국집에서 김이 모락모락 나는 짜장면을 주문할 것이다. 만약 누군가 눈살을 찌푸리며 제사 법도에 어긋난다고 말한다면, 당신은 어떻게 대응할 것인가? "어쨌든 제 아버님이 좋아하시던 음식은 짜장면입니다"라고 말할 수 있을 것이다. 반대로 자신의 아버지가 생전에 어떤 음식을 좋아했는지 알지 못한다면, 당신은 어떻게 할 것인가? 홍동백서紅東白西라는 규칙에 따라 지금까지 지내 온 방식대로 제사상을 차리게 될 것이다. 여기서 우리는 사랑이 무엇인지를 직감하게 된다. 누군가를 사랑한다는 것은 그가 무엇을 원하는지 알려고 하는 것이고, 그것을 해 주려고 하는 것이다. 왜냐고? 그에게 행복을 선사하기 위해서고, 그것이 자신에게 가장 큰 기쁨이기 때문이다.

　　아버지의 제사상에 아버지가 좋아하던 짜장면을 올려놓을 것인가? 아니면 아버지의 제사상에 홍동백서의 규칙에 따른 음식을 올려놓을 것인가? 여기서 진보와 보수가 갈린다. 진보적인 사람에게 중요한 것은 통용되는 규칙이 아니라, 타인이 원하는 것을 해 주려는 사랑이다. 그러니 과거의 규칙은 부정되고, 새로운 규칙이 등장할 수밖에 없다. 홍동백서로 장식되어야 할 제사상에 짜장면이 올라갈 수 있다는 파격! 그렇지만 이것은 과거의 규칙에 싫증이 났거나 혹은 단순한 변덕으로 생긴 것이 아니다. 그래서 자유주의와 진보주의는 항상 함께할 수 없는 법이다. 뭔가 제사상이 지루해서 상차림에 파격을 주는 것과 고인을 위해 상차림을 변화시키는 건 겉모습의 유사성에도 불구하고 질적으로 정말 다른 일이다. 누가 뭐라고 흉을 보더라도 아버지의 제사상에 짜장면을 올려놓는 혁명을 감행한 것은 아버지를 그만큼 사랑했던 것이다. 이것이 바로 자유주의자와는 다른 진보주의자의 속내였다.

반면 보수적인 사람은 아버지를 사랑해 본 적이 없다. 당연히 그는 아버지가 진정으로 원하는 것을 찾아 그것을 해 주려는 생각도 하지 않는다. 단지 자식으로서의 기본적인 도리만을 아버지와 무관하게 실천할 뿐이다. 그러니 제사상마저도 과거의 방식이나 형식을 반복할 수밖에 없다. 아버지가 생전에 짜장면을 좋아했다는 것을 모르니, 홍동백서로 차려진 제사상을 선택할 수밖에 없다. 결국 타인을 사랑하지 않으면서도 사랑한다는 제스처를 취하는 꼴이다. 이것은 결국 자기 사랑 아닌가. 아버지를 사랑한다는 칭찬을 듣기 위해 혹은 불효자라는 오명을 쓰지 않기 위해, 그는 열심히 아버지가 원하지도 않던 음식을 차려 놓고 생색을 내고 있다. 귀신이 정말로 있다면 아버지의 혼령은 자식의 집에 제사 음식을 먹으러 오지 않을 것이다. 차라리 혼령은 집 근처 중화루라는 중국 음식점으로 가지 않을까.

사실 그 기원을 따지고 보면, 홍동백서라는 규칙도 아버지에 대한 누군가의 절절한 사랑이 없었다면 생기지도 않았을 것이다.

생각해 보라. 최초로 제사를 치르기로 한 사람이 있다고 하자. 그에게는 어떤 제사의 규칙도 존재하지 않는다. 당연히 아버지를 사랑했던 그는 제삿날 아버지가 좋아했던 음식을 올려놓으려고 했을 것이다. 문제는 그 모습을 본 다른 사람들이다. 최초로 제사를 지내는 사람의 속내도 모른 채 그들은 홍동백서의 제사상이 너무나 멋지고 근사하게 보였다. 그러니 집에 돌아가서 그들도 아버지의 제사상을 홍동백서로 장식하게 된 것이다. 정말 흥미로운 건 이러기를 수천 년이 지났는데도, 아직도 홍동백서 제사상은 아무런 저항도 없이 매해 차려지고 있다는 점이다. 아버지가 삼합을 좋아했든, 빈대떡을 좋아했든, 스테이크를 좋아했든, 육회를 좋아했든 상관이 없다. 그저 홍동백서다. 결국 모든 보수주의자는 진보주의자, 혹은 사랑을 가진 사람의 겉모습을 그럴 듯하게 흉내 내고 있었던 것이다.

참! 진보주의자와 보수주의자 그 사이에는 대다수 우리 이웃들이 자리를 잡고 있다. 수정주의자의 길이 한 가지 더 있기 때문이다. 무슨 말이냐 하면, 아버지가 짜장면을 좋아한다는 걸 알아도 감히 제사상에 그걸 올리지 못하는 사람들, 바로 이들이 수정주의자들이다. 그러니까 홍동백서의 제사상을 차리고는 그 한쪽에 눈에 띄지 않게 짜장면이나 혹은 짜장을 담은 그릇을 놓을 수 있다. 제사 예절에 대해 남의 눈치도 보면서, 동시에 고인이 되신 아버지도 동시에 배려하는 것이다. 그러니 수정주의적인 제사상, 혹은 퓨전 제사상이 차려지게 된 셈이다. 제사를 치르면서 아버지가 지금 짜장면을 드시고 계시리라 믿으며, 혹은 아버지가 맛나게 짜장면을 먹던 기억을 떠올리며. 그렇지만 제사에 참여하는 일가친척들은 이런 아들의 속내를 정확히 모른다. 그들은 단지 남겨진 아들이 근사하게 제사상을 차리고 예의를 다한다고 칭찬할 뿐이다. 물론 제사상에 맞난 냄새를 풍기는 짜장면에 대해서는 고개를 갸우뚱거린 채 말이다.

　타인이 원하는 것을 읽어 내 그에게 그것을 해 줄 것인가? 아니면 자신이 옳다고 믿는 기존의 형식과 방법을 타인에게 관철할 것인가? 제정신을 가진 사람이라면 분명 전자의 길, 즉 사랑의 길을 따를 것이다. 사랑 때문이다. 오직 사랑 때문일 따름이다. 홍동백서를 포기하고 짜장면을 제사상에 올리는 혁명의 정당성은 오직 사랑, 이 두 글자에 달려 있다. 최소한의 인문정신을 가지고 있는 사람이 한시라도 보수의 편에 설 수 없는 이유도 바로 여기에 있다. 어떻게 인간의 삶을 사랑하는 사람이 맹목적으로 통용되는 형식과 방법을 따를 수 있다는 말인가? 이 대목에서 우리는 이성복 시인의 예리한 통찰을 떠올릴 필요가 있다. 《네 고통은 나뭇잎 하나 푸르게 하지 못한다》라는 산문집에서 시인은 말한 적이 있다. "사랑의 방법 때문에 얼마나 많은 사람들이 희생되었는가. 방법을 가진 사랑은 사랑이 아니다."

　타인을 사랑하게 되면 그를 가장 행복하게 해 줄 수 있는 방법을 찾게 된다. 아니, 정확히 찾지는 못할지라도 찾으려는 노력을 쉬지 않을 것이다. 반면 이렇게 해야만 사랑일 수 있다고, 사랑에는 정해진 방법이 있다고 주장한다면, 우리는 타인의 속내를 읽으려는 노력 자체를 불필요하다고 생각하기 쉽다. 이어지는 순서는 자신이 옳다고 믿는 방법을 타인에게 폭력적으로 적용하는 것이다. 그래서 "방법을 가진 사랑"은 사랑인 것처럼 보이지만 사실 가장 큰 폭력일 수도 있다. 내 앞에 있는 타인보다는 자기가 옳다고 맹신하는 방법만을 염두에 두는 사람이 어떻게 타인에 대한 사랑을 이야기할 수 있다는 말인가. 그러니 방법을 가진 사랑은 이기적인 자기 사랑으로 귀결된다. 아니, 오직 자신만을 사랑한다는 추악한 모습을 가리려고 사랑의 방법을 맹신하게 된다고 말하는 것이 정확할지도 모르겠다. 마치 아버지가 좋아하는 것과 무관하게 제사상을 차리는 자식처럼 말이다.

정치가든 학자든 아니면 일반 시민이든 진보를 표방하는 사람이라면 타인에 대한 사랑만이 새로운 방법을 발명해 낼 수 있는 유일한 동력이라는 사실을 잠시도 잊어서는 안 된다. 그러니 진보의 가장 큰 적은 자기 사랑이라고 할 수 있다. 자신을 사랑하면 할수록, 타인을 사랑하기는 더 힘들 테니까. 현재 진행 중인 진보 정치의 위기도 다 이유가 있었던 셈이다. 지금 진보를 자처하는 수많은 사람들이 억압받는 이웃들보다 자신의 이념을, 자신의 방법을, 그리고 자신의 동지를 더 사랑하고 있다. 양두구육이라고나 할까. 진보적인 사람들이 기존 보수 정당들보다 더 보수적인 모습을 보이고 있으니 어떻게 권력과 자본으로부터 소외된 사람들이 절망하지 않을 수 있겠는가. 지금 진보주의자들은 자신의 신념, 방법, 그리고 동지마저도 모두 내려놓고 사랑이란 잣대로 자신의 삶을 처절하게 반성할 때 아닌가? 이 대목에서 시인 황지우의 절절한 시 한 구절이 조금 도움이 될지도 모르겠다.

사랑의 혁명성

아무도 사랑해본 적이 없다는 거
언제 다시 올지 모를 이 세상을 지나가면서
내 뼈아픈 후회는 바로 그거다
그 누구를 위해 그 누구를
한번도 사랑하지 않았다는 거

젊은 시절, 내가 자청한 고난도
그 누구를 위한 헌신은 아니었다

나를 위한 헌신, 한낱 도덕이 시킨 경쟁심
그것도 파워랄까, 그것마저 없는 자들에겐
희생은 또 얼마나 화려한 것이었겠는가

〈뼈아픈 후회〉 중에서

우리 안의
보수 여당을
혁파하자!

자기만 혹은 자기 계급만 사랑하면, 우리는 보수적인 사람이 된다. 자기 것을 나누어 주는 것이 사랑임을 근본적으로 모르는 사람이 보수주의자다. 물론 간혹 주기는 한다. 그러나 더 많은 것을 얻고 빼앗기 위해 그들은 줄 뿐이다. 결국 보수주의자에게는 선물은 존재하지 않고 오직 투자만이 존재할 뿐이다. 보수주의가 횡행하면 전체 공동체가 살기가 팍팍해진다. 정치권력이든 자본가든 모든 이익을 독점하려고 하니, 어떻게 대다수 사람들의 삶이 궁핍해지지 않을 수 있겠는가. 그러니 보수적인 사회는 짐승의 사회로 전락하기 쉬운 것이다. 서로가 서로를 품어주는 것이 아니라 각자가 자신의 이득을 위해 분주한 사회이니, 어떻게 이것이 인간의 사회란 말인가. 각자도생各自圖生! 각 개인들은 스스로 자신의 생계를 도모해야만 한다! 이것이 바로 우리 사회다. 지배층의 탐욕이 권력도 돈도 없는 대다수 공동체 성원들에게 전염되는 형국이다. 농담인 듯 진실을 말하자면, 강북 사람들의 꿈은 정의로운 사회, 다시 말해 공동체다운 공동체가 아니라 강남 사람이 되는 것이다. 그러니 '뉴타운 개발'이란 화두만 던지면 그리도 보수 정치인들에게 표를 몰아주는 것이다. 이렇게 우리 안에는 작은 보수 여당이 똬리를 틀고 앉아 있다. 어떻게 할 것인가? 자신의 기득권을 위해 정리해고나 명예퇴직을 서슴지 않는 자본가들, 자본의 이익을 위해 노동자의 삶을 궁지로 모는 입법마저 서슴지 않는 정부 여당! 이들과 우리가 같아서야 말이 되겠는가. 그러니 먼저 우리 안의 작은 보수 여당을 혁파해야 할 것이다. 그리고 자본가나 정부 여당이 하지 못하는 사랑을 실천할 일이다. 1,000원이어도 좋다. 그냥 아무런 대가 없이 노숙자 앞의 썰렁한 박카스 상자 안에 던져 넣자. 그걸로 우리의 혁명은 시작될 테니.

사랑, 그건 본능이 아니라 의지의 문제

⌄

발생한 것마저 부끄러운 무상급식 논쟁

눈이 내리면 포근하다는 말은 거짓인가 보다. 연일 계속되는 눈에도 불구하고 겨울바람은 매서움을 삭일 줄 모른다. 마을로 들어오는 길도 끊어진 지 오래다. 아이들이 잠을 뒤척이는 것을 안타깝게 지켜보다, 어머니는 문득 부엌 찬장에 있는 서리태가 생각났다. 군불을 이용해 서리태를 볶아 방에 들어오자, 잠이 든 척 눈을 감고 있던 아이들의 얼굴에는 미소가 번진다. "일어나라. 콩 좀 먹고 자야지." 말을 떼자 무섭게 아이들은 벌떡 일어나 모이통에 모여든 닭처럼 정신없이 콩을 입에 넣는다. 얼마 뒤 콩이 떨어져 가자 아이들은 서로 싸우기 시작한다. 으레 반복되곤 하는, 조금이라도 더 먹기 위한 갈등이다. 그 와중에 큰아이는 그제야 정신을 차린 듯 어머니에게 고개를 돌리며 말한다. "엄마도 어서 좀 먹어. 아주 고소해." 그렇지만 어머니는 대답 대신 흐뭇한 미소만 지을 뿐이다. 서리태로 인해 벌어진 한밤중의 소란은 얼마 지나지 않아 잦아들 것이며, 아이들은 가장 행복한 얼굴로 잠에 들 것이다. 가난하고 남루한 삶, 그리고 맹렬한 겨울 눈보라를 잊게 만드는 흐뭇한 풍경이다.

친자본주의적 정권들이 지속적으로 집권하자 좁게는 무상급식과 관련된 논쟁, 더 넓게는 복지를 둘러싼 논쟁이 빈번하게 발생하고 있다. 경제의 위축, 그리고 취업과 고용의 불안은 항상 정의를 요구하는 논쟁을 낳기 때문이다. 어쩌면 지금까지 우리 사회가 성장에 집중하다가 분배라는 사회적 정의의 핵심을 소홀히 했던 결과라고도 할 수 있다. 표면적으로는 그 누구도 복지 정책을 확대해야 한다는 생각에 이견을 달지 않는다. 더군다나 집권을 노리는 세력들이라면 말해 무엇하겠는가. 복지 정책의 수혜 대상자들이 대다수 유권자들이니 말이다. 사실 핵심은 복지 정책 강화가 선심성 공약일 뿐인지 아니면 현실적 의지인지의 여부에 달려 있다. 그러니 현실적으로는 지금이 전반적으로 복지 정책을 현실화할 시기인가, 아직 시기상조인가를 둘러싸고 논쟁이 일어난다. 지금 복지 정책을 실시하자는 입장이라면, 그는 복지에 대한 현실적 의지가 있는 것이다. 반대로 그렇지 않고 시기상조를 주장하는 입장이라면, 그에게 복지 정책이란 그저 선심성 구호였을 따름인 것이다.

사실 복지 정책은 정부가 거두어들인 세금을 사회적 약자들에게 분배하는 정책이다. 당연히 대다수 유권자들의 지지를 받고 출범한 정권에게 복지 정책은 선택의 문제가 아니라 당위의 문제라고 할 수 있다. 그러니 아무리 보수 정권이라고도 하더라도 복지 정책을 노골적으로 반대하기보다는 우회적으로 그걸 지연하려고 한다. 정권의 입장에 부화뇌동하여 복지 정책 확대를 반대하는 논객들은, 다른 정책에 투여하면 전체 사회에 더 큰 효과를 낼 수 있는 세금을 사회적 약자들을 위해 소비하는 것은 시기상조라고 주장한다. 반면 복지 정책 확대를 옹호하는 논객들, 당연히 진보적인 논객들은 사회적 약자들에게 복지 혜택을 주어도 될 정도로 이제 국가재정이 충분하다고 주장하고 있다. 결국 빵이 충분히 커지지 않았으니까 아직 분배할 때가 아니라는 주장과 조금 잘라 사회적 약자들을 먹여도 충분할 정도로 빵은 충분히 커졌다는 주장이 팽팽하게 맞서는 셈이다. 어느 주장이 옳은지 따지는 것은 전문가들이 해야 할 일이지만, 여기서 한 가지 우리가 잊지 말아야 할 것이 있다. 어느 주장이든 간에 인간보다는 효율성의 논리를 그 저변에 깔고 있다는 점이다.

　　　차가운 눈보라를 무색케 하는 어느 남루한 시골집이 보여주는 흐뭇한 광경에는 효율성의 논리가 아니라 사랑의 논리가 작동하고 있다. 잊지 말자. 복지 정책 확대를 반대하거나 찬성하는 어느 논객이든 효율성의 논리에 따라 가족을 대하는 사람은 거의 없을 것이라는 사실을. "아직 아빠가 돈을 충분히 벌지 못했다. 그런데 아빠는 내일 일하러 가야 하잖니? 너희들은 배가 고파도 조금 참고, 상급학교에 진학하고 싶어도 참아라. 아빠가 잘 먹고 경비를 잘 활용해야 우리 집은 부유해질 수 있으니까 말이야. 조금만 기다려라" 혹은 "이제 아빠는 충분히 돈을 벌고 있는 것 같다. 이제 너희들은 먹고 싶은 것도 먹고, 상급학교에 진학하도록 해라. 지금까지 아빠를 믿고 기다려 주어서 고맙구나" 이렇게 이야기할 수 있는 아버지가 있기라도 할까? 이제 우리는 걸핏하면 벌어지는 복지 논쟁에 무엇이 빠져 있는지를 직감하게 된다. 그것은 사회구성원들을 사랑의 시선으로 보는 감수성이다.

돌아보면 한때 동아시아 사람들은 사회의 구성원들을 하나의 거대한 가족으로 보려 했다. 그것은 가족 성원들이 서로를 아끼는 것처럼 사회구성원들도 서로를 사랑했으면 하는 바람이었다. 그렇지만 지금 우리는 사랑을 낭만적 슬로건이라고 폄하하는 이상한 분위기 속에 살고 있다. 그것은 우리가 서양 정치철학 전통을 모던한 것으로 맹목적으로 수용한 결과인 듯하다. 만인에 대한 만인의 투쟁을 강조했던 홉스Thomas Hobbes든 인간 사이의 합리적인 계약을 강조했던 루소Jean-Jacques Rousseau든 간에, 서양 사유 전통은 인간을 이기적이고 계산적인 존재라고 이해하는 것으로 출발한다. 복지 논쟁에 참여하는 모든 논객들은 직간접적으로 이런 서양 정치철학 전통에 근거하고 있다. 어느 입장을 선택하든 우리 논객들이 공동체에 사랑이 얼마나 중요한 역할을 하는지 쉽게 간과하는 것도 이런 이유에서일 것이다. 여기서 우리는 기철학氣哲學을 표방한 것으로 위대한 형이상학자 장재張載의 이야기를 음미할 필요가 있다.

"하늘을 나의 아버지로 부르고 땅을 나의 어머니로 부르며, 나는 이처럼 미미한 존재로 아득하고 광대한 천지에 태어나 살고 있다. (…) 사람들은 모두 나의 가족이며, 만물은 모두 나의 동료이다. (…) 천하에 피곤하고 고달프며, 병들고 불구인 사람, 그리고 부모나 자식, 남편이나 아내가 없는 사람들은 모두 나의 형제들 중에 넘어져 고통스러우면서도 하소연할 곳이 없는 사람들이다." 장

사랑, 그건 본능이 아니라 의지의 문제

재의 주저《정몽正蒙》에 등장하는 유명한 구절이다. 그의 사유는 인간만을 주체로 사유하려는 현대인들이 상상하기 힘들 정도로 커다란 스케일을 자랑한다. 그는 인간뿐만 아니라 모든 만물들을 하나의 가족으로 생각해야만 한다고 역설한다. 물론 그는 단순히 하나의 세계관을 피려하려는 것은 아니다. 그가 이런 세계관을 피력한 이유는 그다음 구절을 보면 분명해진다. 그는 동시대 사람들, 나아가 현대인들에게 역설하고 싶었던 것이다. 사회의 약자들을 "넘어져 고통스러우면서도 히소연할 곳이 없는 형제들"로 볼 수 있는 감수성을 가져야만 한다고 말이다. 사회적 약자가 자신의 가족이라면 우리는 과연 나는 이만큼, 너는 저만큼 가져야 한다는 분배의 논리를 관철시킬 수 있을까? 결코 그럴 수 없을 것이다. 바로 이것이 사랑이 가진 근본적인 힘이다. 사랑은 분배와 관련된 계산적 합리성을 넘어설 수밖에 없기 때문이다.

그래서《네 고통은 나뭇잎 하나 푸르게 하지 못한다》란 산문집에서 이성복 시인은 말했던 것이다. "입으로 먹고 항문으로 배설하는 것은 생리이며, 결코 인간적이라 할 수 없다. 그에 반해 사랑은 항문으로 먹고 입으로 배설하는 방식에 숙달되는 것이다. 그것을 일방적인 구호나 쇼맨쉽으로 오해하는 짐승들!" 배가 고프면 음식을 입으로 먹는다. 그리고 음식물을 소화시키고 난 뒤 찌꺼기는 항문을 통해 배설한다. 너무 과학적이고 합리적인 생각이어서, 누구도 부정하기 힘든 진실이다. 누군가 배고픈 사람이 있다. 그에게 음식을 나누어 주면, 나는 그만큼 배가 고프고 반대로 그는 먹은 만큼 배가 부를 것이다. 이것은 아주 기초적인 산수다. 복지와 관련된 논쟁에는 산수로 작동하는 효율성이 전제되어 있다. 그렇기 때문에 논쟁에 참여한 논객들은 배고픔과 배부름을 계산하여 누구에게 먹이는 것이 더 효율적인지를 예측하려고 한다. 그렇지만 이성복 시인의 말처럼 사랑은 이런 계산적 합리성의 논리에 반대되는 힘을 가진 것이다. 배가 고픔에도 자신이 먹을 것을 아이들에게 먹이는 어머니를 보라. 자신의 아이들을 사랑하기 때문이다. 아주 추운 겨울밤 자신이 가진 외투를 애인에게 벗어 주고는 이를 부딪치며 걱정하는 애인에게 "괜찮다"라고 말하는 사람을 보라. 자신의 애인을 사랑하기 때문이다. 애써 모은 전 재산을 고아원에 기탁하는 어느 할머니를 보라. 부모가 없는 아이들을 사랑했기 때문이다.

　　　사랑하는 사람에게 자신이 가진 소중한 것을 아낌없이 내어 줄 때 찾아오는 가난함처럼 행복한 것이 또 있을까? 그렇지만 세속적인 가치에 길들여진 우리로서는 얼마나 힘든 일인가? 이성복 시인이 "사랑은 항문으로 먹고 입으로 배설하는 방식에 숙달되는 것"이라고 말했던 것도 이런 이유에서다. 사랑은 우리가 맹목적으로 추종하고 있는 계산적 합리성에 거스르는 것이기 때문이다. 그래서 일반 사람들은 사랑이란 일방적 구호나 쇼맨십이라고, 한마디로 사랑은 실현 불가능한 슬로건에 불가능한 것이라고 오해할 수도 있다. 마침내 우리가 사랑을 모르는 동물, 즉 짐승이 되는 순간이다. 약한 사람을 보살피고 강한 사람에게 굴복하지 않는 사랑의 논리가 힘을 잃는 순간, 우리는 약육강식이란 짐승의 논리를 따를 수밖에 없기에 때문이다. 그렇다고 "항문으로 먹고 입으로 배설해야 한다"라는 시인의 생각을 너무 심각하게만 받아들이지는 말자. 이제 우리는 알지

　　　　　　　　　　　사랑, 그건 본능이 아니라 의지의 문제

않는가? 무엇인가를 축적했을 경우에 찾아오는 행복보다는 사랑하는 사람에게 무엇인가를 나누어 주어서 발생하는 가난이 더 행복할수 있다는 사실을 말이다. 사랑만 있다면 콩 한 조각이라도 쪼개어먹을 수 있고, 모두가 행복할 수 있는 법이다. 불행히도 이 작은 진실이 복지 논쟁을 주도하고 있는 논객들의 마음속에서는 증발한 것처럼 보인다. 시인 김수영의 절박한 외침이 떠오르지 않는가? "제정신을 갖고 사는 사람은 없는가?"

보수주의의
종말!

보수 정당이니 보수 정권이니 말하고 있지만, 이 말은 정말 어폐가 있다. 진정한 보수는 우리 사회에서 이미 증발되어 없기 때문이다. 보수와 진보는 공동체적 가치를 우선하느냐, 그렇지 않고 개인의 자유를 우선하느냐에 따라 구분된다. 극단적으로 비유하자면, 국회의원이지만 머리를 녹색으로 염색하고 반바지로 등원한다면 그 사람은 진보적이다. 반대로 국회의원에 요구되는 품위나 품격을 유지하며 등원하는 국회의원은 보수적인 사람이다. 현재 우리 사회에서 보수와 진보는 어느 모로 보나 심각하게 왜곡되어 있다. 진보적인 사람들이 공동체적 가치를 지향하고 있고, 보수적인 사람들은 그저 자신이나 자신들이 속한 계급의 이익을 중시하고 있으니 말이다. 전통적으로 가장 보수적이었던 유학자들을 보라! 진정한 유학자들이라면 항상 가슴에 '살신성인殺身成仁'이나 '사생취의捨生取義'라는 슬로건을 품고 있었다. 자신을 죽여서라도 공동체적 사랑을 이루겠다는 것이다. 자신의 삶을 버려서라도 공동체적 정의를 선택하겠다는 것이다. 친자본주의적 정권은 자본가나 자신들의 이익을 위해 공동체적 가치를 부정하고 있다. 이렇게 기득권자들이 자신의 이익만 추구하니, 대다수 서민들은 삶이 팍팍해지는 것이다. 그러니 자꾸 출산율도 떨어지는 것이다. 자신도 살기 힘든데, 무슨 수로 아이를 낳아 기른다는 말인가. 이런 공동체에게 과연 미래가 있을 수 있겠는가. 아마 최익현崔益鉉이 지금 살아 있다면 지부상소持斧上疏, 즉 도끼를 옆에 두고 상소를 올렸을 것이다. 그는 《주역周易》의 생생불식生生不息의 정신, 즉 '낳고 낳아 끊이지 않도록 해야 한다'의 정신을 실현하지 못한 군왕은 군왕으로서의 자격이 없다는 걸 알고 있는 보수주의자였기 때문이다.

결을 거슬러 역사를 솔질할 때

∨

민주주의를 위한 역사철학

이집트에 가 본 적이 있는가. 이곳을 방문한 누구라도 피라미드와 스핑크스의 유혹에 쉽게 벗어나지 못할 것이다. 어쩌면 누군가는 조선시대 왕릉을 압도하는 규모에 놀라 부러움을 피력할지도 모를 일이다. 이집트가 너무 멀다면 가까운 중국에라도 가 본 적이 있는가. 중국에서 누구나 한 번쯤은 만리장성에 발을 디디게 될 것이다. 끝도 없이 산을 따라 펼쳐진 만리장성을 보면서 중국문명의 거대한 스케일에 압도되어 북한산에 남아 있는 산성이 초라하다고 느낄 수도 있다. 해외에 나갈 여유가 없다면, 서울 경복궁에라도 들러 보라. 엄청난 규모의 궁궐이 위엄을 뽐내고 서 있을 것이다. 그러나 피라미드, 만리장성, 경복궁의 웅장함에 매료되면서 우리가 놓치고 있는 것은 없을까. 웅장한 역사적 건축물에 쫄지 말고, 우리는 물어보아야만 했다. 도대체 누가 이런 거대한 건물을 만들었는가? 물론 이런 의문은 거대한 역사적 건물에 살았던 군주나 장수에게 감정 이입하지 말고, 건물을 만드느라 피땀을 흘렸을 평범한 사람에 감정 이입해야만 가능할 것이다.

지금 우리는 지배자의 시선으로 피라미드나 만리장성, 혹은 경복궁을 보고 있는지도 모른다. 한 번이라도 깊게 생각해 본 일이 있는가. 피라미드를 만들려고 무거운 돌을 나르며 피땀을 흘리는 노예들의 모습, 만리장성을 만드는 데 강제로 동원되어 노역에 지쳐 쓰러져 갔던 수십만의 사람들, 혹은 농사일을 접고 강제로 경복궁 창건과 복원에 동원되었던 우리 조상들. 그 참담한 장면이 떠오르는가. 이것이 떠오를 때, 우리는 마침내 인문주의적으로 역사를 보게 된다. 이제 우리는 더 이상 피라미드, 만리장성, 그리고 경복궁을 배경으로 브이 자를 그리며 해맑은 얼굴로 사진을 찍을 수 없게 될 것이다. 피라미드의 기단부, 만리장성의 성벽, 그리고 경복궁의 외벽에서 과거 억압받던 사람들의 고통의 단말마가 울리는데, 어떻게 순진한 관광객으로 머물 수 있다는 말인가.

"동시에 야만의 기록이 아닌 문화의 기록이란 결코 없다. 그리고 문화의 기록 자체가 야만성을 넘어설 수 없는 것처럼 그것이 한 사람에게서 다른 사람에게로 넘어간 전승의 과정 역시 야만성을 벗어나지 못한다." 우리 시대 가장 탁월한 지성 벤야민이 자신의 짧은 글 〈역사철학테제〉에서 했던 말이다. 그렇다. 피라미드도 야만이고, 만리장성도 야만이고, 경복궁도 야만이다. 그러니 그것에 대한 모든 기록, 역사도 야만일 수밖에 없는 일이다. 당연한 일 아닌가. 대부분의 사람들이 원하지 않던 피땀과 유골을 토대로 이루어진 그 거대한 건축물을 역사의 위대한 유산이라도 되는 것처럼 선전한다는 것 자체가 어떻게 야만이 아닐 수 있는가. 아니 기만이라고 해도 좋을 일이다. 역사가의 선전에 속아 거대한 건축물에 경의를 바칠 때, 우리는 자신도 괴로운 피땀을 흘려야 하는 운명을 막을 수 없을 테니까 말이다.

이쯤 되면 알량한 유물이라도 유네스코 문화유산에 등재하려는 노력이 얼마나 가증스런 것인지 직감하게 된다. 물론 근사한 관광상품으로 개발하여 돈을 벌자는 얄팍한 상술이 한몫하고 있으니, 말해 무엇하겠는가. 그러나 우리가 보고 있는 거대한 건축물들은 거대한 억압의 흔적일 뿐이다. 굳이 역사와 관련된 책이나 영화, 혹은 드라마를 기억할 필요도 없이, 군주로 상징되는 소수의 지배자들은 자신들의 위엄을 만천하에 각인시키거나, 아니면 자신들에게 반항할 수 있는 국민들의 힘을 건설 현장에서 소진시키고 싶었다. 바로 이때 탄생한 것이 거대한 건축물들이었던 셈이다. 돌아보면 군대 시절 장마철에 소대장은 우리 사병들에게 참호를 옮기도록 했다. 판초 우의로도 막기 힘든 장대비를 맞으며, 우리는 참호를 새롭게 파곤 했다. 흥미로운 건 그다음 장마철에 참호는 새로운 사병들에 의해 원래 있던 자리로 옮겨졌다는 점이다. 군대의 권위도 새롭게 각인시키고 병사들의 육체적 에너지를 소진시킬 수 있으니 정말 일석이조였던 셈이다. 거대한 건축물이 우리가 팠던 이런 참호들과 어떤 질적인 차이가 있는가.

야만을 문명으로 포장하는 역사가를 경계하자. 그들의 기만에 속을 때, 우리는 지금까지 인간의 역사가 얼마나 참혹했던 것인지 망각하게 될 것이다. 차라리 이런 핏빛으로 점철되고 단말마의 비명이 음습하게 울리는 유물들이 하나도 없는 것이 더 좋지 않을까. 이럴 때 드디어 지구상에는 황제와 파라오의 역사가 아니라, 인간의 역사가 시작될 테니까 말이다. 지금은 파라오나 황제가 지배하는 왕조시대가 아니라고 반문하지는 말자. 단지 지금은 그런 인격적 지배자가 아니라 인격성을 넘어서는 더 강한 지배자가 우리를 지배하고 있을 뿐이기 때문이다. 그것이 바로 자본주의의 무서움이다. 전前자본주의시대나 자본주의시대가 질적으로 별다른 차이가 없다는 것을 이해하려면 간단한 사례 하나로 충분할 듯하다. 거대한 피라미드를 만드는 데 동원된 노예들 중 어느 누구도 화려한 피라미드에서 안식에 들지 못했다. 그곳은 오직 파라오만이 쉴 수 있는 곳이었기 때문이다. 그렇지만 지금도 마찬가지 아닌가. 하늘을 가릴 정도로 화려한 주상복합 건물을 만든 노동자들 중에서 어떤 사람이 그곳에 거주할 수 있다는 말인가. 오직 돈을 많이 가진 사람만이 아무런 수고도 없이 그곳에 거주할 수 있을 뿐이다.

　　　　채찍질이라는 직접적인 폭력만이 억압일 수는 없다. 사실 돈이 없으면 살 수 없도록 만든 자본주의의 구조적 폭력이 더 야비하고 기만적인 억압일 수 있다. 물론 전前자본주의시대와 자본주의시대 사이에는 차이가 있기는 하다. 전자에서의 복종이 '강제적 복종'이었다면 후자에서의 복종은 '자발적 복종'이기 때문이다. '자발적 복종'에서 '자발'에 방점이 찍히는 순간, 우리 시대가 과거보다 상대적으로 자유롭다는 착시효과가 생기는 법이다. 그래서 어쩌면 과거 사회가 폭력적일 수는 있었어도 더 정직했고 인간적인 사회였는지도 모를 일이다. 노예는 항상 도망갈 궁리를 할 수가 있었기 때문이다. 반면 돈이 없으면 살 수 없도록 이미 길들여진 우리는 도망갈 궁리는커녕 어떻게 하면 노동자가 될지를 더 고민하고 있다. 채찍질이 없으면 태업을 하던 노예들, 그리고 해고될까 봐 야근도 서슴지 않는 우리들. 과연 어느 쪽이 더 나은 상황인지.

지금은 피라미드에서 거대한 주상복합 건물을 보고 거대한 빌딩에서 만리장성을 읽어 낼 감수성이 필요한 시대다. 그리고 그곳에서 우리의 선조들과 우리의 동료들의 피땀과 굴욕을 읽어 내야만 한다. 좌우지간 거대한 건축물이 있는 곳에는 억압이 필연적으로 존재한다는 공식은 그냥 외워두도록 하자. 벤야민이 역사철학자로서 자신의 임무를 술회하면서 "결을 거슬러 역사를 솔질하는 것을 자신의 과제로 본다"라고 말했던 것도 이런 이유에서다. 아니 더 자극적으로 표현하자면 피라미드, 만리장성, 그리고 경복궁을 이루는 돌들을 아주 세게 손바닥으로 쓸면서 그 거대한 건축물들을 돌아보는 것이다. 마찰 때문에 손바닥이 얼얼하고 심지어는 진물이 생기고 마침내 피가 흐를 때, 우리는 지금껏 인간이 겪었던 오욕의 역사에 맞닥뜨리게 될 것이다. 바로 여기서 민주주의를 지향하는 역사, 그러니까 자유와 정의를 긍정하는 역사가 시작될 것이다.

치열하게 전개되는 우리의 역사교과서 논쟁, 심지어 역사교과서를 국정화하려는 우리 정부의 시도를 보았다면, 벤야민은 어떤 표정을 지었을까. 분명 슬픔에 가득 찬 얼굴로 장탄식을 내뱉었을 것이다. 팩트가 잘못되었다는 것이 논쟁의 핵심일 수는 없다. 일제강점기에도 정치적 탄압의 어둠만이 있었던 것이 아니라 근대화

라는 밝은 측면도 있었고, 유신독재 시절에도 가혹한 정치적 억압만
이 있었던 것이 아니라 경제 개발이란 근사한 측면도 있었고, 세계
화의 시대에도 재벌 중심의 자본 독점의 문제는 있지만 전체적으로
경제 수준은 올라간 측면도 있었다. 그러니 긍정적인 면을 보자는
것이다. 이것이 보통 뉴라이트로 명명되는 보수 사학계나 아버지에
대한 효도가 지극한 박근혜 대통령의 입장이다. 그러나 억압이 존재
했던 시대에는 그것이 왕조에 의해서든 독재에 의해서든 혹은 자본
에 의해서든 팩트란 어차피 지배의 흔적일 뿐이다.

　　　　잊지 말자. 긍정적이든 부정적이든 지금까지 우리에게 주
어진 사료史料나 팩트는 모조리 억압 체제의 유물일 뿐이다. 그러니
만일 역사와 관련된 진정한 논쟁이 있다면, 그것은 긍정적 팩트를
주목하느냐 혹은 부정적 팩트를 주목하느냐의 문제가 아니라, 억압
적 역사냐 아니면 민주적 역사냐를 가름하는 역사관의 논쟁일 수밖
에 없다. 일체의 부당한 억압과 지배를 부정하며 민주주의를 꿈꾸는
인문주의적 시선의 역사관을 가질 것인가. 아니면 타율적이든 자발
적이든 거대한 동원 체제에 의해 만들어진 화려한 역사적 팩트들을
긍정하면서 승자에게 손을 들어 주는 역사관을 가질 것인가. 전자가
바로 진보적 역사관이라면 바로 후자가 보수적 역사관이다. 지금 우
리가 고민해야 할 것은 바로 이것이다. 그러니 왕조시대, 일제강점
기, 유신독재 시절에는 긍정적인 측면과 부정적인 측면이 모두 있다
는 입장, 나름 객관적인 제스처를 취하는 입장을 조심해야만 한다.
그냥 억압이 나쁘다고, 소수가 다수를 지배하는 건 정당한 일이 아
니라는 입장만을 확고히 견지할 일이다.

일제강점기나 혹은 유신 시절에 아무리 세련된 문물들이 범람했을지라도 심지어 그것들이 그 시절 유물의 99퍼센트라고 할지라도, 우리는 결을 거슬러 역사를 솔질해야만 한다. 그 모든 세련된 문물들은 결국 제국주의를 위해, 혹은 독재자를 위해, 아니면 자본주의를 위해 바쳐진 기념비일 테니까 말이다. 피라미드에서 비명소리를 들을 수 있는 인문학적 감수성이 있는 사람이라면 고대 건축물이 인류의 유산이라는 장밋빛 주장에 맞서 싸울 수 있을 것이다. 마찬가지로 일제강점기나 유신 시절의 모든 자본주의적 산물들에서도 우리는 수많은 인간들의 피비린내를 맡을 수 있어야만 한다. 그 피비린내를 희석시키려는 보수적인 역사관, 피비린내를 값싼 향수로 덮으려는 기만적인 역사관이 지금 심각할 정도로 발호하여 우리를 유혹하고 있기 때문이다. 자신의 소설 《1984》에서 조지 오웰도 우리에게 경고하지 않았던가. "과거를 지배하는 자는 미래를 지배하고, 현재를 지배하는 자는 과거를 지배한다"라고.

이보세요,
순간의 굴욕은 영원한
굴욕이에요!

'영원회귀Ewig Wiederkehren'라는 말을 들어본 적이 있는가? 인문주의 정신의 찬
란한 꽃이라고 할 수 있는 철학자 니체의 유명한 개념이다. 모든 것은 봄·여름·
가을·겨울이 반복되는 것처럼 영원히 반복된다는 뜻이다. 쉽게 생각해서 1만 년
단위로 모든 것이 그대로 반복된다고 생각해 보자. 문제는 과거로는 1만 년 전, 2
만 년 전, 3만 년 전 등등에서 내가 무엇을 했는지 나는 기억할 수 없다는 점이다.
물론 미래로도 마찬가지이다. 나는 1만 년 뒤, 2만 년 뒤, 그리고 3만 년 뒤 무엇
을 하리라는 걸 모른다. 오직 확실한 건 한 가지 밖에 없다. 바로 이 순간 내가 어
떤 걸 선택해서 행동한다면, 그것은 내가 과거로 1만 년 주기로 무엇을 했는지,
그리고 동시에 미래로 내가 1만 년 주기로 무엇을 할 것인지를 보여 준다는 사실
이다. 그러니 순간의 행동이라는 우리의 착각은 얼마나 잘못된 것인가? 지금 이
순간만 모면하면 된다는 생각은 얼마나 어리석은 생각인가? 오늘 권력자에게 굽
신거린다면, 그것은 내가 과거에도 미래에도 권력자에게 굽신거린다는 것을 보여
주는 일이니 말이다. 잠시의 굴욕 따위는 참아야 한다고? 니체는 잠시란 바로 영
원이라고 말한다. 그러니 그건 그저 영원한 굴욕일 뿐이다. 니체의 생활강령을 듣
는다면, 누가 우리에게 굴종을 선사할 수 있다는 말인가. 순간적인 굴욕이라면 감
당하겠지만 그것이 영원한 굴욕을 입증하는 것이라면 누구라도 굴종을 선택할 리
없다. 그러니 부당한 권력 앞에서 당당히 맞서라! 양아치와 같은 자본가를 거침없
이 조롱하라! 1만 년 주기로 당신은 영원히 권력과 자본 앞에서 당당한 자신을 발
견할 수 있을 테니. 진정한 인문주의 역사가 시작되는 지점은 바로 여기다. 자! 이
제 시작하자!

우리 정말 공동체다운 공동체를 만들어 보아요!
만들 수 있겠지요? 당근!

오큐파이운동, 서울 대한문 앞, 2012

대표되지 않은 자들, 혹은 정치의 공백

⌄

대표의 논리, 그 가능성의 중심

국회, 대통령, 지방자치단체, 시민단체 등등 정치적인 모든 조직들은 기본적으로 '대표representation'와 '대표되는 것the represented'이라는 이원적 구조로 작동된다. 여기서 '대표되는 것'은 계급이나 집단일 수도 있고, 아니면 환경 문제, 여성 문제 등 더 추상적인 이념들로 무장한 지식인 집단일 수도 있겠다. '대표'와 '대표되는 것' 사이에는 내적인 필연성이 있을까? 이것은 민주주의를 표방하는 모든 정치적 조직, 혹은 대표에게는 사활을 건 문제라고 할 수 있다. 만약 내적인 필연성을 확보할 수 없다면 민주주의는 바닥에서부터 붕괴될 수밖에 없고, 나아가 대표는 그저 독재자에 불과한 존재로 전락할 것이기 때문이다. 아마도 지금 거의 모든 시민들은 대통령이나 국회의원, 지방자치단체장 등등이 자신들을 대표한다고 느끼지 못할 것이다. 그만큼 대통령이나 국회의원 등 대표자를 바라보는 우리 국민들의 시선은 차갑기만 하다.

　　'대표'와 '대표되는 것' 사이의 필연성이 심각하게 회의되는 순간, 다시 말해 대표되어야만 하는 사람들이 대표가 자신을 대표하지 못한다고 느끼는 순간, 정치의 위기가 시작된다는 사실을 말이다. '대표'와 '대표되는 것' 사이에 내적인 필연성이 붕괴되자마자, 양자 사이에는 자의성arbitrariness이 대두할 수밖에 없다. 시민들은 선거 기간을 기다리지 않고 새로운 대표를 뽑으려고 할 것이고, 기존 대표들은 새롭게 선출된 대표와 목숨을 건 투쟁에 돌입하게 될 것이다. 이것이 바로 혁명적인 상황 아닌가. 그렇지만 착각하지는 말자. '대표'와 '대표되는 것' 사이에 내적인 필연성의 관계가 있었는데, 어느 순간 자의적으로 변한 것은 아니다. 원래 양자 사이에는 어떤 내적인 필연성도 존재하지 않는다고 말해야 한다. 이것은 정치조직을 포함한 모든 대표의 논리에 마치 숙명처럼 작동하는 것이다. 단지 대통령이나 국회의원 등이 시민들의 뜻을 적극적으로 대변하려고 하고 시민들도 대표자가 자신들의 뜻을 대변하라고 능동적으로 요구하기에, 양자 사이에 필연적인 관계가 있는 것처럼 보였을 뿐이다.

　　소쉬르Ferdinand de Saussure를 아는가? 그는 언어와 그것이 의미하고 있는 것 사이에는 어떤 필연적인 관계도 없다는 것을 발견했던 현대 언어학자다. 《일반언어학강의Cours de Linguistique Générale》에서 소쉬르는 말했던 적이 있다. "기표signifiant를 기의signifié에 결합시키는 관계는 자의적arbitraire이다. 또한 좀 더 간략히 언어 기호는 자의적이라고 말할 수 있다. (…) 가령 'sœur'(누이)라는 개념은 그것의 기표 구실을 하는 s-ö-r라는 일련의 소리들과는 아무런 내적 관계도 맺고 있지 않다. 그 개념은 다른 어떤 소리에 의해서도 똑같이 표현될 수 있을 것이며, 그 증거로 언어들 사이의 차이점과 서로 다른 언어들의 존재 그 자체를 들 수 있다." 프랑스 사람들이라면 '쇠르'라는 소리를 들으면 자신의 '누이'를 연상할 것이다. 쇠르라는 소리가 기표라면, 누이라는 연상이 바로 기의다. 그러니까 쇠르라는 말은 수많은 누이들을 대표할 수 있는 말인 셈이다. 프랑스 사람들은 쇠르라는 말과 누이라는 연상 사이에는 필연성이 주어져 있다고 생각할 것이다.

그렇지만 기표와 기의 사이에 필연성이 있다는 생각은 프랑스 사람들만의 착각일 뿐이다. 예를 들어 누이를 대표하기 위해서 영어에서는 '시스터sister'라는 말을, 중국에서는 '메이妹'라는 말을 사용하기 때문이다. 그래서 소쉬르는 "기표를 기의에 결합시키는 관계는 자의적이다"라고 이야기했던 것이다. 이처럼 언어의 영역에서도 대표와 대표되는 것 사이에는 어떤 필연성도 존재하지 않는다. 사실 소쉬르의 지적은 전혀 새로울 것이 없다. 인식론의 영역에서도 대표와 대표되는 것 사이에는 필연성이 없다는 지적이 이미 있었기 때문이다. 일반 사람들이 내가 본 사물이 사물 자체라고 믿었을 때, 칸트만은 '사물 자체'는 알 수가 없다고 말한다. "현상은 초월론적 대상transzendentale Gegenstand에 적합하도록 자체적으로 주어져 있지 않고, 오직 경험 가운데 주어져 있을 뿐이다. 현상은 단지 표상Vorstellung일 뿐이다."

방금 그의 주저《순수이성비판》에 등장하는 유명한 구절

을 읽어 보았다. 여기서 '초월론적 대상'이란 바로 칸트의 그 유명한 '사물 자체Dinge an sich'이다. 그는 표상을 사물 자체와 구별한다. 동일한 사물을 경험한다고 하더라도, 박쥐가 경험하는 것과 인간이 경험하는 것은 다를 수밖에 없다. 박쥐는 초음파를 이용해 세계를 경험하지만 우리 인간은 시각, 청각, 후각, 미각, 그리고 촉각 등을 사용해서 세계를 경험하기 때문이다. 박쥐가 경험하는 세계와 인간이 경험하는 세계가 '현상'이나 '표상'의 세계이다. 이 중 어느 세계가 사물 자체의 세계에 가까운 것일까? 아니, 가깝기는커녕 어느 것도 사물 자체와 무관한 것 아닐까? 그렇기 때문에 칸트는 우리 자신이 경험한 세계를 사물 자체의 세계라고 생각하는 것이 거대한 착각일 뿐이라고 말했던 것이다. 그의 말대로 "인간은 자신이 사물 속에 집어넣은 것만을 다시 인식하기" 때문이다.

　　　표상과 사물 자체 사이의 관계는 필연적이지 않고 자의적이다. 이것이 칸트의 최종 진단이다. 우연의 일치일까? 표상이라고 번역되는 독일어 'Vorstellung'라는 단어는 '앞에 세움', 즉 대표라는 의미도 가지고 있다. 결국 칸트에게서 표상이 '대표'였다면, 사물 자체는 '대표되는 것'이었던 셈이다. 흥미로운 일 아닌가? '대표자'와 '대표되는 자'라는 정치적 관계뿐만 아니라 '기표'와 '기의'라는 기호학적 관계, 심지어는 '표상'과 '사물 자체'라는 인식론적 관계에서도 우리는 대표의 논리가 가진 자의성에 직면한 셈이다. 여기서 우리는 칸트의 교훈을 떠올릴 필요가 있다. 표상이 단지 인간만의 것이라는 사실을 밝히기 위해 그는 '사물 자체'라는 개념을 인식론에 도입했다. 그와 마찬가지로 우리는 정치에 '대표되지 않은 것'이라는 생각을 도입해야만 하는 것 아닐까? 이제 정치의 위기는 대표되는 자들이 '대표되지 않은 자들'로 전락할 때, 혹은 대표되지 않은 자들이 너무나 많아질 때 발생한다고 정의하도록 하자.

　　　　여기서 우리 시대의 정치적 위기나 문제를 이해하는 인식론적 틀을 한 가지 얻게 된다. 대표되지 않은 자들이 늘어나도록 하는 정권과 대표되지 않은 자들이 줄어들도록 하는 정권! 공동체를 위기에 빠뜨리는 대표자는 대표되지 않은 자들을 양산하거나 억압하게 된다. 자본가를 대표하기 위해 노동자를 대표하지 않으려는 보수 정권이 바로 이런 대표자에 해당하겠다. 비정규직을 양산하고 정규직마저 비정규직화하려는 정권이 어떻게 대다수 임금노동자들을 대표한다고 할 수 있겠는가? 반대로 민주주의를 지향하는 대표자는 대표되지 않은 자들을 대표되는 자로 승격시켜, 기꺼이 그들을 대표하려고 할 것이다. 다수의 임금노동자를 대변하기 위해 민주적 대표자는 소수의 자본가를 대변하기를 포기할 수밖에 없다. 어쨌든 대표되지 않은 자들을 대표해서 그 수를 줄이는 것이 바로 민주주의 이념이니까 말이다.

　　　　여기서 한 가지 궁금한 것이 생긴다. 대통령이나 국회의원들이 우리를 대표하지 못한다고 환멸을 느낄 때조차, 우리가 정치에 대한 희망의 끈을 놓지 않는 이유는 무엇일까? 그건 우리가 정치란 자신의 삶을 곤궁과 고통 상태로부터 구원할 수 있는 종교적 행위라고 믿고 있기 때문은 아닐까? 그렇기 때문에 매번 환멸을 겪음에도 불구하고, 선거철에 우리는 조심스럽고 신중하게 자신을 대표할 수 있는 후보자를 고르는지도 모를 일이다. 어쩌면 우리에게는 선천적으로 도박꾼의 심리가 있는 것은 아닐까. 매번 판돈을 날려 도박에 환멸을 느끼지만, 도박꾼은 도박에서 모든 구원과 희망을 엿볼 수밖에 없다. 자신이 베팅한 후보가 자신을 대표하기를 기다리는 심리는 여러모로 자신이 베팅한 룰렛 숫자에 구슬이 멈추기를 기다리는 도박꾼의 심리와 닮아 있다. 그렇지만 룰렛의 회전만을 주시하는 도박꾼의 수동적인 태도와 마찬가지로, 자신이 뽑은 대통령이나 국회의원이 어떤 정치를 하는지를 수동적으로 관망하는 태도는 옳은 일일까?

정치의 위기는 '대표되지 않은 자들', 그래서 '대표되어야만 하는 자들'을 대표할 수 없는 대표의 무능력이나, 그들보다는 자신만의 이익을 도모하려는 대표의 이기심으로부터 유래한 것이다. 이런 위기 상황 속에서 대표되어야만 하는 자들은 절망하며, 정치에 무관심하게 된다. 절망적인 것을 응시하지 않으려는 것은 인간의 본능적 반응에 해당하는 법이다. 대표의 오만과 대표되지 않은 자들의 무관심! 이 두 가지 조건이 맞물릴 때, 진정한 정치 위기는 시작된다. 이제 분명해지지 않는가? 대표는 대표되지 않은 사람들을 대표하려고 노력해야만 한다. 그럴 의지가 없다면 그는 정치권에 있을 이유가 없다. 반대로 대표되지 않은 사람들은 대표를 통해 자신의 뜻을 관철시키려고 끈질기게 노력해야만 한다. 그것은 권리이기에 앞서 민주주의를 지키려는 의무이기도 하기 때문이다. 그래서 우리는 대통령이나 국회의원, 그리고 지방자치단체장이나 지방의회의원들을 조롱하는 것으로 만족해서는 안 된다.

대표의 오만에 경종을 울릴 수 있는 것은 조롱이나 무관심이 아니라, "대표인 이상 우리를 대표하라!"라는 외침과 실천이기 때문이다. 그러니 대표의 임기 중이라도 거리로 나가서 외칠 일이다. "우리를 대표하라!" 인터넷에서 육성보다 더 뜨거운 댓글을 남길 일이다. "우리를 대표하라!" 바로 이 순간 위기에서 벗어난 민주주의는 멈추었던 자신의 숨을 다시 내쉴 것이다. 아이러니하게도 민주주의가 다시 소생하는 순간, 대표와 대표되는 자라는 이분법도 옅어지게 된다. 더 이상 대통령이나 국회의원과 일반 시민들 사이에 위계관계는 기능하기 힘들다. 아니 오히려 대표되는 자들이 대표보다 더 우월한 지위를 차지하게 된다고 할 수 있다. 대표들을 뽑고, 대표들을 압박하고, 대표들을 리콜하고, 마침내 대표들을 새롭게 바꾸어 버린다. 이것이 바로 민주주의가 작동하는 방식이다. 그래서일까, 민주주의는 선거가 임박했을 때의 대표를 꿈꾸는 자들의 모습, 즉 대다수 시민들에게 자신을 뽑아 달라고 애원하는 대표가 되려는 사람들의 양태를 가급적 지속가능하도록 하는 데서 완성될 수 있는 것이다.

왜 상품만 리콜하는가?
대통령이나
국회의원도 해 버리자!

철학사, 아니 인류사에서 가장 황당한 주장이 한 가지 있다. 그건 바로 사회계약론이다. 교과서에서 누구나 배웠던 것이다. 그러니까 계약을 통해 권력을 어떤 대표자에게 양도한다는 것이다. 문제는 개개인의 권력을 대표자에게 양도하는 순간, 우리에게는 권력이 없어진다는 사실이다. 결국 선거운동 기간 동안만 우리는 주권을 행사할 뿐, 대표자의 임기 동안은 그저 찌그러져 있어야 한다. 이것이 무슨 민주주의인가? 대표자가 위임받아 비대해진 자신의 권력을 정의롭게 쓰지 못할 때, 우리가 할 수 있는 건 청계천광장에 모여 시위를 하는 것 밖에 없다. 물론 그것마저 힘들다. 아니, 힘들게 만들었다. '집회 및 시위에 관한 법률'이든 '도로교통법' 등 하위 법률들이 헌법에 보장된 집회의 자유를 제약하니 말이다. 대표자의 아이러니라고 할 수 있다. 모든 대표자는 민주주의로 선출되지만, 그들은 민주주의를 혐오한다. 그러나 불행히도 효율의 면에서 대표자를 뽑는 것은 좋지만, 대표자의 전횡을 막을 장치가 없다. 그러니 절름발이 민주주의일 뿐이다. 바로 이걸 우리는 고민해야 한다. 권력을 양도했던 사람들은 언제든지 양도한 권력을 회수할 권리가 있어야 하는 것 아닐까. 그러니까 리콜이다. 대표자의 임기 중에도 항상 우리 시민들에게는 리콜의 권리가 있어야만 한다. 리콜의 권리를 요구하는 건 대표자들이 자신을 뽑아 준 시민들의 눈치를 보도록 만들기 위해서다. 그러니까 리콜제의 핵심이랄까, 아니면 리콜제의 정신은 시민들의 눈치를 보도록 만드는 데 있다. 그러니 대표자가 우리의 눈치를 보도록 한다면, 리콜제가 아니어도 된다. 그러니 대표자의 임기를 가급적 줄이는 것도 한 가지 방법이다. 임기가 1년이나 2년이면, 대표자는 얼마나 우리의 눈치를 보겠는가.

대표되지 않은 자들, 혹은 정치의 공백

빼앗긴 공공성을 당장 되찾자!

치안 정치에서 민주 정치로

강의를 할 때 자주 당혹스런 일이 벌어지곤 한다. 학생들에게 어느 철학자의 진지한 가르침을 전해 주었을 때, 그들이 박장대소하는 경우가 있다. 내 이야기가 농담이라고 확신하고 있었는지 그들은 노트에 필기하려는 생각조차 하지 않는다. 이와는 전혀 다른 상황이 벌어지기도 한다. 약간의 빈정거림을 섞어 농담을 했을 때였다. 학생들의 흥미를 돋우기 위한 배려였다. 그렇지만 나의 의도와는 달리 학생들은 진지한 얼굴로 내 농담을 노트에 적고 있는 것이 아닌가? 아마 나의 농담이 그들에게는 매우 중요한 철학적 주장으로 들렸나보다. 내 생각과는 다르게 전개되는 강의 상황이 자주 반복되자 나는 고민하게 되었다. 도대체 무엇이 잘못된 것일까? 마침내 나는 한 가지 깨달음에 이르게 되었다. 나의 이야기가 학생들에게 어떻게 전달될지의 여부를 사전에 알 수 있는 방법이 내게는 전혀 없다. 단지 강의가 끝난 뒤 나는 학생들이 그것을 어떻게 받아들였는지를 조심스럽게 확인할 수 있을 뿐이다.

내 의도를 좌절시킬 수 있는 존재, 혹은 나와는 다르게 생각하거나 행동할 수 있는 존재가 바로 타자다. 비트겐슈타인의 표현을 빌려 한마디로 정의하자면 타자는 "나와는 이질적인 삶의 규칙을 따를 수 있는 존재"라고 할 수 있다. 타자의 정의에 고개가 아직도 갸우뚱거려진다면 가라타니 고진의 이야기를 들어볼 필요가 있다. "타자에게 말해진 언어가 사회적이고 대화의 형태를 띠며 다성적 특성을 가지려면 그 타자가 어떤 공통된 일련의 규칙들을 공유하는 공동체 바깥에 있는 사람이어야 한다. 한 '공동체'에서의 대화는 단지 독백일 뿐이다." 고진의 《은유로서의 건축隱喩としての建築》의 이 구절을 통해 우리는 타자의 정확한 정의에 이르게 된다. 다른 삶의 규칙을 가진 존재가 바로 타자라고 할 수 있다. 어쩌면 타자란 대화할 수 있는 존재, 아니 정확히 말해 대화가 필요한 존재라고도 말할 수 있을 듯하다.

이제야 알겠다. 강의실에서 나는 학생들과 '독백'이 아니라 '대화'를 하고 있었던 것이다. 하긴 가르치고 배우는 관계는 항상 대화일 수밖에 없는 일이다. 철학 선생으로서 나의 사유 규칙과 학생들의 사유 규칙은 차이가 날 수밖에 없다. 학생들이 철학 강의를 들었던 이유는 그들이 나로부터 철학적 사유의 규칙을 배우려는 것이다. 만약 내가 가지고 있는 규칙을 공유하고 있었다면, 그들은 수업을 들을 필요도 없을 것이다. 그들은 이미 나와 동일한 규칙을 공유한 '공동체'의 성원, 즉 이미 철학자일 테니까 말이다. 이 경우 나의 강의는 대화처럼 보이지만 사실 '독백'에 가까운 것이라고 할 수 있다. 그렇다. 나와 그들은 규칙이 달랐던 것이다. 그렇기 때문에 학생들은 나의 진진한 가르침을 때로는 농담으로, 반대로 나의 농담을 진지한 가르침으로 받아들일 수 있었던 것이다.

결국 나의 행동에 대한 상대방의 반응이 사전에ex ante factor 예측될 수 있을 때, 상대방은 내게 타자일 수는 없다. 반면 그것이 오직 사후적ex post factor으로만 확인될 수밖에 없을 때, 상대방은 바로 '타자'라고 할 수 있다. 그러나 한번 주변을 돌아보라. 아마 당신이 만나는 사람들은 사전에 그 반응을 예측할 수 있는 경우보다 오직 사후적으로 그 반응을 확인할 수 있는 타자인 쪽이 더 많을 것이다. 거리에서 마주치는 익명의 사람들뿐만 아니라 가장 가깝다고 생각했던 가족마저도 타자로 다가오기는 마찬가지 아닐까? 내가 어떤 행동을 했을 때 그들의 반응이 사전에 예측 불가능하기 때문이다. 뮤지컬을 가족들이 좋아할 줄 알고 표를 준비한 아버지가 그들의 시큰둥한 반응에 좌절하는 것도 바로 이런 이유에서다. 만약 그가 아버지의 권위를 내세워 가족들을 극장으로 몰고 간다면, 그의 가정은 아버지의 독백을 반복하는 작은 독재 정부일 수밖에 없을 것이다.

이 대목에서 우리는 공공성公共性, publicness의 가치에 대해 새롭게 생각할 필요가 있다. 결국 공공성이란 나와 타자 사이의 공존의 공간으로서만 의미를 가지는 개념이기 때문이다. 예를 하나 들어 보자. 지하철 역사 주변, 통행 인구가 많은 공원 벤치에서 어느 젊은 커플이 키스를 하고 있었다. 물론 이 경우 그들에게는 자신들의 키스가 타자들에 의해 용인될 것이라는 기대감이 깔려 있다. 만약 그들의 기대대로 상황이 전개된다면, 그들의 키스는 공공성을 나름대로 확보한 셈이다. 그렇지만 그들의 기대대로 상황이 전개되지 않을 수도 있다. 아니나 다를까 어느 할아버지가 역정을 내며 큰 소리로 외칠 수 있다. "공공장소에서 함부로 키스를 하다니. 못 배운 것들. 요즘 젊은것들이란." 잊지 말아야 할 것은 키스를 나눈 커플과 마찬가지로 이 할아버지도 자신의 주장이 다른 타자들에게 인정될 것이라는 기대감을 갖고 있다는 점이다. 공원에 있던 익명의 타자들이 할아버지를 동조하면, 커플의 행위는 공공성에 반하는 것으로 사후적으로 확정될 것이다. 반면 그들이 할아버지의 주장에 동조하지 않는다면, 할아버지의 역정 자체가 공공성에 반하는 것으로 확정될 수밖에 없다.

민주주의 사회에서 공공성은 사전에 미리 결정될 수 없고, 오직 타자들의 반응에 의해 사후적으로만 얻어질 수 있는 것이다. 가라타니 고진의 말을 빌리자면 공공성이란 동일한 규칙에 지배되는 '공동체'가 아니라 상이한 규칙을 가진 타자들과 더불어 사는 '사회'에서만 의미를 가진 개념이기 때문이다. 그래서 우리는 전체주의의 공공성과 민주주의의 공공성을 구별해야만 한다. 전체주의에서는 독재자의 명령이 모든 공공성을 사전에 미리 규정한다. 과거 야간통행 금지나 장발 단속 등이 바로 그 전형적인 사례일 것이다. 독재자는 자신의 규칙을 모든 타자에게 일방적으로 관철시키려고 한 것이다. 결국 그에게는 타자란 존재할 수도 없는 범주였던 셈이다. 반면 민주주의에서 공공성은 타자라는 범주를 함축하고 있고, 따라서 타자의 인정과 용인을 통해서만 사후적으로 확보될 수 있는 법

빼앗긴 공공성을 당장 되찾자!

이다. 이처럼 민주주의는 하나의 폐쇄적 공동체가 아니라 상이한 규칙을 가진 다양한 타자들과 공존하는 열린 사회를 지향하는 이념이 아니라면 아무것도 아니다.

　　공공성을 사유하면서 나와 규칙이 다른 존재, 즉 타자를 고려하지 않는다면, 우리는 전체주의적 공공성이나 획일성 혹은 강제성만 떠올리게 될 것이다. 나치라는 전체주의의 비극을 반복하지 않기 위해 레비나스Emmanuel Levinas가 타자라는 개념을 숙고하는 데 평생을 보냈던 것도 이런 이유에서다.《시간과 타자Le Temps et L'autre》에서 레비나스는 다음과 같이 역설한다. "타자가 나와 더불어 공동의 존재에 참여하고 있는 다른 자아가 결코 아니라는 사실이다. 타자와의 관계는 공동체와의 전원적이고 조화로운 관계가 아니며, 우리가 타자의 입장에서 봄으로써 우리 자신이 그와 유사하다고 인식하도록 만드는 공감도 전혀 아니다. 타자와의 관계는 우리에 대해 외재적인 것이다." 한마디로 타자는 역지사지易地思之가 불가능해지는 대상이라는 것이다. 그러니 타자와의 제대로 된 관계는 당장 현재는 불가능하고, 오직 미래에 가능하기를 꿈꿀 수밖에 없다.

　　사실 타자가 나와 유사하다면, 그것은 그가 나와 삶의 규칙을 공유한다는 것을 의미한다. 그렇지만 이 경우 엄격한 의미에서 그는 내게 타자일 수 없지 않은가? 아무리 공감이 넘쳐나는 조화롭고 평화로운 공동체라고 할지라도, 하나의 규칙이 지배되는 공동체는 전체주의적일 수밖에 없다. 그렇지만 레비나스는 타자란 결코 나와 삶의 규칙을 공유할 수 없다는 사실을 직시하라고 권고한다. 공원에서 키스를 나누는 커플은 타자들이 자신들의 행위를 긍정하거나 부정할 수 있다는 사실을 받아들여야 한다. 마찬가지로 젊은 커플의 애정행각을 비난했던 할아버지도 자신의 역정을 타자들이 긍정하거나 부정할 수 있다는 사실을 받아들여야 한다. 레비나스가 "타자와의 관계는 우리에 대해 외재적인 것"이라고 말했던 이유도 바로 이 때문이다. 그렇지만 너무 절망하지는 말자. 타자는 우리 행동을 부정할 수도 있지만, 동시에 인정하고 용인할 수도 있으니까 말이다. 다행스럽게도 타자가 우리 행동을 인정하고 용인한다면, 우리는 마침내 어렵기만 했던 공공성을 확보한 것이다.

청계천광장이나 서울광장의 공공성에 대한 반복되는 논쟁은 얼마나 보잘것없고 천박한가? 행정단체로부터 허가받은 집단행동이라고 해도 공공성이 저절로 확보되지는 않는다. 익명의 타자들이 그들의 행동을 부정할 수도 있기 때문이다. 반대로 정부로부터 허가를 받지 않은 집단행동도 항상 공공성에 위배되는 것은 아니다. 익명의 타자들이 그들의 행동을 인정하고 용인할 수도 있기 때문이다. 전체주의를 표방하지 않는다면 민주 사회에서 공공성은 어느 장소에서든 관계된 타자들의 인정과 용인을 통해서만 사후적으로만 확보될 수 있는 법이다. 당연히 민주 사회에서 정부나 지방자치단체가 공공장소를 미리 확정하고, 나아가 어떤 집단행동에 공공성이 있다고 미리 판단하는 것은 일종의 블랙코미디라고 할 수 있다. 전체주의적 공공성을 지향하면서도 자신들이 민주주의적 공공성을 지향한다고 생각하고 있는 것일까, 아니면 공공성의 미명하에 민주주의적 공공성을 통제하려는 불순한 의도인 것일까? 우리는 후자가 진실이란 걸 너무나 잘 알고 있다.

빼앗긴 공공성을 당장 되찾자!

공공의 안녕질서를 유지한다는 치안의 논리가 집회와 시위의 자유를 통해서만 실현될 수 있는 민주주의 이념을 질식시키고 있는 것이 현재 우리 사회의 자화상이다. 치안police과 정치politic를 구분하면서 민주주의 정치의 실종을 개탄했던 랑시에르Jacques Rancière의 절규가 우리 귀를 파고드는 것도 이런 이유에서인지 모른다. 〈정치에 관한 열 가지 테제Dix Thèses sur la Politique〉에서 그는 말한 적이 있다. "'그냥 지나가시오! 여기에는 아무것도 볼 것 없어!' 치안은 도로 위에 볼 것이 아무것도 없으며, 거기에서는 그냥 지나가는 것 말고는 달리 할 것이 없다고 말한다. 치안은 통행 공간이 그저 통행 공간일 뿐이라고 말한다. 정치는 이 통행 공간을 한 주체—인민, 노동자, 시민—가 드러나는 공간으로 변형하는 것으로 이루어진다. 정치는 공간의 모양을 바꾸는 것, 곧 거기에서 할 것이 있고 볼 것이 있으며, 명명할 것이 있는 것으로 바꾸는 것으로 이루어진다." 랑시에르의 지적은 옳다. 그러니 정치가 사라지고 그 자리를 치안이 대신하고 있는 지금, 민주주의를 지향하는 사람들은 치안이 아니라 당당히 정치를 관철해야만 한다. 이것이 바로 민주주의다.

'집시법', 헌법에 대한 쿠데타!

네 개의 하부 조목으로 이루어진 헌법 전문 제21조 중 처음 두 가지 조목은 다음과 같다. "모든 국민은 언론·출판의 자유와 집회·결사의 자유를 가진다." "언론·출판에 대한 허가나 검열과 집회·결사에 대한 허가는 인정되지 아니한다." 그렇지만 대표자들은 언론, 출판, 집회, 결사의 자유를 어떻게 해서든 제약하려고 안달이나 있다. 그래서 탄생한 것이 '집회 및 시위에 관한 법률', 즉 '집시법'이다. 언론, 출판, 집회, 결사의 자유를 보장하는 헌법 정신을 제한하려는 하위 법률의 쿠데타가 발생한 셈이다. '집시법' 제1조를 보면 이 법률의 목적이 명기되어 있다. "이 법은 적법한 집회 및 시위를 최대한 보장하고 위법한 시위로부터 국민을 보호함으로써 집회 및 시위의 권리 보장과 공공의 안녕질서가 적절히 조화를 이루도록 하는 것을 목적으로 한다." 이어서 집회와 시위의 자유를 인정한 헌법 정신을 근본적으로 억압하는 조목들이 줄줄이 등장한다. '집시법'에서 흥미로운 것은 대통령이나 국회의원들이 있는 곳에서 집회와 시위를 금한다는 내용(제11조)과 집회와 시위를 공공의 안녕질서를 위해 제약한다는 내용(제12조, 제13조, 제14조)이다. 우리 대표자들은 자기 앞에서 집회와 시위를 해서는 안 된다고, 심지어 헌법과는 달리 집회의 성격을 미리 검열하겠다고 기염을 토하고 있다. 공공의 안녕질서라는 미사여구를 빼놓지는 않는다. 그러나 이런 궤변에 속을 사람이 어느 누가 있는가. 생활의 불편함보다 민주주의의 훼손이 더 심각한 결과를 낳는다는 걸 삼척동자도 알 테니 말이다. '집시법'은 우리 시대의 정치적 의식의 시금석이다! 유지를 주장한다면 유신 잔당일 것이고, 폐지를 주장한다면 민주 시민일 테니 말이다.

끈덕지고 집요하게

∨

우리 시대 언론인의 자세

"아는 것이 힘이다." 맞는 말이다. 그렇지만 여기서 힘을 단순하게 생각하지 말자. 힘은 권력이기도 하다. 그래서일까, 모든 부모는 자식이 명문대에 가서 많은 것을 배우기를 원한다. 그들이 아는 것만큼 권력을 가질 테니까 말이다. 이것이 바로 정신노동이 육체노동보다 더 강한 권력을 지니게 되는 이유인지도 모를 일이다. 어쨌든 안다는 것은 권력을 지닌다는 것이다. 동시에 권력을 지닌다는 것은 알게 된다는 것이기도 하다. 대통령이 되기 전에 생각지도 못했을 온갖 비밀들을 대통령은 알게 될 것이다. 아니, 이것보다 더 심각한 것은 재임 기간 중에 국민들이 알아서는 좋지 않을 비밀들을 너무나도 많이 만드는 것 아닐까. 어쨌든 어느 종류의 비밀이든 자신만 알고 있어야 한다. 그 비밀들이 새어 나갈 때, 그만큼 권력도 새어 나가는 것일 테니까. 그러니 권력을 둘러싼 투쟁의 백미는 아무래도 '아는 것'과 관련된다고 하겠다. 《손자병법孫子兵法》에도 쓰여 있지 않은가. '지피지기知彼知己, 백전불태百戰不殆', 적을 알고 나를 알면 100번 싸워도 위태롭지 않다는 뜻이다.

독재자들이 언론 탄압과 검열에 사활을 걸었던 것도 이런 이유에서다. 특히 권력 자신의 치부를 드러내는 사안에 대해서는 더 노골적이다. 과거 독재 시절 검열로 아예 신문기사가 통으로 시커멓게 칠해져 나오는 사태, 혹은 〈동아일보〉의 경우처럼 광고마저 중단시켜 신문사를 고사시키려는 만행은 이미 하나의 전설이 되어 버렸다. 그러나 이때는 정말 순수했다. 독재자들은 노골적으로 독재를 관철시키려고 했으니 나름 순수했고, 이런 반민주적인 횡포에 맞서서 당당히 싸웠던 시민들도 순수했으니 말이다. 그러나 지금은 불순하고 복잡하기까지 하다. 방송통신심의위원회와 같은 제도적 장치든지, 아니면 언론사 사주를 친정부 인사로 임명하는 것과 같은 은밀한 방법을 동원하여 권력은 국민들에게 알 권리 자체를 무력화시키려고 했기 때문이다. 합법적 수단으로 불법적 행위를 일삼으니 불순한 것이다. 물론 그렇다고 해서 언론 탄압이 야만적이고 반민주적인 책동이란 건 조금도 숨길 수 없는 사실이다.

당연한 일이겠지만 언론 탄압과 검열은 권력의 부정의와 부패 정도에 따라 커지기 마련이다. 만일 언론사를 통제할 수만 있다면, 그래서 권력이 아는 것을 독점할 수만 있다면, 권력은 신성불가침의 권좌에 앉게 될 것이다. 생업에 바쁜 대부분의 시민들은 언론의 보도만을 신뢰할 수밖에 없으니 말이다. 불행인지 다행인지, 이제 검열과 탄압만으로 아는 것을 독점하거나 농단할 수 없는 시

끈덕지고 집요하게

대가 도래해 버렸다. 이제 모든 국민이 잠재적으로 기자인 시대가 열렸기 때문이다. 그들은 사진을 찍고 기사를 작성할 수 있다. 심지어 자신들의 기사를 실시간으로 세계 어느 곳이나 전송할 수 있다. 그들이 손에서 떼려고 하지 않는 스마트폰 때문에 벌어진 현상이다. 반정부 시위 현장에 공중파 방송국 기자들이나 유력 일간신문 기자들이 야유를 받거나 출입 제한을 당하는 볼썽사나운 풍경이 벌어진 지 이미 오래다. 스마트폰으로 그들은 실시간으로 기사가 어떻게 쓰였는지 검색할 수 있고, 심지어 그 기사와 반대되는 실제로 일어났던 일을 다른 시민의 트위터 등으로 손쉽게 알 수 있기 때문이다.

민주주의 사회에서 국민의 알 권리를 충족시키지 않는다면, 그리고 아는 것을 독점하려는 권력으로부터 비밀을 빼내 국민에게 돌려주지 않는다면, 언론은 존재할 이유가 없다. 여기서 알 권리라는 것을 오해하는 사람들이 간혹 있다. 그것은 섹시한 걸 그룹 가수의 스캔들도 아니고, 유명 프로야구 선수의 원정 도박 사건도 아니다. 알 권리의 대상은 정보와 권력을 독점하고 있는 입법부, 사법부, 그리고 행정부의 모든 비밀, 특히 권력과 이익을 독점하려는 고위급 인사들의 거동과 그들의 속내이기 때문이다. 결국 알 권리는 그 자체로 인정되는 것이 아니라, 공동체의 공동선, 즉 정의라는 잣대로 평가되어야 하는 것이다. 그래서 민주 언론에 대한 열망이 그렇게도 강한 시절이 있었던 것이다. 그런데 이제 국민의 스마트폰이 신문을 제작하고 신문을 구독하는 공간이자, 동시에 방송을 제작하고 방송을 보는 공간이 되어 버린 것이다. 그러니까 이제 신문사와 방송사는 없어도 그만인 셈이다.

돌아보라. 심지어 이제는 기자들이 개인 블로그나 SNS에 실려 있는 정보를 기사로 옮기기까지 하지 않는가. 권력과 체제 입장에서는 여간 껄끄러운 일이 아닐 수 없다. 온 국민을 상대로 검열과 탄압을 시행할 수도 없는 일이니까 말이다. 그렇지만 아는 것이 힘이다. 체제가 어떻게 이 자명한 테제를 거역할 수 있다는 말인가. '궁즉통窮則通'이라고 했던가. 곤궁하면 살 길을 찾게 되는 법이다. 이제 권력은 '알지 못하게 하는 방식'을 버릴 수밖에 없게 되었다. 어떻게 모든 국민의 스마트폰을 검열할 수 있다는 말인가. 그래서 권력은 묘수 하나를 마련했다. 그것은 '너무 많이 알도록 만드는 방식'이다. 신문사나 방송사든지 아니면 스마트폰의 블로그나 SNS든지 체제의 치부를 드러내는 기사가 소개되면 수많은 기사들, 충분히 원초적이고 자극적이어서 국민의 시선을 끌 만한 기사들을 신속하게 개개인의 스마트폰으로 합류시켜서 자신의 치부를 가리는 방식이다. 위험한 장난감을 가지고 놀지 못하도록 다른 수많은 현란한 것들을 보여 주어 아이의 정신을 빼놓을 때 어머니들이 자주 쓰는 기법이기도 하다.

지금 심각한 문제로 온 국민이 인식하고 있는 '4대강 사업'의 문제점도 당시 이명박 정권 때에 이미 실시간으로 국민들에게 다 알려진 사실이었다. 4대강 주변에 살고 있던 주민들이나 시민단체들이 스마트폰을 통해 어떻게 4대강이 '녹차라테'가 되어 가고 있는지, 영상과 글로 이미 가상공간에 올려놓았다. 그렇지만 이 충격적인 기사는 권력과 권력에 직간접적으로 지배되고 있던 언론사나 주요 인터넷 포털 사이트에 흘러넘친 다른 기사들에 묻혔다. 유명

끈덕지고 집요하게

연예인의 스캔들도 좋고, 해묵은 남북 대립 기사도 좋고, 아니면 프로스포츠 관련 기사도 좋다. 녹차라테로 변질된 4대강으로부터 국민의 시선을 돌릴 수 있는 것이라면, 체제나 보수 언론은 닥치는 대로 기사들을 가상공간에 쏟아부었던 것이다. 물론 지난 이명박 정권 당시 벌였던 4대강 사업의 문제점이 그다음 박근혜 정권에서 갑자기 부각되는 것은, 박근혜 정권의 무엇을 가리기 위해 그런 것인지 의심해 볼 만한 일이다.

과거 유신 정권 때에는 정말 저수지처럼 시민들이 알지 못하도록 정권의 비밀을 고이고이 가둬 놓았다. 그러나 지금은 그 방법이 더 세련된 것이다. 스마트폰으로 상징되는 실시간으로 떠돌아다니는 정보량이 폭증했기 때문에 벌어진 현상이라고 하겠다. 그러니 압도적 정보 수집 능력으로 정권은 거의 모든 정보를 모아 둔다. 연예인들, 재벌 가족들, 스포츠 스타들, 혹은 북한과 관련된 미확인 정보들 등등. 언제든지 정권의 실정에 대해 시민들의 이목이 집중되고 불만이 가중되는 경우가 찾아오기 마련이다. 바로 이럴 때 시민들의 시선을 다른 곳으로 돌리고 시민들의 욕망을 대리만족시킬 수 있는 현란한 정보를 흘리는 것이다. 일종의 물타기 전략이다. 쟁점을 희석시키고, 궁극적으로 쟁점을 무력화시키는 마술인 셈이다. 검은색 물에 모든 시선이 갈 때, 그 수로에 아주 신속하게 오렌지색 물을 흘러가게 하는 것이다. 새로운 오렌지 빛깔에 속아서 검은 빛을 까먹기를 바라면서 말이다.

신문과 방송에 종사하는 언론인들은 지금 심각한 자괴감에 빠져 있다. 가장 빠르고 신속하게 국민이 알아야만 하는 일을 기사나 방송으로 보내는 임무를 이미 스마트폰에 빼앗긴 지 오래이기 때문이다. 더군다나 종합편성 채널과 수많은 인터넷 방송, 인터넷 신문이 생기면서, 참담한 생존경쟁에 모든 언론사들이 내던져진 지 오래다. 그러니 생존을 목표로 한 명이라도 더 많은 국민의 시선을 붙들기 위해서 계속 자극적이고 선정적인 기사를 쏟아낼 수밖에 없다. 그러니 정권이 수문을 열어 배출한 물타기용 정보를 보자마자, 언론사들은 앞다투어 그걸 소개하느라 여념이 없게 된다. 물론 팩트를 다루고 있다고 말은 하지만, 그 이면에는 이제 언론인과 연예인의 차이가 무엇인지 헛갈린다는 자괴감이 도사리고 있다. 한때는 권력이 가장 두려워했던 기자가 이제는 사회적 쟁점을 희석시키는 자극적인 기사들을 쏟아붓는, 자의반 타의반 체제의 수호자가 되어 버린 것이다.

민주주의 사회에서 언론은 권력이 독점하려는 '아는 것'을 국민에게 돌려주는 역할을 해야만 한다. 그것도 신속하고 정확하게 말이다. 그렇지만 지금은 너무나 많은 자극적이고 선정적인 기사가 정말 국민이 알아야 할 것을 희석시키는 시대다. 바로 이 지점이다. 이제 언론은 '신속하고 정확하게!'라는 표어를 버려야만 한다. 아무리 신속하고 정확해도 국민이 가진 스마트폰을 물리적으로 따라가기 힘드니까 말이다. 뉴스news의 시대는 지나고 올드스olds의 시대가 도래한 것이다. 이제 민주 언론을 표방하는 언론인이라면 새로운 표어로 무장해야만 한다. '끈덕지고 집요하게!' 그렇다. 자극적이고 선정적인 기사들의 급류에 휩쓸려 갈 것 같은 중요한 기사를 그렇게 허망하게 쓸려가지 않도록 '끈덕지고 집요하게' 붙잡아야만 한다. 켜

켜이 쌓이는 새로운 기사들 속에 먼지를 털어 내듯 우리 국민이 알아야만 하는 쟁점을 꺼내서 '끈덕지고 집요하게' 기사를 쓰고 또 써야만 한다.

　　이제 진정한 언론인의 능력은 그가 얼마나 사건에 '끈덕지고 집요했는지'에 의해서만 측정될 수밖에 없다. 현란한 정보들의 홍수 속에서 정말로 중요한 정보만을 정확히 포착하고, 그것의 의미를 집요하게 파고들어 그 결과물을 시민들에게 알려 주어야 한다. 물론 그러기 위해서 언론인은 과거보다 더 지적이고 더 의지적이어야만 한다. 과거에 발로 기사를 썼다면, 이제는 머리로 기사를 써야 하니까 말이다. 감각에 매몰되지 않고 지성에 의존해야 하니, 본의 아니게 이제 언론인은 우리 시대의 플라톤Platōn이 된 것이다. 물론 그렇다고 해서 쟁점이 해결될 때까지 계속 한 사건에 몰입할 수도 없다. 여기서 '끈덕지고 집요하게!'라는 표어보다 더 힘든 상황이, 더 지적으로 예민한 결단을 내려야만 하는 상황이 벌어진다. 끈덕지고 집요하게 파고들고 있는 사건을 언제 손에서 놓아야 하는지 결단해야만 한다. '끈덕지고 집요하게!'는 '영원히!'라는 표어와 '순간적으로!'라는 표어, 그 사이에 놓여 있는 지침이기 때문이다. 그러나 얼마나 힘든 일인가. 잡을 때 잡고 놓을 때 놓는다는 것은.

음모론,
정권을 간 보는
효과적인 방법

체제는 거의 모든 정보를 편집하고 통제하는 힘이 있기에, 우리가 정권이 제대로 기능하는지 알기란 여간 어려운 일이 아니다. 그렇지만, 아니 그렇기에 우리는 음모론이라는 결정적인 무기를 갖게 된 것이다. 반민주적인 세력이 득세를 할 때가 있다. 당연히 시민들에게는 별다른 정보가 주어지지 않는다. 반민주성은 정보의 독점, 특히나 시민들의 운명에 결정적인 정보를 권력이 독점하는 상태다. 그러나 완전히 정보를 독점하기는 불가능한 법! 한두 가지 작은 부스러기들이 우리 시민들에게 떨어진다. 이 부스러기를 가지고 우리는 돌아가는 판세를 그려 나가야 한다. 그러니 증거가 약한 어떤 이론이 탄생하게 되는데, 이것이 바로 음모론이다. 간혹 냉소적인 사람들은 모든 정보가 충분할 때에만 어떤 가설과 이론을 내세워야 한다고 음모론을 모독하기도 한다. 이런 생각은 음모론이 왜 탄생하는지 모를 때에만 할 수 있는 아마추어와 같은 판단일 뿐이다. 십중팔구 음모론을 모독하는 사람은 친정부적인 보수인사이거나, 아니면 정권에 쫄아 있는 겁쟁이일 것이다. 정보를 통제하지 않으면 왜 음모론적 사유가 나오겠는가. 사실 음모론은 정말로 화끈한 효과를 낳기도 한다. 음모론이 횡행하면 정권은 어떤 식이든지 해명을 할 수밖에 없는데, 이럴 때 시민들은 예상치 못했던 정권의 속내에 접하기도 하기 때문이다. 유사 이래로 전제적 권력의 억압과 통제를 받던 시절, 동아시아 평범한 사람들은 '유언비어流言蜚語'를 날리곤 했다. 조상들의 빛나는 저항정신을 본받아, 우리는 음모론을 더 세련시키도록 하자. 참! 음모론자의 좌우명 한 가지 알려 준다. "아님 말고!"

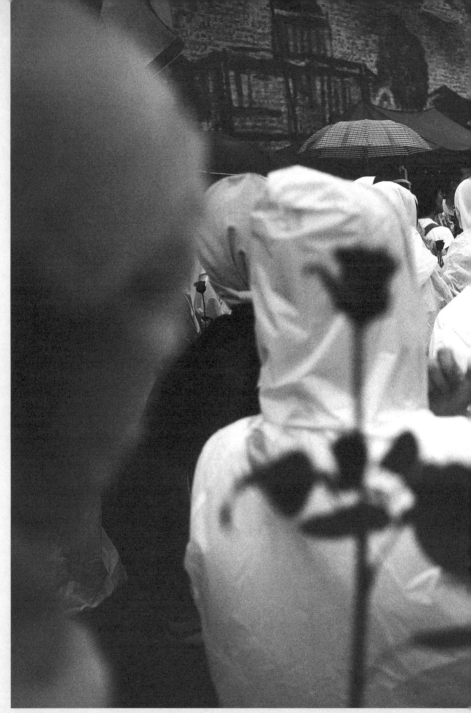

다 먹자고 하는 일!
밥을 먹듯이, 민주주의가 고파요!

광우병 파동과 여성운동, 서울 시청 앞, 2008

카르페 디엠!

자본주의와 파시즘의 심리학을 넘어서

텔레비전을 틀면 유명 원로 연예인의 익숙한 목소리가 자주 들린다. "묻지도 따지지도 않습니다." 여러 가지 조건에서 보험 들기가 만만치 않은 노년층을 상대로 보험에 가입하도록 유혹하는 광고의 한 대목이다. 장례비 등 자신이 갑자기 떠날 때 자식들이 떠안아야 할 경제적 부담을 덜어 주는 것이 자식에 대한 마지막 사랑이 아니냐는 은근한 훈계도 뒤따른다. 미래에 대한 염려를 조장하고 그 염려를 보험으로 완화시키라는 자본의 유혹이 무섭기까지 하다. 그런데 돌아보자. 과연 노인들만 미래를 염려하고 있는가? 초등학생에서부터 중학생에 이르기까지 아이들은 특목고(특수목적 고등학교)나 자사고(자율형 사립 고등학교)에 갈 수 있을지를 염려하고, 고등학생들은 명문대에 갈 수 있을지 염려하고 있으며, 대학생들은 취업을 할 수 있을지를 염려하고 있다. 심지어 직장인들은 실직이나 당하지 않을지, 혹은 너무 이른 은퇴 뒤의 삶이 어떨지 염려하고 있다. 지금 우리는 온통 미래에 대한 염려로 가득한 사회, 즉 염려 사회에 살고 있다.

　　염려가 과도할 때 우리는 자신의 삶을 부정할 수밖에 없다. 내일 중요한 일정이 있는 사람을 생각해 보자. 내일 일정에 대한 염려가 지나치면 그는 오늘 하루를 제대로 보낼 수가 없다. 애인을 만나 행복을 느낄 수도, 고뇌에 빠진 후배의 하소연을 들을 수도, 길거리에 누워 있는 노숙자의 삶에 비통해 할 수도, 심지어 지금 자신이 먹고 있는 음식의 맛을 음미할 여력조차도 없을 것이다. 한마디로 그는 통째로 오늘 하루를 내일 일정을 위해 희생하고 있는 것이다. 그렇다면 내일 일정이 끝나면 그는 미래에 대한 염려를 그치게 될까. 그렇지 않다. 내일이 되면 그는 모레를 염려하게 될 것이다. 오늘이 수단이 되고 내일이 목적이 되면, 우리의 현재는 항상 불행할 수밖에 없다. 그래서 불행한 사람은 '우리에게 내일은 있다'라는 좌우명을 갖고 있기 마련이다. 모든 행복은 내일로 연기된다. 물론 그는 스스로를 위로할 수도 있다. 오늘 고생하는 것은 모두 내일의 행복을 위해서라고 말이다.

　　'우리에게 내일은 있다'라는 좌우명, 그러니까 오늘은 힘이 들지만 내일은 행복할 것이라는 신념에는 심각한 아이러니가 잠복해 있다. 내일이 오늘이 되는 순간, 모레가 또 내일이 되기 때문이다. 결국 미래를 지나치게 염려하는 사람들에게 행복은 잡을 수 없는 파랑새와 같은 것일 수밖에 없다. 행복을 약속해 준다던 내일이 계속 고통스러운 오늘로 변할 테니까. 결국 '우리에게 내일은 있다'

411

는 신념을 가진 사람은 죽을 때까지 불행할 수밖에 없다. 머리가 온통 내일에 대한 염려로 가득 차 있는 사람은 불행한 사람이다. 사랑하는 사람과의 데이트도, 근사한 지역으로의 여행도 그에게는 별다른 기쁨을 줄 수 없으니까. 또한 이 사람은 잔인한 사람이다. 노숙자의 비참한 삶도, 그리고 생계에 위협을 느끼는 이웃의 불안도 그에게는 별다른 느낌도 줄 수 없을 테니까 말이다. 이처럼 염려는 우리를 불행하고 잔인한 분위기를 풍기는 고독한 자아로 만드는 심리적 메커니즘으로서, 우리의 사랑과 유대를 불가능하게 만드는 계기라고 할 수 있다.

내일을 지나치게 염려하면 할수록 그만큼 우리는 지금 내 눈앞에 있는 애인, 친구, 후배, 그리고 가난한 이웃들의 목소리에 귀를 기울일 수 없는 법이다. 당연히 이 상태에서 우리는 그들의 말에 화답할 수도, 그래서 사랑과 우정이란 관계를 형성할 수도 없다. 이처럼 염려는 누군가 함께 있으면서도 그와 공감하고 유대하지 못하도록 만든다. 항상 억압 체제는 다수의 사람들을 깨알처럼 분리시키지 않으면 유지될 수 없는 법이다. 그러니 체제가 이런 좋은 계기를 간과할 리 만무하다. 체제는 우리보다 더 똑똑하다. 소수가 다수와 전면전을 벌여서는 승리할 가능성이 전혀 없다는 사실을 잘 알고 있으니까. 그러니 체제 입장에서 미래를 염려하는 인간의 심리는 너무나 유용한 것일 수밖에 없다. 자신의 미래만을 신경 쓰면 쓸수록 우리에게는 사랑과 연대의 가능성은 그만큼 사라질 테니까 말이다. 잊지 말자. 외부의 타자와 만나고 공감할 때, 우리는 자신이 바로 현재에 있다는 사실을 직감하게 된다는 것을. 결국 현재는 타자와의 공감과 연대가 가능해지는 시제라는 점이 중요하다.

체제가 염려를 쌍수 들어 환영하는 것도 다 이유가 있었던 셈이다. 사실 체제는 고민하고 다시 고민한다. 염려를 어떻게 하면 더 증폭시킬 수 있을까. 그래서 다수의 사람들을 어떻게 하면 깨알처럼 고독한 자아로 파편화할 수 있을까. 위대한 현대 독일 철학자 하이데거Martin Heidegger가 나치라는 파시즘 체제와 연루된 것도 어쩌면 당연한 논리적 귀결인지도 모를 일이다. 비록 나중에 불가피했던 일이라고 부인하기는 했지만 하이데거는 1933년부터 1945년까지 나치 당원 번호 312589를 받을 정도로 열성적이었던 진성 나치 당원이었다. 흥미롭게도 그의 철학을 관통하는 개념이 바로 '염려', 즉 조르게Sorge였다. 염려를 인간 마음의 본질로 파악하는 순간, 우리는 스스로의 힘으로 염려 상태를 극복하지 못하는 존재가 되고 만다. 자신이 염려를 극복하지 못한다면, 외적인 무언가의 힘으로 염려는 극복되어야 한다. 어쨌든 미래에 전전긍긍하는 마음 상태란 바람직한 상태는 아니니 말이다.

하이데거가 '영도자Führer'를 갈망했던 것도 다 이유가 있었던 셈이다. 영도자란 독일 국민 한 사람 한 사람의 염려를 덜어 주는 존재로 생각되었기 때문이다. 1933년 11월 10일에 발행된 〈프라이부르크 학생신문Freiburger Studentenzeitung〉에서 하이데거는 영도자 히틀러의 등장에 감격에 젖어, 그를 따라야만 한다고 역설하게 된다. "독일 교직원 여러분 그리고 독일 민족 여러분! 독일 민족은 지금 영도자로부터 투표하라고 소환되었습니다. 그렇지만 영도자께서는 우리 민족에게서 어떤 것도 원하지 않으십니다. 차라리 그분께서는 우리 민족에게 모든 것을 가장 탁월하게 결정할 수 있는 가능성을 제공하고 계십니다." 결국 하이데거는 당시 독일인이 서로 유대하고 연대하여 독일의 산적한 정치·경제적 난제들을 해결하는 데 뛰어들지 못하도록 만드는 데 일조했던 것이다. 삶을 옥죄는 난제들을 해결하지 못하고 자신의 미래만을 염려하고 있는 독일인들이 모든 난제들을 한 방에 해결해 준다는 히틀러의 약속에 환호한 것은 어쩌면 당연한 일인지도 모른다.

우리들의 염려가 깊을수록 파시즘적 체제가 도래한 가능성은 높아진다. 아니 정확히 말해 파시즘적 체제는 미래에 대한 우리들의 염려를 증폭시키지 않는다면 탄생할 수도 없다. 그래서 어느 사회가 얼마나 파시즘에 노출되어 있는지의 척도는 항상 사회 성원들이 자신의 미래를 불안해하는 염려의 정도에서 찾아야 할 것이다. 파시즘적 체제만 인간의 염려를 증폭시키는가? 그렇지 않다. 파시즘보다 더 노골적으로 염려를 증폭시키는 체제가 있다. 바로 우리 시대의 자본이다. 주변을 돌아보라. 불확실한 미래상을 확대 재생산하면서 다양한 종류의 금융 상품들을 팔아 이윤을 남기는 거대자본이 얼마나 많은가. 우리 이웃들의 고용조건을 불안하게 만든 당사자가 누구인가? 그런 그들이 다시 미래를 염려하는 우리 이웃들의 불안 심리를 이용하여 다양한 연금과 보험에 가입하도록 유혹하고 있다. 우리 내면에 염려의 정서를 만들어 놓은 당사자가 그 염려를 이용해서 돈을 벌려고 한다. 이 정도면 거의 사기도 예술의 경지에 이른 것 아닌가.

우리의 염려를 증폭시키고 그걸 이용하는 정치체제나 경

제체제를 바꾸는 것은 시급한 일이다. 물론 체제의 구조를 바꾸는 일은 고독한 개인 혼자의 힘으로는 거의 불가능하다. 우리 이웃들 사이의 공감과 유대가 없다면, 어떻게 압도적인 구조를 넘어설 수 있다는 말인가? 그렇지만 불행히도 지금 우리는 체제가 증폭시킨 염려라는 심리 상태에서 벗어나지 못하고 있다. 완전 딜레마다. 억압 체제가 극복된다면 우리의 염려 상태는 완화될 것이다. 우리의 염려 상태가 완화되지 않는다면, 억압 체제를 극복할 수 있는 공감과 연대는 불가능하다. 여기가 바로 로도스다. 여기서 뛰어야 한다. 억압 체제가 없어지기를 기다리지는 말자. 우리는 스스로의 힘으로 증폭된 염려 상태를 완화시키려고 노력해야만 한다. 염려가 전제하는 시제인 미래를 부정하는 것이 그 출발점일 것이다. '우리에게 내일은 없다'라는 슬로건을 가지고 말이다.

　　　　지나친 염려 때문에 삶 자체가 번뇌로 가득 차 있는 중생이 사찰에 들리게 되었을 때, 큰스님들은 어느 순간 갑자기 "할喝!"이라고 사자후를 토하거나, 아니면 가지고 있던 주장자를 바닥에 "꽝!" 하고 내동댕이치곤 한다. 학창 시절 이러저런 걱정에 상념에 빠져 있을 때 선생님이 분필 조각을 던지거나, 아니면 독한 선생님의 경우 칠판을 손톱으로 긁어 듣기 힘든 불협화음을 만든 것과 같은 이치다. 바로 선생님들은 지금 수업 시간, 이 교실에 학생들의 마음을 붙잡아 두려고 했던 것이다. 마찬가지로 큰스님들은 미래를 염려하느라 꽃처럼 활짝 피어야 할 중생들의 눈에 다크서클이 가득한 걸 막고 싶었던 것이다. '여기 그리고 지금hic et nunc'에 마음이 있도록 하기 위해 큰스님은 그렇게 커다란 사자후와 주장자를 던졌던 것이다. 아마도 순간적이나마 그 중생은 염려에서 벗어난 마음으로 큰스님의 해맑은 얼굴을 보게 될 것이다.

　　　사랑과 우정을 진정으로 나누고 싶은가? 이웃들과 공감과 연대를 꿈꾸는가? 그렇다면 타자의 소리에 귀를 기울이고 그의 삶에 집중할 수 있는 시제, 즉 현재, 그러니까 지금 이 순간을 꽉 잡을 일이다. 카르페 디엠carpe diem! 어쩌면 현재를 잡으려는 시도 자체가 문제일지도 모른다. 현재란 사랑과 우정의 대상을 만나서, 그 사랑과 우정을 향유할 때 발생하는 시제이기 때문이다. 사자후든 주장자의 소리든, 분필 날아가는 소리든 아니면 칠판 긁는 소리든 어떤 것이라도 좋다. 무엇보다도 먼저 우리는 염려에 사로잡혀 있는 마음에서 깨어나도록 하는 어떤 타자와 만나야만 한다. 그 만남에 집중할수록 우리는 고독한 내면에서 벗어나 현재를 향유할 수 있을 것이다. 그러니 골방에 처박혀 상념에 빠지지 말고, 방을 나와 세상과 마주칠 일이다. 오직 그럴 때에만 우리에게 '여기 그리고 지금'이란 생생함이 주어질 것이다.

단재 신채호의
사자후

신채호는 우리 지성사에서 유례를 찾아볼 수 없을 정도로 강력한 지성이다. 〈명名과 이利와 진眞의 삼인三人〉이란 짧은 수필에서 신채호는 당시에도 유효했지만, 지금 더 소망스런 삶의 지침을 내린다. 신채호는 사람에는 세 종류가 있다고 이야기한다. 이익에 따라 움직이는 사람, 명예에 따라 움직이는 사람, 그리고 마지막으로 참됨에 따라 움직이는 사람이 바로 그 세 종류다. 이익이라는 것은 이익과 손해를 모두 가리키며, 명예란 칭찬과 모욕을 모두 가리킨다. 돌아보라. 우리 모두는 이익과 칭찬을 위해 움직이고, 반대로 손해와 모욕을 피해서 움직이고 있지 않는가. 그러니까 자본이나 정치권력은 우리를 좌지우지할 수 있는 것이다. 자본가가 높은 연봉을 보장하거나, 정치권력이 공권력에 의한 불이익으로 우리를 협박하거나, 혹은 정부의 댓글 조작단이나 그들에 부화뇌동하는 '일베' 젊은이들의 악플에 위축되는 것도 이런 이유에서다. 우리는 손해나 모욕을 정말 못 견디게 싫어하는 것이다. 신채호가 말한 참됨에 따라 움직이는 사람, 즉 진인眞人이 중요한 것도 이런 이유에서다. 진인은 이익과 손해로도 움직일 수 없고, 칭찬과 모욕으로도 움직일 수 없는 사람이다. 그렇다면 진인은 어떻게 움직이는 사람인가? 그는 마음으로, 그러니까 자기 마음으로 움직인다. 그러니까 마음이 움직여야 온몸으로 움직이는 사람이다. 결국 진인을 움직이려면, 우리는 단지 진심을 다해서 그의 마음을 감동시켜야만 하는 것이다. 돈도 칼도, 혹은 침도 그를 움직이지 못하니 말이다. 스스로 마음에 내켜야 진인은 움직이는 법이다. 자! 이제 각자 스스로에게 물어보자. 지금 나는 무엇으로 움직이는가? 명예로도 이익으로도 움직이지 않는 강력한 주체인가? 혹은 너무나 쉽게 체제의 당근과 채찍에 의해 요동치는 나약한 주체인가?

카르페 디엠!

거짓말을 하지 않을 권리

∨

'불성무물'의 가르침

2010년 가을 MBC 사옥 4층 흡연실에서 황당한 일을 겪은 적이 있다. 〈김어준의 색다른 상담소〉라는 프로그램의 첫 녹음을 마친 뒤, 나는 프로그램 진행자 김어준과 담당 PD와 함께 커피를 마시려던 참이었다. "멸공! 방첩!" 젊은 라디오 PD 한 명이 거수경례를 하며 우리를 맞이한다. 지금이 어느 시대인데? '멸공'과 '방첩'이란 구호로 위악을 거리낌 없이 저지를 정도로 젊은 PD는 맹랑했고, 그만큼 당당했다. 한마디로 그는 멋을 아는 지성인이었던 것이다. 우리와 자리를 함께하자마자, 위악적 제스처와는 달리 그는 무척 흥분하고 있었다. 보수 정권에 빌붙어 있는 MBC 사장 때문이었다. 사장이 어떻게 방송에 교묘하게 개입하는지, 그래서 최근에 어떤 부당한 인사 조치가 있었는지 그는 침을 튀며 이야기한다. 하지만 그는 연신 뒤를 돌아보며 자신의 말을 누가 듣고 있지나 않은지 경계심

4부 | 거침없이 민주주의 재장전

을 늦추지 않고 있었다. 정부가 대주주가 되면서 MBC는 이런 식으로 망가지고 있었던 것이다.

　　방송사를 포함한 어떤 조직에서든 구성원 사이의 신뢰를 붕괴시켜 그들을 서로 불신하도록 만들지 않는다면, 독재와 전횡은 불가능한 법이다. 자신의 말에 따르는 사람에게는 당근을 주고 그렇지 않은 사람에게는 채찍을 휘두르면 된다. 전횡에 맞서는 순간 불이익은 가중되고 전횡을 수용하는 순간 안전이 보장될 것이다. 어느 순간 전횡에 맞서는 사람이나 전횡에 순종하는 사람의 내면에는 자기 검열의 메커니즘이 형성된다. 불이익이 점점 노골화되면, 전횡에 맞서던 사람마저도 자신의 몸을 움츠리게 된다. 훌륭하다! MBC 사장은 과거 독재 정권이 사용하던 전가의 보도를 다시 꺼내 들었던 것이다. 우리와 이야기를 나누던 정의롭고 멋진 PD의 내면에도 작게나마 검열의 메커니즘이 자리 잡고 있었던 것이다. 그러니 연신 자신의 말을 누가 엿듣고 있는지 아닌지 주변을 둘러보는 것이다. 그렇지만 내적 검열을 낳는 이런 전횡에 맞서는 것은 이론적으로 아주 쉽다. 누구도 당근을 받지 않으면 된다. 물론 이것은 현실적으로 너무 힘든 일이다. 구성원 모두 채찍을 받을 각오를 다져야 하기 때문이다.

　　MBC가 이제 공영방송이 아니라 정권의 방송으로 거듭나고 있다고 개탄하는 젊은 PD에게 장난기가 도졌다. 아니, 정확히 말해 그의 분노가 가진 진정성을 시험해 보고 싶었다. "뭐 아마추어처럼 그렇게 흥분하세요. 진짜 사장이 마음에 안 든다면 한 대 때리세요. 그 정도 결심이 없다면 어떻게 사장의 전횡을 막겠어요. 둘이 함

　　　　　　　　　　　　　　거짓말을 하지 않을 권리

께 있을 때 쫄지 말고 한 대 때릴 수 있겠어요?" 일순간 그는 당혹감을 감추지 못했다. 사장을 때린다는 것은 한 번도 생각하지 못했던 일이었을 테니까 말이다. 신분상의 불이익이 자기 검열의 메커니즘으로 작동하고 있었던 것이다. 침묵하고 있던 그에게 시인 김수영이 1963년 10월에 쓴 〈죄와 벌〉이란 시의 첫 구절을 넌지시 말해 주며 웃었다. "남에게 희생을 당할 만한 충분한 각오를 가진 사람만이 살인을 한다." 그렇다! 희생을 당할 만한 충분한 각오가 없는데, 어떻게 당근과 채찍을 휘두르는 MBC 사장과 현 정부의 전횡에 맞설 수 있겠는가!

　　자신의 비겁함이 폭로되어서인지 젊은 PD는 당혹스러워했다. 분위기를 바꾸기 위해 나는 물어보았다. 왜 사장에 대해 그렇게 반감을 가지고 있는지. 다시 활기를 되찾은 그는 구체적인 사례를 들면서 MBC 사장이 현 정권의 방송 정책을 어떻게 충실히 이행하고 있는지, 그래서 MBC가 국민의 이익이 아니라 소수 사람, 즉 정권의 이익을 대변하는 방송으로 전락했는지 열변을 토했다. 이때 또 나는 딴죽을 걸었다. "그렇다면 방송국 사람들의 이익이 아니라 일반 국민들을 위해서 분노한다는 것이군요. 훌륭합니다. 만약 어떤 이유에서든 국민들이 지금 MBC로 충분히 좋다고 한다면, 당신은 어떻게 하실 겁니까? 국민들이 〈무한도전〉의 유재석이 보고 싶다고, 혹은 걸 그룹이 섹시한 군무를 펼치는 것이 보고 싶다고 한다면, 당신은 어떻게 하실 겁니까?" 또 당혹감이 얼굴에 찾아든 젊은 PD를 뒤로하고 나는 방송국을 나왔다.

　　사실 언론을 장악하려는 보수 정권의 노골적인 야욕은 불행 중 다행의 일일 수 있다. 정권의 사주를 받은 방송사 사장의 말을 듣느냐, 듣지 않느냐의 결단을 언론인들에게 강요하지만, 비겁을 선택한다고 해도 모종의 정신승리의 여지는 충분히 가능하기 때문이다. 자신의 속내와 달리 사장의 말을 듣는다고 해도 변명할 거리는 충분히 있다. 우선 생계의 문제를 생각해 볼 수 있다. 대출금이나 아이들 학자금 때문에 어쩔 수 없이 강압을 받아들일 수밖에 없었다고 통탄할 수 있다. 만일 주변 가족들만 없었어도 터프하게 사장과 맞서 싸워 언론의 공공성을 지켰을 것이라고 첨언하면서 말이다. 정치적 압력보다 더 무서운 것은 자본의 압력이라고 할 수 있다. 시청률을 높이기 위해 선정적이고 자극적인 프로그램을 누가 시키지 않았는데도 자발적으로 제작할 수 있다. 방송사에서 능력 있는 PD로 인정받아 출세하려는 본능적인 노력이다. 여기서 언론의 공공성은 시청률의 논리에 뒷전에 던져질 수밖에 없다. 정치적 외압이 없고, 이제 자본의 논리만 횡행하게 되었을 때, 과연 우리의 젊은 PD는 사람들이 즐겁게 소비할 수 있는 방송이 아니라 사람들을 깨우는 방송을 만들 수 있을까?

시간이 충분했다면 나는 그에게 《중용中庸》이란 책에 등장하는 '불성무물不誠無物'의 가르침을 알려 주었을 것이다. 글자 그대로 '성誠하지 않다면 사물은 존재할 수 없다!'는 의미지만, 무슨 뜻인지 쉽게 이해되지 않는 구절이다. 성誠은 '말'을 뜻하는 '언言'이라는 글자와 '이루어진다'는 뜻을 가진 '성成'이란 글자로 돼 있다. 한마디로 말해 동쪽을 동쪽이라고 말하는 것, 혹은 불의를 불의라고 말하는 것이 바로 성誠이다. 반대로 서쪽을 동쪽이라고 말하지 않는 것,

혹은 불의를 정의라고 말하지 않는 것이 바로 성誠이라고 해도 좋다. 있는 그대로 말하는 것이 바로 '성誠'이라고 했지만, 그러기 위해서 역시 중요한 것은 그렇게 하려는 마음이라고 할 수 있다. 그러니까 참된 마음으로 있는 그대로를 말하지 않는다면 어떤 사물도 존재할 수 없다는 것, 이것이 바로 '불성무물'로 동양의 선인들이 말하고자 했던 것이다.

무슨 이유에서인지 모르지만 사랑하지도 않는 사람을 사랑한다고 말했다고 해 보자. 분명 내 앞에 어떤 사람은 물리적으로 확실히 존재하지만, 최소한 내게 사랑하는 사람으로서는 존재하지 않는다고 할 수 있다. 이것은 상대방을 부정하는 것이다. 불행히도 상대방은 나를 애인이라고 생각할 수도 있다. 나의 거짓말을 간파하지 못하고 사랑한다는 나의 말을 그대로 믿은 탓이다. 이 경우도 비록 그 사람 앞에 내가 물리적으로 존재하지만, 그가 생각하는 나, 즉 자신을 사랑하는 사람은 존재하지 않는다. 결과적으로 이것은 내 스스로를 부정하는 꼴이 된다. 이만큼 '불성무물'이란 가르침은 무서운 데가 있다. 두려운 일 아닌가? 사랑하지 않는데 사랑한다고 말하는 순간, 상대방도 존재하지 않고 나도 존재할 수 없다. 자의반 타의반 이루어지는 거짓말은 이렇게 거짓말을 하는 주체나 그 대상을 모두 철저하게 파괴시키고 만다. 거짓말을 통해 나는 스스로 자신의 존재감을 지워 나가고, 동시에 상대방의 존재감도 지워 나갈 테니까.

지속적인 억압 때문이든 혹은 순간적인 욕심 때문이든, 우리는 인간으로서의 존재감을 지키기 위해서 거짓말을 해서는 안 된다. 그래서 김수영도 말하지 않았던가. "거짓말이 없다는 것은 현대

성보다 사상보다도 백 배나 더 중요한 일이다!"1964년 7월에 쓴 시월평 〈요동하는 포오즈들〉이란 글에 나오는 말이다. 한마디로 진실해야 한다는 것이다. 자기니까 할 수 있는 말, 자신만이 할 수 있는 행동을 해야 한다. 오직 그럴 때에만 권력의 외압이나 대중들의 눈길 등에 휘둘리지 않을 수 있다. 여기서 우리는 억압이 무엇인지 제대로 정의할 수 있게 된다. 그것은 우리에게 거짓말을 하도록 만드는 일체의 것들이다. 다시 말해 억압은 진실을 추구하려는 우리의 본능에 반하여 거짓말을 하도록 강요하는 메커니즘이라는 것이다. 그러니 정권에 의해 좌지우지되는 방송사 사장이 거짓말을 하도록 만든다면, 이 사장은 억압의 주체일 수밖에 없다. 방송사에서 내거는 시청률이 거짓말을 하도록 만든다면, 이번에는 시청률이 억압의 주체가 되는 것이다.

"거짓말이 없어야 한다!"라는 김수영의 절규는 '불성무물'이라는《중용》의 가르침을 그대로 반복하고 있다. 바로 이것이 그 젊은 PD가 가슴 깊은 곳에 품고 있어야 할 정신이다. 정권의 구미에 맞는 방송을 내보내려는 사장에게 맞서는 것은 공영방송을 이루겠다는 거창한 구호로부터 이루어지는 것이 아니다. 물론 공영방송에 대한 갈망이 젊은 PD의 진실한 마음일 수도 있다. 그럴 가능성은 충분히 있다. 그러나 예능 프로그램이나 가벼운 시사 프로그램에 탁월한 능력을 보여 왔던 그에게 이런 거대한 목표는 조금은 거추장스런 옷처럼 보이는 것이 나의 솔직한 느낌이다. 그러니 오히려 위악적 행위를 할 만큼 멋졌던 그가 단순히 자신의 속내를 말하면 좋았을 것이다. 그냥 자신이 만들고 싶은 프로그램을 제작하고 싶다고

거짓말을 하지 않을 권리

말이다. 그것은 젊은 PD 그 자신이 거짓말을 하지 않으려는, 그래서 자신의 존재감을 지키려는 투철한 의지로부터 가능한 것이기 때문이다.

순수해서 아직 희망을 품어 볼 만한 어느 젊은 PD에게 이제는 말해 주고 싶다. 자신이 만들고 싶은 방송을 만들지 못하도록 강제했기 때문에, 그래서 거짓말로 방송을 제작하도록 만들기 때문에 당신은 지금 분개하고 있다고 말이다. 당신은 직감적으로 알고 있지 않은가. 거짓말을 하도록 강제하는 사회가 바로 자유가 없는 사회라는 사실을. 그래서 사장도 그리고 권력도 그렇게 미웠던 것이다. 그렇다. 이제 명심하자. 언론인으로서 당신이 지금 자유를 외치는 것은 그 누구를 위한 것도 아니고, 단지 자신의 당당한 삶을 위한 것이다. 자신이 제작하려는 방송, 그리고 자신이 쓰려는 글, 그것을 일체의 검열도 없이 그래서 정직하게 만들고 싶을 뿐이다. 국민이든 사회든 정치든 일체의 외적인 명분을 장황하게 떠들 필요도 없다. 지금 당신의 투쟁은 거짓이 없는 정직한 삶을 살려는 고독한 투쟁, 그래서 당신 자신을 위한 투쟁일 뿐이다. 물론 당신의 투쟁이 성공한다면, 사상과 표현의 자유나 억압적인 정치의 소멸은 덤으로 주어질 것이다.

수단과 방법을
가리지 말라!

한때 이승만은 황당한 주장을 했던 적이 있다. 한 번이 아니라 여러 번 그랬다는 것이 함정이지만 말이다. 일제강점기에 그는 일제를 설득하여 조선 사람들의 자치권을 얻으려고 했던 것이다. 합법적인 노력이라고 할 수 있다. 그러나 불행히도 그가 생각한 자치권이나 합법성이란 결국 일제가 원하는 틀 안에 들어간다는 것에 다름 아니지 않는가. 반면 신채호는 조선의 독립을 위해서 위조지폐를 만드는 걸 꺼리지 않았다. 불행히도 그의 시도는 사전에 발각되어, 신채호는 법정에 서게 된다. 일본인 재판관이 물었다고 한다. 아무리 목적이 정당해도 수단과 방법이 정당하지 않으면 무슨 소용이 있느냐고. 신채호는 조금의 동요도 없었다. 무슨 상관이란 말인가? 왜 일본이 정한 합법적인 수단과 방법을 따라야 한다는 말인가? 그건 독립을 안 하겠다는 것에 다름이 없지 않은가. 조금 극단적인 예를 하나 들어 보자. 자신을 성추행하려는 남자를 저지하는 데 무슨 정당한 방법이나 수단을 이야기하는가. 그냥 닥치는 대로 잡히는 대로 돌이든 칼이든 이든 그냥 싸우고 물어뜯어 버릴 일이다. 물론 법정에서는 지나친 정당방위행위라고 판결을 받을 수도 있다. 무슨 문제인가. 민주주의를 위한 싸움도 마찬가지 아닐까. 정당한 수단과 방법을 주장하는 것이 항상 체제라는 것에 주목하자. 그들이 정한 수단과 방법을 따르는 순간, 우리는 아무것도 할 수 없을 것이다. 돌아보라. 시위 신고제에 따라 시위를 신고하는 어리석은 시위 문화를. 체제에 저항하는 시위를 하는 데 체제에 허가를 받아야 하다니. 쯧쯧. 허가를 안 해 주면 어쩔 생각인가. 그냥 돌아설 것인가. 제발 신채호를 떠올려 보라. 목적이 정당하면 수단과 방법마저 우리가 정해야 하는 것이다. 체제가 무슨 이야기를 하든지 간에.

거짓말을 하지 않을 권리

색깔론 완전 박멸 전략

⌄

김수영의 인문정신으로

　　정치철학과 관련된 내 강의를 들었던 여성 한 분이 있었다. 당시 강의를 통해 나는 민주주의란 개개인의 철저한 주인의식이 없다면 유지되기 힘든 이념이라는 것도 강조했던 것으로 기억한다. 벤야민이 이야기했던 것처럼 "메시아를 기다리지 않고 스스로 메시아가 되려는 결단"이 없다면 민주주의란 불가능할 수밖에 없으니까. 당시 강의를 통해 무기력한 삶을 깊게 반성했는지, 그녀는 실천적인 시민으로 거듭나려고 애썼다. 이후 그녀는 적극적으로 SNS를 통해 자신의 정치적 입장을 당당히 피력했다. 한마디로 실천적 트위터리언이 된 것이다. 무기력에서 벗어나서 정치적으로 당당해지는 그녀를 보면서 얼마나 뿌듯했던지. 그런데 웬일인가? 우연한 기회에 다시 만난 그녀는 활력을 잃어버리고 예전보다 더 우울해져 있었다. 무슨 일이 있었던 것일까?

　　한숨을 쉬면서 그녀는 이제 트위터 활동도 접었다고 이야기한다. 왜 그러냐고 묻자, 그녀는 자신의 스마트폰을 검색하더니 내게 조용히 건네준다. 그제야 나는 그녀의 우울함과 의기소침이 어디서부터 유래했는지 알게 됐다. 현 정부의 신자유주의 정책을 비판하는 글을 쓸 때마다, 그녀의 글에는 "좌빨"이나 "종북"이라는 댓글이 넘칠 정도로 달려 있었던 것이다. 처음에 그녀는 그냥 그러려니 생각했지만, 이런 반응이 쌓이고 쌓이다 보니 자기도 모르게 어느 사이엔가 자신의 정치적 입장을 밝히는 것이 꺼려지더라는 것이다. 농담 삼아 똥개가 짖어도 기차는 가야 하는 것 아니냐고 말했지만, 그녀는 시무룩하게 대답한다. "선생님이 직접 당해 보지 않아서 잘 모르실 거예요. 이제는 트위터 보기도 무섭다니까요." 힘을 내라고 격려하면서 그녀와 헤어졌지만, 나는 답답하기만 했다. 지금이 어느 시대인데 정치적 반대자에게 색깔론을 들먹이다니.

　　여기서도 파시즘의 작동 메커니즘을 명료하게 해명했던 칼 슈미트의 도움을 빌릴 필요가 있다. 자신의 책 제목이기도 했던 '정치적인 것이란 개념'은 적과 동지라는 범주로 작동하는 것이다. 국가와 국가, 여당과 야당 사이의 관계가 아니더라도 사소한 일상적인 인간관계에서라도 적과 동지의 범주가 기능하면, 정치는 작동하고 있다는 것이다. 그러나 전체 사회를 흔들 정도로 적과 동지라는 범주를 작동시킬 수 있는 사람은 그리 많지 않다. 여기서 우리는 정치권력의 본성을 어렵지 않게 추론할 수 있다. 권력은 적과 동지라는 범주를 개시할 수 있는 힘, 혹은 적과 동지라는 범주를 유지하는 힘이라고 할 수 있다. 우리 헌법의 경우 대통령에게 주어지는 계엄 선포권이 바로 정치권력의 상징이 되는 것도 이런 이유에서다. 군대나 경찰의 총칼이 겨눈 방향이 적의 방향이라면, 그 반대 방향이 바로 동지의 방향이니까 말이다. 생명에 위협을 느끼는 사람이라면 누구나 공권력의 총칼을 겨눈 방향이 아니라, 그 반대 방향에 서게 될

　　　　　　　　　　　　　　　　　　　　색깔론 완전 박멸 전략

것이다. 하긴 동지면 살릴 것이고 적이면 죽일 것이라는 위협에 맞설 수 있는 사람이 몇이나 있겠는가.

돌아보면 한국전쟁 이후 분단과 대립을 가장 교묘하게 악용한 세력은 남과 북 각각의 집권 세력이었다. 아니 어쩌면 한국전쟁 자체가 없었다면, 북쪽이나 남쪽 정권이 그렇게 정치적으로 공고해지지 않았을 것이다. 하긴 전쟁만큼 적과 동지라는 거친 이분법이 맹위를 떨치는 경우가 또 어디에 있다는 말인가. 어쨌든 분단 이후에도 북한의 실권자 김일성이나 남한의 실권자 이승만은 자신을 반대하면 모두 적일 수밖에 없다는 살벌한 이분법을 계속 작동시키게 된다. 남이나 북이나 모두 영속적인 전쟁 국면을 조성한 것이다. 남한과 북한이 상대방을 적으로 설정하는 순간 이승만은 남한을 하나의 동지로, 김일성은 북한을 하나의 동지로 묶을 수 있었다. 당연히 체제 비판자는 가차 없이 적으로 간주되어 제거되었다. 그래서 북쪽에서는 기묘한 세습왕조, 남쪽에서는 군사독재가 아주 오랫동안 지속되며 민주주의를 효과적으로 억압할 수 있었다.

'너는 동지인가, 아니면 적인가?' '나를 맹목적으로 따르면 너는 동지이고, 그렇지 않다면 너는 적이다. 아니 적이어야만 한다.' 물론 이런 이분법을 거칠게 토해 내는 것은 억압적인 독재권력이었다. 색깔론은 이렇게 탄생한 것이다. 색깔론이 기승을 부리는 상황에서 민주주의에 대한 인간의 열망이 과연 숨을 쉴 수 있을까? 자유의 시인 김수영이 1960년 4·19혁명으로 집권한 민주당 장면 정권에 대해 실망감을 감추지 못한 이유도 다른 데 있었던 것이 아니다. 4·19혁명으로 탄생한 정권이 민주주의에 대한 희망을 저버리고 이승만

이 사용하던 '반공법'을 존속하려고 했기 때문이다. 정권에 대한 비판이 이적행위, 다시 말해 빨갱이의 행동으로 낙인찍힐 위험이 사라지지 않았다면, 도대체 어떻게 민주주의가 가능하다는 말인가. 목숨을 걸고 김수영이 〈김일성 만세〉라는 시를 쓴 것도 이런 이유에서다. 전체 두 부분으로 이루어진 이 시에서 두 번째 부분을 읽어 보도록 하자.

> '김일성 만세'
> 한국의 언론자유의 출발은 이것을 인정하는 데 있는데
>
> 이것만 인정하면 되는데
>
> 이것을 인정하지 않는 것이 한국
> 정치의 자유라고 장면張勉이란
> 관리가 우겨대니
>
> 나는 잠이 깰 수밖에.

1960년 10월 6일 김수영은 자유와 민주주의의 시인다운 시를 한 편 쓴 것이다. 정치권력이 민주주의에 대한 열망을 통제하는 데 사용하는 '적과 동지'의 논리를 이보다 풍자적으로 폭로한 시가 또 있을까. 그는 자유민주주의를 표방하는 남한사회가 사실은 자유와 민주주의가 부재한 사회라는 사실을 멋지게 보여 준 셈이다. 분

색깔론 완전 박멸 전략

명 이 시를 보고 김수영이 김일성을 숭배하는 빨갱이라고 비난하는 사람도 있을 것이다. 아직도 우리는 그만큼 남루하다. 그는 결코 북한 체제를 옹호한 적이 없다. 북한 권력도 남한을 적으로 만들어야 유지되는 억압적 정치권력이기는 마찬가지라는 사실을 그만큼 잘 알고 있었던 사람도 없었으니까. 잊지 말자. 김수영이 북한에 살았다면 '이승만 만세'나 '박정희 만세'를 외쳤을 시인이라는 사실을 말이다. 1961년 3월 〈연꽃〉이란 시를 쓰면서 김수영이 사회주의자들을 비판한 것도 이런 이유에서다. 첫 연을 읽어 보자.

> 종이를 짤라내듯
> 긴장하지 말라구요
> 긴장하지 말라구요
> 사회주의 동지들
> 연꽃이 있지 않어
> 두통이 있지 않어
> 흙이 있지 않어
> 사랑이 있지 않어

　진정한 이념은 개인의 자유와 사랑을 증진시켜야 한다는 걸, 혹은 개인의 행복한 삶을 위한 수단이라는 걸 망각하는 순간, 사회주의도 억압적인 이념으로 전락할 수밖에 없다. 개인의 모든 삶을 사회주의적 이념이라는 잣대로 날카롭게 재단하려는 것이 억압이 아니면 무엇이겠는가. 사회주의적 이념이 경직되는 순간, 그것은

바로 전체주의적인 성격을 띠게 된다. 이것은 이미 우리가 스탈린Iosif
Vissarionovich Stalin이 지배하던 소련에서 확인했던 것 아닌가. 물론 인간
을 억압하는 일체 억압을 "종이를 짤라내듯" 제거하려는 선의는 부정
되어서는 안 된다. 문제는 날이 서 있고 각이 잡혀 있는 "긴장된" 마
음이다. 이런 마음으로는 그 누구도 인간에게 행복의 온기를 전할 수
없는 법이다. 그렇다. 이념이 인간의 행복한 삶을 위한 수단에 불과
하다는 사실을 망각하는 순간, 그 이념을 추종하는 사람은 연꽃처럼
두통처럼 그리고 흙처럼 생생한 인간의 모습을 부정하게 된다. 당연
히 인간의 사랑마저도 냉담한 이념의 냉기 앞에 얼어붙게 될 것이다.

　　남한사회에서 "김일성 만세!"를 외치고, 북한사회에서는
"이승만 만세!"를 외칠 수 있었던 사람, 바로 그가 시인 김수영이었
다. 슈미트의 정치철학을 알지 못했지만, 인간의 자유와 사랑을 꿈꾸
던 시인의 감수성은 적과 동지라는 거친 이분법이 인간을 파괴하리
라는 걸 제대로 직감하고 있었던 것이다. '김일성 만세'든 아니면 '이
승만 만세'든, 지금 김수영은 각 정권에서 적이라고 규정된 존재를
동지라고 선언하고 있다. 이것은 인간을 적과 동지라는 범주로 지배
하려는 반인문주의적, 혹은 반민주주의적인 정치권력 일반에 대한
단호한 결별 선언이라고 할 수 있다. 얼마나 멋진 일인가. 우리에게
색깔론에 정면으로 맞짱을 뜬 지성인이 있었다는 사실이.

　　해방 이후 정권의 향배가 정해지려는 선택의 순간에 더욱
더 기승을 부리는 것이 하나 있다. 바로 색깔론이다. 그렇지만 이제
색깔론은 독재권력의 후예들에게서만 발언되는 것이 아니다. 보수화
된 일부 젊은이들도 아주 당당하게 동료 젊은이들에게 사용하고 있

기 때문이다. 상전벽해다. 이제 젊은이는 항상 민주주의를 꿈꾸는 진보의 편에 서 있을 것이라는 전설이 깨진 것이다. 안타깝게도 나의 제자처럼 민주주의를 꿈꾸는 사람마저도 색깔론에 전전긍긍하고 있다. 보수화된 젊은이들 이면에 그들에게 동조하고 그들을 부추기는 압도적인 권력이 존재한다는 느낌 때문일 것이다. 그래서 색깔론이 자신을 덮치게 되면, 자신도 모르게 우리는 수세적인 입장, 혹은 자기 변호적인 입장에 빠지게 되는지도 모른다. 색깔론을 불러오는 사람들이 의도한 것은 바로 이것이다. 정권을 공격하지 못하도록 위축시켜 수세적으로 만들려는 것, 한마디로 쫄도록 만들려는 것이다.

이제 나의 제자에게 말하고 싶다. 색깔론에 쫄면 쫄수록 그것은 집요하게 우리를 따라올 것이며, 민주주의를 관철하려는 우리의 당당함을 훼손할 것이다. 기가 허한 사람만이 헛것을 본다고 옛 사람들도 말하지 않았던가. 색깔론에 쫄아서 민주주의를 위한 당당한 외침을 포기해서는 안 된다. 한 번 밀리면 낭떠러지에 떨어진다는 절박감, 혹은 색깔론에 쫄아 위축되면 다시는 삶의 주인으로 설 수 없다는 절박감을 가져야만 한다. 지금 나의 제자가 민주주의에 대한 열망을 사자후로 토했던 김수영의 정신을 차분히 음미해보았으면 좋겠다. 색깔론을 조롱하며 "김일성 만세"를 외쳤던 김수영처럼, 나의 제자도 색깔론이 엄습할 때마다 "땡큐"라고 외칠 수 있었으면 좋겠다. 한국사회에서 민주주의를 외치는 사람이라면 누구나 정권이나 보수파로부터 주홍글자 하나쯤은 가지고 있어야 하니까. 그래서 색깔론이란 낙인은 민주주의를 꿈꾸는 사람에게는 역설적이게도 하나의 자긍심일 수도 있는 법이니까.

일베,
탄생에서부터
진화까지!

일베, 그 탄생의 서막! 먼저 가혹한 경쟁에 지치고 상처받은 청소년들이 필요했다. 그런데 학교나 매스컴에서 진보 인사들이 청소년들에게 경쟁에만 매몰되지 말고 정치나 사회에 관심을 가져야 한다고 역설한다. 헉! 지금 우리를 경쟁에만 골몰하느라 젊은이다운 패기도 없다고 비하하는 것인가. 여기서 반격이 시작된다. 그래 우리를 조롱하는 너희 비판자들이여! 너희는 그리도 훌륭한데, 왜 권력을 잡지 못하는가. 진화의 시작! 댓글에는 나이와 신분이 나타나지 않는다. 익명의 스마트폰으로 그들은 자신을 비하했던 진보적 지성인들을 손쉽게 공격하기 시작한다. 정부나 보수 세력이 내놓은 색깔론과 정보면 공격의 무기로는 충분하다. 무차별 공격을 가할 때 일베들은 진보적 지성인들보다 자신이 더 우위에 있다는 희열마저 느낄 정도다. 보수적 젊은이들이 있다는 건 보수 세력에게는 얼마나 다행스러운 일인가. 그렇지만 제스처는 제스처, 단지 흉내일 뿐이다. 당연히 그들은 골수까지 보수는 아닌 셈이다. 간혹 보수 세력들이 눈살을 찌푸리게 할 정도로 과도한 언행이 나오는 것도 이런 이유에서다. 그들의 언행이 감내하기 힘든 정도에 이르면, 보수 세력들은 일종의 꼬리 자르기를 시도한다. 자, 마지막 최종적 진화다. 바로 여기서 일베들은 생존을 위한 발버둥을 시작한다. 그것은 진보 세력뿐만 아니라 기존의 보수 세력들마저 진정한 보수가 아니라는 이유로 공격하는 것이다. 마침내 일베 세력들은 자립하게 된 것이다. 그러니 그들은 항상 자신들이 진정한 보수라는 걸 입증하려고 한다. 선명성 경쟁이라고나 할까. 선명성 경쟁이 심화되자, 일베는 사이버공간을 넘어서 이제 현실공간으로도 조금씩 조금씩 진입하고 있는 것이다.

색깔론 완전 박멸 전략

당당한 삶,
그 첫걸음을
위한 찬가

어떤 선사가 임종하려고 할 때 제자를 불러 말했다.
"누워 죽은 사람은 있지만 앉아 죽은 사람도 있느냐?"
"있습니다."
"앉아 죽은 사람은 있지만 서서 죽은 사람도 있느냐?"
"있습니다."
"바로 서서 죽은 사람은 있겠지만 거꾸로 서서 죽은 사람도 있느냐?"
"없습니다. 인류가 생긴 지가 몇 만 년인지 모르지만,
거꾸로 서서 죽은 사람이 있다는 말은 듣지 못하였습니다."
그러자 그 선사는 머리를 땅에 박고 거꾸로 서서 죽었다고 한다.
이 사람은 죽을 때까지도 남이 하는 노릇을 안 하려고 했던
괴물怪物이다. 괴물은 괴물이 되더라도 노예는 아니 된다.
하도 부화뇌동을 좋아하는 사회이니, 괴물이라도 보았으면 좋겠다.

신채호申采浩
〈차라리 괴물怪物을 취取하리라〉

냉소주의 탈출법

∨

파르헤지아의 폭발성

"아버지를 아버지라고, 그리고 형을 형이라 부르지 못한다." 개인으로서는 어찌해 볼 도리가 없는 봉건사회의 구조적 압력에 거의 압사 직전에 이른 홍길동의 절규다. 이런 절규를 통해 홍길동은 간접적이나마 아버지를 아버지라고 생각하고 있고, 형을 형으로 생각하고 있다는 사실을 토로한다. 다행스러운 일이다. 지금 우리는 허균許筠이 살았던 조선시대보다 더 나은 사회에 살고 있는가. 자주 이런 의구심이 드는 것은 입각을 꿈꾸는 수많은 지식인들이 5·16 군사쿠데타를 쿠데타라고 말하지도 못하고 있기 때문이다. 더 슬픈 것은 5·16 군사쿠데타에 대해 "답변 드리기 어려운 점을 양해해 달라"라는 장관 후보자들의 솔직한 주문이다. 그들은 모두 5·16 군사쿠데타가 쿠데타라는 것을 명확히 알고 있었던 것이다! 도대체 무엇이 그들로 하여금 자신의 진실을 공개적으로 토로하지 못하도록 만들었을까.

　　현대 독일 철학자 슬로터다이크Peter Sloterdijk라면 측은하기까지 한 우리 각료들을 냉소주의의 포로라고 이야기할 것이다. "그들은 자기들이 무엇을 하는지 알고 있다. 그러나 상황 논리나 자기 보존의 욕망이 그렇게 해야 한다고 말하기 때문에 그렇게 행하는 것이다. 그들은 자신이 하지 않으면 다른 이들이, 어쩌면 더 못난 사람들이 어차피 그렇게 할 것이라고 생각한다. 이렇게 새롭게 통합된 냉소주의는 자신이 희생자이고 희생당하고 있다고 생각하면서 스스로에게 이해심을 보인다." 1983년에 출간된 그의 히트작《냉소적 이성 비판Kritik der zynischen Vernunft》에 등장하는 구절이다. 지금 우리가 직면하고 있는 볼썽사나운 풍경을 이보다 더 정확히 독해할 수 있을까. 그렇다. 그들은 자기 보존의 욕망, 아니 더 정확히 말하면 더 많이 자신의 이익을 보존하려는 욕망 때문에 진실을 말하지 못하고 있었던 것이다.

　　그래서 "답변 드리기 어려운 점을 양해해 달라"라는 부탁의 이면에는 당신도 나의 자리에 있다면 나처럼 할 것 아니냐는 반문이 깔려 있다는 점이 중요하다. 당신도 나만큼 진실을 이야기하지 못하는 냉소주의자 아니냐는 절규인 셈이다. 너무나 슬픈 일 아닌가. 지금 우리는 진실을 토로하면 자신을 보존할 수 없고, 반대로 진실을 억누르면 자신을 보존할 수 있는 시대에 살고 있다. 내면에 어떤 진실을 가지고 있어도 좋지만 그것을 결코 공개적으로 발화해서는 안 된다. 이것이 바로 우리 시대의 불문율이었던 셈이다. 하긴 돌아보면 우리도 마찬가지 아닌가. 면접관 앞에서 우리는 진실을 이야기하는가. 혹은 회사 CEO 앞에서 우리는 진실을 이야기하는가. 문중 어른이나 시댁 사람들 앞에서 우리는 진실을 이야기하는가. 혹은 부모나 선생님 앞에서 우리는 진실을 이야기하는가.

도대체 무엇이 진실을 토로하는 것을 하나의 저주처럼 만들어 놓았을까. 무엇이 진실 은폐를 하나의 삶의 태도로 내면화시켰던 것일까. 어쩌면 그 실마리는 진실이 아니라 허구를 강요했던 100여 년에 걸친 반민주적인 역사에서 찾을 수 있을지도 모른다. 일제가 우리를 강제로 병합했던 일제강점기 시절, 우리는 지속적으로 허위를 강요당했다. 이승만 독재 시절, 그리고 박정희 독재 시절, 나아가 전두환 독재 시절까지, 우리는 진실을 말하는 순간 생존을 보장받을 수 없었다. 거의 한 세기에 가깝게 허위를 강요당하면서, 우리에게 냉소주의는 제2의 천성으로 자리를 잡아 버린 것이다. 마침내 진실을 말한다는 것 자체가 이제는 자신의 생존을 위해 반드시 검열해야만 하는 저주의 대상이 되고 만 것이다.

결국 생존의 위험에 노출되는 순간, 우리는 진실을 포기하고 허위를 말하도록 강요받기 쉽다. 그래서 IMF 구제금융 사태는 허위를 강요하려는 권력이나 자본에는 더할 나위 없는 기회였다고 할 수 있다. 정치권력에 대해 기꺼이 진실을 말하던 대학생들과 파업을 통해 자본에 대해 진실을 관철시키려고 했던 화이트칼라에게 생존이라는 중대한 문제가 화두로 던져졌기 때문이다. 이제 이승만 독재에 맞서 싸우던 1960년의 4·19혁명, 박정희 유신독재에 저항했던 1979년의 부마항쟁, 그리고 전두환 독재를 무너뜨렸던 1987년의 6월항쟁은 에덴동산의 일처럼 멀기만 하고, 빛바랜 안줏거리나 취기 어린 무용담으로 전락한 지 오래다. 이제 진실인 줄 알면서도 말하지 못하는 냉소주의가 거대한 정치 영역뿐만 아니라, 우리 삶의 미시적 영역에까지 그 촉수를 뻗치게 된 것이다.

아렌트가 그렇게 비판했던 나치 전범 아이히만Karl Adolf Eichmann마저도 어느 면에서는 우리보다 사정이 더 나아 보인다. 히틀러의 명령을 충실히 이행했지만, 관료로서 아이히만은 자신의 행동을 결코 후회해 본 적이 없다. 예루살렘 전범재판에서 당당하기만 했던 아이히만에게 아렌트는 타인의 입장에서 생각하지 않았다는, 구체적으로 말해 유대인의 입장에서 생각하지 않았다는 무사유의 책임을 물었다. 그렇지만 생각이 없었을지라도, 최소한 아이히만은 진실을 알면서도 그것을 토로하지 않는 냉소주의자는 아니었다. 그러니까 아이히만은 최소한의 순박성과 순진무구함은 갖추고 있었던 셈이다. 그런데 지금 우리는 '벌거벗은 임금님'을 보고도 벌거벗었다고 말하지도 못하고 있다. 우리는 아이히만보다 더 교활해졌고, 더 야비해졌고, 더 타락한 것이다.

지금은 자신의 생각을 정직하게 토로하지 않는 것이 지혜롭다고 인정되는 시대다. 이 불행한 시대에 우리는 살고 있다. 냉소주의는 정치적 진실과 사회적 진실에 눈을 감고 허위와 불의를 방관하도록 만든다. 냉소주의가 무서운 것은 무관심이란 잿빛 아우라를 사회 도처에 독가스처럼 유포시키기 때문이다. 직장 상사의 성추행에 분노하는 우리에게 동료나 선배는 쿨하게 말할 것이다. "아무리 노력해도 구조적인 문제는 쉽게 해결되지 않아. 다른 회사도 마찬가지야. 아직도 사회는 가부장적이고, 여성은 그저 꽃인 것처럼 채용하잖니. 문제 제기를 해도 너만 다칠 뿐이야. 진짜로 네가 걱정된다. 이제 아마추어처럼 살지 말고 프로로 사는 것이 어떠니." 정말 친절한 냉소주의자다. 그렇지만 이제 우리는 알고 있지 않은가. 이런 친절이 결국 자기 정당화에 지나지 않는다는 사실을 말이다. 냉소주의자의 말을 듣는 순간, 우리도 냉소적으로 변하고 만다. '그냥 삶이란 그런 거지. 술 한잔 먹고 잊지. 뭐.'

성추행에 분노하고 있는 후배에게 쿨하게 조언했던 선배를 사례로, 우리는 냉소주의자의 내면을 이해할 수 있는 실마리를 얻도록 해 보자. 첫째, 냉소주의자는 멍청하지 않고, 지나칠 정도로 너무나 지적이다. 대학이나 대학원 정도의 학력을 가진 냉소주의자는 자본주의 메커니즘, 가부장적 구조, 그리고 페미니즘이론 등을 나름 정확하게 알고 있다. 둘째, 냉소주의자는 아는 것을 실천할 만큼 강하지 않다. 자본주의와 가부장제가 정의롭지 못하다는 걸 충분히 알고 있지만, 냉소주의자는 구조적인 문제를 바꾸기에는 자신이 너무나 작은 개인에 지나지 않는다고 생각한다. 셋째, 냉소주의자는 자신을 둘러싼 세계를 마치 영화를 보는 것처럼 관조한다. 직장 내 성추행이 어떤 구조적 메커니즘에 의해 벌어지는지 정확히 알고 있지만 스스로 그걸 고치려는 노력을 하지 않기에, 냉소주의자는 세상에 손을 놓고 팔짱을 낀 채 차갑게 관조할 따름이다.

냉소주의의 원인을 알았다면, 고치는 것은 어렵지 않다. 첫째, 실천뿐만 아니라 지적으로 소화하기에 너무나 많은 걸 한꺼번에 알려고 해서는 안 된다. 극단적으로 말해 일정 정도 어린아이처럼 무지한 편이 더 좋을 수도 있다. 이럴 때 우리는 순진하게 세상에 맞설 가능성이 더 커진다. "어머! 야, 이 개새끼야. 네가 뭔데 나를 만져. 이놈 미친놈 아니야?" 둘째, 전체 구조를 바꾸려 하기보다 눈에 보이는 불의를 하나하나 해결하려고 노력한다. "방금 경찰에 신고했다. 너 이제 죽었다. 생각할수록 불쾌하네. 직장 상사라고 후배 여사원을 막 더듬어도 되니." 셋째, 세상이 나와 무관한 영화가 아니라 내가 살아가는 공간이라는 생각이 몸에 젖어 들도록 노력한다. "아니, 이놈의 경찰들은 일 처리를 하는 거야, 마는 거야. 당장 찾아가 서장에게 따져야겠다."

고위 공직의 세계에서부터 대기업의 직장 세계에까지, 혹은 작은 편의점 아르바이트에서부터 가정 생활에까지 질식할 정도로 팽배해 있는 냉소주의라는 유령을 쫓아내지 않는다면, 우리에게 과연 미래에 대한 희망이 존재할 수 있을까. 약간은 무식하게, 약간은 감각적으로, 그리고 약간은 삶의 주인공처럼, 우리는 삶 도처에 편재하는 불의에 맞서야 한다. 이럴 때에만 우리의 삶을 차갑게 얼리는 냉소주의의 한기는 조금씩 사그라질 기미를 보이게 될 것이다. 그래서 우리는 《주체의 해석학L'herméneutique du Sujet》이란 강연록에 기록된 푸코의 마지막 가르침을 기억하려 한다. "철학이 하나의 삶의 형식이라는 사실은 고대철학의 세계에 관통하고 스며들어 있으며 지속되고 있는 파르헤지아라는 기능, 즉 용감하게 진실을 말하는 기능이란 일반 도식으로 해석되어야만 한다. 철학적 삶이란 무엇인가? 그것은 물론 어떤 것들의 포기를 초래할 수밖에 없는 특별한 인생의 선택이다."

무엇보다도 먼저 파르헤지아parrhesia라는 개념은 진실을 말하는 것을 의미한다. 그렇지만 파르헤지아는 단순히 솔직하게 말하는 것만을 의미하지는 않는다. 솔직하게 말해도 되는 상황에서 솔직한 것이 무슨 힘이 들겠는가. 파르헤지아의 가치는 솔직하면 불이익을 당할 수 있는 상황에서만 빛을 발한다. 이런 이유로 푸코는 파르헤지아라는 개념에 "용감하게"라는 수식어를 붙였던 것이다. 직장 내 성추행에 냉소적으로 반응하면 우리는 직장 생활을 계속할 수 있다. 그렇지만 성추행이란 범죄를 용감하게 말하는 순간, 우리는 직장 생활을 그만두어야 할지도 모른다. 당연히 우리에게는 전혀 새로운 삶, "특별한 인생"이 펼쳐질 것이다. 5·16 군사쿠데타를 쿠데타라고 말할 수 있는 용기, 정부 여당이 계급 입법을 하고 있다고 말할 수 있는 용기, 자신이 다니는 회사의 CEO가 불법 노동행위를 했을 때 불법이라고 말할 수 있는 용기, 비정규직법을 교묘히 이용하는 고용주에게 부당함을 말할 수 있는 용기. 이런 작은 용기들로 우리는 냉소주의에서 벗어나 뜨겁게 삶을 살아 낼 수 있다. 세상을 차갑게 관조하는 것이 아니라, 세상과 뜨겁게 씨름하는 삶! 얼마나 멋지고 아름다운 삶인가!

방법론적 '자뻑', 용기의 서막!

불섭계제不涉階梯, 현애철수懸崖撤手! 불교에서 많이 쓰는 말이다. 계단을 밟지 않고, 매달린 절벽에서 손을 뗀다는 뜻이다. 푸코가 당당한 삶을 위해 제안했던 파르헤지아를 실천하려면, 사실 이 정도의 똘끼는 불가피한지도 모른다. 예를 하나 들어 볼까? 아직도 전통적인 가족 질서가 지배적인 시댁에서 며느리가 시어머니에게 파르헤지아를 실천한다는 건 여간해서 힘든 일이 아니다. 그러나 아무리 겁 많고 유순한 며느리라도, 남편과의 관계를 원만하게 유지하려는 며느리도 한 번은 파르헤지아를 시원하게 실천할 때가 온다. 언제일까? 이혼할 때다. 이제 남편과도 남남이니 저 나이든 남편의 어미야 말해 무엇 하겠는가. "이것 보세요, 어머니. 나중에 댁의 아들이 재혼을 해서 며느리를 보아도, 그렇게 못되게 굴지 마세요. 과거 시어머니에게 그리 당했다고 하면서, 어쩌면 그렇게 며느리를 종을 부리듯 부려요. 같은 여자끼리 너무 하잖아요." 속 시원한 파르헤지아다. 자, 이제 파르헤지아를 어떻게 실천할 수 있는지 감이 잡히는가. 마음속에 이혼을 품고 있으면 된다. 이혼을 각오하고 있는데, 시어머니에게 무엇을 숨길 게 있겠는가. 파르헤지아! 그건 진실을 들려주어야 할 사람과의 완전한 결별을 감당할 각오를 해야지만 가능했던 것이다. 그러니 계단을 밟지 않고 매달린 절벽에서 손을 떼는 단호함이 전제되지 않는다면, 파르헤지아가 어떻게 가능하겠는가. 그러니 명심하자! 이혼을 각오하고 결혼 생활을 시작하라! 가슴에 사표를 넣고 회사를 다녀라! 이별을 가슴에 품고 애인을 만나라! 학사경고를 각오하고 수업을 들어라! 죽음을 품고서 삶을 살아 내라! 그러나 걱정 말자! '궁즉통窮卽通', 막히면 통한다는 옛말도 있으니 말이다. 물론 그 결과가 이혼, 사직, 이별, 학사경고, 또는 죽음일 수도 있다. 뭐 어떤가. 노예로 살기보다 주인으로 당당히 죽었으니. 하하.

멘토를 만나면 멘토를 죽여라!

파시즘을 종결하는 방법

신자유주의로 표방되는 현대 자본주의가 우리에게 남긴 상처는 너무나 깊고 광범위하다. 신자유주의란 자본가의 자유, 그러니까 결국은 자본의 자유를 적극적으로 긍정하는 이념이다. 당연히 신자유주의가 발호하면 할수록 인간의 삶은 더 비참해질 수밖에 없다. 인간은 자본 성장의 제단에 바쳐진 제물, 혹은 목적을 위한 수단에 지나지 않으니까. 대한민국이 OECD에 가입한 지 10년 이상 된 국가들 중 자살률 1위를 고수하고 있는 것도 다 이유가 있었던 셈이다. 신자유주의에서 중요한 것은 자본의 성장이지 결코 인간의 행복은 아니다. 정확히 말해 인간의 행복은 어떻게 되어도 상관이 없다는 것이다. 그렇지만 신자유주의 이데올로그들은 자본의 성장이 우리 인간의 행복을 약속한다고, 구체적으로 말해 "빵이 커지면 모든 사람에게 골고루 나누어 줄 수 있다"라는 감언이설을 주저하지 않았다. 그리고 그들은 진지한 얼굴로 빵이 커지도록 만들 수 있는 유일한 원리로 경쟁을 제안했다.

우리는 너무나 어리석었다. 빵이 커져야 모든 사람에게 나누어 준다는 것은 지금 빵을 나눌 생각이 전혀 없다는 것만을 말한다는 사실을 몰랐으니까. 작은 빵이라도 나누어 먹을 수 있다고, 그리고 이것이야말로 인간의 사랑이라고 말하지 못했으니까. 어리석음의 대가는 치명적이었다. 신자유주의가 내건 경쟁의 원리를 받아들이면서 우리는 생존경쟁이란 콜로세움에 뛰어들어 서로의 목에 칼을 겨누는 신세가 되었기 때문이다. 물론 오늘은 용케 승리할 수도 있다. 그렇지만 내일 어떻게 될지 전혀 알 수가 없으니 불안한 일이다. 이제는 빵이 커지고 있다는 것을 의식할 틈도, 그리고 빵을 나누자고 주장할 여력도 없다. 그저 검투 경기에서 살아남아야 한다는 생존의 명령에 충실할 수밖에 없기 때문이다. 어쩌면 이런 상황에서 공동체의 구성 원리를 고민하는 것도, 미래의 후손들을 걱정하는 것도 일종의 사치일지 모를 일이다.

신자유주의의 기만 때문일 수도, 아니면 우리의 무지 때문일 수도 있다. 아니면 현 체제가 부정의하다는 걸 알고 있지만, 그걸 바꾸려는 용기가 부족한 탓일 수도 있을 것이다. 결국 신자유주의의 기치를 올리고 있는 자본가와 정권의 야욕을 막지 못한 대가는 치명적이기까지 하다. 생존을 하려고 몸을 사렸는데, 이제 생존도 버거운 상황이 도래했기 때문이다. 생존의 위기에 처한 사람이 자신 이외의 타인의 삶을 생각하거나, 아니면 바람직한 공동체의 모습을 꿈꿀 리 만무하다. 바로 이럴 때 파시즘의 유혹이 시작된다. 스스로

멘토를 만나면 멘토를 죽여라!

공동체의 미래를 꿈꿀 여력이 없으니까 다른 사람이 대신 꿈을 꿔주겠다고 나타난 형국이다. 이것이 파시즘이다. 위로부터의 구원의 약속, 다시 말해 "나만 따르면 모든 고난에서 벗어날 수 있다"라는 위로부터의 복음이 전해지는 것이다. 생존이 위태로운 사람들 중 그 누가 이런 복음을 거부할 수 있다는 말인가?

스스로 구원하지 못하니 타인의 힘으로라도 구원받으려는 것은 당연한 반응 아닌가. 정치적으로 그리고 경제적으로 불안한 삶을 살았던 독일인들이 히틀러의 복음에 열광했던 것도 다 이유가 있었던 셈이다. 자백에 자백이 더한 형국이다. 결국 독일인들은 히틀러의 명령대로 전쟁에 참여했고, 유대인과 집시들을 도륙했기 때문이다. 놀라운 건 그럼에도 불구하고 당시 독일인들의 히틀러에 대한 신뢰는 흔들리지 않았다는 점이다. 전쟁과 살육의 위험 속에서 그들은 더욱더 메시아를 자처한 히틀러에게 의존했기 때문이다. 경제적이든 사회적이든 삶의 위기가 심화되면 혁명이 일어난다는 주장이 있다. 이런 아마추어와 같은 판단일랑 이제 쓰레기통에 던져버리자. 어느 정도 살 만해야 현실도 냉정하게 응시하고 미래도 꿈꿀 수 있는 법이다. 1997년 IMF 구제금융 사태 이후, 우리 이웃들의 삶과 미래는 너무나 암울해졌다. 직장에 다니는 중년들도, 취업을 준비하는 청년들도, 아르바이트로 학비를 마련하려는 학생들도. 변화를 꿈꿀 수 없을 정도로 삶이 팍팍해진 것이다.

자신의 힘만으로 위기를 극복하기 힘들다고 느낄 때, 우리는 바깥에서 구원을 기다리게 된다. 자신의 모든 것을 아무런 생각 없이 맡길 수 있는 그 무엇, 메시아와 같은 존재를 고대하게 된다는 것이다. 파시즘이 번식하기 좋은 조건이 확실히 갖추어진 셈이다. 현대건설의 '중동 신화' 아우라로 무장한 건설사 사장 출신 이명박이 대통령이 된 것도, 자본주의 시스템을 우리 땅에 이식시킨 독재자 박정희의 딸 박근혜가 대통령이 된 것도 다 이유가 있었던 셈이다. 건설사 사장은 직원들에게 신규 프로젝트를 두고 상의하지 않는다. 사업 방향이 결정되면 사장은 직원들에게 "나를 따르라"라고 말한다. 독재자도 마찬가지다. 국민들과 공동체의 미래에 대해 이야기를 나누지 않는다. 그냥 자신이 생각한 것을 밀어붙인다. 건설사 사장이나 독재자는 일종의 군주와 다름없다. 생각은 내가 하니, 너희들은 몸을 써라! 이제 우리는 애써 자신의 삶을 고민할 필요가 없다. 왕과 같은 아우라를 가진 대통령이 고맙게도 우리 대신 생각할 테니.

생존이 불안정할수록 우리는 스스로의 힘으로 자신을 구원하려는 의지를 잃지 말아야 한다. 외부로부터 달콤한 구원의 목소리가 자꾸 들려올 테니까 말이다. 몸이 약해지면 정신도 혼미해질 수밖에 없는 것과 같은 이치라고 할 수 있다. 스스로 꿈을 꾸지 못하고 타인의 꿈을 나의 꿈으로 받아들이는 순간, 우리는 주인이 아니라 누군가의 노예로 전락하게 된다. 허영 때문일까. 스스로 주인이라는 사실을 감당하지 못했기에 누군가의 노예로 전락했다는 사실을 우리는 애써 숨기려고 한다. 마침내 자신의 주저 《자본》에서 마르크스도 말했던 기묘한 전도 현상이 벌어진다. "어떤 사람이 왕이 되는 것은 단지 다른 사람들이 이 사람에 대해 신하로서의 태도를 취하기 때문이다. 그런데 사람들은 거꾸로 그가 왕이기 때문에 자신들이 신하가 되는 것이라고 믿는다."

불교의 창시자 싯다르타는 태어날 때 말했다고 한다. "천상천하유아독존天上天下唯我獨尊!" 이 세상에 오직 자신만이 홀로 존귀하다고 기염을 토한 것이다. 편협한 사람이라면 싯다르타가 자기만 귀하고 다른 사람들은 비천하다는 오만불손한 선언을 하고 있다고 생각할 것이다. 오해도 이만한 오해가 없다. 싯다르타가 원했던 것은 모든 인간이 자신의 절대적인 존귀함을 자각하는 것이었다. 이제 우리는 임종을 앞둔 싯다르타의 유언을 제대로 음미할 수 있게 되었다. "무소의 뿔처럼 혼자서 가라!" 스승이 세상을 떠났을 때 방향타를 상실할까 두려워했던 제자들에게 남긴 사자후였다. 싯다르타의 입장에서 얼마나 당혹스러웠겠는가! 자기 자신만의 당당한 삶, 그러니까 독존과 자유의 삶을 영위하라고 평생 가르쳤지만, 제자라는 것들이 자신의 삶을 살아 내기는커녕 스승을 모방하며 살려고 했으니까 말이다.

싯다르타만인가. 서양의 가장 강력했던 인문정신의 소유자 니체도 말했다. "신은 죽었다"라고 말이다. 세상의 모든 것을 창조했다는 신이 죽었다는 선언은 사실 이제 우리가 모든 것을 창조하며 살아야만 한다는 선언에 다름 아니다. 신의 역사가 이제 인간의 역사로 바뀐 것이라고나 할까. 신이 세계에 부여한 의미를 찾아서 그것에 순종하는 것이 아니라, 인간은 이제 스스로 세계에 의미를 부여하여 새로운 세계를 창조해야만 한다. 바로 이런 맥락에서 자신의 주저 《차라투스트라는 이렇게 말했다》에서 니체는 차라투스트라의 입을 빌려 말했던 것이다. "이제 나는 너희에게, 나를 잃고서 너희 자신을 찾으라고 명령한다. 그리고 너희가 나를 모두 부인했을 때에만 비로소 나는 너희에게 되돌아올 것이다." 차라투스트라를 신봉하지 말고 스스로의 삶을 살아갈 때, 모든 사람은 차라투스트라가 될 수 있다는 가르침이다.

놀랍기만 하다. 모든 사람이 독존의 자유를 얻으라고 강조했던 싯다르타의 가르침은 자신의 삶을 긍정할 때 모든 사람이 차라투스트라가 될 수 있다는 니체의 가르침에서 다시 반복되고 있으니까. 동서양을 가로지르는 이 두 가지 가르침이 하나의 죽비소리로 우리의 구부러진 등을 내려치고 있지 않은가! 그러나 사실 싯다르타나 니체만이 이런 가르침을 내린 것은 아니다. 제정신을 가진 거의 모든 인문정신들이 공유하는 가르침이다. 외부로부터 삶의 지침을 찾으려는 우리의 나약함을 가차 없이 질타하여 구부러진 몸을 당당히 펴라! 외부는 군주나 부모, 선생 등과 같은 인격일 수도 있고, 아니면 권력, 자본, 혹은 신과 같은 무형의 존재일 수도 있다. 외적인 권위를 받아들이는 순간, 우리는 자신의 삶을 주인이 아니라 노예로 살아 낼 수밖에 없다. 얼마나 불행한 일인가. 그렇지만 이런 불행은 더 큰 비극의 서막이라는 것을 잊지 말자. 스스로 삶의 주인이 되지 못할 때 우리에게 민주주의는 불가능한 꿈에 지나지 않을 테니까.

현대 프랑스 철학자 푸코의 가르침을 상기하자. 전쟁은 우리 바깥에서 일어나는 것이 아니라 기본적으로 우리 내면에서 일어나야만 한다는 것이다. 그렇다. 억압적인 체제가 지배를 관철하려는 장소는 우리의 내면이다. 당연히 억압에 맞서 싸워야 할 장소도 우

멘토를 만나면 멘토를 죽여라!

리의 내면일 수밖에 없다. 어쨌든 우리는 넘어진 곳에서 일어나야만 한다. 그렇지만 지금 상황이 어떤지 보라. 스스로 판단하고 생각하기보다는 종교적이거나 정치적인 멘토들의 판단과 생각에 열광하고 있다. 더 이상 내가 생각하고 판단하는 것보다 멘토들의 생각과 판단이 더 탁월하다는 군색한 변명은 하지 말자. 그저 자기 자신을 믿지 못하고 있는 것일 뿐이다. 어쩌면 스스로 자신의 삶을 위한 멘토가 되지 못하고 멘토를 찾아 헤맬 때, 우리는 자신도 모르게 파시즘이란 괴물을 부르고 있는 것은 아닐는지. 이제 스스로 판단하고 생각하려고 노력해야 한다. 그만큼 우리에게 그나마 간신히 자유와 민주주의의 꿈이 허락될 수 있을 테니까.

이기적이어서
미안!

타인 때문에 자신이 원하지 않던 음식을 먹었던 적이 있을 것이다. 간만에 친구들을 만나 식당에 들렀다. 그런데 친구들이 모조리 김치찌개를 시킨다. 내심 된장찌개를 먹고 싶었지만, '역시 우리는 입맛도 친구잖아'라는 친구들의 분위기에 어쩔 수 없이 자신도 김치찌개를 시켜 먹은 것이다. 물론 '친구를 배려했다'든가 '김치찌개도 사실 맛있지'라는 식으로 정신승리를 할 수는 있다. 그러나 무언가 억울하다. 삶의 주인, 그거 별거 아니다. 친구들이 짜장면을 시킬 때 그냥 짬뽕을 시키면 된다. 물론 나중에 짜장면이 먹고 싶을 때, 또 짜장면을 먹으면 된다. 이해되지도 않는 영화를 끝까지 보면서 감동한 척한 적이 없는가. 영화 평론가들의 찬사를 받은 영화를 보러 영화관에 자리를 잡은 지 얼마 되지 않아, 지루하고 짜증이 났다. 함께 온 친구들 중에는 연신 눈물을 닦으며 감동하는 이도 있었고, 너무나 진지하게 영화에 몰입하는 이도 있었다. 이럴 때 그냥 영화관을 박차고 나오면 된다. 물론 나중 기회에 영화를 보게 될 때, '정말 이 영화가 내가 본 그 영화 맞는가?'라고 반문하며 전율할 수도 있다. 그때는 또 그때의 일이다. 삶의 주인은 모든 걸 자신의 느낌과 이성에 따라 결정하고 행동한다. 그리고 일체 타인의 시선도 의식하지 않고, 자신의 행동을 후회하지도 않는다. 그러니 매사에 바깥이 아니라, 자기 내면의 소리에 귀를 기울여라! 그냥 어떤 느낌, 어떤 확신에 몸을 맡기면 된다. 물론 그렇다고 해서 주인이 타인을 배려하지 않는 것은 아니다. 배려하지 않아도 되는데 배려하는 것이니, 배려도 주인다운 배려일 뿐이다. 배려할 수밖에 없어서 배려하는 약자의 배려와는 얼마나 다른가!

멘토를 만나면 멘토를 죽여라!

자본주의에서 당당히 살아가기

⌄

소외된 노동의 계보학

《돈으로 살 수 없는 것들What Money Can't Buy》이란 책이 있다. 이미 우리 사회에서 베스트셀러 작가로 등극한 마이클 샌델Michael J. Sandel의 작품이다. 이 책을 통해 그는 과거에 돈으로 살 수 없던 것들을 돈으로 사게 된 현실, 그러니까 시장만능주의를 비판하고 있다. 자본주의의 비도덕성을 개탄만 하고 있을 뿐, 불행히도 샌델은 그 이상 한 걸음도 더 나아가지 않고 있다. 투덜거리는 것으로 상황이 변하는 것은 아니다. 도대체 무엇 때문에 현실을 냉정히 진단했던 그가 이렇게 무기력하게 사태를 관조하게 된 것일까. 어쩌면 샌델은 질문을 잘못 던졌던 것은 아닐까. 이렇게 물었으면 좋았을지도 모른다. '돈으로 팔 수 없는 것들', 다시 말해 '돈을 대가로 팔 수 없는 것들'이 우리에게 얼마나 남아 있는가? 억만금을 주어도 팔 수 없는 것들이 우리에게 남아 있기라도 한 것일까?

돈으로 살 수 없는 것들이 무엇인지를 묻는 질문과 돈으로 팔 수 없는 것들이 무엇인지를 묻는 질문은 전혀 다른 것이다. 전자가 돈을 가진 사람, 그러니까 자본가의 입장에 서 있는 질문이라면 후자는 돈을 가지지 않는 사람, 그러니까 노동자의 입장에 근거하는 질문이기 때문이다. 이렇게 놓고 보면 우리는 결국 샌델의 논의가 잘해야 '노블레스 오블리주noblesse oblige', 그러니까 언제든지 철회될 수 있는 기득권층의 사회적 의무로부터 한 걸음도 나아가지 않았다는 것을 알게 된다. 아무리 돈이 있어도 우리가 사려고 해서는 안 되는 것이 있다는 것이다. 그러니까 돈이 있는 사람, 즉 자본가는 이걸 사려고 하지 않아야만 한다는 것이다. 당연히 이것은 가진 자의 윤리적 결단을 요구하는 주장일 수밖에 없다. 이것이 바로 샌델이 설파했던 정의론의 진면목이다. 그렇지만 돈을 가진 자는 언제든지 자신의 윤리나 의무를 헌신짝처럼 버릴 수 있는 것 아닌가? 샌델의 이야기가 항상 순진하다는 느낌이 드는 것도 이런 이유에서다.

우리가 가진 수많은 소중한 것들 중 자본이 사활을 걸고 사려는 주된 표적은 무엇일까? 우리의 사랑이나 용기와 같은 무형의 가치는 아니다. 그것은 바로 노동이다. 노동을 살 수 없다면 자본가는 아무리 금고에 돈이 많아도 몸소 노동을 할 수밖에 없다. 자본가는 돈의 힘으로 직접적 노동이란 수고로부터 자유로운 사람이다. 그러니 자본가와 노동자로 분할되지 않고 어떻게 자본주의가 가능할 수 있다는 말인가? 자본주의의 맹목적 의지가 피하려고 하는 것은 바로 이것이다. 누군가의 노동을 구매해서 자본가는 자연과 직접

자본주의에서 당당히 살아가기

씨름하는 육체노동을 회피하려는 것이다. 물론 돈의 힘으로 충분히 노동자의 육체를 자기 수중에 넣을 수 있다면, 자본가는 다른 걸 요구할 수도 있다. 돈으로 매력적이지만 가난한 여인의 사랑을 얻으려고 할 수 있다. 고가품의 선물 공세와 고가의 데이트라면 충분히 승산이 있을 수 있다. 혹은 본인뿐만 아니라 가족까지 돌보아 준다는 약속으로 타인의 용기도 살 수도 있을 것이다.

　　백장百丈 스님의 청규淸規가 떠오르는 대목이다. "일일부작 一日不作, 일일불식一日不食", 그러니까 하루 노동하지 않았다면 그 하루만큼 먹지 않는다는 가르침이다. 누구나 노동을 해서 먹고살아야 한다는 것, 이것은 큰스님이라고 예외일 수는 없었다. 하긴 노동하지 않았는데도 무엇인가를 먹는다면, 그것은 다른 사람의 노동을 빼앗았다는 것 아닌가. 큰스님이 죽을 때까지 쟁기를 놓지 않았던 속내도 바로 여기에 있었다. 수제자가 큰스님의 쟁기를 숨겨 놓은 적도 있었다. 연로한 큰스님의 몸이 걱정되어서 그랬을 수도 있고, 큰스님이 쟁기를 놓지 않으면 자신도 쟁기를 놓을 수 없기에 그랬을 수도 있다. 어쨌든 쟁기가 없어진 날, 큰스님은 한사코 음식을 사양하였다고 한다. 사찰의 가장 큰어른인 자신이 육체노동을 하지 않는 순간, 부처가 되려는 동일한 목적으로 움직이는 평등한 승가 조직에 일하지 않아도 먹는 자가 탄생할 수 있다는 것. 백장 스님이 정확히 간파하고 있었던 것은 바로 이 점이다.

　　돈으로 노동을 산다는 것, 다시 말해 자본가가 된다는 것은 일을 하지 않고 편하게 살겠다는 의지, 그러니까 백장 스님의 가르침을 부정하겠다는 의지가 아니면 불가능한 일이다. 백장 스님의 기개를 만분지일이라도 가지고 있다면, 어느 누가 기꺼이 자신의 노동을 팔아서 자본가의 의지에 복종하는 굴욕을 감당하려고 하겠는가? 인간은 다른 인간에 대해 당당한 주체로 살려는 자유 정신을 가지고 있는데 말이다. 팔지 않으면 살 수도 없다. 이것이 바로 자본주의 혹은 자본가가 숨기려고 하는 치명적인 아킬레스건이다. 우리도 알고 있는 자본주의의 아킬레스건을 자본가가 모를 리 만무하다. 당연히 자본은 어떻게 해서든지 자신의 아킬레스건을 보호하며 자신의 우월함을 지키려고 할 것이다. 그 방법은 단순하다. 그것은 우리가 자신이 가진 소중한 것을 팔지 않으면 안 되도록 만드는 것, 다시 말해 애써 팔라고 유혹하지 않아도 어쩔 수 없이 소중한 것을 들고 나와 팔도록 만드는 것이다.

생계를 위협할 정도로 빈곤하게 만드는 것, 그것이 가장 좋은 방법이다. 정리해고를 수행하거나 비정규직을 양산하는 것도 좋고, 아예 취업문을 좁히는 것도 좋다. 이 같은 노동시장 유연화 정책은 우리가 내다 팔 것을 고민하게 만드는 방법이다. 그 방법이 의도한 바에 따라 무엇을 팔아야 돈을 벌 수 있을지를 고민하는 순간, 우리는 마침내 자본주의에 완전히 포획된 것이다. 자신의 노동을 팔려고 하는 순간, 우리는 그것을 사려고 하는 구매자를 의식할 수밖에 없으니까 말이다. 여기서 자본가는 회심의 미소를 던질 것이다. 이제 자신이 필요한 것이 무엇인지를 밝히기만 하면, 우리는 알아서 그것을 준비할 테니까 말이다. 영어 능력을 원한다면 우리는 도서관에서 미친 듯이 토플과 토익을 파고들 것이다. 매력적인 외모를 원한다면 우리는 성형수술까지 기꺼이 감내할 것이다. 아마 삼성과 같

자본주의에서 당당히 살아가기

은 대재벌이 아프리카 남동부 지역의 언어인 스와힐리어를 입사 시험 과목으로 정한다면, 대부분의 대학이나 학원에서는 스와힐리어를 배우려는 사람들로 문전성시를 이루리라.

마침내 자본주의는 우리의 노동을 양분해 버린다. 돈과 바꿀 수 있는 노동과 돈과 바꿀 수 없는 노동. 물론 이런 분할에는 전자의 노동만 가치가 있고, 후자의 노동은 무가치한 것이라는 판단이 전제되어 있다. 이제 음악을 감상하는 것, 〈적벽가赤壁歌〉를 완창하는 것, 친구들과 여행하는 것, 프루스트의 소설을 완독하는 것 등등은 무가치한 것으로 치부되는 것이다. 어른들이 하는 말처럼 음악을 듣는다고, 소설을 읽는다고, 혹은 여행을 간다고 돈과 쌀이 나올 리 만무하니까. 그렇다면 정말 자본에 의해 팔린 노동이 가치가 있는 것일까? 아니다. 사실 우리가 돈으로 바꾸어 버린 노동보다 더 가치가 있었던 것은 바로 돈이기 때문이다. 자본가가 노동이 가치가 있다고 선전하면서 노동의 가치는 오직 돈 때문이라는 사실을 숨기려고 하는 것도 이런 이유에서인지도 모를 일이다.

돈이 가장 중요하며 그 다음으로 중요한 것이 돈으로 팔릴 수 있는 노동이라고 믿는 순간, 우리는 돈으로 팔릴 수 없는 노동을 스스로 부정하게 된다. 여기서 심각한 문제가 벌어진다. 우리는 자신이 좋아하는 노동을 긍정하지 못하고 자본이 좋아하는 노동을 수행할 수밖에 없으니까 말이다. 이것이 바로 노동의 소외라는 현상이다. 서양의 경우 헤겔은 자신의 주저 《정신현상학Phenomenologie des Geistes》에서 주인과 노예에 대해 이야기했던 적이 있다. 동양의 경우 유학자들은 자주 주인과 손님에 대해 강조했던 적이 있다. 주인이 자신이 원하는 것을 어떤 눈치도 보지 않고 하는 사람이라면, 노예나 손님은 주인이 원하는 것을 하거나, 혹은 주인의 눈치를 보면서 일을 하는 사람이다. 결국 노동보다 돈이 우월해지는 순간, 노동자인 우리는 돈을 가진 자본가들의 눈치를 보면서 그들이 원하는 것, 혹은 그들이 원한다고 믿어지는 것을 하게 될 것이다.

가령 〈적벽가〉를 부를 때 가장 커다란 행복을 느끼는 젊은이가 있다고 해 보자. 금융회사에 취업하려고 할 때, 그는 과연 〈적벽가〉를 부를 때 자신이 가장 행복하다고 면접관에게 당당히 말할 수 있을까. 아마 불가능할 것이다. 세계적인 경제잡지 〈이코노미스트The Economist〉나 〈월스트리트저널Wall Street Journal〉을 보면서 세계 경제 동향을 주기적으로 분석하고 있다는 사탕발림을 면접관에게 할 테니 말이다. 비극적인 일 아닌가? 억만금을 주어도 팔 수 없는 것, 〈적벽가〉가 이제는 팔리지 않는 무가치한 것이어서 숨겨야만 하는 현실이 말이다. 아버지를 아버지라 말하지 못하고, 형을 형이라고 말하지 못한 참담한 상황이 펼쳐진 것이다. 자신이 원하는 것을 원하는 것이라고 말도 하지 못하니 말이다. 과연 이런 상황에서 우리는 행복할 수 있을까.

옛날 어떤 스님은 매일 일어나자마자 스스로에게 물었다고 한다. "주인공! 잘 계시는가!" 스스로 삶의 주체로 살고 있는지를 점검한 것이다. 자본주의 체제에 살고 있는 우리도 스스로에게 매일 되물어 보아야 하지 않을까. "여보게! 억만금을 준다고 하더라도 팔 수 없는 것이 자네에게 있는가? 있다면 그것은 무엇인가?" 이때 우리의 뇌리에는 노동 이외에 부모님, 자식들, 애인, 사랑, 자존심, 용기 등등 아마 수많은 사람과 가치들이 스치고 지나갈지도 모른다. '우공이산愚公移山'이라는 말이 있다. 조금씩 노력하다 보면 생각할 수도 없는 거대한 산도 옮길 수 있다는 고사다. 그렇다. 이제 우리는 억만금을 주어도 절대로 팔 수 없는 영역을 하나씩 하나씩 되찾는 어리석은 사람, 즉 우공愚公이 되어야만 한다. 그럴 때 우리는 자본가가 어떻게 할 수 없는 강력한 주체로 거듭나게 될 것이고, 지금까지 잊고 지냈던 행복이 우리의 삶에 조용히 찾아오게 될 것이다. 너무나 단순하지만 그만큼 너무나 어려운 행복의 길을 누가 뚜벅뚜벅 걸어갈 수 있을까. 어쩌면 우리는 우공이 되기에 너무나 약아져 버린 것은 아닐까. 정말 돈에 대해서만큼 어리석은 사람이 되도록 하자. 우리에게 주인으로 살아갈 삶이 찾아올 때까지.

돈 안 되는 일을
즐겨라!

꼬마가 있다. 그는 놀이터에 홀로 앉아서 모래를 가지고 놀고 있다. 모래성을 만들었다가 부수기를 반복하지만, 꼬마는 지칠 줄 모른다. 이것도 바로 노동이다. 노동은 노동인데, 돈과는 전혀 무관한 노동이다. 꼬마는 모래성 만드는 것 그 자체가 즐거울 뿐이다. 모래성만 그럴까. 산에서 도토리 줍기, 강가에서 조약돌 줍기 등등. 꼬마는 타인을 위해 혹은 다른 것을 위해 하는 것이 아니라, 오직 자신이 좋아서 하는 것이다. 이런 꼬맹이도 성장하면, 서서히 자본주의에 물들게 된다. 모래를 쌓는 것은 둑을 만들어 임금을 받기 위함이고, 도토리를 줍는 것은 그걸로 돈을 벌기 위함이고, 조약돌을 줍는 것은 수석으로 팔아 횡재를 하기 위함이다. 이런 식으로 생활하다 보면, 그 자체로 즐거운 노동은 자꾸만 줄어들게 된다. 돈이 되지 않는 일체의 노동은 무가치하다고 느껴지기 때문이다. 당연히 돈이 되지 않는 노동은 시도하려고 하지도 않는다. 그래서일까, 회사에 다니는 직장인들은 휴일에 정말 격렬하게 아무것도 하지 않고 그냥 방바닥에 껌처럼 붙어 있기 쉽다. 동네 산책하기, 화단에 물 주기, 혹은 뒷산에 올라 다람쥐 보기 등등을 무엇 때문에 하는가? 심지어 아이와의 놀이도, 혹은 애완견과의 산책도 부인의 잔소리만 아니면 결단코 하려고 하지 않는다. 결국 직장에서 일하기와 집에서 일하지 않기로 인생이 양분될 것이다. 이렇게 되면 결국 이 사람은 자본가가 원하는 일 이외에 어떤 일도 하지 않게 된다. 이것은 결국 철저한 노예 아닌가. 노예지만 노예에서 벗어나려면, 주인이 원하는 일이 아니라 자기가 원하는 일을 조금씩 수행해야만 한다. 언젠가 거의 대부분 일들이 자신이 원하는 것이 될 것이다. 바로 이 순간 우리는 자신의 삶을 당당히 영위하는 주인으로 다시 탄생하게 되는 것이다.

근사한 데이트 가듯! 동네 마실 가듯!
공권력 앞에서도 경쾌하고 섹시하게, 그리고 우아하게!

행인과 원천봉쇄 경찰, 서울 종로, 2014

50보와 100보는 같지 않다!

∨

진보를 위한 묵직한 한 걸음

당혹스럽기는 했지만 선택의 순간이 다가왔다. 김수영의 〈풀〉이란 시에서 '풀'이 상징하는 것이 무엇인지를 묻는 문제다. 그렇지만 선택지에는 아무리 눈을 씻고 보아도 '김수영'이 없었다. 평소에 풀은 김수영 본인의 삶을 상징한다고 생각해 왔기 때문이다. 물론 학교 선생님들이나 참고서는 '풀'은 민중을 상징하는 것이라고 이야기했다. 나름 설득력이 있다고는 생각했지만, 그래도 풀이 김수영 본인을 상징한다는 생각을 접을 수가 없었다. 실제로 수업 시간에 이 생각을 피력했을 때, 국어선생님도 충분히 가능한 해석이라고 나름 인정하시기도 했다. 그렇지만 지금 시험문제 선택지에는 '김수영'이 보이지 않는다. 이렇게 당혹감을 느끼고 있을 때, 또 다른 선택지로 '민중'이 보인다. 어떻게 할 것인가. 답이 없다는 생각에 이 문제에 답을 기재하지 않을 것인가? 아니면 '민중'이란 가능한 다른 선택지를 정답으로 선택할 것인가?

　　　　방금 사례는 내가 강연 때 만났던 어느 여고생의 고민을 재구성해 본 것이다. 여러분이라면 어떤 조언을 그녀에게 해 줄 생각인가. 답이 없으니 어떤 선택지도 답으로 표기하지 말라고 권할 것인가? 아니면 그래도 '민중'이란 다른 가능한 선택지를 답으로 표기하라고 권해 줄 것인가? 당시 나는 그녀에게 말했다. 일반 사람들이 동의하는, 그리고 본인도 나름대로 일리가 있다는 '민중'을 정답으로 표기해서 대학에 들어가라고. 그리고 훌륭한 국문학자가 되어 김수영의 풀이 상징하는 의미로 '민중'이 왜 부족한지를, 이어서 김수영이 자신의 삶을 풀로 상징할 수밖에 없었는지를 논문이나 책으로 발표하라고. 그녀는 당연히 고개를 갸우뚱한다. '풀'이 상징하는 것이 김수영이라면 김수영인 것이지, 아무리 유사해도 '민중'일 수는 없다는 그녀의 생각이 빤히 보였다. 나이답게 그녀는 순수해서 좋았고, 그만큼 사변적이어서 안타까웠다. 고개를 갸우뚱하는 그녀에게 나는 '오십보백보'와 관련된 이야기를 해 주었다.

　　　　이 이야기는 《맹자》의 〈양혜왕상梁惠王上〉에 등장하는 고사와 관련된다. 비겁하게 후퇴했다는 점에서 50보와 100보는 같다는 취지다. 그러나 과연 맹자의 말처럼 50보와 100보는 같은 것일까? 단도직입적으로 말한다면 이론에서는, 혹은 관념에서만은 50보와 100보가 같지만, 실천에서 혹은 삶의 차원에서 50보와 100보는 완전히 다른 것이다. 누군가에게 상해를 입힌 것과 누군가를 죽인 것은 타인에게 위해를 가했다는 이론적인 측면에서 같은 것이지만, 삶의 차원에서 두 가지는 확연히 다르다. 예를 들어 '이미 상해죄를 범했으니, 살인죄도 저질러 버리자'는 사람이 있다고 하자. 그는 잘해야 본질주의자, 혹은 아이와 같은 순수주의자라고 할 수 있다. 어쩌면 그는 자신의 고매한 이상 세계에 매몰되어 있는 유아론자에 지나지 않는 사람이라고 할 수도 있다. 그는 사태와 상황을 정확히 읽어 낼 수 있는 안목을 결여한 채 자포자기하고 있는 불쌍한 사람이기 때문이다. 그렇지만 50보와 100보는 다르다는 것을 알 정도로 지혜로운 사람이라면 상해죄에서 자신의 범죄행위를 멈출 것이다. 그는 다친 사람은 회복할 수 있지만, 죽은 사람은 회생할 수 없다는 것을 잘 알고 있기 때문이다.

50보와 100보는 같은 게 아니라 확연히 다르다는 사례는 무수히 많다. 그 가장 적절한 것이 아마도 대표자를 뽑는 선거일 것이다. 대통령이어도 좋고 국회의원이어도 좋고 아니면 지방자치단체장이어도 상관이 없는데, 우리가 뽑은 대표자들이 우리를 제대로 대표했던 적이 얼마나 있었는가. 공약公約이 공약空約이 되었던 것이 반복되니, 시민들이 어느 놈을 뽑든지 똑같다고 개탄하는 일이 비일비재했기 때문이다. 민주주의 사회는 공동체 성원 한 사람 한 사람이 주인으로 주권을 행사하는 사회다. 그러니 가급적 직접민주주의 정신을 지향해야만 한다. 지금 현실적으로 작동하는 제도적 장치는 선거로 대표자를 뽑는 대의민주주의가 전부일 뿐이다. 그렇지만 대의민주주의는 민주주의의 가능한 제도적 형식들 중 하나일 뿐이다. 문제는 우리 사회처럼 대표자와 피대표자 사이의 괴리가 큰 곳도 없다는 데 있다. 그러니 정치에 대한 절망과 환멸이 생기고, 그것이 끝내 투표율 저하로 이어진다.

대통령 선거나 국회의원 선거는 매번 규칙적으로 반복된다. 선거가 목전에 임박하면 민주주의에 대한 열망을 가진 사람들의 입장에서는 아마 입맛이 쓸 것이다. 어느 후보도 경쟁의 공동체가 아니라 사랑의 공동체를 만들려는 의지가 부족하기 때문이다. 모든 후보를 민주주의와 인문주의의 잣대로 생각해본다면 오십보백보로 보일 테니까 말이다. 여기서 최선이 아니라면 차선을 선택해야 한다는 진부한 이야기를 하려는 것은 아니다. 그런 나이브한 이야기는 하고 싶지도 않다. 머릿속에 최선이 있으면 안 된다는 이야기를 하고 싶은 것이다. 최선을 생각하는 순간, 우리는 모든 후보들이 다 마음에 들지 않게 될 것이다. 그렇지만 역사상 한 번이라도 완전한 민주주의가 실현되었던 적이 있었는가? 우리는 늘 민주주의를 실현하는 도정에 있었다. 그러니까 민주주의 이념에 100보 물러서 있는 후보와 50보 물러서 있는 후보는 동일한 후보라고 보아서는 안 된다.

　　　대표자를 뽑는 일체의 선거는 신념과 이상의 문제가 아니라, 현실과 삶의 문제다. 이미 우리는 과거 정부들에서 아프게 경험하지 않았는가. 대통령이 누구냐에 따라, 그리고 집권당이 어떤 당이냐에 따라 대표자의 임기 동안 우리 삶은 상당한 부침을 겪을 수밖에 없다. 민주주의 이념에서 50보 물러나 있는 후보를 선택해야 하는 이유가 거기에 있다. 이 50보에서 한 걸음 앞으로 나아가면 49보가 될 수 있는 법이다. 그렇지만 100보 물러서 있는 후보를 뽑는 순간, 우리가 똥줄 빠지게 한 걸음을 내딛는다고 해도 99보에 지나지 않는다. 그렇다. 삶에서 50보와 100보는 상해죄와 살인죄의 차이처럼 질적으로 완전히 다른 것일 수밖에 없다. 우리 시대 가장 탁월한 인문정신 발터 벤야민도 말하지 않았던가. "항상 그때그때의 1보만이 진보이며 2보도 3보도 n+1보도 결코 진보가 아니다." 《아케이드 프로젝트》에 등장하는, 우리에게 너무나 절절한 외침이라고 할 수 있다.

벤야민은 정말 영민한 철학자다. 현실에는 아직 존재하지 않는 이상을 꿈꾼다는 면에서, 진보주의는 이상주의자라고 할 수도 있다. 그렇지만 벤야민은 진보주의의 이런 이상주의적 측면이 오히려 진보주의를 무력화시킬 수 있다는 걸 간파한다. 설악산 대청봉에 오른다고 해 보자. 1,708미터의 정상을 오르는 건 정말 어려운 일이지만, 이곳이 바로 우리가 최종적으로 당도해야 할 곳이다. 온갖 고난과 인내를 뚫고 오른 사람이 있다면, 그는 반드시 한 보를 내딛었던 사람일 것이다. 이 한 보가 또 다른 한 보를 낳고 이런 식으로 다섯 시간이 지나면 누구든지 대청봉에서 일망무제의 동해 바다를 내려다볼 수 있을 것이다. 간혹 주변에는 진보주의를 자처하는 사람들 중 두 보나 세 보, 심지어는 1,000보를 이야기하는 이들이 있다. 아니 어떻게 한 보도 딛지 않고 그들이 말하는 두 보나 세 보, 혹은 1,000보에 이를 수 있다는 말인가. 결국 겉모습은 진보적인 것처럼 보이지만, 이들은 결코 진보적인 사람이 아니다. 오히려 앞으로 나아가지 못하게 한다는 점에서, 그들은 보수주의와 닮은 데가 있다고 하겠다.

물론 그렇다고 해서 마음속에 대청봉 정상을 그리지 말라는 것은 아니다. 그러나 그건 단지 머릿속에만 있다는 걸 명심하자. 대청봉 정상을 그리는 것과 대청봉 정상을 향해 한 보를 내딛는다는 것은 완전히 다른 일이다. 관념과 삶의 차이라고나 할까, 아니면 머리와 다리 사이의 차이라고 할 수 있을 것 같다. 대청봉 정상을 마음속에서 그린다고 해서, 우리가 바로 대청봉 정상에 있는 것은 아니니까 말이다. 그러니까 진보적인 사람은 두 가지 덕목을 아울러 가지고 있어야 한다. 하나는 대청봉 정상에 대한 확고한 이상을 견지해야 하고, 다른 하나는 그 이상에 이르기 위한 한 보를 거침없이 내딛어야만 한다. 물론 여기서 한 보는 그냥 맥없이 '자, 이제 걷자'는 식으로 한 걸음 내딛는 것만은 아니다. 그건 대청봉 정상에 오를 수 있는 한 보여야만 하니, 정확히 그리고 빈틈없이 계산된 것이어야 한다. 참고로 이상을 실현하려는 걸음을 뚜벅뚜벅 걷는 사람에게 조언 하나 한다면, 정말 걷는 것이 힘들 때 정상을 너무나 자주 보지 말라는 것이다. 갈 곳이 멀다는 생각에 필요 이상으로 지치기 쉬우니까. 그러니 정상은 간혹 조금 힘이 있을 때에만 얼핏 보면 될 일이다.

자, 이제 벤야민 앞에서 당신은 당당히 이야기할 수 있겠는가. 대통령 후보나 국회의원 후보들이 모두 마음에 들지 않는다고, 그래서 투표할 생각도 별로 없다고. 그렇다면 당신은 도대체 어느 때 투표를 할 생각인가. 민주주의 이념에서 한 보도 후퇴하지 않고 민주주의를 그대로 실현할 수 있는 후보가 나올 때까지, 정말 직접민주주의 정신을 고스란히 실현할 수 있는 사람이 대표자 후보로 등장할 때까지, 모든 정치적 현실에 비관하고 낙담할 생각인가. 그러고도 당신이 민주적인 삶을 살아 내려고 하는 진보적인 사람이라고 자처할 수 있는가. 어떻게 민주주의를 향한 한 보를 떼지 않고 두

보를 생각할 수 있다는 말인가. 한 보, 한 보, 그리고 한 보가 쌓여야, 마침내 우리가, 그리고 인류가 그렇게 절절하게 꿈꾸었던 민주주의 이념에 도달할 수 있는 것 아닌가. 한 보도 내딛지 않으면서 두 보에 대해, 세 보를 이야기하는 사람, 다시 말해 당장 개선할 수 있고 선택할 수 있는 것에 집중하지 않고 이상만을 읊조리는 사람은 보수적인 사람보다 더 해로운 사람일 수 있다. 그는 주변에 정치적 무기력과 환멸만을 유포시키기 때문이다.

대통령 선거든 국회의원 선거든 선거는 어느 후보자가 차선이기 때문에 선택하는 것과 아무런 상관이 없다. 최선이란 단지 우리의 관념 속에, 그러니까 이상 속에만 존재하는 것이다. 그러니 최선을 전제로 하는 차선도 다분히 우리의 관념 속에 있을 수밖에 없다. 차선이란 관념을 머릿속에서 완전히 제거하자. 오직 그럴 때에만 우리의 눈에는 자신이 직면해 있는 현실이 보일 것이다. 아무래도 좋다는 자포자기의 심정, 그 유아론적 심정을 떨쳐 내야만 한다. 그러면 보일 것이다. 50보 정도 민주주의 이념에서 후퇴한 후보, 그리고 100보 정도 민주주의 이념에서 후퇴한 후보가. 그때 선택하라. 우리 공동체의 이상을 향해 50보 뒤에서 출발할 것인가, 아니면 100보 뒤에서 출발할 것인가. 민주주의를 향해 뚜벅뚜벅 우직하게 걸어가야만 하는 우리가 선택해야 할 것은 바로 이것이다. 다시 한번 강조한다. 50보와 100보는 이론에서는 마찬가지로 보이지만, 현실에서는 완전히 다른 결과를 낳을 수 있다는 사실을.

이것 보세요.
모 아니면 도가
아니에요!

진보적인 사람들, 특히 젊은이들이 절망할 때를 많이 본다. 그들의 내면은 한마디로 '모 아니면 도'라는 극단적인 상태에 이르기 쉽다. 윷놀이에서 도가 나왔다는 당혹감에 서둘러 모를 얻으려 윷을 던지는 조바심이 나오기 십상이다. 당연히 이렇게 페이스가 흔들린 사람이 윷놀이에서 최종 승리자가 되기란 정말 어려운 일이다. 그러니 잊지 말자! 정치에서나 삶에서 모 아니면 도만 있는 것이 아니다. 개도 있고 걸도 있고 윷도 있으니 말이다. 윷놀이 말판만 보아도 안다. 간혹 모보다는 개가 나오는 것이 더 좋을 때도 있다. 상대방 말을 잡을 수 있으니 말이다. 모는 가장 좋은 것, 도는 가장 나쁜 것이라는 생각은 오직 관념 속에서만 정당한 것이다. 현실은 전혀 다르다. 도도 나올 수 있고, 개도, 걸도, 윷도, 그리고 모도 나올 수 있다. 더군다나 도도 부정해서는 안 된다. 모가 움직이는 것보다 적지만, 도도 분명 한 칸 전진하는 것이기 때문이다. 도도 반드시 나쁘지 않고 모도 반드시 좋지만은 않은 것이 현실이다. 사랑하는 사람과 오늘 밤 사랑을 나누지 못하면 헤어질 것이라는 생각도 모 아니면 도라는 식의 생각이다. 완전한 민주주의가 되지 않는다면 그냥 아무것도 하지 않을 것이라는 생각도 마찬가지의 생각이다. 오늘은 키스만 하자! 키스가 반복되면 언젠가 사랑하는 사람과 근사한 밤이 찾아올 것이다. 선거 때나 집회가 있을 때 한두 시간이라도 정치활동을 하자! 이런 행동이 반복되면 언젠가 반민주적인 악법들이 조금씩 제거될 것이다. 사랑도 정치도 모두 그렇다. 조바심치지 말고, 주어진 현실에서 한 걸음 걷는 뚝심이 필요하다. 그냥 좌우명처럼 외워 두자. "모 아니면 도가 아니야. 개도 있고, 걸도 있고, 윷도 있으니 말이야."

단어가 아니라, 제발 문맥을!

검열의 논리와 사랑의 논리

베를린의 베벨광장Bebelplatz에 가 본 적이 있는가? 1933년 5월 10일 나치 정권 때 선전 장관을 지낸 괴벨스Paul Joseph Goebbels의 주도하에 대대적인 서양판 분서焚書 사건이 일어난 곳이다. 겉으로는 독일 정신을 오염시키는 유대인 작가들의 책들을 없앤다는 명분을 내걸었지만, 사실 나치 정권을 따르지 않고 심지어 저항했던 일체의 지식인들을 탄압하려는 것이 핵심 목적이었다. 어쨌든 베벨광장의 밤은 불을 켜지 않아도 대낮처럼 환했다. 광장 중심부에 인문정신의 정수였던 수많은 책들이 화형식에 처해졌기 때문이다. 안타깝게 재로 변해가는 책들 중 토마스 만Thomas Mann의 《마의 산Der Zauberberg》, 마르크스의 《자본》, 하이네Heinrich Heine의 《노래의 책Buch der Lieder》, 에밀 졸라Émile Zola의 《제르미날Germinal》, 그리고 프란츠 카프카의 《성Das Schloß》 등도 보인다.

분서는 사상 표현의 자유에 대한 체제의 사형선고에 다름
아니다. 물론 체제가 이런 무리수를 둔 이유는 자명한다. 나치즘을
제외한 일체의 사상을 허락하지 않겠다는 것, 그러니 스스로 생각하
지 말고 체제의 명령을 들으라는 것이다. 결국 압도적 무력을 갖고
있는 놈들이 자신들의 생각만이 절대적 진리라고 강요하는 가장 극
적인 연극, 그것이 바로 베벨광장에서의 분서 사건이었다. 사실 권
위적인 사회를 가름하는 지표는 많이 있지만, 뭐니 뭐니 해도 압권
은 언론, 출판, 그리고 집회와 결사의 자유에 대한 억압이라고 할 수
있다. 히틀러와 괴벨스는 분서라는 현란한 연극 무대로 노골적으로
자신의 힘을 과시했을 뿐이다. 그러나 정도상의 차이는 있지만, 여
전히 우리는 베벨광장에 던져져 있는 것은 아닌가. 지금 심의와 검
열이 마치 신경가스처럼 우리 주변을 떠돌면서 우리의 내면을 무력
화시키려고 한다. 신경가스가 어디서 나오는지 고민할 필요가 없다.
　　방송통신심의위원회를 정점으로 하는 다양한 정부의 검
열 조직들이다. 그냥 상설화된 베벨광장이라고 보면 된다. 분서를
하느냐, 하지 않느냐의 차이가 무엇이 중요한 것인가. 체제 자신의
생각을 제외하고, 그리고 체제가 떠받드는 생각을 잣대로, 시민들의
모든 표현을 심의하고 검열한다는 것 자체가 문제니 말이다. 사실
사상과 표현의 자유를 헌법으로 인정하는 사회에 심의와 검열을 전
담하는 조직이 있다는 것 자체가 얼마나 아이러니한 일인가? 그렇
지만 불행히도 대부분 사람들은 이 근본적인 아이러니를 심각하게
고민하지 않는 것처럼 보인다. "공정한 방송, 건전한 통신 문화"라
는 슬로건이 주는 매력 때문인가? 그렇지만 심의와 검열의 명분, 즉

471　　　　　　　　　　　　　　　　　단어가 아니라, 제발 문맥을!

공정성과 건전성은 도대체 누구를 위한 공정이고 건전이란 말인가? 공정과 건전은 시민들의 암묵적인 합의와 동의에서 나오는 것이지, 결코 정부 당국이 규정했다고 공정성과 건전성이 확보되는 것은 아니다.

물론 선한 시민들을 오도할 만큼 무엇인가 공동체를 위해 심의하고 검열해야 한다는 제스처를 부단히 취해야만 한다. 몸에 좋지 않다고 인정되는 술과 담배, 그리고 마약이 작품에 등장하는지 심의하고 검열한다. 선정적인 섹스 장면, 혹은 포르노가 유통되는 루트도 점검하고 사전에 차단해야 한다. 자녀들을 두고 있는 대부분의 어머니들이 얼마나 기뻐하겠는가. 그렇지만 이건 그저 제스처일 뿐이다. 심의와 검열 기구가 존속하는 이유를 일반 시민에게 납득시키려는 것이다. 그러나 심의와 검열 기구는 체제와 다른 정치적 의견을 통제하려는 최종 의도를 숨기고 있다. 아니, 정확히 말해 제도화된 심의와 검열 기구가 있다는 것만으로 자유로운 감정과 사상의 표현은 제약될 수밖에 없다. 자라 보고 놀란 가슴 솥뚜껑 보고 놀라는 것처럼, 심의와 검열 기구가 있다는 것만으로 작가들 혹은 시민들은 자신의 생각과 표현을 검열할 테니 말이다.

방송통신심의위원회에 뒤지지 않기 위해 열심히 노력하는 여성가족부가 많은 대중가요에 19금 판정을 무더기로 내렸던 적이 있다. 가사에 '술'이나 '담배'가 들어갔다는 이유에서다. 바이브가 불렀던 〈술이야〉라는 노래가 있다. 〈나는 가수다〉라는 텔레비전 프로그램에서 가수 장혜진이 멋지게 편곡해 불러 인구에 회자되었던 노래이지만, 이것도 바로 19금, 그러니까 청소년 유해 매체물로 지정되었다. 가사의 한 구절을 읊조려 볼까. "슬픔이 차올라서/ 한 잔을 채우다가 떠난 그대가 미워서/ 나 한참을 흉보다가/ 또다시 어느새 그대 말투 또 내가 하죠./ 난 늘 술이야 맨날 술이야/ 널 잃고 이렇게 내가 힘들 줄이야." 〈술이야〉는 실연의 쓰라린 아픔을 그보다 더 쓰라린 술을 마시며 잊으려는 모습이 애달픈 곡조로 전해져 눈물겨운 노래다. 그렇지만 심의 당국은 〈술이야〉라는 노래에서 실연한 사람의 애달픈 마음을 읽기보다는 그 노래에 '술'이라는 단어가 나오는지에만 주목한다.

이것이 바로 검열과 심의가 갖고 있는 보수성이다. 인간이 어떤 문맥에서 그런 말을 하는지 이해하려고 하기보다는 어떤 단어를 쓰는지에만 혈안이 되었을 때, 우리는 보수성을 피할 수가 없다. 19금을 피하는 건 아주 쉽다. 술이라는 단어를 아예 안 쓰는 것이다. 자, 이렇게 바꾸어 보자. 제목은 '요구르트야'라고 하고, 가사는 "슬픔이 차올라서/ 한 잔을 채우다가 떠난 그대가 미워서/ 나 한참을 흉보다가/ 또다시 어느새 그대 말투 또 내가 하죠/ 난 늘 요구르트야 맨날 요구르트야/ 널 잃고 이렇게 힘들 줄이야." 훌륭하다. 이제 우리 사회는 이별의 아픔을 장에도 좋은 요구르트를 마시면서 달래기 시작했으니 말이다. 요구르트가 비위에 맞지 않는다면 우유나 오렌지주스를 넣어도 된다. 참 건강하고 건전한 사회이지만, 어쩐지 무언가 덜떨어져 보이고 어색해 보인다. 이별을 할수록 장이 튼튼해지는 사회라니. 쩝쩝.

하지만 잊지 말자. 고단한 삶을 잠시 잊기 위해 아버지와 어머니가 가끔 술을 마시는 것을 우리 청소년들은 보고 자란다. 그

단어가 아니라, 제발 문맥을!

러나 그 모습을 보고서 알코올중독에 빠지는 청소년들은 없다. 그들은 아버지와 어머니가 마시는 술이 고단함이고 서글픔이라는 사실을, 다시 말해 그 문맥을 이해하지 못할 정도로 멍청하지 않기 때문이다. 바로 여기에서 진보와 보수는 갈라진다. 단어가 거슬려도 문맥을 파악할 줄 아느냐, 혹은 정당한 문맥을 무시하고 단어에만 집착하느냐. 사실 영화의 등급제만 보아도 체제가 얼마나 유치한지 알수 있다. 문맥보다 단어에 집착하는 것과 같은 논리로, 영상물등급위원회는 정말 부위별로 등급을 정하고 있다. 한마디로 여자의 가슴이 나왔느냐, 음모가 나왔느냐, 성행위가 자극적이냐 등등만 본다. 그러나 제정신을 가진 사람은 알고 있지 않은가. 일체의 노출신이 없어도 영화는 충분히 자극적이고 선정적일 수도 있는 사실을.

문맥보다는 단어에 치졸할 정도로 집중하여 심의와 검열을 시도하는 체제의 논리는 그러려니 할 수도 있다. 항상 그랬으니까 말이다. 그런데 일반 시민들, 더군다나 배웠다는 지식인들마저 체제의 유치한 검열 논리를 반복하고 있는 건 무슨 황당한 일인가. 언젠가 장안을 떠들썩하게 했던 비키니 사건이 기억나는가? 가슴 근처에 "가슴이 터지도록, 나와라 정봉주!"라는 문구를 새긴 어느 젊은 여성의 비키니 수영복 사진이 공개되면서 벌어진 사건이다. 정봉주로 상징되는 〈나는 꼼수다〉가 차지했던 정치적 기능, 그리고 수감된 정봉주가 망각되는 것이 안타까워 계획했던 예술적 시위라고 할 수 있다. 하지만 생각과는 달리 비키니 시위는 여성 비하니 혹은 486세대의 마초적 본성이니 뭐니 하는 진부한 논쟁으로 변질되어 버렸다. 논쟁에 가담했던 모든 사람들은 스스로 반성해 볼 일이다. 가슴 언저리에 새겨진 "가슴이 터지도록"이라는 문구나 그 비키니 사진이 어떤 문맥에 있었는지 깊게 고민했던 적이 있는가.

만약 문구나 사진 자체를 문맥과 무관하게 문제 삼았다면, 그 누구든 자신의 내면이 정부의 검열 기구를 어느새 닮고 있다는 사실을 스스로 인정한 셈이 된다. 당시 논쟁에서 유일하게 진보적이었던 사람, 혹은 정확히 비키니 시위의 문맥을 알고 있었던 사람은 유명한 학자도 논객도 아닌 MBC 이보경 기자였다. 40대 후반의 나이에도 불구하고 그녀는 과감하게 비키니 시위 장면을 패러디한 사진을 올렸다. 그렇지만 가슴 언저리에 새겨진 문구는 가히 예술의 경지에 올랐다고 할 수 있다. "가슴이 쪼그라들도록, 나와라 정봉주!" 비키니 시위에 대해 비판적인 지식인 흉내를 냈던 모든 사람에게 통쾌하게 한 방 먹인 것이다. '이제 됐니. 이제 볼륨감 없는 여성이 등장했으니 쓸데없는 논쟁은 하지 말고, 정봉주가 가진 우리 시대의 정치적 문맥이나 제발 생각해라.'

비키니 논쟁이 사그라진 지 얼마 되지 않아 '해적 논쟁'으로 우리 사회가 들끓었다. 문맥을 읽으려 하지 않는 일부 지식인들에게 뒤지는 것이 마음에 들지 않은 쫀쫀한 정부가 다시 바통 터치를 한 것이다. "제주 해적기지 반대. 강정을 살립시다!" 정부의 제주도 강정마을 해군기지 설치에 반대하기 위해 김지윤이란 어느 당찬 젊은 아가씨가 외친 슬로건이다. MBC 이보경 기자가 회사 측으로부터 경위서 제출을 강요받았던 것처럼, 김지윤도 검찰 수사를 받았다. 여러 보수 단체, 그리고 해군에서 그녀를 명예훼손으로 고소했기 때문이다. 너무나 불행한 일 아닌가. 보수적인 인사 누구도 그

　　　　　　　　단어가 아니라, 제발 문맥을!

녀의 말 '해적'이 어떤 문맥을 가지는지 읽으려고 하지 않는다. '해적'이란 말로 그녀가 표현하려고 했던 그녀 자신과 강정마을 사람들의 분노를 왜 읽으려고 하지 않는가? 젊은 아가씨의 수사학에 쩔쩔매는 모습이 측은하기까지 하지 않은가? 하긴 귀에 거슬리는 단어임에도 상대방이 무슨 문맥에서 그런 말을 했는지 이해하려고 하는 사회였다면, 이미 우리는 민주적인 사회에 살고 있다고 할 수 있을 것이다.

문맥을 파악하려는 사람은 상대방의 말을 통해 그 사람의 내면을 읽으려는 사람이다. 당연히 그는 표면적인 표현 형식에 집착하지 않는다. 바로 여기에서 민주주의가 가능해지는 것 아닌가? 반면 보수적인 사람은 말하려는 사람의 속내보다 자신의 내면에 기재되어 있는 건전한 단어 목록이나 이념에 더 큰 신경을 쓰기 마련이다. 그러니 이런 사람은 문맥을 읽으려고 하지도 않고 읽을 수도 없다. 그저 상대방의 말을 제대로 듣기보다는 꼬투리 잡는 데 혈안이되기 십상이다. 여기서 바로 해묵은 권위주의와 독선이 발생하는 것이다. 결국 문맥을 읽을 수 있느냐 없느냐의 문제는 타인을 사랑하고 타인으로부터 사랑받을 수 있는가의 문제다. 타인의 말을 문맥에 맞게 이해하려고 하지 않는다면 우리는 그를 사랑할 수도, 혹은 그로부터 사랑받을 수도 없기 때문이다. 깊이 반성할 일이다. '우리는 문맥을 파악하고 있는가! 우리는 민주적이고 진보적인 사람인가?'

예술작품만이라도
제발!

글, 그림, 음악, 혹은 영화는 왜 탄생한 것일까. 그건 일정 정도 억압이 있기 때문이다. 정치경제학적인 외적 조건이 주는 압력 때문일 수도 있고, 아니면 선천적으로 유약하게 태어난 유전학적 압력 때문일 수도 있다. 어떤 상황에서도 당당하고 솔직하게 자신의 속내를 토로할 수만 있다면, 인간에게는 예술작품이란 존재하지 않았을 것이다. 김수영이 "시의 궁극적인 목적은 침묵"이라고 했던 것도 이런 이유에서다. 여기서의 침묵은 행동을 가리키는 말이다. 확고한 생각으로 행동을 하니, 여기에 어떤 언어가 필요하겠는가. 사랑한다는 오만 가지의 말들은 어쩌면 침묵 속에 이루어지는 키스를 예감하는 것인지도 모를 일이다. 아니, 정확히 말해 키스를 상대방이 받아 주지 않거나 키스를 시도하는 것이 부끄러워서, 우리는 사랑과 관련된 수많은 표현들을 만들어 낸다고 하겠다. 그러나 선택해 보라. 밤을 새며 불후의 연애편지를 만드는 것이 좋은가, 아니면 그 사람과 하룻밤이라도 침묵 속에서 사랑을 나누는 것이 좋은가? 예술작품은 그래서 이중적이다. 억압된 욕망도 있지만, 동시에 작품으로 그 욕망을 표현하는 자유도 있으니 말이다. 보통 예술가들이 표면적으로는 수줍음을 많이 타는 여린 사람으로 보이지만, 작품 속에서는 투사로 보이는 것도 다 이유가 있었다. 직접 말하지 못하니 소심해 보이지만, 글, 붓, 피아노, 그리고 카메라로 말하려는 걸 다 표현하는 것 같으니 투사로 보였던 것이다. 그러니 예술작품, 아니 작품 일반은 상처받은 자의 탄식이고, 좌절된 자의 절규이며, 잃어버린 자의 회한이고, 꿈을 잃은 자의 희망이라고 할 수 있다. 그런데 이것마저 검열한다고? 이것마저 심의한다고? 이건 인간을 두 번 죽이는 것 아닌가. 현실에서 실현하지 못한 영혼더러 꿈도 꾸지 말라고 하는 형국이니 말이다.

사랑의 목을 조르지 않는 지혜

젊은이들을 위한 일반사랑론

생존을 제외하고는 거의 모든 인간적 가치를 포기하는 순간, 우리는 겉모습만 인간일 뿐 짐승으로 전락하게 된다. 물론 신자유주의로 무장한 정권과 자본가 계급들이 과도한 경쟁 논리를 우리에게 강요했기 때문에, 그리고 불행히도 우리가 그 논리를 울며 겨자 먹기 식으로 받아들였기 때문이다. 연애, 결혼, 출산을 포기한 3포 세대를 넘어, 지금은 4포 세대니 5포 세대니 하는 말도 나올 정도로 상황은 개선되기는커녕 악화일로를 걷고 있다. 이제 아예 수학에서의 수열처럼 'n포 세대'라는 말까지 들릴 정도다. 먹고살기 힘들기 때문에 사랑하고 싶지만 사랑할 수가 없다는 말은 옳을까? 아니다. 정말로 사랑하는 사람이 있다면, 우리는 그 사람을 풍족하게 하려고 더 노력을 할 수도 있다. 한마디로 사랑의 기적이 발생할 수 있다는 것이다. 물론 결혼과 출산은 경제적 토대가 불확실하면 힘든 것은 사실이다. 그렇지만 연애마저, 사랑마저 포기하는 건 정말 어리석은 일이다.

다행스럽게도 우리는 3포 세대에 머물며 삶을 포기하지 않는다. 어김없이 사랑의 기적은 무지개처럼 찾아들고, 경제적 여력이 있고 없고를 떠나 우리는 결혼을 꿈꾸게 되니 말이다. 분명 철학적 근거는 없지만, 평범한 사람들에게 '사랑=결혼'이라는 믿음은 아직도 강하게 존재한다. 갈수록 경제적 상황이 악화되어도 매해 어김없이 많은 선남선녀들이 지금까지 애타게 기다려오던 사랑의 결실을 맺으려고 한다. 고궁에서 웨딩 촬영을 하면서 행복에 젖어 있는 젊은 커플을 보노라면, 나도 모르게 입가에 미소가 번진다. 그렇지만 한편으로 그들이 앞으로 겪게 될 수많은 시련을 떠올리면 마냥 미소만을 짓고 있을 수도 없다.《바람부는 날이면 압구정동에 가야 한다》라는 시집으로 유명한 시인 유하는 영화감독이 되면서 영화 한 편을 우리에게 내놓았던 적이 있다. 2002년 개봉된 〈결혼은 미친 짓이다〉라는 영화다. 이 영화를 통해 유하는, 젊은 커플들이 상상하는 결혼 생활과 실제로 진행되는 결혼 생활 사이에 어느 정도의 간극이 있는지를 예리하고 섬세하게 보여 주었다.

'사랑=결혼'이란 공식을 믿고 있는 사람들에게 유하가 던지는 공식 '사랑≠결혼'은 불쾌하기 이를 데 없을 것이다. '결혼은 미친 짓'이라고 선언했다고 할지라도, 유하가 사랑까지 부정하는 것은 아니다. 아니 오히려 사정은 정반대라고 할 수 있다. 그가 결혼을 못마땅하게 생각하는 이유는 그가 그만큼 사랑의 가치를 높게 평가했던 시인이었기 때문이다. 결국 '결혼은 미친 짓이다'라는 선언은 '사

사랑의 목을 조르지 않는 지혜

랑을 하는 사람들에게 결혼은 미친 짓이다'라는 의미, 즉 '결혼은 사랑을 질식시킨다'는 의미였던 셈이다. 도대체 사랑이란 무엇인가? 그리고 그것은 왜 결혼을 통해서 시들어진다는 것일까? 사랑은 스피노자의 정의처럼 "외부 대상을 동반하는 기쁨"이다. 다시 말해 누군가를 만나서 우리의 삶이 기쁨으로 충만할 때, 우리는 사랑에 빠졌다고 할 수 있다는 것이다. 당연히 우리는 자신에게 기쁨을 주는 사람을 곁에 두려고 한다. 그가 없다면 우리에게는 기쁨으로 충만한 삶이 불가능하다고 생각되기 때문이다.

그렇지만 불행히도 나에게 기쁨을 주는 사람은 내게 머물 수도 있고 혹은 나를 떠날 수도 있는 자유를 가진 존재다. 자유의 철학자 사르트르Jean-Paul Sartre가 이 대목을 놓칠 리 없다. "만일 내가 타자에 의해서 사랑을 받아야 한다면, 나는 사랑받는 자로서 자유로이 선택되어져야만 한다. (…) 그러나 이 선택은 상대적이거나 우발적인 것이어서는 안 된다. (…) 사실 사랑에 빠진 자가 원하는 것은 사랑받는 자가 자신을 절대적으로 선택해야만 한다는 점이다." 그의 어여쁜 주저 《존재와 무L'Être et le Néant》에 등장하는 이 구절로 사르트르는 사랑에 빠진 자의 불가능한 소망을 정확히 포착하고 있다. 사랑에 빠진 자는 상대방이 자신을 자유롭게 선택해 주기를 원한다는 것이다.

만약 부모의 강제로 혹은 불가피한 이유로 상대방이 나를 사랑하게 되었다면, 그는 진정으로 나를 사랑하는 것이 아니다. 외적인 이유가 사라지게 된다면, 나에 대한 그의 사랑은 항상 철회될 가능성이 있기 때문이다. 당연히 이 경우 나의 기쁨은 반감될 수

5부 | 당당한 삶, 그 첫걸음을 위한 찬가

밖에 없다. 어떤 외적인 강제도 없이 철저하게 자유의지로 상대방이 나를 애인으로 선택하였을 때에만, 우리는 진정한 사랑의 기쁨을 향유할 수 있다. 그렇지만 상대방이 나를 사랑할 수 있는 자유를 가지고 있다는 것은 동시에 상대방이 나를 버릴 수도 있는 자유를 가지고 있다는 것을 의미하는 것 아닌가? 그렇기 때문에 사랑에 빠진 사람은 "사랑받는 자가 자기 자신을 절대적으로 선택하기"를 원하는 것이다. 다시 말해 나를 애인으로 선택한 뒤, 상대방은 일체의 다른 선택, 예를 들면 나를 떠나야겠다는 선택을 하지 않아야 한다는 것이다. 불가능한 소망이지만 또 얼마나 절절한 소망인가!

우리가 사랑하는 사람을 즐겁고 행복하게 하려는 이유는 상대방이 언제든지 나를 떠날 수 있는 자유를 가지고 있기 때문이다. 나를 통해 기쁨과 행복을 얻을 수 있다면, 내가 사랑하는 사람은 결코 나를 떠나지 않을 것이다. 그도 나와 마찬가지로 기쁨과 행복을 추구하는 존재이기 때문이다. 여기서 한 가지 아이러니가 발생한다. 그것은 상대방이 나를 떠날 수도 있는 자유를 가지지 않았다면, 우리는 그에게 지금처럼 기쁨과 행복을 안겨 주려는 노력을 하지 않으리라는 점이다. 이제 유하가 왜 결혼은 미친 짓이라고 이야기했는지 분명해진다. 결혼은 직간접적으로 사랑하는 두 사람의 자유를 제약하는 제도로서 기능하기 때문이다. 결혼을 통해 우리는 상대방이 나의 남편이나, 혹은 나의 아내라는 일종의 소유관계를 공적으로 인증받으려고 한다. 이런 소유관계는 나는 어느 집안의 며느리이거나 아니면 사위가 되는 소속관계로 확장된다. 그래서 결혼은 최종적으로는 사랑의 감정마저도 식어 버리게 만드는 결과를 초래할

사랑의 목을 조르지 않는 지혜

수 있다.

　　사랑의 감정은 두 사람이 자유를 가진 것에 비례하여 커지는 법이다. 사랑이 최고의 기쁨으로 다가오는 순간은 언제인가? 언제든지 나를 떠날 자유를 가지고 있음에도, 상대방이 내 곁에 머무는 순간일 것이다. 반면 상대방이 여러 이유로 나를 떠날 수 없게 되었을 때, 놀랍게도 사랑이 수반하는 설렘과 기쁨은 급속도로 사라지게 될 것이다. 상대방이 나를 떠날 수 없다고 판단할 때, 우리는 더 이상 상대방의 속내를 읽거니 그에게 기쁨을 주려는 노력을 하지 않게 될 것이다. 잊지 말자. 사랑의 열정과 기쁨은 오직 상대방이 언제든지 나를 떠날 수 있는 자유를 가질 때에만 가능하다는 사실을 말이다. 지금 설레는 마음으로 결혼식 날짜를 기다리는 연인들은 사랑에 대해 더 깊게 숙고해야만 한다. 축복받은 결혼식이 두 사람의 자유를 제약하고 마침내는 사랑의 열정을 싸늘하게 식혀 버리는 저주의 시작이 될 수도 있기 때문이다.

　　어떻게 하면 사랑의 열정을 지속할 수 있을 것인가? 방법은 오직 하나 밖에 없다. 그것은 연애 시절보다 더 강하게 자신과 상대방의 자유를 긍정할 수 있어야만 한다. 얼마나 힘든 일인가? 자유를 구속하는 결혼 생활의 관습적 경향성을 거스르며 상대방의 자유를 긍정하는 것은 연애 시절 상대방의 자유를 긍정하는 것보다 더 많은 성숙과 노력을 요구하는 법이다. 현대 프랑스 철학자 바디우 Alain Badiou가 자신의 저서 《윤리학 L'éthique》에서 사랑의 충실성을 이야기한 것도 이런 이유에서다. "사랑의 만남의 영향 아래 내가 그 만남에 실질적으로 충실하고자 한다면, 내 상황에 '머무는' 나 자신의 방식을 머리끝에서 발끝까지 바꾸어야 한다는 사실은 명백하다." 만일 상대방이 항상 나의 말을 들어준다면, 내가 나 자신을 바꿀 필요는 전혀 없다. 그러니 스스로를 바꾼다는 건 상대방이 자유가 있기에 불가피한 것이다. 사랑하는 사람의 자유를 위해 스스로를 바꾸는 사람이 결혼 생활의 관습들은 말해 무엇하겠는가.

사랑은 인간을 성숙시키는 감정이다. 사랑은 기존의 가족 질서로부터 벗어나 새로운 독립적인 삶을 꿈꾸도록 하며, 동시에 상대방도 나와 마찬가지로 자유를 가진 존재라는 사실을 가르쳐 주기 때문이다. 사랑에 빠질 때 지금까지 고분고분했던 아이도 부모의 명령에 저항하게 되는 것은 이런 이유에서인지도 모른다. 사랑을 체험할 때 더 중요한 것은 내가 아무리 사랑한다고 하더라도 상대방이 나의 사랑을 받아 주지 않을 수도 있다는 점 아닐까? 그래서 사랑은 인간이 모두 자유로운 존재라는 사실을 배우도록 해 주는 살아 있는 체험이라고 할 수 있다. 결국 "사랑의 만남에 충실하려면", 우리는 상대방의 자유를 긍정하고 지켜 주어야만 한다. 물론 그렇게 하기 위해서 우리는 "머리끝에서 발끝까지 완전히 바뀌어야만", 다시 말해 나뿐만 아니라 상대방의 자유를 긍정하는 성숙한 인격체로 거듭나야만 한다.

사랑이란 기쁨과 자유라는 두 개념으로 규정되는 감정이다. 연애 시절 우리는 다른 어느 때보다 자유로웠다. 당연히 사랑의 기쁨은 너무나 쉽게 확보될 수 있었다. 그렇지만 결혼 생활은 우리의 자유를 일정 정도 제약하게 된다. 자유가 없다면, 사랑도 그에 수반되는 설렘과 기쁨도 사라질 수밖에 없다. 그래서 유하 시인은 '사랑하는 사람에게 결혼은 미친 짓'이라고 이야기했던 것이다. 결혼 생활에도 불구하고 사랑을 지키고 싶은가? 연애 시절 우리가 경험했던 사랑을 기억하는 것으로 충분하다. 처음 손을 내밀며 프러포즈할 때, 상대방이 떨리던 당신 손을 잡았을 때 당신은 얼마나 행복했는가! 바로 이것이다. 연애 시절이나 신혼 시절에 상대방이 식사를 차려 주거나 혹은 무거운 짐을 들어 주었을 때 느꼈던 희열을 항상 기억하라. 결혼한 지 10년이 지난 뒤에도, 식사를 준비하는 아내나 혹은 무거운 짐을 들어 주는 남편이 자신의 곁을 띠날 수도 있었지만 떠나지 않고 있다는 사실을 잊지 말아야 한다. 만약 그럴 수만 있다면, 결혼은 반드시 미친 짓만은 아닐 수도 있다.

뇌물로 향하는 결혼,
선물로 충만한 사랑

비트겐슈타인적 통찰에 따르면 사람의 영혼은 행동에 있다. 그러니 배우자가 당신을 사랑하고 있다면, 그에 걸맞은 행동이 당신에게 드러나야 하는 법이다. 만일 일체 행동이 서로를 향해 이루어지지 않는다면, 그건 서로 무관심한 상태로 삶을 영위하고 있다는 걸, 별거 아닌 별거의 상태에 있다는 걸 말해 준다. 말이든 눈짓이든 물건이든 배우자와 나 사이에 오가야만 한다. 문제는 이렇게 두 사람 사이에 오가는 것은 두 가지 성격으로 구분될 수 있다. 하나는 선물이고, 다른 하나는 뇌물이다. 만일 선물이라면, 두 사람은 미친 결혼 생활에서도 사랑을 지속하고 있다고 할 수 있다. 반면 뇌물이라면, 두 사람은 직장 생활처럼 공동 생활을 영위하고 있을 뿐이다. 선물은 의식적이든 무의식적이든 대가를 바라지 않아야 한다. 한마디로 내가 이만큼 했으니 당신도 이만큼은 해야 하는 것 아니냐는 생각, 혹은 당신이 이만큼 했으니 나도 그만큼 해야 한다는 생각. 이것이 바로 뇌물의 논리다. 일체의 대가성 없이 그저 상대방에게 무언가를 해 주는 것이 기뻐서 기꺼이 하고 있다면, 우리는 상대방에게 선물을 주고 있는 것이다. 바로 이것이 사랑이다. 돈을 번다고 해서 상대방에게 무언가를 요구하지 않고, 밥을 해서 먹여도 상대방에게 무언가를 요구하지 않는다. 대가성의 요구와 부채감의 자각은 당신의 결혼 생활이 그저 일종의 직장 생활이라는 걸 보여 준다. 그저 돈을 벌어 상대방에게 줄 수 있어 좋고, 밥을 해서 먹이는 것이 좋다. 이것이 바로 사랑이다. 이렇게 배우자와 당신의 관계가 선물의 논리에 얽혀 있다면, 당신은 확신해도 된다. 미친 결혼 생활에서도 자신은 사랑을 하고 있다고.

사랑의 목을 조르지 않는 지혜

울먹이는 건 아니죠?
아! 당당해서 멋진 날이니 기쁘다고요.

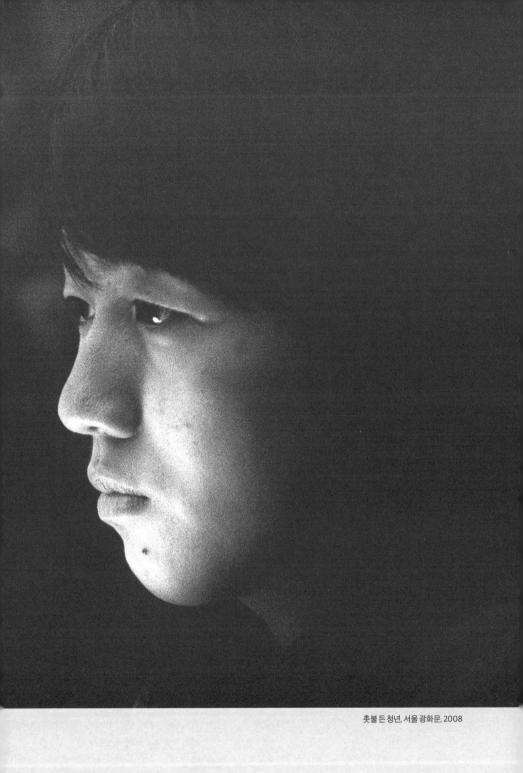

촛불 든 청년, 서울 광화문, 2008

냉장고 안의 자본주의

사적 소유와 공동체적 정감

아주 오랜 옛날 똘똘이라는 남자가 공룡을 한 마리 잡았다. 공룡을 잡아 마을로 돌아온 뒤, 그는 고기를 조금 잘라서 가족들에게 주고 나머지는 모든 마을 사람들에게 골고루 나누어 주었다. 미소가 절로 떠오르는 정말 훈훈한 풍경이다. 까마득한 원시시대에는 모두 마음이 너그러워 그랬던 것일까. 그렇기도 하고 그렇지 않기도 하다. 강하게 뭉치지 않으면 압도적인 자연의 힘에 맞설 수 없기에, 원시인들은 마을 사람들에게 가족 이상의 유대감을 느꼈을 것이다. 그러니 원시인들은 너그러운 마음을 가졌다고 하는 것도 옳다. 그렇지만 과연 이것은 까마득한 원시시대에만 있었던 일일까. 자본주의가 하나의 경제체제로 정착되기 전, 그러니까 100여 년 전 우리 땅에서도 비슷한 일이 있었으니까 말이다. 지리산과 백운산 사이 어느 마을에 잔치가 벌어졌다. 산불로 마을에 뛰어내려 온 멧돼지 한 마리를 용감한 돌쇠가 사로잡았기 때문이다.

　　너무나 거대한 멧돼지여서 돌쇠네 마을 사람들은 모두 배불리 먹을 수 있었다. 물론 돌쇠는 기꺼이 멧돼지를 골고루 마을 사람들에게 나누어 준 것이다. 원시시대의 똘똘이와 조선시대의 돌쇠가 자신이 애써 잡은 사냥감을 기꺼이 나누어 준 이유는 무엇일까. 전前자본주의 사회에 살던 사람들의 관대함과 유대감도 분명 한몫 단단히 했을 것이다. 그러나 물질적 토대가 없다면, 관대함과 유대감과 같은 아름다운 마음도 유지하기 힘든 것 아닐까. 답은 의외로 단순하다. 당시에는 냉장고가 없었던 것이다. 그러니까 매우 맛있는 고기라고 해도 너무 많으면 혼자서는 결코 모두 먹을 수가 없었던 것이다. 다 먹지 못하는 고기는 얼마 지나지 않아 부패해서 먹을 수 없게 될 것이다. 심지어 탐욕을 부려 보관하려고 하면 아마 집에서는 썩은 내가 진동하고 아울러 병균의 온상지가 될 것이다. 그러니까 이웃들에게 나누어 주는 것이 더 현명한 판단일 수밖에 없다. 그러니 항상 싱싱한 먹을거리를 먹을 수 있고, 노쇠한 사람도 굶지 않을 수 있었던 것이다.

　　그렇다. 원시시대든 조선시대든 냉장고가 없었다는 사실이 결정적이었다. 아무리 고기가 많아도, 아무리 채소가 많아도 혼자서는 독점할 수 없었던 것이다. 이렇게 자기가 가진 소유물을 독점할 수 없는 없을 때, 공동체는 정말 공동체적 정감에 휘감겨 풍성해진다. 그러니 냉장고가 없던 시절이 마냥 불행한 시절이라고 한탄할 일만도 아니다. 개인의 탐욕이 기승을 부리지 않는 것이나 부패되어 버려지는 식량도 없게 된 것도 모두 냉장고가 없었기에 가능

　　　　　　　　　　냉장고 안의 자본주의

했던 것이니까. 이 대목에서 아마 서양 철학사, 그것도 서양 정치철학사에 밝은 사람이라면 로크John Locke와 그의 주저《통치론Two treaties of Government》을 떠올리게 될 것이다. 자본주의 공동체와 사유재산제의 철학적 기초는 사실 이 영민한 영국 철학자에 의해 만들어졌으니 말이다. 자신의 주저에서 로크는 흥미로운 이야기를 한다.

"인간이 자연 안에 놓여 있는 것에 자신의 노동을 섞어 자신의 것을 보탠다면, 자연의 대상물은 결국 노동한 자의 소유가 된다." 그러니까 야생 상태의 사과나무에 달린 사과를 딴다면 사과 그것을 딴 사람의 소유라는 것이고, 멧돼지를 사냥했다면 그것은 멧돼지에 손을 댄 사람의 소유라는 것이다. 여기서 심각한 문제가 한 가지 벌어진다. 어떤 사람이 밤에 몰래 와서 사과나무의 사과를 모조리 딸 수도 있고, 날 잡아서 주변 멧돼지 떼를 몰살시킬 수도 있으니 말이다. 이러면 다른 사람은 사과와 멧돼지를 소유할 기회마저 원천적으로 봉쇄되는 것 아닌가. 이런 문제를 해결하려고 로크는 원시인들의 지혜를 떠올린다. "하나님은 어느 누구든 그것이 썩기 전에 삶에 이득이 되도록 사용할 수 있는 만큼만 주셨다"라는 것이다. 그러니 소유물이 썩을 정도로 소유하는 것은 범죄라는 것이다.

여기서 멈추었다면 로크는 자본주의 체제의 수호자가 되지는 않았을 것이다. 불행히도 로크는 그럼 썩지 않도록 할 수만 있다면, 무한히 소유할 수 있는 것 아니냐는 논지를 전개하게 된다. 바로 그것이 화폐다. 로크의 말대로 "화폐는 인간이 상하지 않고 보관할 수 있는 것"이기 때문이다. 사과는 썩고 멧돼지 고기는 부패할 테지만, 그걸 화폐로 보관한다면 쉽게 썩거나 부패할 일이 없다. 결국 화폐를 통해, 다시 말해 자본주의 메커니즘을 통해 인간은 거의 무제약적인 소유가 가능하게 된 것이다. 이제 자본가, 혹은 재벌의 탐욕이 어떻게 정당화되는지 그려질 것이다. 그래서 여러모로 냉장고는 로크가 생각했던 화폐의 알레고리라고 할 만하다. 부패를 방지해서 한 개인에게 원시시대나 조선시대보다 더 많은 사적 소유의 힘을 부여했으니 말이다. 화폐도 그렇지만 냉장고도 공동체의 정감을 근본적으로 훼손할 위험에 노출되어 있는 장치였던 셈이다.

현실적으로 자본주의적 삶의 폐단은 모두 냉장고에 응축돼 있다. 자, 지금 바로 냉장고를 열어 보자. 보통 위가 냉동실이고 아래가 냉장실로 이루어져 있을 것이다. 냉동실을 열어 보자. 검은 비닐봉투가 정체 모를 고기와 함께 붙어 얼어 있는 덩어리를 몇 개 찾을 수 있을 것이다. 소고기인지, 돼지고기인지 아니면 닭고기인지 헷갈리기만 한다. 심각한 일이다. 도대체 어느 시절 고기인지 아리송하다. 아니, 고기인지 아리송하기도 하다. 아니, 어쩌면 매머드 고기인지도 모를 일이다. 또 냉동실에는 냉동만두가 더 언 채로 방치돼 있을지도 모른다. 이게 만두인지 돌인지 구별이 안 될 정도이다. 보통 이런 돌 만두는 새로운 냉동만두를 넣으려다가 발견하기 쉬울 것이다. 마치 신도시를 만들다 선사시대 유적지를 발견하는 것처럼.

다음으로 냉장실을 열어 보라. 공장에서 오래 보관해서 먹으라고 플라스틱에 담아 포장한 식품들로 가득할 것이다. 플라스틱에 담긴 생수병과 음료수, 병에 담긴 여러 저장식품들. 냉장실에 잘 보관하면 유통기한 하루 이틀쯤 넘겨도 거뜬히 버틸 수 있을 것 같다. 모든 유통기한은 실온을 기준으로 하니까 말이다. 심지어 호박

냉장고 안의 자본주의

마저도 진공포장으로 채소 칸에 들어가 있다. 그렇지만 자세히 살펴보면 냉동실과 별다른 차이가 없을 것이다. 방금 대형마트에서 사온 제품들을 냉장실에 집어넣다 보면 그 뒤편에는 정체 모를 플라스틱들과 비닐봉투들이 즐비하기 때문이다. 분명 먹을거리로 샀을 텐데 열어 보지 않는 한, 우리는 그 플라스틱 용기와 비닐봉투 안에 어떤 식품이 들어 있는지 알지 못한다.

그래도 오늘은 운이 좋은 날이다. 냉동실과 냉장실에서 정체 모를 봉투들, 유통기한이 지나도 한참이나 지난 식품들을 꺼내서 없앨 수 있으니까 말이다. 사랑스러운 가족들이 그걸 먹고 탈이 날수도 있다고 생각하니 오싹한 일 아닌가. 음식물 쓰레기를 담는 종량제 봉투에 그것들을 모두 쓸어 담아, 집 앞 음식물 쓰레기통에 투척한다. 다시 집에 돌아와 냉장고를 여니 한결 청결해 보인다. 그러나 왠지 허전하다. 냉장고가 비게 되면, 무엇인가 불안한 느낌을 지울 수가 없다. 그렇지만 뭐 어떤가? 즐거운 쇼핑 시간이다. 쾌적한 대형마트에서 가족들의 해맑은 웃음과 행복한 미소를 떠올리며 싱싱한 포장 식품들을 그득 사오면 되는데 말이다.

행복한 공동체를 원하는가? 재래시장을 살리고 싶은가? 생태 문제를 해결하고 싶은가? 가족들의 몸을 건강하게 만들 수 있는 안전하고 싱싱한 식품을 원하는가? 그럼 냉장고를 없애라! 당장 냉장고가 없다고 해 보자. 우리 삶은 급격하게 변할 수밖에 없다. 직접 재래시장에 들러서 싱싱한 식품을 사야 한다. 첨가제도 없고, 진공포장 용기에 담겨 있지도 않다. 식품을 사 가지고 오자마자, 우리는 가급적 빨리 요리를 해야 한다. 싱싱하다는 것은 금방 부패할 수도 있다는 것을 의미하니까 말이다. 또 우리는 먹을 수 있을 만큼만 살 것이다. 혹여 어쩔 수 없이 많이 살 수밖에 없었다면, 바로 우리는 그것을 이웃과 나눌 수밖에 없다. "고등어자반을 샀는데요. 조금 드셔 보시겠어요."

처음 냉장고가 없어졌을 때, 몹시 불편할 것이다. 어떤 습관이라도 고치기는 무척 힘든 법이니까. 그러나 어느 순간 재래시장에 들러 싱싱한 식품을 적당량 사서 바로 요리해서 먹는 생활이 반복되다 보면, 우리는 곧 냉장고가 어떤 존재인지 알게 된다. 냉장고는 인간을 위한 것이 아니라 자본을 위한 것이었다는 사실을 알게될 테니까. 냉장고와 대형마트는 공생관계에 있다. 그리고 그 이면에는 냉장고를 대량생산하는 거대한 산업자본, 대형마트를 운영하는 거대자본, 그리고 그곳에 진열된 식품들을 대량으로 만드는 또 하나의 산업자본이 도사리고 있다. 묘한 공생관계 아닌가. 냉장고는 대량생산된 식품들을 전제하고 있고, 대량생산된 식품들은 냉장고가 없다면 아무런 의미가 없기 때문이다.

이제야 냉장고와 대형마트 사이를 시계추처럼 왔다 갔다 하던 우리 모습이 제대로 눈에 들어온다. 그 사이에 가족들의 건강, 이웃과의 공동체 생활, 생태, 재래시장 그 모든 것이 파괴되고 있었고, 거대자본은 그 덩치를 늘려갔던 것이다. 당연히 대량생산된 식품에는 유통기한을 늘리기 위한 인위적인 조치가 취해지게 된다. 그러니 우리 인간의 건강은 심각한 위험에 노출될 수밖에 없다. 시골에서 올라온 사과들도 냉장고에 저장하는 순간, 바구니에 담겨 이웃에게 줄 수 있는 기회마저도 사라지게 된다. 그러니 이웃과의 돈독한 관계가 가능할 수 있겠는가. 냉장고에 방치되어 있는 식품들은 오늘도 엄청나게 버려지고 있고, 동시에 대량생산을 위해 고기나 채소들에는 가혹한 생육 방법이나 유전자 조작이 이루어지고 있는데, 생태 환경인들 무사하겠는가.

자본주의가 인간의 삶, 특히나 공동체적 삶을 위태롭게 한다는 것, 그것은 이제 상식이다. 그렇지만 우리는 항상 절망한다. 자본주의는 너무나 거대한 체제이기에, 우리가 길들이기에는 거의 불가능하다고 생각하는 것이다. 그러나 이것은 변명 아닐까. 우리가 실천할 수 있는 일은 사실 너무나 많기 때문이다. 냉장고를 없애라! 한 번에 없앨 자신이 없다면, 냉장고의 용량이라도 줄여라! 그것도 싫다면, 공동체의 공용 냉장고를 만들라! 가족 건강 문제, 생태 문제, 이웃 공동체 문제, 재래시장 문제가 그만큼 해결될 테니까 말이다. 물론 그러기 위해 '여자가 여자에게 추천하는 속이 넓은 냉장고'의 유혹, '살고 먹고 사랑하는 데 필수적인 냉장고'라는 유혹에서 벗어날 수 있어야만 할 것이다. 냉장고의 폐기, 혹은 냉장고 용량 축소! 혹은 공용 냉장고의 설치! 여기가 바로 로도스다. 여기서 뛰어내릴 수 있는가!

자본주의와
뒤집기 한판!

어떻게 하면 인간의 삶을 위태롭게 만드는 자본의 힘에 맞설 수 있을까? 그것은 자본주의 메커니즘이 가진 관성을 그대로 이용하는 것이다. 자본주의 사회에서는 자본을 가진 사람이 노동력만 가진 사람보다 압도적인 지위를 갖는다. 여기서 사고의 반전이 필요하다. 그것은 우리가 노동자이면서 동시에 소비자라는 자명한 사실을 직시하는 것이다. 돈이 없어서 기꺼이 노동을 팔 때 우리는 노동자다. 그렇지만 동시에 노동의 대가로 임금을 받을 때 우리는 소비자다. 이렇게 소비자로 있을 때 그나마 우리의 비참하고 궁핍한 삶에 한 줄기 빛이 쏟아진다. 일순간이나마 우리는 돈을 가진 우월한 지위를 얻을 수 있기 때문이다. 노동의 대가로 받은 돈을 우리 모두가 한 푼도 쓰지 않는 순간, 사실 자본주의 체제 자체는 붕괴된다. 그렇지만 이것은 단지 이론적으로만 가능할 뿐 현실적으로는 거의 불가능하다. 그렇다고 해서 소비자라는 우월한 입장을 그대로 버려 놓아서는 안 된다. 그래서 발상의 전환이 필요하다. 생필품을 사려면 돈을 써야 하는 것 아니냐는 생각에 매몰되지 말고, 어떤 자본가의 상품을 사야 하는지는 전적으로 나에게 달려 있다는 사실에 집중하자. 바로 이것이다. 나약할 것만 같은 우리가 자본을 길들이는 방법은 소비자불매운동이다. 정경유착을 통해 자기의 기득권을 유지하려는 재벌에, 비정규직 노동자를 함부로 해고하는 재벌에, 혹은 환경을 파괴하는 재벌에 분노했던 적은 없는가? 그 분노를 되갚아 주는 방법은 바로 그 재벌의 상품을 절대로 구매하지 않는 것이다. 물론 필요하면 다른 재벌의 상품을 그 사이에 쓰면 별다른 불편은 없을 것이다. 그러나 효과적인 소비자불매운동이 이루어지려면, 정말 단단한 연대가 불가피한 법이다.

냉장고 안의 자본주의

당신은 감정을 지킬 힘이 있는가

∨

분노는 우리의 힘

정신분석학의 가르침은 한마디로 요약된다. "억압된 것의 회귀!" 자세히 풀어 보자. 억압된 감정은 언젠가 반드시 우리에게 되돌아온다는 것이다. 용수철을 생각하면 이해하기 쉽다. 용수철을 누르면 그것은 반드시 다시 튕겨 나오기 마련이다. 어느 때 튕겨 나오는지가 관건이 된다. 바로 튕겨 나오면 상관이 없다. 다시 원래대로 돌아가 안정을 취할 테니까. 문제는 눌러졌을 때 바로 튕겨 나오지 않는 경우다. 그것은 무엇인가가 튕겨 나오는 힘을 통제하기 때문이다. 생존의 이익과 불이익을 계산하는 알량한 자아가 그 역할을 한다. 엄청난 압력을 가진 채 일촉즉발의 상태에 있다는 것은 불안하기 짝이 없는 일이지만, 어쩔 수 없는 일이다. 가장 빈번하게 억압되는 감정은 바로 '분노'이다. 사랑, 기쁨, 행복 등등은 그렇게 반발력이 극대화되도록 억압하는 일은 없으니 말이다.

천안문 사건을 상징하는 사진이 기억나는가. 1989년 어느 대학생이 장갑차 네 대와 당당하게 맞서는 장면이다. 무엇이 청년을 장갑차와 맞설 수 있게 했는가? 그것은 용기일까? 아니면 만용일까? 누구나 거대한 힘 앞에서는 두려움에 사로잡히기 마련이다. 더군다나 이 압도적인 힘이 인간으로서의 우리의 존엄과 가치를 부정하는 정도로 비열한 것일 때는 더욱 그렇다. 이런 비열하지만 압도적인 힘은 그 속성상 우리의 인권뿐만 아니라 목숨까지도 손쉽게 앗아 갈 수 있다. 물론 옳은 것은 지구가 두 쪽이 나도 옳은 것이다. 그렇지만 압도적인 힘 앞에서 우리는 그리고 우리의 이상은 자꾸만 작아지기만 한다. 궁금해진다. 도대체 천안문광장의 그 청년의 행동은 어떻게 가능했던 것인가? 바로 분노다. 나보다 강한 사람에게 패배를 예감하고도 달려들 수 있는 힘은 분노 밖에 없다. 분노가 없다면, 우리는 옳음을 힘으로 누르려고 하는 부당한 권력에 저항할 수 없다.

시민들의 분노는 공동체에 만연된 부정의, 그러니까 부정의를 낳는 기득권 세력을 표적으로 한다. 관직도 높아야 나라를 팔아먹은 '을사늑약'에 사인을 할 수도 있고, 권력이 있어야 사회의 정의도 죽은 개 취급할 수도 있을 테니 말이다. 당연히 분노는 국정 최고 책임자인 대통령을 향할 수밖에 없다. 부정의를 고발하고 정의를 바로잡는 시위, 최근에는 주로 서울 청계천광장이나 서울시청 앞에서 벌어지는 시위에서 시민들이 간혹 시위대로 합류하여 청와대 방향으로 행진을 하는 것도 바로 이런 이유에서다. 만일 우리 시민들이 천안문의 대학생처럼 당당하게 분노했다면, 우리 사회에는 이미 민주주의의 꽃들이 지천으로 피어났을 것이다. 그렇지만 누구나 천

당신은 감정을 지킬 힘이 있는가

안문의 학생처럼 될 수는 없는 법이다. 인간은 너무나 약하고 여리고, 그만큼 겁이 많은 존재니까 말이다. 그래서 대부분 우리는 생각한다. 부당한 대우를 받았지만 권력자에게 분노를 표출하는 것은 무모한 일일 거라고. '똥이 무서워서 피하냐 더러워서 피하지'라는 슬로건으로 정신승리를 구가하며 우리는 분노를 정말 꾹 눌러 놓는다.

참지 않고 상급자에게 분노를 표출한다면 자신이 당할 불이익을 너무나 무서워하는 우리는 바로 소시민이다. 그렇지만 당장 불이익을 피했다고 해도, 전혀 기대하지 않았던 부수효과가 생긴다. 표출되지 않고 억압된 분노는 엄청난 압력을 가진 채 폭발을 기다리기 때문이다. 마치 물을 가득 채우면 언젠가 터질 수밖에 없는 물 풍선과 같다. 아마 물 풍선의 부위 중 가장 약한 부위가 물이 터져 나올 장소가 될 것이다. 그러니 직장 상사에게 표현하지 못한 분노는 집에 들어오자마자 애완견이나 자신의 아이에게 터질 수가 있다. 애꿎은 애완견이나 아이에게는 미안한 일이지만, 우리의 분노는 나름대로 해소된 것이다. 이번에는 우리 대신 아이가 자신의 분노를 억압할 테지만 말이다. 아마 아이는 자기보다 약한 학급 친구에게 그 분노를 표출할 것이고, 그 친구는 다시 또 다른 약한 자를 찾아 나설 것이다. 이 정도면 분노의 윤회라고 할 만하다. 그래서 충분히 사려 깊은 사람이라면 아이에게 자신의 분노를 표출하지는 않을 것이다. 누가 사랑하는 아이를 파괴시키는 일을 기꺼이 하려고 하겠는가.

그렇지만 탈출구를 찾지 못한 억압된 분노는 우리 자신을 공격하기 시작한다. 안면근육 마비 등의 히스테리 증상을 보이는 것도 이런 이유에서다. 히스테리 증상 같은 것은 그나마 긍정적인 것일지도 모른다. 어쨌든 억압된 감정을 자신의 육체에나마 표출했으니까 말이다. 대부분 우리 이웃들이 선택한 전략은 더 비극적이다. 분노와 같은 어떤 감정이 발생할 때, 그들은 감정 자체를 완전히 억압하여 교살하는 전략을 선택하니까 말이다. 감정 일반을 모조리 제거한다면, 내 마음에 등장할 수 있는 수많은 감정들 중 하나인 분노도 자연스럽게 사라질 테니 말이다. 권력자가 커피 잔에 가래를 뱉고 마시라고 할 때, 일체의 감정을 죽인 사람이라면 분노라는 감정이 발생할 리 없다. 당연히 권력자와의 마찰도, 그리고 뒤따르는 불이익도 없을 것이다. 여기서 우리는 권위적인 사회, 혹은 전체주의 사회를 가늠하는 척도를 하나 얻게 된다. 개인들이 자신의 감정을 자유롭게 표출하기 힘든 만큼, 그 사회는 권위적이라는 것이다.

분노를 정말 제거하려면, 감정 자체를 교살해야 한다. 권위적인 사회일수록 그 성원들이 좀비와 같다는, 혹은 기계와 같다는 느낌을 주는 것도 이런 이유에서인지 모른다. 너무나 권위적인 시부모를 두고 있는 며느리의 창백한 얼굴, 갓 군대에 입대한 이등병의 경직된 몸, 군경의 총칼 앞에서 굴비처럼 끌려가는 시위대의 잿빛 행렬 등등. 그렇다. 감정이 없다면, 우리는 살아 있는 것이 아니다. 하긴 자신에게 침을 뱉었다고 해서 시체가 분노하거나 기계가 화를 내는 경우는 없다. 살아 있다는 것은 감정이 발생하고 그것을 표출할 수 있다는 것, 그 이상도 그 이하도 아니다. 권력자가 웃기는 짓을 하면 웃고, 그가 부당한 짓을 하면 분노해야만 한다. 그래서 어쩌면 구성원들이 자신의 감정에 솔직해지고 당당해질 때, 다시 말해 자신의 삶을 긍정하는 힘이 있을 때에만, 민주주의는 간신히 가능한

당신은 감정을 지킬 힘이 있는가

것인지도 모를 일이다.

　　민주주의와 양립할 수 없는 억압 체제는 항상 성원들에게 감정을 죽이라고 노골적으로 강제하거나, 은근하게 훈육한다. 자신의 삶을 살아 내고 싶은가? 그렇다면 우리는 자신의 감정을 교살해서는 안 된다. 자신의 감정을 억압해서도 안 된다. 감정이 되살아날 때, 정의감이 없다면 발생할 수 없는 분노도 당당히 자기 자리를 차지하게 될 것이다. 이럴 때 우리는 마침내 당당한 삶의 주인이 되며, 동시에 자유라는 오래된 이상이 현실에 그 당당한 뿌리를 내릴 수 있을 것이다. 그래서 우리에게 자신만의 감정과 꿈을 자유롭게 노래했던 인문정신과 예술 정신이 필요한 것이다. 그들을 통해 그리고 그들이 만든 작품들을 통해 우리는 권위주의 체제에 의해 억압되었던 우리만의 감정과 꿈을 되살릴 수 있는 계기를 얻을 수 있다. 자신의 감정과 생각에 솔직하지 않았다면, 우리가 접하는 그 위대한 작품들은 아예 불가능했을 것이다. 그 때문일까. 자신의 삶이 무기력해지거나 무가치하다는 느낌이 들 때, 우리는 문학을, 음악을, 그리고 영화를 보러 가는지도 모를 일이다. 일종의 대리만족인 셈이다.

　　그렇다. 감정이 메마르고 있다고 느낄 때, 우리는 무의식적으로 인문학과 예술이란 오아시스를 찾는다. 카프카를 읽으면서 우리는 체제의 압박을 감내할 수밖에 없는 답답함을 느낄 수 있다. 벤야민을 읽으면서 우리는 억압 체제에 대한 분노의 불을 다시 지필 수도 있다. 혹은 베토벤Ludwig van Beethoven의 소나타를 들으며 우리는 삶의 깊은 비애를 회복할 수도 있다. 아니면 혼자 영화관에 들러서 기쁨, 절망, 슬픔, 혹은 환희의 감정을 수혈할 수도 있다. 이미 우리는 본능적으로 알고 있었던 것이다. 감정이 아니라면, 더 자세히 말해 감정의 자유로운 표현이 아니라면, 삶은 죽음과 다름없다는 사실을 말이다. 이제 돌아보자. 즐거움, 분노, 슬픔, 환희 등등 너무나 소중한 감정을 오늘 얼마나 표출했는지. 감정을 느끼고 그것을 표출할 수 있었던 만큼, 우리는 살아 있었던 것이고 자유로웠던 것이다.

어쩌면 어떤 감정도 느끼지 못하고 오늘 하루도 지나간 것은 아닌지. 만약 불행히도 그렇다면, 다시 숙고해 보자. 도대체 무엇이 감정의 자유로운 표출을 가로막고 있는지. 오직 이런 철저한 숙고와 반성을 거칠 때에만 우리는 자신의 삶과 자유를 옥죄는 권위주의적 구조에 직면할 수 있다. 마침내 우리는 가장 원초적인 지점, 어쩌면 번지 점프대 위에 서게 된 것이다. 뒤로 물러날 것인가, 아니면 앞으로 뛰어내릴 것인가? 바로 이 아찔한 순간이 찬란한 순간이기도 하다. 한번 눈을 질끈 감고 뛰어내리면 우리는 지금까지의 공포가 사실 과장된 것이었다는 사실을 알게 될 것이다. 반면 우리는 또다시 뒤로 물러설지도 모른다. 그러나 이런 비겁한 자신의 모습에 직면한다는 건 얼마나 부끄러운 일인가. 비겁한 자신의 모습을 용감한 모습으로 바꾸기보다는 우리는 용기와 비겁, 그러니까 자유와 굴종을 결정짓는 번지 점프대 위에 오르지 못하는 전략을 취할 것이다. 이런 번지 점프대만 피하면 구태여 용기와 비겁 사이에서 갈등하지도 않을 테니 말이다.

어떻게 할 것인가? 지금 우리는 김수영이 말했던 '절정'에서 있다. 박정희의 전횡이 극에 달했던 1965년에 김수영은 〈어느 날 고궁을 나오면서〉라는 시를 쓴다.

당신은 감정을 지킬 힘이 있는가

아무래도 나는 비켜서 있다. 절정絶頂 위에는 서 있지
않고 암만해도 조금쯤 옆으로 비켜서 있다.
그리고 조금 옆에 서 있는 것이 조금쯤
비겁한 것이라고 알고 있다!

그러니까 이렇게 옹졸하게 반항한다.
이발쟁이에게
땅주인에게는 못하고 이발쟁이에게
구청직원에게는 못하고 동회직원에게도 못하고
야경꾼에게 이십 원 때문에 십 원 때문에 일 원 때문에
우습지 않으냐 일 원 때문에

모래야 나는 얼마큼 적으냐
바람아 먼지야 풀아 나는 얼마큼 적으냐
정말 얼마큼 적으냐……

그래도 아직은 희망이 있다. 자신이 비겁하다는 사실을 아는 순간,
비겁하지 않으려는 몸부림이 가능할 수도 있으니까. 그렇지만 더 많
이 물러나 아예 번지 점프대를 떠나게 되면, 우리는 비겁했던 자신
의 모습마저도 깨끗이 잊을지도 모른다. 비겁함을 비겁함으로 아프
게 자각하지 못하는 순간, 우리는 정말로 비겁해질 것이다. 이제 번
지 점프대에서 뛰어내리자. 이것이 바로 '백척간두진일보百尺竿頭進一步'
의 정신, 불굴의 사자처럼 당당히 앞으로 돌진하는 정신 아닌가.

정신승리의
함정!

정신승리라는 말이 있다. 정신에서만 승리한다는 뜻이니, 현실에서는 패배할 것이라는 전제가 깔려 있는 셈이다. 과거 전두환 정권 시절, 최루탄에 눈물 콧물 다 쏟아 내는 우리를 보고, 어느 선배가 말했던 적이 있다. "야! 뭣하러 그렇게 독재를 타도하겠다고 난리니. 생각해 봐라. 전두환은 이미 중년을 훨씬 넘었잖니. 자, 생물학적으로 생각해 봐. 전두환과 너희들 중 누가 먼저 이 세상을 떠나겠니?" 헉! 순간 선배의 말은 당혹스러웠지만, 또 동시에 나름 일리가 있기는 했다. 바로 이것이 정신승리다. 결국 아무것도 안 해도 된다. 모든 것이 시간이 해결해 줄 테니 말이다. 정신승리를 하려면 논리적이어야 한다. 논리적이지 않으면 어떻게 정신이 승리할 수 있다는 말인가. 그렇지만 역시 정신승리를 구가하는 사람의 숨겨진 의도는 다른 데 있는 것이 아니다. 직접 실천하는 것이 무섭고 두려운 것이다. 이렇게 삶에 개입하는 걸 막는 전략, 혹은 실천하지 않는 걸 정당화하는 전략이 바로 정신승리다. 등산에 참여했던 선배 중 한 명이 중간쯤에 산행을 멈추고 말한다. "산의 묘미는 산과 하나가 되는 거야. 산의 품에 안기는 거지. 어떻게 산을 정복의 대상이라고 생각하는지 모르겠어. 더군다나 오르면 내려와야 하는 것이 등산의 아이러니 아니겠니." 구구절절 옳은 말이다. 그러나 결국 그는 정상에 함께 오르자는 우리와의 약속을 저버린 것이고, 산에는 오르지 않겠다는 것이다. 단지 산행이 힘들기 때문에. 이것도 정신승리다. 차라리 "미안하지만 나는 너무 힘들다. 그만 갈래"라고 했으면, 선배는 운동이라도 했을 것이다. 다시는 후배들 앞에서 약한 모습 보이지 않겠다고 다짐하면서 말이다. 이제 분명해진다. 정신승리는 나약함과 비겁함보다 수천수만 배 나쁘다는 것이. 참! 2016년 현재 전두환은 아직도 건재하다.

당신은 감정을 지킬 힘이 있는가

뉴미디어의 역설

˅

스마트폰론(論) 셋

땅끝 마을 해남에는 근사한 사찰이 하나 있다. 바로 미황
사라는 사찰이다. 이름만큼이나 근사한 달마산을 배경으로 고즈넉
이 놓여 있는 미황사는 한 번 보면 잊기 힘든 묘한 매력이 있다. 이
런 근사한 사찰을 발견하게 된 것은 조계종에서 기획한 출가학교
때문이었다. 템플스테이를 넘어서 불교를 대중화하기 위해 미황사
주지 금강 스님은 출가학교라는 프로그램을 만든 것이다. 마흔한 명
의 20대 남녀가 8박 9일 동안 출가학교에 모여들었고, 나도 강사로
초청되었다. 바로 이때 달마산 미황사와 만나게 된 것이다. 미황사
에 매료되는 시간은 얼마 지속되지 않았다. 바로 나의 눈에는 출가
학교에 입교한 젊은이들이 들어왔기 때문이다. 비록 머리를 깎지 않
았지만, 정말 머리를 깎고 스님이 되는 심정으로 들어온 사람들이었
다. 도대체 무슨 번뇌와 상처가 그리 심해서 이 아름다운 사람들은

여기에 모여 있을까.

　　　오전 강의가 끝나고 점심 공양을 마친 뒤, 추적추적 떨어지는 비를 피한 처마 밑에서는 나는 웅장하고 아름다운 달마산을 올려 보고 있었다. 비구름에 쌓인 달마산은 묘한 신비감을 풍기고 있었다. 이때 아까 강의를 들었던 몇몇 임시 행자 아가씨들이 반갑게 내게 말을 붙여 왔다. 어쩐 일로 출가학교에 들어왔는지 물어보지는 않았다. 상처는 보여 줄 때까지 절대로 보여 달라고 해서는 안 되는 법이다. 처마 밑에서 그녀들은 흥미로운 이야기를 내게 들려주었다. 출가학교에 들어오자마자 스님들이 스마트폰과 돈을 거둬갔다는 것이다. 돈은 십분 이해가 간다. 어차피 매점도 없으니 돈은 하등 필요가 없다. 가지고 있어 봤자 분실할 위험만 있을 뿐 아닌가. 그러니 스님들인 출가학교에 들어온 젊은이들의 돈을 받아 보관하는 건 어쩌면 당연한 일일 것이다. 그렇다면 스마트폰은 무엇 때문이었을까.

　　　한 조사에 따르면 어른들이 하루 평균 4시간 스마트폰을 한다면, 청소년들은 7.3시간 스마트폰을 사용한다고 한다. 우리 이웃들이 얼마나 스마트폰에 친숙해 있는지 여실히 보여 주는 증거라고 할 수 있다. 그런 스마트폰을 매몰차게 스님들은 거둬 가 버린 것이다. 하루 이틀 무엇인가 빼앗겨 버린 것과 같은 엄청난 금단현상이 있었다고 그녀들은 재잘거렸다. 얼마나 힘들었을까. 친구와 만나도 가족과 있어도 수시로 틈틈이 스마트폰 화면에 신경을 쓰는 것이 젊은이들뿐만 아니라 현대인의 생태니까 말이다. 그렇지만 내가 도착한 목요일에 그녀들은 이미 스마트폰이 없는 상태에 적응을 마

　　　　　　　　　　　　　　　뉴미디어의 역설

친 뒤였다. 하긴 그러니 금단현상을 주었던 스마트폰 이야기를 그렇게 즐겁게 내게 들려줄 수 있었던 것이다. 스마트폰에 시선과 정신을 빼앗긴 7.3시간을 회복한 뒤 그녀들은 어떻게 되었을까.

무엇인가를 보지 않는다면, 다른 것을 보기 마련이다. 그녀들은 기암괴석으로 이루어진 달마산을 보았다. 그녀들은 하늘의 구름을 보았다. 그녀들은 산사를 둘러싼 아름다운 나무들의 움직임을 보면서 바람을 느꼈다. 아마 그녀들은 아름다운 미황사 경내의 당간지주도 보았을 것이다. 또한 그녀들은 미황사의 사람들을 보았을 것이다. 출가학교 교장선생님이신 법인 스님, 미황사의 주지이신 금강 스님, 그리고 맛난 사찰 음식을 마련하시는 공양간 사람들. 그 모든 사찰 식구들의 자애로운 얼굴들을 보았을 것이다. 그보다 중요한 것은 아마 자신처럼 출가학교에 들어온 동료들의 얼굴이 보였을 것이라는 점이다. 바로 이 순간 그녀들은 대화를 시작하게 되었을 것이다. 자신은 그렇다고 치고, 상대방은 무슨 이유로 출가학교에 참여했는지 궁금했을 테니 말이다. 그렇다. 잠수함에 홀로 타서 계기판을 응시하는 것처럼 스마트폰에 빠져 그녀들이 잊고 있었던 것은 바로 대화였던 것이다.

돌아보면 스마트폰은 과거 텔레비전의 역할을 고스란히 하고 있다. 화목한 가정의 이미지를 떠올려 보자. 식사를 끝낸 가족은 응접실에 모여서 텔레비전 모니터를 보며 웃음을 터트린다. 아마 재미있는 예능 프로그램이라도 보고 있을 것이다. 그렇지만 텔레비전 앞에 옹기종기 모여 있는 가족들은 정말 화목한 것일까. 그렇지 않다. 불의의 사고로 텔레비전이 고장 나는 일이 벌어졌다고 하

자. 바로 이 순간 화목해 보이는 가정에는 놀라운 상황이 벌어지게 될 것이다. 서로가 너무나 낯설게 다가오고, 고장 난 텔레비전 앞에 있는 것이 너무나 어색하게 느껴질 것이다. 아버지는 베란다로 담배를 피우러 가고, 어머니는 빨래하는 것을 잊었다며 화장실에 들어가고, 동생은 갑자기 책을 본다며 자기 방으로 종종걸음을 치고, 누나는 전화할 데가 있다고 자기 방으로 들어가 버릴 수도 있다. 이렇게 텔레비전은 가족을 모여 있게 하는 것처럼 보이지만 사실 지금까지 가족을 분열시키고 있었던 것이다. 현명한 사람이라면 텔레비전이 지금까지 가족이 서로 대면하는 시간을 얼마나 빼앗았는지 깨닫겠지만, 그렇지 않은 사람이라면 가족을 다시 거실에 모이게 하려고 텔레비전을 고치거나, 아니면 더 근사한 텔레비전을 구입하게 될 것이다.

대중매체란 항상 이런 식으로 우리에게서 대화의 가능성을 빼앗는다. 이것은 사실 매체, 즉 미디어media의 본질 아닌가. 매개 mediation란 말이 있다. 그것은 벽돌과 벽돌을 붙이는 시멘트와 같다. 얼핏 보면 벽돌과 벽돌을 연결시키는 중요한 역할을 하는 것처럼 보이지만, 사실 벽돌과 벽돌이 직접 만나는 것을 막는 역할도 한다. 바로 이것이 중요하다. 매개라는 말이 그렇듯이 모든 매체는 사람들을 연결시키는 것처럼 보이지만 사실 교묘하게 사람들을 분리시키고 고립시키는 것이다. 영민한 현대 프랑스 사회철학자 앙리 르페브르Henri Lefebvre도 자신의 저서 《리듬분석Éléments de Rythmanalyse》에서 말하지 않았던가. "미디어화는 대화를 지우는 경향이 있다"라고 말이다. 영화라는 매체를 생각해 보아도 분명하다. 모든 사람이 동일한 극장에 들어가 있고 영화에 대해 거의 동시적으로 희로애락을 표현한다고 해도, 극장 안에서 누구나 고독한 개인으로 머물러 있지 않은가.

사실 영화관이나 텔레비전은 우리의 시선을 매혹하도록 만들어진 것이다. 자본주의 상품을 구매하도록 만드는 미끼로 영화관이나 텔레비전의 볼거리는 작동한다. 비록 상품 구매로 이어지지 않더라도, 이런 볼거리들은 대중들 스스로 생각하거나 아니면 서로 대화할 수 있는 능력이나 기회를 현저히 줄이게 된다. 사실 돌아보면 지배의 역사는 볼거리로 대중들을 마비시키는 대중매체 발달의 역사라고도 할 수 있다. 고대문명의 거대 건축물들과 거기서 벌어지는 행사들은 모두 블록버스터 영화와 같은 역할을 했다. 그것이 종교적 성소이든 거대한 궁전이든, 아니면 콜로세움과 같은 경기장이든 말이다. 화려한 볼거리로 사람들을 모이게 하지만, 그들을 깨알처럼 파편화시키는 전략이었던 셈이다. 장대한 볼거리에 빠지는 순간, 자신도 쉽게 망각하는데 하물며 이웃들은 말해 무엇하겠는가. 특정 장소에 편재되어 있던 볼거리들의 시대는 이제 지난 것이다. 우리의 시선을 사로잡는 스펙터클은 이제 도처에 편재하고 있으니 말이다. 그것이 바로 지금도 우리 손에 쥐어져 있는 스마트폰이다.

자신에 대한 성찰뿐만 아니라 타인에 대한 관심마저도 앗아 가 버리는 무서운 괴물! 우리를 따라다니는 그림자와 같은 것이 바로 스마트폰이다. 어쨌든 함께 있지만 고독하도록 만드는 것, 공감이 이루어진다고 착시효과를 주지만 사실 대화를 사라지게 하는 것, 이것이 바로 대중매체의 본질이다. 이런 대중매체가 드디어 날개를 달기 시작했다. 텔레비전은 걸어 다닐 수도 없고, 영화관이 우리에게 올 수도 없었다. 그렇지만 스마트폰은 마치 그림자처럼 우리 손에 잡힌 채 영원히 우리가 살아 움직이는 한 함께할 각오를 다지고 있는 것 같다. 과거 대중매체가 나를 호시탐탐 노리던 야수들과 같았다면, 지금 스마트폰은 내 몸에 기생하고 있는 기생충과 같다. 내가 가는 곳이라면 스마트폰은 언제든지 나와 함께하니 말이다. 더 심각한 상황이 벌어진 것이다. 그나마 텔레비전이나 영화는 외형적으로나마 사람들을 모이게 했다. 그렇지만 스마트폰은 형식적인 모임마저 불필요하게 만들어 버렸기 때문이다. 이렇게 새로운 대중매체는 인간의 고립과 고독을 완성하게 된 것이다.

　　　이제 친구와 직접 만나 대화하는 것보다 카카오톡 등 다양한 애플리케이션을 이용해 화면상으로 대화하는 것이 더 편하게만 느껴진다. 대화하던 친구는 어느 사이엔가 다른 일로 떠날 수 있지만, 스마트폰은 항상 내 손안에 있다. 친구보다 더 친구 같은 존재가 된 것이다. 더군다나 끊임없이 우리에게 새로움과 즐거움을 항상 전해주니, 스마트폰은 항상 스스로 매력적으로 변신하는 애인과도 같다. 이제 혼자서도 우리는 외롭지 않다. 스마트폰이 나와 함께 있을 테니까 말이다. 심지어 스마트폰은 타인을 그리워하는 고독의 시간마저도 허락하지 않는다. 너무나 가까워져 이제 어느 사이엔가 스마트폰은 우리의 제2의 심장이 된 것 같다. 스마트폰의 충전 게이지가 줄어들면, 우리의 심장도 그만큼 쪼그라든다. 밥을 잠시 굶더라도 우선 스마트폰부터 살려야만 한다. 스마트폰마저 나와 함께 숨쉬지 않는다면, 우리는 견딜 수 없는 고독이 찾아오리라는 것을 잘 알고 있기 때문이다. 그러나 누가 알까. 바로 그 스마트폰이 우리에게 대화를 빼앗으면서 고독을 선사했는데도, 고독을 완화시키고 있다는 착시효과를 만들고 있다는 사실을 말이다.

대화를, 그러니까 친구를 빼앗고 그 자리에 파렴치하게 들어앉았음에도, 자신만이 유일한 친구라고 우리를 속이는 것이 바로 스마트폰이다. 이렇게 우리 아이들을 자그마치 하루 7.3시간이나 병들게 만드는 스마트폰을 방치하는 것은 정당한 일일까. 아니, 이것이 과연 젊은이들만의 문제일까. 이제 대부분의 사람들은 스마트폰에 미끈하게 적응되었기 때문이다. 미황사의 임시 행자들에게서 우리는 해맑은 미소를 보고 재잘거리는 대화 소리를 들을 수 있다. 대중매체를 멀리 할 때 우리는 서로 직접적인 관계에 돌입할 수 있다. 그러니 미황사에서 얻은 통찰에서 우리는 작지만 커다란 지혜를 배워야만 한다. 하지만 출가학교가 고독한 수행의 장소가 아니라 되찾은 대화의 장소가 되었다는 것이 너무나 아이러니한 일 아닌가. 출가가 인간을 만나 대화하는 일이 되어 버렸으니까 말이다. 그렇다면 스마트폰을 없애면 그곳이 어느 곳이든 자연과 만나고 인간과 대화하는 제2의 미황사가 되는 것 아닐까. 출가학교를 운영하는 법인 스님이나 금강 스님에게는 미안한 일이지만 말이다. 합장!

사랑의
바로미터!

《인간의 대지Terre des Hommes》에서 생텍쥐페리Antoine de Saint-Exupéry는 말했던 적이 있다. "사랑은 서로 마주 보는 것이 아니라 함께 같은 방향을 바라보는 것이다." 제대로 타인을 사랑하며 살려고 하는 사람이라면 생텍쥐페리의 이 말에 코웃음을 칠 수 있어야만 한다. 생텍쥐페리의 생각과는 달리 함께 같은 방향을 바라보는 것이 아니라 서로 마주 보는 것이 바로 사랑이기 때문이다. 타인의 얼굴을, 그리고 타인의 삶을 마주 본다는 건 정말 똥줄 빠지게 힘든 일이다. 그러니 그런 힘든 일을 기꺼이 감내할 때에만, 우리는 누군가, 혹은 무언가를 사랑하고 있다고 말할 수 있다. 자신의 삶을 되돌아보라. 사랑에 빠진 연인은 처음에는 서로의 얼굴을 응시하지만, 어느 정도 시간이 지나면 흥미진진한 영화를 보면서 시간을 보내기 마련이다. 영화의 자리에는 어떤 것이라도 들어올 수 있다. 결혼을 했다면 아이가, 종교를 가졌다면 신이, 이도저도 아니라면 텔레비전 영상일 수도 있다. 서로 마주 보려는 노력을 하지 않는 걸 정당화할 정도로 충분히 재미있거나 혹은 정말 가치가 있다고 생각하는 것이라면 무엇이든지 그 자리에 들어올 수 있으니까. 사랑하는 사람은 같은 방향을 바라보는 일종의 동지가 되는 것도 아니고, 그렇다고 신도가 되는 것도 아니고, 아이를 중심으로 생활하는 어머니와 아버지가 되는 것도 아니다. 같은 방향을 보느라고 서로를 무관심에 방치해 두는 것이 어떻게 사랑일 수 있다는 말인가. 그건 단지 사랑의 제스처, 혹은 거짓된 사랑일 뿐이다. 그러니 생텍쥐페리의 말을 조롱이라도 하는 듯 서로 마주 보려는 노력을 시작해야 한다. 진짜 사랑은 그렇게 시작하는 거니까.

스님! 너무 걱정하지 마세요.
모두가 꽃으로 피는 불국토가 곧 올 테니.

내성천과 지율(知律) 스님, 경북 상주, 2013

안다고 사랑할 수 있을까?

독창성과 창조성의 비밀

무엇인가를 잘 아는 것과 무엇인가를 정열적으로 사랑하는 것은 완전히 다른 것이다. 이것은 일상적인 삶의 영역에서 쉽게 확인되는 일 아닌가. 노골적으로 물어볼까. 지금 당신의 배우자에 대해 아는 것을 연애 시절에도 알았다면, 당신은 그 사람과 결혼했겠는가. 대부분 긍정적 대답을 주저할 것이다. 우리는 알아서 그를 사랑했다기보다, 사랑했기에 그를 알게 된 것이니까. 어쨌든 어떤 사람을 사랑하게 되면 그 사람에 대해 우리는 점점 더 많은 것을 알게 되는 법이다. 사람에 대해서만 그럴까. 아니다. 게임을 좋아하는 아이는 누구보다 게임에 대해 많은 것을 알고 있을 것이다. 등산을 좋아하는 사람이라면 웬만한 산이나 등산 장비에 대해 다른 사람들이 혀를 내두를 만큼 포괄적으로 알고 있을 것이다. 카프카를 좋아하는 사람이라면 카프카의 작품뿐만 아니라 그의 시시콜콜한 삶에도 정통하게 될 것이다. 아마 그는 카프카의 도시 프라하도 몇 번이고 방문했을 것이다. 그렇지만 그 반대는 성립되지 않는다는 것에 주목하자.

생각해 보라. 다양한 게임과 그것의 작동 방법에 대해 자세히 아는 사람이라고 해서, 그가 반드시 게임을 사랑한다고 말할 수는 없다. 그는 단순히 게임업체에 다니고 있기에 그것을 알고 있을 수도 있기 때문이다. 등산업체를 운영하는 사장은 등산 장비에 대해 잘 알고 있지만, 그가 산을 좋아하지 않을 수도 있다. 단지 그는 생계를 위해 등산 장비 사용법을 숙지해 두었을지도 모르기 때문이다. 마찬가지로 카프카의 작품과 그의 생애에 대해 잘 아는 사람이라고 하더라도 그가 카프카를 사랑하지 않을 수도 있다. 그는 독문과 교수로서 강의를 위해 카프카를 요령껏 정리하고 있을 수도 있기 때문이다. 여기서 우리는 중요한 사실 한 가지를 얻게 된다. 그것은 무엇인가를 안다고 해서 반드시 그것을 사랑하는 것은 아니지만, 반대로 무엇인가를 사랑하게 되면 우리는 그것에 대해 다른 사람이 넘볼 수 없을 정도로 잘 알게 된다는 교훈이다.

철학이라고 번역되는 필로소피philosophy라는 말이 있다. 누구나 기억하겠지만, 대학 시절 철학개론 수업은 항상 이 필로소피라는 단어를 설명하면서 철학이란 어떤 학문인지 설명하는 것으로 시작된다. 사랑을 뜻하는 '필로philo'와 지혜를 뜻하는 '소포스sophos'가 합쳐져 필로소피가 되었단다. 그러니까 지혜를 사랑하는 것이 바로 철학이라는 것이다. 플라톤의 많은 대화편을 보아도 이 해석은 타당하다. 그러나 지혜가 먼저 있고 그것을 사랑하든가 말든가 하는 논

안다고 사랑할 수 있을까?

의는 무언가 이상하지 않은가? 지혜가 있어도 그것을 사랑하지도 않을 수 있으니 말이다. 그래서 최근에 나는 이런 해석에 별다른 매력을 느끼지 못한다. 오히려 순서대로 읽는 것이 더 좋지 않을까? 무언가를 사랑하면 그것에 대해 지혜롭게 된다고 말이다. 그러니 차라리 필로소피는 '지혜에 대한 사랑'이 아니라, '사랑의 지혜'라고 번역하는 것이 더 매력적이고, 더 시사하는 바가 클 것 같다. 비록 플라톤이나 철학개론 강사는 짜증을 낼 테지만 말이다.

학교에서든 가정에서든 우리 교육의 가장 큰 병폐는 앎과 사랑 사이의 관계를 거꾸로 알고 있다는 데서 찾을 수 있다. 수학을 예로 들어 볼까. 선행학습이든 뭐든 수학을 열심히 가르쳐서 그걸 잘하게 되면 아이들이 수학을 사랑하고 있다고 착각한다는 것이다. 특정 과목의 성적이 좋다고 해서, 그 과목에 적성이 맞는 것은 아니다. 엄청난 반복학습으로 그저 성적이 잘 나올 뿐이니 말이다. 당장 수학 성적이 탁월한 아이가 나중에 수학을 전공하는 학자가 되어 괴델Kurt Gödel처럼 불완전성의 정리와 같은 경천동지할 공리를 발견하는 학자로 자랄 수 있을까. 아마 힘들 것이다. 오직 수학과 그것이 열어 놓은 수적 세계를 사랑하는 학생, 완전한 균형과 완전한 논리성을 사랑하는 학생만이 제2의 괴델이 될 수 있을 것이다. 결국 교육은 아이들에게 사랑할 수 있는 것을 찾아 주는 것으로 시작되어 그것으로 끝나야 한다. 만일 아이들이 사랑하는 것을 찾는다면, 그들은 누가 시키지 않아도 그것을 알아갈 테니까 말이다. 이렇게 사랑하는 것을 찾는 순간, 아이들은 제2의 괴델로, 제2의 맥스웰James Maxwell로, 제2의 글렌 굴드Glenn Gould로, 제2의 카프카로, 그러니까 독창적인 지성으로 자라게 될 것이다.

한 아이가 있었다. 이 아이는 좋은 부모를 만났다. 사랑하면 알게 된다는 사실을 잘 알고 있었던 부모는 아이가 사랑하는 것을 찾을 때까지 옆에서 끈덕지게 지켜봐 주었다. 아이는 전생에 우주를 서너 번 구했던 것일까. 어쨌든 방학 때처럼 여유가 있을 때 어머니의 도움으로 아이는 다양한 곳과 다양한 것을 경험할 수 있었던 것이다. 여름방학 때 이 가족이 지리산에 올라간 것이 결정적이었다. 밤하늘을 수놓은 은하수를 보고 아이는 우주에 매료됐던 것이다. 마침내 아이는 사랑하는 것을 찾은 것이다. 이후 아이는 천체망원경도 사고, 인터넷에서 자료도 검색하고, 가끔은 어려운 천문학책도 구해 끙끙거리며 보게 될 것이다. 당연히 이 아이의 전공은 천문학이 될 것이다. 별을, 그리고 우주를 사랑하는 사람이니 그가 어떻게 천문학을 포기할 수 있다는 말인가. 마침내 그는 대학교수가 되어 강단에 서게 됐다. 첫 강의에서 그는 무슨 말로 자신의 입을 뗐을까. "여러분! 은하수를 본 적이 있나요? 멋지죠." 별을 사랑해서 별에 대해 정말 많이 알게 된 교수답지 않은가.

다른 아이가 한 명 있다. 자본주의가 지배하는 우리 시대에는 절대로 그런 일은 없겠지만, 사회가 변해 천문학을 공부해야 대기업에도 다니고 고위 공무원이 되는 시대에 그 아이가 살고 있다고 하자. 아마 부모들은 아이의 출세를 위해 천문학을 공부시키려고 혈안이 될 것이다. 선행학습도 시키고, 대학에서 개최한 천문학캠프에도 아이를 데리고 가며, 부모로서의 열정을 활활 불태울 것이다. 물론 여기서 아이가 무엇을 사랑하는지는 전혀 중요하지 않다.

마침내 부모의 노력이 헛되지 않아서인지, 이 아이도 천문학으로 박사 학위를 받고 마침내 대학 교단에 서게 됐다. 물론 교단에 서기까지 그는 높은 임용 점수를 제공하는 유력한 학술지에 숱한 논문을 투고했으며, 천문학 학회에도 꾸준히 찾아다니며 눈도장을 찍었을 것이다. 강의를 시작할 때 그의 첫마디는 무엇일까. "여러분! 첫 페이지를 넘겨 보세요. 거기에 우리가 한 학기 동안 다룰 전반적인 내용이 요약돼 있습니다." 천문학을 글로 배운 사람이니, 이런 발언 이외에 어떤 걸 이 교수에게 바랄 수 있겠는가.

별을 사랑했던 첫 번째 교수와 천문학에 정통한 두 번째 교수 중 누가 새로운 별을 발견할 것인가. 누가 우주에 대한 새로운 통찰을 우리에게 알려 줄 것인가. 당연히 첫 번째 교수일 것이다. 그에게는 천문학자도 목적이 아니고, 교수 직위도 목적이 아니다. 그는 별과 우주를 사랑했고, 지금도 사랑하는 사람이다. 당연히 그는 시간만 나면 천체 망원경으로 우주와 그 속에 펼쳐진 별들을 살펴보았을 것이다. 교수라는 직위는 단지 그가 별을 사랑하는 데 편리한 조건일 뿐, 그 이하도 그 이상도 아니었던 셈이다. 이런 사람이 어떻게 새로운 별을 발견하지 않을 수 있겠는가. 만일 우주에 대한 독창적인 이론이 나온다면, 그가 아니라 누가 그것을 만들 수 있다는 말인가. 언제든지 새로운 별과 관련된 그의 글들은 독창적인 논문으로 학술지를 장식하게 될 것이다. 그렇다면 두 번째 교수는 어떨까. 그는 학교에서 요구하는 업적에 맞추기 위해 논문을 쓰고 학술지에 투고할 것이다. 물론 논문을 쓸 때, 그는 첫 번째 교수의 독창적인 논문을 인용하게 될 것이다.

'창조경제'니 '창의인재'니 독창성을 높이 평가하는 정권의 구미에 맞추기 위해 교육계가 분주하다. 교육 과정에 새로운, 그래서 독창적으로 보이는 교과목을 둔다고 해서 독창성이 생기는 것은 아니다. 다양한 전공들을 가로지르는 융합교육이 강화돼야 독창적인 지성인이 자라는 것도 아니다. 이건 모두 완전히 헛발질이다. 돌아보라. 지금은 대학의 붕괴가 중·고등학교의 붕괴로, 그리고 이어서 초등학교의 붕괴로 이어지는 시대다. 취업 걱정으로 자신이 원하는 학과를 포기한 수험생들, 그리고 자신이 원했던 학과와 전공을 포기하는 대학생들을 보라. 여기서 무슨 전공에 대한 사랑과 열정, 그에 수반되는 독창성과 창조성이 생길 수 있다는 말인가. 결국 서너 개 재벌이 장악하는 독과점적 취업 여건이 획기적으로 완화되어야 한다. 다양한 전공이 숨을 쉴 수 있는 다양한 삶의 현장을 마련해야만 한다. 그러나 친재벌적인 보수 정권에서 이것을 바랄 수 있겠는가.

　보수 정권은 항상 아이들의 미래를 위한다고는 말하지만, 자본가들의 미래를 위해 교육 정책을 추진하고 있다. 불행히도 우리 가정이나 학교 대부분의 곳에서는 이런 보수적인 교육 정책에 저항하기는커녕 따르기에 급급한 것으로 보인다. 결국 부모도, 그리고 선생마저도 '사랑하면 알게 된다'는 그 자명한 진리를 망각하고 있는 셈이다. 아니, 더 심각한 것은 아이의 사랑을 키워 주기는커녕 아이가 무언가 사랑할까 봐 두려움을 갖고 있다는 점이다. 혹여 아이가 예를 들면 철학이나 재즈 음악을 좋아할까 봐 두려운 것이다. 자신이 사랑하는 걸 발견한 아이는 진로에 대한 부모나 선생님의 속물적 견해를 따르지 않은 것이 무서운 것이다. 그렇다면 우리 부모나 선생님들 대부분은 아이를 사랑하기보다는 자신을 더 사랑한다고 할 수 있다. 명문대에 입학한 아이의 부모라는 것이 좋고, 많은 아이들을 명문대에 입학시킨 선생님이라는 것이 좋은 것이다. 그렇지만 이것이 과연 사랑일까? 사랑은 사랑하는 사람이 원하는 것에 따르는 것이지, 자신이 원하는 걸 사랑하는 사람에게 강요하는 것이 아니기 때문이다.

자! 원론에서 다시 시작하자. 고등학교까지는 다양한 과목들을 통해 아이들이 자신이 사랑하는 것을 발견하는 과정이다. 중·고등학교와는 달리 대학과 대학원은 이제 사랑하는 한 가지 것만 집중적으로 파고들어 가는 과정이다. 모든 사랑이 그렇지만, 천문학을 사랑하는데 어떻게 다른 학문을 돌볼 틈이 있겠는가. 이것이 바로 전공이다. 이제 마음 놓고 천문학을, 문학을, 물리학을, 그리고 사회학을 사랑할 수가 있게 된 것이다. 그러니 어떻게 두세 개나 복수 전공을 할 수 있다는 말인가. 융합형 인재를 키우려고 그러는 것인가. 모두가 헛소리일 뿐이다. 자본이 아니라 아이들이 사랑하는 것을 찾아 주는 것, 이것이 바로 교육이 존재하는 이유이자 앞 세대가 반드시 해야 할 의무이다. 명심하자. 독창성은 사랑이란 척도에서만 가능한 것이다. 아이들이 사랑할 수 있는 것들을 찾도록 다양한 경험을 제공하고, 만일 찾았다면 그들의 사랑을 지켜 주어야 한다. 이것이 바로 독창적인 지성인들을 키우는 유일한 방법이다.

자신의
사랑을 찾는
정공법

모든 사람은 얼굴 모양만큼이나 서로 다르다. 아무리 자기 배가 아파 낳은 아이지만, 그 아이는 부모와는 다른 존재일 수밖에 없다. 그러니 차라리 화엄華嚴이란 불교의 가르침대로 모든 존재를 꽃들이라고 사유하는 것이 좋을 듯하다. 화엄은 '들판에 핀 수많은 다양한 꽃들의 장관'을 가리키는 말이니까. 그러니까 라일락이 좋아하는 것을 구절초에게 강요해서는 안 되는 법이다. 라일락이 자신이 좋아했던 것을 구절초의 내면에 각인시키려는 것은 폭력이다. 이보다 더 심각한 상황도 있다. 장미가 좋아했던 것을 라일락이 구절초에게 강요하는 상황이다. 명문대에 가본 적이 없거나, 의대에 다닌 적이 없는 엄마가 자식에게 명문대 입학과 의대 입학을 강요하는 것이다. 물론 근사할 것이라고, 행복할 것이라고 유혹하면서 말이다. 바로 이 순간, 즉 타인이 사랑할 만하다고 강요하거나 권유하는 것이 정말로 자신도 좋아하고 사랑할 만한 것인지 우리가 확인할 수 있는 방법은 없다. 그러니까 자신의 욕망이라고 생각했던 것이 사실 부모나 사회의 욕망을 따르는 것일 수도 있다는 것이다. 다른 방법이 없다. 직접 온몸으로 자신이 사랑한다고 믿는 것, 혹은 타인이 사랑하라고 권유한 것을 해 보는 방법 밖에 없다. 그렇다. 타인의 강요나 권유가 자신에게 맞는지 확인하는 방법도 오직 직접경험 밖에는 없는 셈이다. 그러니 우회하지 말고 자신이 사랑하는 걸 찾기 위해서, 우리는 직접경험에 몸을 던져야 한다. 직접 가 보고, 직접 맛 보고, 직접 들어 보고, 직접 해 보아야 한다. 이 순간 삶이 더 완전해진다고 느낀다면, 혹은 더 몰입하게 되면, 우리는 마침내 자신이 사랑하는 걸 찾게 된 것이다.

안다고 사랑할 수 있을까?

우리는 서로 충분히
만지고 있는가

∨

중년을 위한 특수사랑론

친하게 지내는 선배 한 분이 있다. 소탈하고 영민한 정신을 가지고 있어서인지, 나는 그와 자주 만나 세상과 삶에 대해 대화를 나누곤 했다. 최근 그는 나와의 대화에 집중하지 못한 채 멍한 모습을 하는 경우가 많았다. 무슨 일이 있는 것 아니냐고 묻자 그는 한숨을 쉬며 나지막하게 자신의 속내를 풀어 놓았다. 얼마 전 부인과 여행을 갔었을 때 그는 충격적인 사실을 하나 알게 되었다. 자신이 이제는 부인과 성관계를 갖기 힘들게 되었다는 사실을. 중년 남자라면 누구나 겪게 되는 발기부전이 그에게도 온 것이다. 당혹감을 느낀 그는 서둘러 호텔 프런트에 맥주를 주문했다. 부인과 이러저런 이야기를 나누며 술에 취해서 그냥 잠자리에 들려는 생각에서였다. 술에 취했다는 이유로 성관계를 갖지 못했다는 변명거리를 찾았던 것이다. 여행에서 돌아온 그는 여러 가지 일을 만들거나 다양한 모임에 참여하게 되었다. 집에 늦게 들어와 아내와 직면하는 것을 피하려는 무의식적 행동이었을 것이다. 잠자리에서 부인이 무심결 자신의 가슴에 손을 얹을 때는 숨이 턱 막힌다고도 했다. 이 경우 애써 잠든 척 밤을 새우게 된다고 덧붙이면서 말이다.

　　슬픈 마음을 억누르며 나는 그에게 감각과 관련된 이야기를 건넸다. 타인이나 세계와 관계할 수 있는 인간의 감각은 크게 다섯 가지로 나뉜다. 시각, 청각, 후각, 미각, 그리고 촉각 등 오감이 바로 그것이다. 그렇지만 오감에 대한 동서양의 이해방식에는 미묘한 차이가 드러난다. 서양의 사유 전통에서 오감 중 가장 중요한 지위를 차지하고 있는 것은 시각이다. 서양철학을 시작했다고 하는 플라톤이 그 사례가 될 수 있다. 그는 사물의 본질을 '에이도스eidos'라고 불렀는데, '이데아'나 '형상'이라고 번역되는 에이도스라는 말은 '보다'라는 뜻을 가진 '이데인idein'이라는 동사로부터 파생된 것이다. 반면 동양의 사유 전통에서 인간의 다섯 가지 감각들 중 가장 중시하는 것은 시각이라기보다는 촉각이었다. 불교철학자 바수반두Vasubandhu는 우리의 오감을 양파껍질처럼 위계를 가진 것으로 생각했다. 아예 안이비설신眼耳鼻舌身이라고 심층적 위계를 부여할 정도였다. 그러니까 눈, 귀, 코, 혀, 그리고 몸이라는 위계로 우리의 감각은 심화된다는 것이다. 가장 표층에는 시각이 있다면 가장 심층에는 촉각이 있다는 것이다.

　　흥미롭게도 최근 서양의 학자들도 플라톤적 전통을 벗어나 불교적 전통에 가까운 입장을 취하고 있다. 플라톤적 편견도 과학적 관찰로부터 자유롭지 않았던 셈이다. 애커먼Diane Ackerman의 흥미로운 저작 《감각의 박물학A Natural History of the Senses》의 이야기를 하나 읽어 볼까. "태아에게서 가장 먼저 발달하는 감각은 촉각으로, 신생아는 눈을 뜨거나 세상에 대해 알기도 전에 자동적으로 촉각을 통해 느낀다. 우리는 태어나면 보거나 말할 수는 없어도 본능적으로 신체 접촉을 시작한다. (…) 신체 접촉은 '나'와 '타자'의 차이, 나의 외부에 누군가, 엄마가 있을 수 있음을 가르쳐 준다. 엄마를 만지고 엄마의 손길을 받는, 최초로 경험하는 따스함은 헌신적인 사랑의 기억으로 평생토록 남는다." 그렇다. 인간의 다섯 가지 감가 중 가장 중요한 감각은 시각이 아니라 촉각이었던 셈이다. 애커먼의 말대로 촉각은 "나의 외부에 누군가가 있다"라는 사실을 알려 주면서 동시에 "엄마를 만지고 엄마의 손길을 받는, 최초로 경험하는 따스함"의 보고이기 때문이다.

오랫동안 실종되었던 아들을 만나게 된 할머니가 어떤 행동을 먼저 할지 생각해 보자. 아들을 만나자마자 할머니는 아들의 얼굴과 몸을 정신없이 어루만지고, 아들을 품에 안으려고 할 것이다. 다른 예도 있다. 그리운 사람을 만났다가 헤어지려고 하는 꿈을 꿀 때, 우리는 안타까운 손을 허공에 휘저으며 그를 잡으려고 할 것이다. 이처럼 촉각은 어떤 사람이 내 앞에 존재한다는 사실을 확인하고, 아울러 사랑하는 사람과 만지고 만져지는 따스한 애정을 확인하는 최종 절차였던 셈이다. 여기서 우리는 플라톤이 얼마나 유치했었는지를 직감하게 된다. 시각이 중요하다는 그의 말이 옳다면, 우리는 실종된 아들이나 그리운 사람의 사진을 들여다보는 것으로 만족을 느낄 수 있거나, 아니면 디지털 기술이 발달했으니 그들의 동영상을 찍어 놓고 보는 것으로 충분했을 것이다. 그러나 누구나 알고 있지 않은가. 사진이나 동영상을 보면 볼수록 우리는 그리운 사람을 만나서 만질 수 있기를 더 갈망한다는 사실을.

시각, 청각, 후각, 미각, 그리고 촉각에는 중요한 차이가 있다. 그것은 다섯 가지 감각 각각이 가지는 상이한 거리감과 관련된다. 시각이 내가 보려는 것과 일정 정도의 거리를 유지해야 가능하다면, 촉각은 내가 만지려는 것과 거리가 있다면 불가능한 법이다. 시각에부터 청각, 후각, 미각, 그리고 촉각으로 갈수록 우리는 자신이 감각하려는 대상에 밀접할 수밖에 없다. 이것은 사랑하는 대상에 대한 감각에서 더 분명해지는 것 아닐까? 처음 이성을 사귈때 우리는 시각이란 감각에 의존할 수밖에 없다. 그렇기 때문에 첫만남에서 외모는 상대방에게 느끼는 호감을 결정하는 유일한 계기일 수밖에 없다. 그래서일까, 우리는 누군가를 만날 때 거울에 비추어 보며 자신의 외모를 매력적으로 만지려고 한다. 시각에서 매력을 발산하지 못한다면, 상대방은 나에게 가까이 하려고 하지 않을테니 말이다.

지인의 소개로 카페에서 만난 두 남녀의 사례는 시각이나 촉각과 관련된 많은 통찰을 제공한다. 어색하기만 한 두 남녀는 우선 마주 보고 앉는다. 처음부터 나란히 앉는 건 상상할 수도 없는 일이다. 서로 탐색 중인 것이다. 내 옆에 앉혀도 되는 사람인지 아닌지. 여자에 대한 남자의 호감, 그리고 남자에 대한 여자의 호감이 확실해졌다면, 어느 순간 남자는 화장실을 다녀온 척하면서 여자 옆에 은근히 앉게 될 것이다. 이때 여자가 자연스럽게 받아들여 준다면,

우리는 서로 충분히 만지고 있는가

남녀의 관계는 그만큼 가까워진 것이다. 이렇게 나란히 앉은 남녀에게 이제 시각은 더 이상 중요하지 않다. 상대방의 숨소리, 상대방의 화장품 냄새, 그리고 스치듯 마주치는 몸들. 이제 청각, 후각, 미각, 그리고 촉각의 세계가 열린 것이다.

시각, 청각, 후각, 미각, 그리고 촉각의 만족으로 이행하는 것이 바로 사랑이다. 그러나 물이 차서 넘치는 것처럼, 시각이란 그릇에 행복이 가득 차게 될 때 그 넘친 것이 청각, 후각, 미각, 그리고 최종적으로 촉각을 채우는 것이다. 첫 데이트 때부터 이성의 향내를 맡는다고 코를 상대방 몸에 붙이거나 키스를 할 수는 없는 법이다. 사랑이 무르익으면 두 사람의 감각은 시각에서 청각으로 점점 내려가 촉각에 이르게 된다. 손을 만지고, 키스를 하고, 포옹하고, 나아가 온몸을 애무하는 단계에까지 이른다. 사랑한다는 건 그래서 서로 보지 않는다는 것이다. 키스할 때, 혹은 포옹할 때 우리의 눈이 저절로 감기는 건 이런 이유에서다. 반대의 경우도 있을 수 있다. 침실에서 몸을 섞는 부부나 애인이었던 남녀가 서로 멀어지는 경우다. 남녀는 먼저 함께 몸을 부딪치며 자는 것도 불쾌해진다. 촉각의 거부다. 이어서 상대방의 몸 냄새도 역겨워진다. 그러다 각방을 쓰고 멀리 떨어져 앉아 있는 경우가 많아진다. 최종적으로 보는 것마저 싫어질 때가 온다. 이제 남녀는 완전히 끝난 사이가 된 것이다. 결국 시각에서 촉각으로의 이행이 사랑의 방향이었다면, 촉각에서 시각으로의 이행은 이별의 방향이었던 셈이다.

여기서 한 가지 숙고해야 할 것이 있다. 그것은 애정관계를 성기의 접촉, 즉 성교 중심적으로 생각하는 우리들의 해묵은 편견과 관련된 것이다. 애정관계의 최종적 시금석을 성교에다 두는 편견은 무엇 때문에 발생한 것일까? 바타유가 여기서도 도움이 된다. 주저 《에로티즘의 역사L'histoire de L'erotisme》에서 그는 말한다. "금기의 대상은 금지되었다는 사실 하나만으로 강력한 탐욕의 대상이 되기도 한다. 성적인 것과 관련이 있는 금기는 대체로 대상의 성적 가치(혹은 에로틱한 가치)를 강조하는 결과를 낳는다." 먹지 말라고 하면 먹고 싶고 만지지 말라면 만지고 싶은 것이 인지상정이다. 지금 바타유는 누구나 경험하고 있는 이런 금기와 욕망 사이의 관계를 애정관계에도 적용하고 있다. 그러니까 "키스만은 안 돼요!"라는 말은 키스에 대한 우리의 욕망을 그렇지 않았을 때보다 엄청나게 증폭시킨다는 것이다.

건물 외벽에 "들여다보지 마시오"라는 경고문이 들여다보고 싶은 욕망을 부채질하듯이, 성교에 대한 금기는 성욕을 자극한다. 마침내 남녀의 애정관계에서 성교는 두 사람의 사랑을 상징하는 일종의 시금석, 혹은 사랑의 완성으로 신격화되어 버린다. 한마디로 말해 섹스를 하면 사랑이고, 하지 않으면 불화라는 기묘한 이분법이 탄생된다는 것이다. 더욱 불행한 것은 성교가 촉각을 통해 가능한 다양한 신체 접촉들 가운데 한 가지에 지나지 않는다는 중요한 사실도 망각되었다는 점이다. 분명 성기에 촉각과 관련된 신경 세포가 많이 있지만, 그렇지만 촉각은 성기에만 국한된 것이 아니라 온몸에서 작동하고 있다. 그래서 우리는 손을 잡거나 머리카락이나 등을 어루만지는 것으로 갓난아이가 어머니 품 안에서 느꼈던 따스한 안정감을 충분히 느낄 수 있고, 반대로 그런 안정감을 상대방에

우리는 서로 충분히 만지고 있는가

게 전해 줄 수 있다. 그렇지만 성교만이 남녀 사이의 유일한 신체 접촉이라는 편견을 갖고 있는 사람에게 성적 능력이 감퇴하는 시간이 찾아온다면, 그는 상대방을 만지려는 노력 자체를 포기하게 될 것이다. 그 대가는 치명적이다. 엄마의 품에서 떨어질 때 아이가 안정감을 느끼지 못하는 것처럼, 사랑하는 사람을 만지지 않을 때 우리는 외로워질 수밖에 없기 때문이다.

선배와 이야기를 마치려는 순간, 어느 노부부가 손을 잡고 다정스럽게 카페에 들어섰다. 꼭 잡은 두 손은 노부부가 서로에게 얼마나 큰 안정감을 주는 존재인지를 보여 준다. 노부부는 해묵은 성교 중심주의를 극복하고 사랑을 새롭게 꽃피우는 데 성공한 것이다. 따뜻한 포옹만으로, 혹은 따뜻한 손길만으로도 충분히 우리는 상대방과 사랑을 주고받을 수 있는 법이다. 선배는 노부부에게 시선을 떼지 못했다. 돌아보니 노부부는 커피를 마시면서도 여전히 서로의 손을 놓지 않고 있었다. 고맙고 다행스러운 일이다. 얼마 지나지 않아 선배는 외로움에서 벗어날 수 있을 것이고, 부인과 손을 맞잡은 채 행복한 산책을 즐기게 될 것이다. 아니, 그래야만 한다. 만져지고 만질 수 있는 관계만큼 우리를 뿌듯하게 하는 것이 또 어디에 있겠는가. 잊지 말자. 신체 접촉을 포기하는 순간 아무리 같은 집에 오래 살았어도 부부는 남남으로 살아가는 것에 지나지 않는다. 한마디로 가정이 사찰처럼 변해 버릴 것이다. 그러니 항상 되물어 볼 일이다. "우리는 서로 충분히 만지고 있는가?"

부부가
마주 보기 위한
전략!

중년 부부여도 좋고, 오래된 커플이어도 좋다. 공기를 마시고 있을 때에는 공기를 의식하기는 힘들지만, 물에 빠져 허우적거릴 때 공기의 소중함을 알게 된다. 오래된 부부나 커플의 관계도 이와 마찬가지 아닐까. 그래서 간혹 사람은 서로 떨어져 보아야 한다. 물론 이건 위험한 전략이기도 하다. 떨어져 있었는데, 오히려 함께 있을 때보다 더 행복하고 즐거울 수도 있기 때문이다. 심지어 다시 만나는 것이 여간 귀찮게 느껴지기까지 하다. 이거 대략 난감이다. 이럴 때 방법은? 그냥 헤어지면 된다. 쿨하게. 그러나 무의식적이나마 서로를 깊게 사랑하고 있었다면, 잠시의 헤어짐으로도 우리는 상대방이 내게 얼마나 소중한 존재였는지 깊게 자각하게 된다. 중요한 건 이런 잠시의 헤어짐 뒤에 만났을 때, 아무리 오래된 부부나 커플이라도 서로를 응시하게 된다는 사실이다. 누누이 말했지만 사랑은 같은 방향을 함께 보는 것이 아니라, 서로 직대면하는 관계. 누구는 기다리고 누구는 출장이든 뭐든 어딘가로 떠나는 그림은 그다지 좋지 않다. 그러니 좋은 방법을 하나 제안한다. 그건 여행을 떠나는 것이다. 서울역에서 출발을 하되, 여기서 두 사람은 한 가지 약속을 하고 잠시 헤어진다. 남자는 남자대로 여자는 여자대로 자기만의 여행을 가는 것이다. 한 이틀 뒤 두 사람은 부산역에서 만난다. 아마 두 사람은 상대방의 여행이 궁금할 것이고, 서로 마주 보며 이야기를 도란도란 나눌 것이다. 물론 상대방이 별다른 이야기를 하지 않으면, 시시콜콜 캐묻지 않아도 된다. 다른 남자를 만났든 여자를 만났든, 어쨌든 그 사람은 내 앞에 다시 나타났으니, 그것으로 충분하니까. 이런 식으로 또 이틀 뒤에는 여수에서 만나는 것이다. 상대방의 부재를 느끼면 동시에 상대방의 존재를 느끼는 여행! 얼마나 근사한가!

우리는 서로 충분히 만지고 있는가

사회적 서정성 풀 충전

⌄

리스판서빌러티, 사랑의 힘

아침, 아니 정확히 말해 아직 이른 새벽, 고요한 산사에는 목어와 범종 소리가 어김없이 울려 퍼진다. 가슴 깊은 곳에 파고드는 범종 소리는 우리 마음을 아리게 한다. 누구를 깨우는 것일까? 생명을 가진 모든 것들이 오늘 하루도 생명을 지키기를 바라는 마음 아닐까? 토끼를 먼저 깨워야 한다. 늑대가 먼저 깨어나면 토끼가 먹잇감이 될 수도 있으니까. 그렇다고 해서 늑대를 죽여서 토끼가 편하게 살도록 할 수도 없다. 늑대는 또 무슨 죄인가? 무엇 때문에 다른 짐승의 살을 뜯어 먹고 살도록 태어난 것일까? 하지만 육식동물들이 항상 사냥에 성공하는 것도 아니다. 그래서일까. 늑대는 항상 말라 있다. 1주일에 하루 사냥에 성공하면 기적이라고나 할까. 그러니 마를 수밖에 없다. 그렇다고 해서 토끼를 잡아다 늑대에게 줄 수도 없다. 새벽 산중을 깨우는 목어, 범종, 법고 등의 소리는 그래서 아픈 소리다. 토끼에게는 오늘 늑대에게 잡아먹히지 말라는 기원을, 그리고 늑대에게는 오늘 굶지 말라는 소망을 담아 보내는 소리인 셈이다.

그렇지만 우리가 이런 소망을 품을 수 있는 존재이기라도 할까. 인간처럼 죄가 많은 존재도 없으니까 말이다. 풀을 뜯어 먹는 토끼나 토끼를 잡아먹는 늑대처럼, 우리도 식물을 먹고 동물도 잡아먹고 산다. 사실 우리는 늑대나 사자보다 더 무서운 존재이다. 어쨌든 생태계의 최정상에 군림하고 있는 것이 바로 인간이니까 말이다. 그래서 물짐승, 날짐승, 들짐승 등을 다 깨우고, 제일 마지막에 깨워야 할 존재가 바로 우리라고 할 수 있다. 어쩌면 스님들이 조금도 음식을 남기지 않고 공양을 마치는 것도 이런 이유에서인지도 모른다. 음식을 남기지 않고 모조리 먹어야 다른 애꿎은 생명체들을 해치는 비극을 그나마 줄일 수 있을 테니까. 자비의 마음이란 바로 이것이다. 살아간다는 것의 고통에 대한 감수성이 아니라면 자비는 아무것도 아니다. 종교적 용어가 싫다면, 인류의 수많은 지성이 목 놓아 외쳤던 사랑이라고 해도 좋다.

길을 가다가 구걸을 하는 걸인을 보고 그가 느낄 삶의 고통과 비애를 느낄 수만 있다면, 우리는 그를 못 본 척하고 떠날 수는 없을 것이다. 이미 그의 고통이 느껴졌다면 그의 고통은 이제 나의 고통이기도 하니까. 지갑에서 돈을 꺼내 집어 주든가, 아니면 옷을 벗어 줄지도 모른다. 그렇지만 그것은 그가 불쌍해서가 아니라 그의 고통이 이제 나의 고통이 되었기 때문이다. 이미 내 것이 되어 버린 고통으로부터 벗어나기 위해 우리는 무엇을 꺼리겠는가. 할 수 있는

사회적 서정성 풀 충전

모든 일을 할 수밖에 없다. 이것이 바로 사랑 아닌가. 나의 돈을 주었으니 나는 가난해진 것이고, 나의 옷을 벗어 주었으니 나는 추워진 것이다. 그렇지만 그만큼 나의 고통은 완화될 수 있으니 그깟 돈이나 옷이 대수이겠는가. 결국 진정한 사랑이 외적인 형식으로 판단되는 것이 아니라 내면성을 갖는 것도 이런 이유에서인지 모른다. 사랑의 척도, 혹은 사랑의 깊이는 사랑의 행동 이후에 얼마나 자신이 궁핍했는지, 나아가 그 궁핍을 얼마나 행복하게 감당하는지에 의해 측정될 수밖에 없다.

자신이 가진 재산의 일부를 가난한 사람에게 기부하는 재벌의 노블레스 오블리주가 사랑이라고 보기 어려운 이유도 바로 여기에 있다. 사회적 명망을 얻기 위해, 혹은 정신적이거나 물질적인 풍요로움을 과시하기 위해 자선과 기부에 뛰어든 것 아닐까? 그래서 자신의 저서《미니마 모랄리아Minima Moralia》에서 아도르노는 기부와 자선행위에 깔린 내적 논리를 신랄하게 해부했던 것이다. "사람들은 박애심을 발휘하며 눈에 띄는 사회의 상처 자리를 계획적으로 봉합하려는 행정적 자선행위를 벌인다. (…) 기부금조차도 분배, 적절한 균형을 통해 남을 굴복시키는 행위와 결부되는데, 요약하자면 선물 받는 사람들을 대상으로 취급하면서 그 사람을 굴복시키려는 것과 결합된다"라고 말이다. 그렇지만 더 배고픈 사람에게 자신의 음식을 나누어 준 사람이나 더 추운 사람에게 옷을 벗어 준 사람은 자신이 사랑을 실천했다는 사실을 누구보다 잘 알고 있다. 더 배고파졌으니까, 그리고 더 추워졌으니까 말이다.

분명 사랑은 인간이 가진 감정들 중 제왕일 것이다. 감정의 강도에서뿐만 아니라 그 작용의 힘에서 그렇다. 사랑만큼 강한 감정이 또 있을까. 사랑, 혹은 사랑하는 것을 지키기 위해 우리는 기꺼이 죽음마저 불사하는 사람을 많이 보곤 한다. 아이를 구하는 데 초인적인 힘을 발휘하는 어머니! 평상시 겁 많고 소심하지만 애인을 지키기 위해 불량배에 맞서는 남자! 모두 사랑 때문이다. 그렇기에 노예가 사랑에 빠지는 것, 혹은 자식이 사랑에 빠지는 것은 억압적인 주인이나 권위적인 부모에게는 여간 당혹스러운 일이 아닐 수 없다. 사랑에 빠지는 순간, 노예나 자식은 외적인 권위에 목숨을 걸고 저항하기 때문이다. 한마디로 말해 사랑에 빠진 사람은 일체의 외적 권위에 맞서 싸울 수 있는 힘, 혹은 자유의 힘을 자각하게 된다는 것이다. 그래서일까. 과거 권위적인 사회는 구성원들이 사랑에 빠지는 것을 극히 꺼렸다. 노예는 주인이 원하는 짝과 결혼을 해야 하고, 자식도 부모가 정한 상대와 혼인을 해야만 했다. 부르주아 시민사회가 등장했을 때 인류가 환호했던 것은 바로 자유연애가 가능해졌기 때문이다.

불행히도 모든 것에는 그림자가 있기 마련이다. 자유연애를 긍정하는 부르주아 시민사회에서 사랑은 마침내 밀실에 갇혀 버리게 된 것이다. 그러면서 사랑이 가진 공동체성, 혹은 공동체적 사랑은 그만큼 시야에 들어오지 않는다. 이제 사랑은 카페나 가정에 갇혀 버린 것이다. 돌아보면 부르주아 시민사회 이전에 사랑은 사적인 영역뿐만 아니라 공적인 영역에서도 그 힘을 발휘하고 있었다. 예수의 사랑도, 공자의 인仁도, 그리고 싯다르타의 자비마저도 커플 사이의 사랑을 넘어서 공동체적 차원에서 외쳐지지 않았는가. 여기

사회적 서정성 풀 충전

서 우리는 부르주아 시민사회의 지배 전략을 직감할 수 있다. 공동체적 차원으로 확산될 수 있는 사랑의 힘을 깨알처럼 쪼개서 밀실이나 가정 내부의 협소한 범위로 해소시키려는 것!《일방통행로》에서 벤야민이 "부르주아적인 삶이란 사사로운 일들의 체제"라고 말했던 것도 다 이유가 있었던 셈이다.

사랑이어도 좋고 분노여도 좋고 동정이어도 좋다. 이제는 카페나 집에서 만나는 사사로운 사람들을 제외하고는 별다른 감정이 나오지 않는다. 물론 깨알 같은 공간에서 우리 감정들은 과잉에 가깝게 폭발하기 쉽다. 층간소음도 문제이고, 아이가 왕따를 당하거나 성적이 떨어져 우울한 모습도 문제이고, 부부 사이의 관계도 문제이다. 그렇지만 이미 서울역의 풍경이 되어 버린 노숙자의 비루한 모습에 대해서, 금융회사에 농락당한 서민들의 눈물에 대해서, 중학교 교과 과정을 미리 배우려고 학원을 전전하는 우리 초등학교 학생들의 무거운 캐리어 가방에 대해서, 민주주의라는 가치를 전면으로 부정하는 공권력의 선거 개입 사건에 대해서, 우리는 별다른 감정을 느끼지 못하고 있다. 이렇게 자신의 삶이나 자신과 가까운 사람들에게만 우리의 감정이 대부분 흘러들어 갈 때, 그보다 훨씬 더 넓은 공적 세계에 흘러들어 갈 수 있는 감정이 얼마나 있겠는가.

노숙자에 대해, 금융회사의 농간에 대해, 교육제도에 대해, 국가정보원의 선거 개입에 대해 지적으로 분석하고 비판하는 것도 중요하다. 그렇지만 더 중요한 것은 가슴 깊이 절절하게 공적인 문제에 감정이 폭발했느냐의 여부, 정말 진지하고 심각하게 그런 공적인 문제에 대해 아파했느냐의 여부이다. 때로는 분노로, 때로는 서글픔으로, 때로는 열정이 가슴에 먹먹하게 차오르지 않는다면, 공적 세계에 대한 우리의 지적인 분석은 그저 냉소주의에 머물 수밖에 없기 때문이다. 마치 내 일이 아닌 남의 일에 훈수라도 두는 것처럼 공적인 문제에 대한 절박함이 없다면, 우리의 지적인 분석이 무슨 도움이 된다는 말인가. 어떤 울림을 줄 수 있다는 말인가. 마침내 부르주아 시민사회는 우리를 길들이는 데 성공한 셈이다. 거의 모든 것에 대해 생각할 수 있고 말할 수 있지만, 우리의 감정은 이제 깨알처럼 쪼개진 사적 세계에만 흘러들어 가게 훈육된 것이다.

바로 이 대목에서 현대철학에서 중시하는 '리스판서빌러티responsibility'라는 개념에 주목하게 된다. '책임'이라는 번역어가 '리스판서빌러티'가 가진 원래 의미를 제대로 포착하지 못한다는 점을 잊지 말자. 보통 책임이란 단어는 애완견을 키우는 사람은 싫더라도 애완견을 유기하지 말고 잘 키울 '책임'이 있다는 식으로 사용된다. 그렇지만 '리스판서빌러티'는 무엇인가를 싫더라도 잘 돌보아야만 한다는 의무라는 뜻보다 더 심오한 의미를 함축하고 있는 개념이다. '리스판스response'가 '반응'이라는 의미라면, '어빌러티ability'는 '할 수 있음'을 뜻한다. 그러니까 '리스판서빌러티'는 '반응할 수 있음'을 의미한다. 사람이든 동식물이든 아니면 사물이든 간혹 우리는 타자의 고통이 뼈저리게 다가오는 경험을 할 때가 있다. 이 순간 우리는 타자의 고통에 반응하고 있는 것이다. 타자의 고통에 반응하니, 우리는 타자를 그냥 못 본 척 방치할 수 없다. 그러니 그의 고통을 줄여 주려고 무언가 행하게 될 것이다. 이것이 바로 '책임진다'는 말의 의미다. 무언가에 반응하게 되면, 우리는 그걸 책임지게 된다. 그러나

사회적 서정성 풀 충전

그 역은 아니다. 사랑이 의무를 낳을 수는 있지만, 의무가 사랑을 낳기 힘든 것도 이런 이유에서일지 모른다.

1992년에 출간된 시집《희망의 나이》를 마무리하면서 시인 김정환도 말한 적이 있다. "사회성과 서정성 사이의 거리를 좁히는 것, 정확히 말해 그것이 나의 관심사는 아니다. 내게 시의 문제는 사회적 서정의 수준을 높이는 문제이다." 이미 부르주아 시민사회는 공적인 영역에 냉소적인 지성만이 차갑게 작동하고, 사적인 영역에서만 강렬한 정서적 힘이 작동하도록 통제하고 있다. 당연히 이 두 영역의 분리를 주어진 것으로 받아들인다면, 우리는 사랑의 공동체적 차원, 혹은 공동체적 사랑을 회복할 수가 없을 것이다. 그러기에 김정환은 단도직입적으로 "사회적 서정의 수준을 높여야 한다"라고 말한다. 바로 이것이다. 사회적 서정을 높이는 것, 그것은 바로 리스판서빌러티의 능력을 높이는 것에 다름 아니다. 여행을 다니고, 책을 읽고, 영화를 보고, 음악을 듣는 이유도 바로 여기에 있다. 우리는 무의식적이나마 자신의 리스판서빌러티를 높이려는 것이다. 자신 이외의 것에 더 많이 더 깊이 반응하면 할수록, 우리는 더 많이 사랑하고 사랑받을 수 있다는 사실을 아는 것이다.

어디까지
출세하려고?

타인에 반응하면, 그를 책임지게 된다. 아들이 아플 때 자신이 아픈 것처럼 느끼는 어머니라면, 아들을 치료하기 위해 자신의 피곤함과 궁핍함을 달게 감내할 것이다. 이 순간 우리는 그녀가 어머니가 될 자격이 충분히 있다는 사실을 인정하게 된다. 만약 옆집 아이가 아팠을 때도 그의 고통을 자신의 고통처럼 느낄 수만 있다면, 그녀는 통장이나 이장이 될 수 있다. 아니, 되어야만 할 것이다. 반면 통장이나 이장이 되려는 어떤 여성이 자기 자식의 고통만 느낀다면, 통장이나 이장이 된 뒤에도 그녀는 아마 마을 사람들의 경멸과 지탄의 대상이 될 것이다. 그녀는 자기 자신을 제외한 아이들을 위해 자신의 가난과 궁핍을 기꺼이 감내하기 어려울 테니까 말이다. 이것은 통장이나 이장에서부터 대통령에 이르기까지 누군가보다 지위가 높은 모든 사람에게 통용되는 준칙이다. 그러니 마을 사람들의 고통을 느끼지 못한다면 통장이나 이장이 되어서는 안 되고, 국민들의 고통을 느끼지 못한다면 대통령이 되려고 해서는 안 된다. 그것은 대통령 본인뿐만 아니라 애꿎은 국민들도 대략 난감의 일이니 말이다. 자신이 고통을 느끼는 범위, 다시 말해 반응할 수 있는 범위까지만 우리는 감당할 수 있다. 결국 지위가 오른다는 것은 축복이 아니라 저주에 가까운 일이라고 할 수 있다. 평사원에서 대리가 되면, 반응해야 하는 후배가 많아진다. 아예 부장이 되면 이제 정말 욕을 바가지로 먹어야 할 것이다. 그러니 기뻐할 일이 아니다. 나이가 들고 직급이 올라갈수록 그리고 그에 따라 따르는 사람이 많을수록, 우리는 정말 똥줄이 빠지게 반응하고 그만큼 책임지게 될 테니 말이다.

에필로그: 이제 다시 시작이다!

돈과 비는 연인 사이이다.
날씨 자체가 이 세계의 상태를 나타내는 지표이다.
최상의 행복이란 구름 한 점 없이 맑게 갠 것으로 악천후를 알지 못한다.
돈의 비가 한 방울도 내리지 않는 완전한 재화의 나라,
구름 한 점 없이 맑게 갠 나라도 언젠가 도래할 것이다.

벤야민Walter Benjamin, 《일방통행로Einbahnstraße》

1.

양평역이었다. 이곳에서 청량리로 가는 기차를 기다리고
있었다. 강연을 마친 뒤라, 조금은 멍한 상태였다. 그런 내게 어느
젊은 아가씨가 조심스레 다가오며 물었다. "혹시 강신주 선생님 아
닌가요?" 순간 누군지 기억이 나지 않았다. 하긴 얼마나 많은 강연
과 강의를 하였는가. 기억나지 않는 게 정상일 듯하다. 내 기억을 일
깨워 주려는 생각에서인지, 그녀는 자신이 5년 전 대학 신입생 때

철학입문이라는 강의를 들었다고 수줍게 말한다. 그제야 그녀의 눈빛이 어딘지 낯익어 보였다. 강의 때마다 가급적 모든 학생들과 눈을 한 번은 맞추려던 노력의 결실이었을까. 서둘러 열차에 올라타 좌석을 잡은 뒤 그녀의 근황을 물어보았다. 영문과 4학년에 재학 중인 그녀는 취업 걱정 때문에 벌써 휴학도 한 차례 했다며 쓴웃음을 짓는다. 명문 사립대를 다니는 수재가 취업을 걱정하고 있다니. 나도 모르게 그녀처럼 쓴웃음을 지을 수밖에 없었다.

한동안 어색한 침묵이 흐른 뒤 나는 물어보았다. "얘야. 너는 꿈이 뭐니?" 잠시 당혹감을 드러내고는 그녀는 말한다. "그냥 편하게 아무런 생각도 하지 않고 푹 쉬었으면 좋겠어요." 어! 이거 분명 크게 잘못되었다. 내 제자는 꿈을 잃어버린 것이다. 어떻게 이것이 소망스럽게 키워 나갈 수 있는 꿈일 수 있겠는가. 하루 종일 들판에서 쟁기를 끌던 소나 품을 수 있는 꿈 아닌가. 말이 꿈이지 이것은 그냥 삶에 지쳐 쉬고 싶다는 불행의 절규일 뿐이다. "너, 꿈이 없구나. 아니, 꿈이 무엇인지 모르는구나." 무슨 소리인지 고개를 갸우뚱거리는 그녀에게 나는 꿈과 현실 사이의 관계, 그 진실을 말해 주었다. 제 버릇 개 못 주는 법인가 보다. 또 강의 모드로 돌변한 것이다. 꿈을 가진 사람만이 현실을 가질 수 있다고. 아니, 정확히 말해 이상을 품고 있는 사람만이 극복할 수 있는 현실, 혹은 극복하려고 노력할 수 있는 현실을 가질 수 있다는 이야기였다. 다음은 기차 안의 내 강연의 취지다.

어느 소년이 아이거 북벽을 오르려는 꿈을 가졌다고 하자. 반드시 이루어야 할 꿈을 가진 순간, 소년은 압도적인 아이거 북벽과 아직은 나약하기만 한 자신의 모습, 즉 엄연한 현실에 직면하게 된다. 그러니 거벽을 오르려는 꿈을 품은 소년에게는 고뇌가 찾아오지 않을 수 없는 법이다. 아이거는 등반에 능숙한 사람도 오르기 만만치 않은 괴물이니까. 등반의 꿈을 품었지만 그것을 이루지 못한다면, 소년은 자신의 삶을 무의미하다고 느낄 것이다. 그렇지만 역시 등반은 너무나 위험한 일이어서 잘못하면 목숨을 잃을지도 모를 일이다. 등반의 꿈을 가지고 아이거를 올려다볼수록, 소년에게 아이거는 더 자신을 압도하는 것만 같다. 꿈을 가지면 현실은 항상 더 큰 현실성으로 다가오는 법이다. 꿈이 열어 놓은 현실이 너무나 압도적일 때, 소년은 아이거에 오르겠다는 꿈을 접을 수도 있다. 바로 이 순간 소년에게 극적인 변화가 일어날 것이다. 아이거는 위험한 그 무엇으로 보이기보다는 그저 나와는 무관한 하나의 웅장한 풍경으로 보일 테니까 말이다.

2.

이상주의자만이 현실주의자일 수 있는 법이다. 자신의 꿈을 실현하려 하는 순간, 이상주의자는 그것을 방해하는 현실에 직면할 수밖에 없기 때문이다. 진정한 현실주의자가 항상 위대한 이상주의자였던 것도 다 이유가 있었던 셈이다. 억압 없는 세상에 대한 꿈이 없었다면, 마르크스는 자본주의라는 냉엄한 현실에 직면할 수조차 없었을 것이다. 꿈을 실현하기 위해, 그것을 가로막는 현실을 제대로 파악해야만 한다. 이것이 바로 그의 명저 《자본》이 탄생한 이유가 아닌가. 그러니 잊어서는 안 된다. 냉정한 현실을 응시할 수 있는 현실주의자의 힘도 그가 품고 있는 꿈이 없다면 불가능하다는 사실을. 꿈을 포기하는 순간, 우리에게는 극복해야 하는 현실이 아니라 순응해야만 하는 현실만이 남게 된다. 실천적으로 극복해야 할 대상으로서의 현실이 아니라 관조하고 순응하면 되는 풍경으로서의 현실 말이다.

그러니 인간에게는 두 가지 현실이 있을 수 있다. 극복해야만 하는 현실과 순응해야만 하는 현실. 불행히도 내 제자는 후자의 현실만을 살아 내고 있었던 것이다. 생존하기 위해 현실에 적응하느라 경황이 없는데, 어떻게 자신의 꿈을 이루려는 인간적인 희망이 그 싹을 틔울 수 있다는 말인가. 그러니 그녀의 낯빛은 그렇게도 무기력하고 우울할 수밖에 없었던 것이다. 이야기를 마친 뒤, 나는 그녀의 눈을 들여다보며 물어보았다. "애야. 대학에 갓 들어왔을 때 너의 꿈은 무엇이었니?" 신입생 시절을 되돌아보아 그런지 그녀는 미소를 띠며 대답했다. "선생님이 되고 싶었어요. 아이들을 가르칠 때 저는 제일 행복하거든요." "그런데 왜 그 꿈을 접었니?" "선생님도 아시잖아요. 우리 학교에는 사범대가 없고, 또 있다고 해도 경쟁이 너무 심해서 선생님이 된다는 것, 그건 그렇게 만만한 일이 아니거든요." 꿈을 접은 이유를 설명하다가, 그녀는 내가 방금 전 건넨 이야기가 떠올랐는지 시무룩해지며 곧 말문을 닫았다.

속절없이 기차는 청량리역에 도착했고, 그녀는 학교에 가야 한다며 총총히 떠났다. 하지만 나는 한참이나 움직일 수 없었다. 꿈을 너무나 쉽게 포기한 내 제자가 너무나 안타까웠기 때문이다.

에필로그: 이제 다시 시작이다!

안타까움은 곧 분노로 바뀌었다. 자신의 기득권을 유지하고 나아가 그것을 자신의 자식에게 안정적으로 물려주기 위해, 아이거의 수십 배나 될 정도로 높은 현실의 벽을 만들어 놓는 사람들이 생각났기 때문이다. 물론 그들은 자본주의를 극복해야 할 현실이 아니라 순응해야 할 현실로 만들고 있는 사람들이다. 신자유주의가 보수적일 수밖에 없는 이유도 바로 여기에 있다. 신자유주의는 자본주의가 바뀔 수 없는 절대적인 현실이라는 생각을 독가스처럼 전파시키기 때문이다. 지금까지 집권 여당은 이런 보수적인 입장을 대변하고, 그것을 세상에 관철시키려고 했던 것 아닌가. 하지만 어떻게 인간이 꿈을 포기할 수 있다는 말인가. 어떻게 인간이 극복해야 할 현실을 극복하지 않을 수 있다는 말인가?

3.

철학자인 나는 이상주의자이고, 그만큼 현실주의자다. 그러니 나는 확신할 수 있다. 우울함과 무기력을 감당하면서 인간은 결코 행복하게 살 수 없으리라 것, 당연히 인간은 우울함과 무기력을 떨치고 일어서리라는 것. 그러기에 나는 공동체의 운명을 결정한 중요한 사건이 발생할 때마다 우리 이웃들이 어떻게 대응하는지 조바심 속에서 지켜보곤 했다. 우리 이웃들은 얼마나 성숙하게 문제를 해결하려고 하는지, 그래서 현실의 벽이 조금이라도 낮아질 수 있는 사회에 접근할 수 있는지 기대하면서. 불행히도 나의 믿음과 확신은 절실한 기다림만큼이나 깊은 절망감으로 변할 때가 많았다. 여전히 순응해야 할 현실만이 유일한 현실이라고 강요하는 보수주의가 지배적이라는 사실을 확인하니 말이다. 이럴 때 순간적이나마 내게는 환멸이 찾아들었고, 좋은 사회에 대한 꿈을 접을 뻔했다. 아찔했다. 꿈을 포기하는 순간, 내 자신은 극복해야 할 현실을 망각한 보수적인 철학자, 아니면 잘해야 냉소주의적인 철학자로 전락하게 될 테니 말이다.

분명 우리가 극복해야 할 현실의 벽은 줄어들기는커녕 더 높아진 것이 사실이다. 그렇기에 주어진 현실에 순응하려는 순응주의적 분위기가 만들어지기도 한다. 그럼에도, 그리고 그렇기에 우리는 꿈을 더 확고하게 꾸어야만 하는 것 아닌가. 모든 이가 자기만의 삶을 영위할 수 있는 인간적인 사회에 대한 꿈 말이다. 인간적인 사회, 혹은 민주주의에 대한 꿈이 강하면 강할수록, 넘어야 할 현실이 정말 있는 그대로 박진감 넘치게 들어오게 될 것이다. 우리의 눈에 신자유주의로 무장한 자본-국가라는 거대한 암벽이 모습을 드러내는 것도 이런 이유에서다. 더군다나 이 암벽에는 친일파와 유신 잔당들도 결합되어 있으니, 그야말로 복마전이 만들어져 있는 셈이다. 대한민국은 그들만의 나라로 변질된 지 오래이니, 그만큼 점점 더 민주주의는 멀기만 한 꿈처럼 생각되고 있다. 그러나 우리는 민주주의를 가로막는 이 거대한 암벽을 넘어설 것이다. 이걸 넘지 못하면 인간의 삶을 지고한 가치로 긍정하는 공동체, 민주주의 사회를 꿈꾼다는 것은 백일몽에 지나지 않으니까.

압도적인 암벽을 목숨을 걸고 넘기로 작정했으니, 정상까지의 모든 루트, 그 하나하나의 굴곡들을 소홀히 여길 수는 없는 법이다. 어느 부분의 경사가 심한지, 어느 부분이 암벽꽂이를 박기에 부적절한지, 로프는 어떤 걸 쓸 거며 얼마나 가지고 올라야 하는지 등등. 모든 걸 암벽의 고도, 상태, 그리고 각 구간마다 천태만상으로 변하는 암벽의 질에 따라 고민하고 결정해야만 한다. 이 책으로 나는 거대한 암벽이 우리를 좌절시키려고 내건 가장 험난한 부분을 묘사했고, 나름 등정 테크닉도 소개했다. 그러다 보니 전체 5부에 걸쳐 자그마치 60개 꼭지나 되는 방대한 분량이 되었다. 민주주의로 가는 길을 막고 있는 장애물을 넘는 데 험로가 최소 60개나 되는 셈이다. 물론 직접 오르다 보면 예상하지 못한 험로가 몇 군데 더 나올지 나로서는 알 수 없는 일이다. 다른 험로에 대한 보고와 기록은 어쩔 수 없이 다른 사람들에게 맡길 수밖에 없다. 그러나 한 가지 확신하는 건 있다. 아무리 험난해도 제대로 그 루트가 포착되었다면, 남은 건 우리의 의지와 시간의 문제일 뿐이다. 자, 이제 입 닥치고 시작하자. 민주주의로 가는 등정을!

찾아보기